两种范式的对话

西方媒介效果研究的历程与转向

Dialogues between Two Paradigms
The Process and Transition of Media Effect Study

张 卓 著

武汉大学出版社

图书在版编目(CIP)数据

两种范式的对话:西方媒介效果研究的历程与转向/张卓著.—武汉:武汉大学出版社,2020.1
ISBN 978-7-307-21072-1

Ⅰ.两… Ⅱ.张… Ⅲ.传播媒介—研究—西方国家 Ⅳ.G219.1

中国版本图书馆 CIP 数据核字(2019)第 155772 号

责任编辑:王智梅　　责任校对:李孟潇　　版式设计:韩闻锦

出版发行:武汉大学出版社　(430072　武昌　珞珈山)
（电子邮箱:cbs22@whu.edu.cn　网址:www.wdp.com.cn）
印刷:武汉中科兴业印务有限公司
开本:720×1000　1/16　印张:21　字数:363 千字　插页:1
版次:2020 年 1 月第 1 版　　2020 年 1 月第 1 次印刷
ISBN 978-7-307-21072-1　　定价:58.00 元

版权所有,不得翻印;凡购我社的图书,如有质量问题,请与当地图书销售部门联系调换。

国家社科基金后期资助项目
出版说明

后期资助项目是国家社科基金设立的一类重要项目，旨在鼓励广大社科研究者潜心治学，支持基础研究多出优秀成果。它是经过严格评审，从接近完成的科研成果中遴选立项的。为扩大后期资助项目的影响，更好地推动学术发展，促进成果转化，全国哲学社会科学工作办公室按照"统一设计、统一标识、统一版式、形成系列"的总体要求，组织出版国家社科基金后期资助项目成果。

全国哲学社会科学工作办公室

代　序

媒介效果研究一经开始，便在西方传播学领域占据着支配性地位，"传播学研究归根到底是媒介效果的研究"，丹尼斯·麦奎尔的这一判断十分精辟地概括出了媒介效果研究的学术地位与学术价值。有关媒介效果的理论、议题与研究方法，无论数量还是质量，都成为西方传播学的重要学术构成。相较而言，由中国大陆传播学学者所撰写的有关媒介效果研究的学术专著不仅十分稀少，而且如本书这样专门针对西方媒介效果研究的专著则更是凤毛麟角。实际上长期以来，西方媒介效果研究路径繁多、流派复杂，看似硕果累累，却时常观点互斥、"自说自话"，而本书则以十几个章节、数十万字的篇幅，致力于对浩瀚的效果研究学术文献进行抽丝剥茧、条分缕析、把问脉络、厘清谱系、勾勒路径、廓清本质的工作，力求在理论上有所建树，在学术上有所创新。在笔者看来，本书的特色主要体现在如下几个层面：

（1）在呈现西方媒介效果研究的核心议题与争论时，以范式对话的方式描绘效果研究全貌。本书既非单纯地梳理和综述西方媒介效果研究的历史发展，也不是教科书式地一一介绍个体的理论假设，相反，作者以传播学两大经典范式——经验学派和批判学派——关于效果研究的核心差异为逻辑线索，分析媒介效果研究在传播学学科内部所产生的影响、确立的模式以及引发的震荡、争论与转向。某种意义上，本书是一部有关研究范式"问题导向"的著作：一是因为媒介效果研究本身就充满着激烈的争议与碰撞，范式是问题和争论的起点，更是焦点；二是因为本书的写作建立在一个不断提出问题、寻找答案，继而产生新问题、寻找新答案的过程之中。

（2）注重经典与前沿的话语对接，以尽可能完整的历史脉络展现效果研究的嬗变与转向。本书呈现出两种对比的视野，一是范式之间的横向对比，二是具体理论、具体研究方向的纵向对比。本书的前半部分用五个章节的篇幅，分别从媒介影响、媒介生产、媒介受众、研究传统、研究成果等方面入手，在回溯与效果相关的传播学主要领域研究历史缘起的同时，还呈现了研究范式的核心差异。而第八章对若干经典媒介效果理论的历史演进和嬗变的讨论，以及第九章对新媒介语境下新研究领域的拓展分析，则突出体现了内在的纵向对比。本书较好地实现了以动态的、对比的视野勾勒效果研究历史全貌的学术目的。

（3）本书采用量化与质化结合的方法，力争全面、客观地反映西方媒介效果研究的全貌，为中国学者的相关研究提供充实、详尽的材料。除了对传播学发展史中的海量文献进行提取和质化分析，本书还采用近年来颇为流行的文献计量法，对近千篇文献进行数据描画，翔实呈现效果研究前沿进展。同时，本书更加注重从文献中发现问题和反馈问题，在分析文献基础上，对传播媒介环境学派代表人物进行邮件访谈，获取一手访谈资料及学科名家的最新观点，对文献研究形成必要补充。多种方法的结合使本书在资料的丰富度和论证的可信度上具有较高水准。其中，第十章对《传播学期刊》1983年以来的四期特刊围绕效果研究所展开的观点交锋、理论反思，以及研究的困惑和迷失、想象力的新开拓等方面的详细解析和阐释，十分具有启发性。

（4）本书对与效果研究相关的理论议题和研究范畴尝试做出开放式的理解，从而以新语境、跨学科、多维视角、融合视野来考察在新媒体环境生态下媒介效果研究的拓展、衍生、延伸和转向。如此一来，诸如媒介生态学一类的重要研究成果被纳入效果研究考察的视阈，把一些学派的整体效果观、效果生发的深层逻辑和效果研究的问题意识、终极关怀等纳入效果研究的未来思考之中。在此基础上，作者水到渠成地提出了效果研究两种范式在理论进路上从"对立"到"整合"的反思问题。

石义彬

2019年6月于珞珈山

目　　录

绪论：从"效果"到"影响" ……………………………………………… 1

第一章　西方媒介效果研究的历史脉络 …………………………… 26
　第一节　奠基：20 世纪 30 年代之前 …………………………… 29
　　一、理论起点："大众社会"的核心概念 ………………………… 29
　　二、研究传统：芝加哥学派 ……………………………………… 30
　　三、宣传分析的开端：拉斯韦尔与李普曼 ……………………… 33
　第二节　经验研究一枝独秀：20 世纪 30 年代至 60 年代 …… 35
　　一、硕果累累的效果研究里程碑 ………………………………… 35
　　二、确立主导范式的拉扎斯菲尔德 ……………………………… 36
　　三、推陈出新的"使用与满足" …………………………………… 37
　第三节　批判研究异军突起：20 世纪 70 年代至 80 年代 …… 39
　　一、传播与权力以及意识形态问题 ……………………………… 39
　　二、传播研究作为文化研究 ……………………………………… 41
　第四节　多元发展：20 世纪 80 年代以来 ……………………… 44
　　一、经验学派：重返"强效果" …………………………………… 44
　　二、批判学派：反思与借鉴 ……………………………………… 46

第二章　媒介效果：影响的手段还是控制的权力？ ……………… 48
　第一节　经验学派：个体如何被影响 …………………………… 50
　　一、问题导向 ……………………………………………………… 51
　　二、个人影响 ……………………………………………………… 53
　第二节　权力控制：批判学派研究主旨 ………………………… 55
　　一、权力精英的媒介"霸权" ……………………………………… 55
　　二、用"所有权"制造共识 ………………………………………… 57

  第三节 传播与发展 ………………………………………… 60
   一、共同的理论基础：创新与扩散 …………………………… 61
   二、不同的研究立场：发达国家/发展中国家 ……………… 62
   三、技术创新与经济发展的全新解读：创新新闻学 ………… 65

第三章 媒介生产：内容还是意义？ …………………………… 72
  第一节 内容分析法与编码/解码 ………………………………… 72
   一、内容分析法：客观系统的定量描述 ……………………… 73
   二、编码/解码：意义源自关系 ……………………………… 76
  第二节 暴力研究的交锋 ………………………………………… 77
   一、经验研究的成果 …………………………………………… 77
   二、暴力问题的现实悖论 ……………………………………… 83
   三、对"暴力恐慌"的批判 …………………………………… 84
  第三节 使用与满足：观念的聚合点 ………………………… 87
   一、同中存异的概念理解 ……………………………………… 87
   二、"意义的输出"与观念的对话 …………………………… 88

第四章 媒介受众：特殊还是一般？ …………………………… 91
  第一节 受众研究路径之差异 …………………………………… 92
   一、经验学派：将异质群体的普遍化 ………………………… 92
   二、批判学派：建构理解受众的多重标准 …………………… 95
  第二节 儿童：受质疑的"特殊受众" …………………………… 98
   一、定义儿童："靶子"还是"积极受众" ………………… 99
   二、心理学传统和文化研究的差异 ………………………… 102
   三、解构假定：对儿童受众的再认识 ……………………… 105
  第三节 主体的想象：理论孤岛与生态谬误 ………………… 107
   一、硕果累累的理论孤岛 …………………………………… 107
   二、社会生态与个人影响 …………………………………… 110

第五章 行政型研究：解决问题还是掩盖问题？ …………… 115
  第一节 行政型研究传统的形成 ……………………………… 116
   一、基金资助：传播学萌芽的批判性温床 ………………… 117
   二、历史语境：战争背景与传播研究的汇流 ……………… 119
   三、路径依赖：拉扎斯菲尔德传统的延续与误读 ………… 123

第二节　"淫秽录像带"与效果研究的负面放大 …………………… 126
　　　　一、夸大的社会运动 ………………………………………………… 127
　　　　二、媒介政策的调整与转向 ………………………………………… 128
　　　　三、学术研究的争论与反思 ………………………………………… 129
　　第三节　效果研究的"问题"与"意义" ………………………………… 134
　　　　一、效率与价值：哲学框架的深层差异 …………………………… 134
　　　　二、效果的源头：以媒介为"中心"的问题取向 ………………… 137

第六章　研究成果："假说"还是"理论"？ ………………………………… 142
　　第一节　假说与理论的本质体认 ……………………………………… 142
　　　　一、假说：由已知设想未知 ………………………………………… 143
　　　　二、理论：抽象化与一般化 ………………………………………… 145
　　　　三、区别与联系 ……………………………………………………… 147
　　第二节　范式差异与对抗 ……………………………………………… 148
　　　　一、以"假说"为逻辑起点的经验学派 …………………………… 148
　　　　二、以哲学思辨为"理论"坐标的批判学派 ……………………… 150
　　第三节　范式整合与理论建构 ………………………………………… 152
　　　　一、范式之争的替代性选择 ………………………………………… 153
　　　　二、理论建构的未来可能 …………………………………………… 154

第七章　西方媒介效果研究的知识图谱（2007—2016） …………… 157
　　第一节　发文数量和年度分布 ………………………………………… 159
　　第二节　研究热点 ……………………………………………………… 162
　　第三节　重要作者和经典文献的共被引分析 ………………………… 168
　　第四节　研究机构与研究地域 ………………………………………… 172

第八章　离散与向心：经典媒介效果理论的十年嬗变 ……………… 176
　　第一节　框架理论（Framing Theory） ……………………………… 176
　　　　一、媒体新闻框架的生产倾向与动因探析 ………………………… 177
　　　　二、框架效果的持续验证及其影响因素 …………………………… 179
　　　　三、反思与展望：急需优化的研究设计 …………………………… 180
　　第二节　培养分析理论（Cultivation Analysis Theory） …………… 181
　　　　一、从"涵化"到行为：媒介暴力研究的争议与演进 …………… 182
　　　　二、跨领域与跨地区：培养效果的实证拓展 ……………………… 184

三、概念的维护与革新：培养分析研究的多元演变 …………… 185
　第三节　议程设置理论（Agenda-setting Theory） ……………… 186
　　一、研究范畴横向拓展：从政治传播到文化研究 ……………… 187
　　二、研究议题纵向深化：从效果印证到机制探索 ……………… 188
　第四节　第三人效果理论（The Third-person Effect） …………… 190
　　一、第三人效果作用机制的多重检验 …………………………… 191
　　二、第三人效果强度的实证探索 ………………………………… 192

第九章　拓展与转向：新媒介语境下的效果研究 ………………… 196
　第一节　传统视角·多维探索 ……………………………………… 196
　　一、女性主义 ……………………………………………………… 196
　　二、作为边缘群体的"酷儿" ……………………………………… 199
　　三、作为社会少数的族群 ………………………………………… 201
　第二节　政治传播 …………………………………………………… 202
　　一、政治表达与参与 ……………………………………………… 202
　　二、公共领域和舆论 ……………………………………………… 203
　　三、集体记忆与国家意识 ………………………………………… 204
　第三节　健康传播 …………………………………………………… 206
　　一、叙事策略 ……………………………………………………… 206
　　二、报道框架 ……………………………………………………… 210
　　三、社会支持 ……………………………………………………… 211
　第四节　新技术·新关注 …………………………………………… 213
　　一、新技术·新对象 ……………………………………………… 214
　　二、新技术·新交往 ……………………………………………… 216
　　三、新技术·新新闻 ……………………………………………… 220

第十章　分裂、守望与对话 ………………………………………… 223
　第一节　持续"发酵"的范式之争 ………………………………… 223
　第二节　从全面交锋到理性反思 …………………………………… 229
　　一、立场鲜明的全面交锋 ………………………………………… 229
　　二、困惑中的范式迷失 …………………………………………… 234
　　三、潮起潮落中的理性思考 ……………………………………… 237
　第三节　媒介效果研究的想象力拓展 ……………………………… 239
　　一、从"受众"到"用户"的效果转向 ………………………… 240

二、从"跨学科"到"后学科" …………………………………… 242

第十一章　媒介生态学：效果研究的第三种可能 ……………… 248
　第一节　媒介生态学的"在场"与"缺席" ……………………… 248
　　一、"破土而出"的整合概念范式 ………………………………… 249
　　二、游走于主流传播学研究的"隐形人" ……………………… 251
　第二节　多维视角下的整体效果观 ……………………………… 255
　　一、"媒介即环境" ………………………………………………… 256
　　二、超越"技术决定论"的科学取向 …………………………… 258
　第三节　媒介控制的深层逻辑 …………………………………… 261
　　一、媒介（技术）对身体的殖民 ………………………………… 262
　　二、媒介（技术）塑造文化偏向 ………………………………… 266
　　三、媒介（技术）重新定义认识论 ……………………………… 271
　第四节　追求平衡与和谐的终极研究关怀 ……………………… 274
　　一、兼具微观与宏观的问题意识 ………………………………… 274
　　二、多学科面向的整合研究 ……………………………………… 277

结语　从"对立"到"整合"：两种研究范式的理论进路 ……… 281

参考文献 ………………………………………………………………… 292

绪论：从"效果"到"影响"①

丹尼斯·麦奎尔（Denis McQuail）的名言——传播学研究归根到底是媒介效果的研究②，最精辟地概括出了媒介效果研究的学术地位与学术价值。对个人而言，传媒可能影响人们的认知、信仰、态度、情感和行为。从社会和文化的角度看，传媒可能影响公众舆论、公众对重大公共事件的认知、对民意气候的关注、对政治的参与，也可能影响一个国家的经济发展和凝聚力，甚至造成社会的分裂与碎片化。③ 效果研究不但是西方大众传播学研究的核心部分，也成为社会研究、政治研究、文化研究以及经济研究的重要构成。伊丽莎白·M. 佩斯（Elizabeth M. Perse）认为，媒介效果研究之所以成为传播学研究的重要领域，原因如下：其一，大众传媒是重要的社会机构；其二，大众传媒已成为重要的经济力量；其三，大众传媒是重要的政治力量，主要包括监督官方行为和为政治信息与行动提供讲坛；其四，大众媒介还是重要的娱乐和新闻来源。④ 媒介效果具有实践与理论的双重意义。在理论上，虽然大多数学者认为媒介具有效果，但对其效果的重要性和必要性认识不够，媒介效果研究不仅有助于这一方面知识的增加，而且可将此知识运用于传播实践和政策导向；在实践层面，"效

---

① 虽然在中文中 effect、influence 和 impact 都可以被翻译成"效果"，但这三个词在英文论述中是有区别的。effect 是在直接的、线性的因果关系中，强调媒介内容所造成的结果，是一个相对微观的概念；influence 和 impact 则更多地强调在一定的社会和文化环境下，多种因素之间的关联与相互作用，相对宏观。因此，批判学派和文化研究学者在论述媒介效果问题时，更多地使用 influence 和 impact，更有学者认为应该用 influence 取代 effect。为了区别二者，本文将 effect 译作"效果"，将 impact 和 influence 译为"影响"。语词的区别在一定程度上表明了不同学派对概念理解与界定的不同，研究范式的差异以及学术风向的某些变化。

② Denis McQuail. *McQuail's Mass Communication Theory* [M]. CA：Sage Publications，2000：416.

③ 魏然、周树华、罗文辉：《媒介效果与社会变迁》，中国人民大学出版社 2016 年版，第 346 页。

④ Elizabeth M. Perse. *Media Effects and Society* [M]. NJ：Lawrebce Erlbaum Associates，2001：15-17.

果"自始就是一个实用性的概念,媒介有无效果,媒介有多大的效果,成为政客、广告商等各界人士对媒介进行取舍的重要甚至唯一指标。"效果"既是传播实践的终极目标,又是传播学术研究的重要起点。正因如此,媒介效果研究自诞生之日起,就在传播学研究领域占据了支配性地位。

西方媒介效果研究不仅在学术发展的脉络上贯穿了整个传播学发展的历史,有关媒介效果的理论、议题与研究方法,无论在数量上还是质量上,都成为传播学的重要学术构成,在某些方面甚至对传播学的整体发展起到了定位与定向的作用。在这个意义上,对媒介效果研究历史的考察与梳理也是从一个特定的角度对传播学理论发展源流的学术再思考。

与此同时,媒介效果研究又是传播学领域中的"是非之地"。首先,它从未得出过相对一致的观点或结论。相反,许多媒介效果研究是相互矛盾、针锋相对的。其次,媒介效果的研究动机、研究范式及议题本身都遭受到经验学派之外的传播学学者的普遍质疑,甚至定义媒介效果也"因为其在理论类型(theoretical styles)、研究问题和搜集证据及做出推论之方法上的多样性而成为一个困难的工作"①。再次,媒介效果研究在整体上呈现出自身的悖论:一方面,随着传播学研究的逐步成熟与多元,媒介效果研究的主导性与支配性地位备受争议,"效果的终结"、"影响是一个可质疑的传播学研究的核心"等,诸如此类的学术观点渐成气候;另一方面,学术界与社会各界对媒介效果的关注与探讨却依然热烈,有关媒介效果研究的论著在数量上不逊当年,而且一旦重大社会事件或社会运动出现时,媒介效果更会成为首要的研究对象。

伴随着传播学从学术领域的"新生儿"逐渐成长,逐步成熟,媒介效果研究在一个充满对抗与争议的语境下,确立并引导着传播学研究的多重面向。社会环境与学术理念的发展嬗变,使媒介效果研究在思辨与论战中呈现出阶段性的转向与动向。绪论部分将从研究落差、范式之争和思考路径三个方面论述本书的研究缘起、主要观点以及研究思路。

研究落差:西方与中国

1960年,约瑟夫·T.克莱珀(Joseph T. Klapper)在《大众传播的效

---

① Jack M. McLeod, Gerald M. Kosicki, Zhongdang Pan. On understanding and misunderstanding media effects. In James Curran and Michael Gurevitch (Eds.), *Mass Media and Society* [M]. London: Arnold, 1991: 235.

果》(The Effects of Mass Communication)一书中用"悲观主义"与"希望"二词描述了当时媒介效果研究的状况与问题。他认为,悲观主义之所以同时存在于外行公众和专业研究者之中,原因在于,虽然有关效果研究的文献越来越多,但却无法回答教师、传教士、父母和立法者问过上千遍的问题,如媒介中的暴力内容是否应该为青少年犯罪承担责任,媒介逃避现实的特性是否蒙蔽了人们对现实的认识,媒介在政治性的说服中能起到什么作用,等等。对该领域的研究者而言,汗牛充栋的效果理论与假设,不但未能解惑答疑,反而因不同理论之间的背道而驰或相互矛盾而使媒介效果问题愈加扑朔迷离、难以琢磨。然而,20世纪60年代的媒介效果研究并未因此陷入绝望。乐观主义的产生缘于两个现象:一是"现象主义的"方法(phenomenistic approach)成为效果研究中出现的引人注目的新导向,这一导向使媒介效果理论脱离了"魔弹论"的思维定势,转向为"情境化的"(situational)、"功能性的"(functional)效果;二是出现了一些试探性的总结(tentative generalizations),认为大众传播通常并不是效果产生的必要和充分条件,而是经由一些中介因素产生影响。简言之,克莱珀所谓的"希望"即"有限效果论"的提出。

近半个世纪以前的创见,如今早已成为传播学教科书中必不可少的章节,借用克莱珀的"悲观"与"希望"来概括当今西方媒介效果研究的争鸣同样贴切。如今,媒介效果研究在传播学中独领风骚的繁盛早已不再,悲观主义者的质疑不仅仅止于媒介效果理论的实用性和统一性,更有甚者认为,"效果研究已经终结"。但与此类感慨多于论证的"断言"不同,翻开西方传播学主流学术期刊,尤其是美国期刊,效果研究依然是众多学者研究的领域和关注的话题。

近60年的时光之隔,截然不同的学术环境,媒介效果研究的境遇却有着惊人的相似。"悲观"与"希望"有意无意之中贯穿了西方媒介效果研究的始终。纵观历史,"悲观"的根源在于,从未停息的分歧与争议使媒介效果研究理论难以产生一以贯之的深远影响,这一方面使其无法就社会现象给予公众令人完全信服的解释,另一方面也使其自身的学术价值与地位受到撼动。但"希望"的缘由也恰恰来自于这些分歧与争议,思想的火花、大胆的假设与创新的论断正是在不断地探讨、论争与说服的过程中逐渐丰富、逐渐成熟。这不仅使学术研究本身保持了持续发展的旺盛精力,也使公众能在一个更为多元、更为自由的空间中认知、解读与媒介相关的社会问题。在某种意义上,悲观与希望并存的学术境遇使媒介效果研究保持了在争论中前行的动力与活力。

与西方如火如荼的学术论争形成对照，媒介效果研究一直是中国传播学研究领域中的弱项。这一方面当然与中国传播学整体研究水平和学科积累相关，另一方面也与中国传播学实证研究范式的缺失不无联系。

20世纪80年代以来，"尽管受众及媒介效果一直是西方大众传播研究中的核心部分，研究大陆传媒的学者在传统上则较注重于媒介机构和媒介内容，对受众及媒介效果均缺乏足够的注意和研究。在有关的英文文献中，有上百本书和论文涉及大陆传媒系统的体制、运作、内容等；但论及大陆受众行为及官方宣传效果的却寥寥无几。"以"冷战学派"（Cold War School）和"发展学派"（Developmental School）为理论基础的西方对中国传播的研究，缺乏系统的实证研究和证据。"冷战学派"盛行于1950—1960年前后，在当时西方社会的主流思想意识（即冷战意识）的影响下，研究大陆传播的学者群（那时人数不多，尚形不成圈）着重研究中国将大众传媒与人际交流渠道用于政治宣传的操作过程及方法。20世纪70年代，"发展理论"随着国际传播学界对西方主流理论的反思而兴起，研究大陆传播的学者们也纷纷一反传统，转向赞扬中国宣传在社会转变与发展中的作用。尽管"冷战学派"与"发展学派"对中国宣传的贬褒不同，但二者均缺乏系统的实证研究和证据。20世纪80年代以后，西方传播学研究成果逐渐进入中国传播学研究的视野，中国媒介效果的实证研究在数量上日渐增多，但依然问题重重。中国学者对受众及媒介效果的研究大部分是描述性的，缺少理论指导；有一小部分研究虽然着重理论，但多局限于20世纪50年代到60年代西方的现代化理论（modernization theory）框架之中。而海外学者的研究，虽强调验证西方的理论假设，但这些假设却不足以解释在独有社会文化背景下的中国受众特点。① 就中国传播学整体发展而言，这一时期的主要研究取向与成果依然是对西方传播理论的译介，相关专著主要是结合中国实际问题、对西方已有媒介效果理论的运用，或者说是在中国的具体环境下对西方媒介效果理论的测试（testing）。

进入20世纪90年代中后期，传播学在中国的整体发展呈现出惊喜之势。但囿于研究传统与研究范式，媒介效果依然未能成为中国传播学研究的核心议题，多是作为传播学概论或传播理论教材的一个章节。"星星之火"渐成"燎原之势"的情形出现于2000年之后，中国陆续出版了一些直接以"效果"为题或以某效果理论为题的著作。例如，《电视与暴力：中国

---

① 祝建华：《中文传播研究之理论化与本土化：以受众及媒介效果的整合理论为例》，载《新闻学研究》2001年第68期。

媒介涵化效果的实证研究》，在对涵化理论进行全面回顾和系统梳理的基础上，充分考虑中国传媒机制、受众状况、文化环境等变量，以实证的手段检验涵化假设在中国的适用性，探索中国大众传媒涵化功能的存在状态及作用特征。①《媒介与奥运：一个传播效果的实证研究》采取实证调查的方法，以北京两次申办奥运会为案例，剖析各种媒介的传播策略，用具体的统计数据呈现传播的作用与效果。②在《社会结构与媒介效果："知沟"现象研究》一书中，作者首先对西方媒介效果研究的"知沟"理论与实证成果进行了系统梳理，随后通过在上海、北京、兰州三地的实证调查，在中国目前的社会环境与传播环境下，对"知沟"假设进行了检验，并提出相关建议。③《传播学视角下的艾滋病议题：议程设置过程的实证研究》，以艾滋病议题为研究对象，以议程设置为理论框架，以《人民日报》的艾滋病报道为样本，分阶段分析了1985年以前、1985—1988年、1989—1994年、1995—2002年，以及2002年以后的媒介议程与政策议程，讨论了艾滋病议题在中国的议程设置过程和媒介在艾滋病防治政策执行过程中的作用。④

2010年前后，有关特定媒介形态或媒介产品影响力的研究日益增多，研究方法也迅速与西方接轨，实证研究逐渐在效果研究中占据主导地位。其中较有代表性的是：

教育部哲学社会科学研究重大课题攻关项目成果《中国大众媒介的传播效果与公信力研究——基础理论、评测方法与实证》，从基本概念的界定、维度探讨、影响因素分析、生成机制、对传播效果的影响五个方面对"媒介公信力"问题进行了系统的理论探讨，基于我国现实媒介公信力判断维度的理论假设和媒介公信力生成模式，全面分析了公信力对媒介功能的影响，并建立起一个可将中国大众传媒公信力状况进行量化表达的传媒公信力测评指标体系。⑤

教育部人文社会科学重点研究基地的重大项目成果《中国互联网新闻传播结构、功能、效果研究》，对媒体网站、商业网站和网民这三种互联

---

① 龙耘：《电视与暴力：中国媒介涵化效果的实证研究》，中国广播电视出版社2005年版。
② 柯惠新、王兰柱：《媒介与奥运：一个传播效果的实证研究》，中国传媒大学出版社2010年版。
③ 丁未：《社会结构与媒介效果："知沟"现象研究》，复旦大学出版社2003年版。
④ 肖明：《传播学视角下的艾滋病议题：议程设置过程的实证研究》，中国传媒大学出版社2007年版。
⑤ 喻国明：《中国大众媒介的传播效果与公信力研究：基础理论、评测方法与实证分析》，经济科学出版社2009年版。

网新闻传播的主体以及它们之间的关系进行了研究，以实证方式对中国新闻网站的影响力格局进行了分析，探究了公民新闻活动的机制及其对中国互联网新闻传播格局与社会发展的影响，从结构、功能和效果三个角度，解析了中国互联网新闻传播的独特运行轨迹，阐释了互联网新闻传播与中国社会全方位的互动。①

《大视频时代广告策略与效果测量研究》针对大视频传播环境的新挑战，对消费者多屏生活形态与视频媒体接触习惯、广告主视频媒体运作策略、视频媒体广告效果测量与评估体系、视频媒体广告效果优化策略等问题进行了研究。②

《幻影注意力：基于眼动实验的植入式广告效果研究》以电影为研究对象，采用眼动实验方法分析植入式广告的传播力如何、传播效果是否理想、植入式广告与消费者决策之间有何关联等议题，并建立了包含受众、信息呈现、主观评价、转化率等关键因素在内的评价指标体系。③

《中国对外传播的客居受众效果研究》从受众的视角出发，通过对在华外国人媒介使用的现状调查，立足于实证研究的数据分析和一手访谈素材，获悉其对中国媒体的使用和评价情况，从而获得中国对外传播的效果现状，寻找影响中国对外传播效果的因素，为厘清对外传播的思路、建立有效的对外传播路径提供理论支持。④

《媒介效果与社会变迁》从历史的演进过程探讨媒介效果理论的发展轨迹，不仅分析西方主流理论，而且通过华人的视角，结合中国大陆、香港、台湾展开实证研究，探讨中国人关注的议题，验证西方媒介效果理论的实用性，既指出媒介效果研究面临的问题，又对传媒研究未来的发展进行启发式思考。⑤

《微博公益传播涵化效果研究》以微博的公益传播活动为研究对象，关注新媒介涵化作用的积极效果。通过精确描述微博公益传播影响用户公益认知、态度和行为动机的过程机制和关系模式，分析微博公益传播在亲社会化方面具有的微观和宏观效果，以及这些效果的媒介根源，并讨论促

---

① 彭兰、高钢：《中国互联网新闻传播结构、功能、效果研究》，高等教育出版社 2011 年版。
② 黄升民：《大视频时代广告策略与效果测量研究》，中国传媒大学出版社 2014 年版。
③ 赵曙光：《幻影注意力：基于眼动实验的植入式广告效果研究》，复旦大学出版社 2014 年版。
④ 王帆：《中国对外传播的客居受众效果研究》，复旦大学出版社 2014 年版。
⑤ 魏然、周树华、罗文辉：《媒介效果与社会变迁》，中国人民大学出版社 2016 年版。

进积极效果发挥的实际策略与操作方式。①

除此之外,西方媒介效果研究的经典译著相继出现。总体上,译著包括三大类别:

一类是学术名著。如 2012 年唐茜翻译了保罗·F. 拉扎斯菲尔德(Paul F. Lazarsfeld)、伯纳德·贝雷尔森(Bernard Berelson)和黑兹尔·高德特(Hazel Gaudet)合著的《人民的选择(第 3 版)》(The People's Choice),该书通过对 1940 年美国大选中的民意进行研究,提出了"两级传播流"和"意见领袖"等理论,为大众传播研究在研究方法和研究设计上做出了开创性贡献,奠定了主要作者拉扎斯菲尔德作为"工具制造者"的传播学先驱地位。2015 年张建中、李雪晴和曾苑等翻译了卡尔·霍夫兰(C. I. Hovland)、欧文·贾尼斯(I. L. Janis)、哈罗德·凯利(H. H. Kelley)的《传播与劝服:关于态度转变的心理学研究》(Communication and Persuasion: Psychological Studies of Opinion Change),该书论述了霍夫兰对传播学最突出的贡献:一是将心理实验方法引入传播学研究;二是通过研究揭示了传播效果形成的条件性和复杂性,对否定早期的"魔弹论"效果观起到了很大作用。霍夫兰在研究中提出的一些概念,如可信度、对宣传的免疫力、恐惧诉求、休眠效果,等等,都是引导后来研究的起点。2016 年张宁翻译了伊莱休·卡茨(Elihu Katz)和保罗·F. 拉扎斯菲尔德的《人际影响:个人在大众传播中的作用》(Personal Influence: the Part Played by People in the Flow of Mass Communications),这项在美国伊利诺伊州迪凯特市所做的先驱性研究聚焦于日常生活中的决策制定过程,如公共事务、时尚、电影观看、消费行为等,拉扎斯菲尔德发现,大众媒介的讯息在传播过程中经由了"意见领袖"的中转,他们在其所处的人际关系网络中为其他人筛选、解释并扩散自己的所见所闻。

一类是经典教材。如中国人民大学出版社 2004 年和 2009 年先后出版了希伦·A. 洛厄里(Shearon A. Lowery)与梅尔文·L. 德弗勒(Melvin L. Defleur)合著、刘海龙等译的《大众传播效果研究的里程碑(第 3 版)》(Milestones in Mass Communication Research: Media Effect);2006 年陆剑南等翻译了詹宁斯·布赖恩特(Jennings Bryant)、苏珊·汤普森(Susan Thompson)的《传媒效果概论》(Fundamentals of Media Effects);2008 年和 2013 年何朝阳、王希华分别翻译了格兰·斯帕克斯(Glenn G. Sparks)的《媒介效果研究概论》(Media Effects Research: A Basic Overview)第 2 版和第

---

① 刘绩宏:《微博公益传播涵化效果研究》,中国传媒大学出版社 2017 年版。

4版；2016年段鹏翻译的约瑟夫·T. 克莱珀的《大众传播的效果》(The Effects of Mass Communication)。

一类是论文集。如2005年何道宽翻译的《传播与社会影响》(On Communication and Social Influence)是19世纪法国社会学创始人之一加布里埃尔·塔尔德(Gabriel Tarde)的选集，塔尔德对公众与群众、公共舆论与大众传播的论述至今犹如洪钟巨响，具有振聋发聩的震撼力量。编选者特里·N. 克拉克(Terry N. Clark)教授精心撰写的长篇绪论分10个方面论述塔尔德的成就，系统而详尽地论述了塔尔德的理论框架、核心思想、杰出成就，以及他与埃米尔·迪尔凯姆(Émile Durkheim)论战的是是非非。2009年石义彬、彭彪翻译了简宁斯·布莱恩特(Jennings Bryant)和道尔夫·兹尔曼(Dolf Zillmann)编著的《媒介效果理论与研究前沿（第2版）》(Media Effects: Advances in Theory and Research)，由多位传播学经典理论的创始人担任主笔，他们概要性地、系统性地、前瞻性地将媒介效果研究领域数十年的研究成果集于一书，是传播学实证研究的典范，有着方法论上的借鉴意义。

无可否认，随着中国传播学在研究资料上的丰富，在研究理念与范式上的整体进步与发展，媒介效果研究的地位日渐提升。但相对于西方经多年积累而成的研究惯例与研究根基，中国媒介效果研究依然略显落寞，媒介效果尚未成为一个独立的、焦点性的研究议题。首先，在著作译介方面，根据内容细分，20世纪80年代以来传播学译著中，与"媒介效果研究"相关的，1984—1992年数量为0，1997—2002年也仅有1部，远低于"传播学一般知识"和"新媒介"等内容的著作[1]，媒介效果明显是传播学译介方面的弱势群体；其次，就中国传播学自身的研究成果而言，20世纪90年代是中国大陆传播学发展的新阶段，研究领域不断扩大，对人际传播、跨文化传播和批判学派的研究逐步加强，在大众传播领域，大众文化成为新的研究对象，但总的来说，由于研究方法等因素的制约，中国大陆传播学的实证研究还未展开，更多的研究者倾向从文化学的角度去分析传播效果。[2] 除此之外，在对媒介效果研究的观念认识上，似乎也有学者走入了另一个极端，即把效果研究等同于实证研究。因而在研究取向上，

---

[1] 黄旦、丁未：《传播学科"知识地图"的绘制和建构：20世纪80年代以来中国传播学译著的回顾》，载《现代传播》2005年第2期。
[2] 廖圣清：《20世纪90年代的中国大陆传播学研究》，载《复旦学报（社会科学版）》2003年第1期。

着重于对单个理论的整理与检验,缺乏对媒介效果研究的整体考察与系统观照。在研究方法上,由于学术训练与研究经费的限制,既无法复制细致入微的、经验主义的实证分析,又因急于突破传统,而不愿重复中国学者更为擅长的理论思辨,因而也缺少了宏观大气的、批判学派式的整体反思。在这个意义上,如今中国媒介效果研究同样"悲观"与"希望"并存,有"悲"有"喜":"悲"在于依然陷于研究范式二元对立的抉择中苦苦挣扎,"喜"在于相对短暂的学术历史为中国媒介效果研究留下了较为单纯的讨论空间,少了一分对抗,多了一分融合。

基于西方与中国的研究落差,面对近乎对立的双重语境,面对评价与事实之间的"悖论",使得对西方"媒介效果研究的研究",探讨西方媒介效果研究的历程与转向,成为一个有趣而重要的议题,也是厘清其历史与现状的必由之路。媒介效果,究竟是一厢情愿的臆想还是严密推证之后的论断?唯有在对西方媒介效果研究的历史与现状做出全面而详尽的考评之后,才有可能得出一个具有说服力的答案。截然对立的学术评价,可能缘于"学术保护主义"观念下的相互排斥,也可能缘于对媒介效果研究本身的模糊认识。

综上所述,西方媒介效果研究考察的意义,一方面在于从反思中寻求突破,打破惯性思维,确立新的研究视角与考察途径,对西方媒介效果的研究成果进行分析、比较、批判与整合;另一方面在于从"已知"中寻求"未知",通过全面而系统地审视现有的知识地图,从中发现新的问题,寻找新的解答,展现"西方媒介效果研究"一个实际的全貌。

范式之争:质疑与辩护

"范式"(paradigm)一词最早出现在托马斯·库恩(Thomas S. Kuhn)的《科学革命的结构》(*The Structure of Scientific Revolutions*)一书中。库恩提出,"范式"应具有两个基本特征:一是成就空前地吸引一批坚定的拥护者,使他们脱离科学活动的其他竞争模式;二是为重新组成的一批实践者留下有待解决的种种问题。包括定律、理论、应用和仪器在一起的"范式",为特定的连贯的科学研究传统提供模型,加入特定科学共同体的成员都是从相同的模型中学到这一学科领域的基础,承认同样的规则和标准，很少在基本前提上发生争议。① 在我国传播学研究中，有关范式的讨论并不在少数。根据金兼斌在《传播研究典范及其对我国当前传播研究的启示》②一文中对范式研究的梳理，传播学研究中对范式的分类可大致归纳为"二分法"和"三分法"，前者虽然有不同的名称，但所指相差无几，包括：科学研究和非科学研究；定量研究和定性研究；社会科学和人文主义研究，等等。后者则将传播学研究范式分成社会科学研究范式、诠释研究范式和批判研究范式。作者指出，二分法"尚显粗略和笼统"，研究者对三分法的认同度总体较高。③ 蔡骐的《传播研究范式与中国传播学的发展》一文认为金兼斌提到的三种范式为目前学界所公认，西方以社会科学研究范式为主导，而中国依然是批判研究范式占强势。④ 陈力丹在《试论传播学方法论的三个学派》一文中也肯定了"三分法"，他综合陈卫星的《传播的观念》和胡翼青的《传播学：学科危机与范式革命》的观点⑤，将传播学划分为经验-功能学派、技术控制论学派和结构主义符号-权力学派。⑥ 虽然不同学者对不同范式有各自的表述，但总体上赞同传播学研究范式的"三分法"。本文提出"两种范式的对话"似乎有离经叛道之嫌，但细读以上各位学者的论述，不难发现，诠释研究范式与批判研究范式在多个层面相互重合，在某种意义上，诠释研究范式可以视为批判研究范式的一种细分。具体而言，可以从以下几个方面为"二分法"找到存在的理由：

首先，就研究方法与目的而言，从金兼斌三类研究范式的比较表格可以看出，诠释研究范式和批判研究范式在与研究方法、研究目的关联度较大的比较项目上，如"检验假设""取样""数据分析"等，高度一致（金兼斌将 Fink 和 Gantz 有关大众传播研究三种范式的划分以表格的方式呈现，详见表1）。

---

① [美]托马斯·库恩：《科学革命的结构》，金吾伦、胡新和，译，北京大学出版社2003年版，第9页。
② 我国港台学者通常将 paradigm 翻译为"典范"。本书引文中保留了原文作者的译法。
③ 金兼斌：《传播研究典范及其对我国当前传播研究的启示》，载《新闻与传播研究》1999年第2期。
④ 蔡骐：《传播研究范式与中国传播学的发展》，载《国际新闻界》2005年第4期。
⑤ 陈卫星划分为经验-功能、控制论和结构主义方法论三个学派；胡翼青划分为经验主义、技术主义和批判主义三种范式。
⑥ 陈力丹：《试论传播学方法论的三个学派》，载《新闻与传播研究》2005年第2期。

表1　　　　　　　　　大众传播研究的三种范式①

	社会科学研究典范	诠释研究典范	批判研究典范
1. 本体论（对世界和社会的基本看法）	世界是客观存在、有序和可解析的	社会是一个动态现实；现实依赖于当下的背景	社会现实是权力意志和价值争斗的体现
2. 认识论	人的认识（知识）具有客观性和普适性	知识是人认识世界过程中创立的，具有主观性、多样性	知识来自对社会内在价值和意识形态的判断和批判
3. 研究问题的性质	寻求和测量变量的中心趋势（central tendencies）	寻求现象在具体场景下的意义并加以解释	对价值进行分析、判断和批判
4. 建立理论（研究目的I）	预测和控制	理解	社会变革
5. 检验假设（研究目的II）	有正式的假设	并无正式的假设	并无正式假设
6. 取样（研究方法I）	随机抽样原则	全体研究，个案研究或非随机样本	非随机样本
7. 数据搜集（研究方法II）	统计分析（通过问卷调查等）	观察、深度访谈和文献研究	意识形态和价值批判
8. 研究合理性（有效性）	通过研究工具的科学运用，以研究结果的合理性为基础	通过研究者之间或第三者对研究合理性进行判断	无需交代
9. 数据分析	定量分析为基础	定性分析和整体解释	可归于定性分析，是一种评判过程
10. 归纳推广	研究结果推广至全体	结论不作推广	有时应可推广至其他场合

其次，就研究取向而言，社会科学研究范式是客观性取向（objective approaches），而诠释和批判范式同属主观性研究取向（subjective approaches）；社会科学研究范式归属于社会科学取向，而诠释和批判范式同样归属于人

---

① 金兼斌：《传播研究典范及其对我国当前传播研究的启示》，载《新闻与传播研究》1999年第2期。

文科学取向。

再次，就理论来源而言，"与批判学派类似，符号学（semiotics 或者 semiology）、现象学（phenomenology）和解释学（hermeneutics）理论成为诠释研究的有力工具。由于批判学派和诠释研究典范的这种特点，它们有时被合称为'诠释和批判论'"①。"当前庞杂的文化研究版图中至少有一分支可以归入传播的诠释研究范式，虽然我们并不能因此而否定其时隐时现的批判色彩。当然，需要强调的是，文化研究包罗甚广，其中属于批判研究范式的研究目前依然大量存在。"②对文化研究归属的模棱两可，也从一个侧面肯定了诠释范式与批判范式的共同理论基础。

此外，陈力丹先生的三分法虽然使用了不同的术语，但根本的不同在于，将"技术控制论"单列出来，其理由是技术主义"在新媒介技术急遽发展的当前，这种独特的研究视角到了应当独立看待的时候了"③。但具体到媒介效果研究，这类议题同时被经验学派和批判学派所关注，差别仅在于研究方法与取向的不同。在经验研究中，技术更多是作为一种研究起因或研究背景而存在，如暴力研究、发展传播研究，等等。只有在批判研究中，技术才剥去了中立的面孔，被视为一种控制的权力，从而成为研究的重心之一。

因此，西方媒介效果研究中的范式之争，事实上依然集中体现在经验学派与批判学派之间，"范式"是争论起点，更是争论焦点。为了论述的方便，本书将以实证主义导向的研究归入经验学派，将以文化研究和批判研究为导向的学术群体归入批判学派。在很长一段时间内，实证主义的话语在媒介效果研究中可谓一枝独秀，但随着批判学派与文化研究在传播学领域的后来居上，批判话语的声音逐渐嘹亮。这两大学派之间的质疑与辩护，可以简单地概括为四次讨论、十大错误及五大误解。

四次讨论

美国《传播学期刊》（Journal of Communication）围绕传播学学术身份、学科发展和研究范式等议题出版过四次特刊，分别是 1983 年"领域的骚动"（Ferment in the Field）④、1993 年"领域的未来：在分裂与结合之间"

---

① 金兼斌：《传播研究典范及其对我国当前传播研究的启示》，载《新闻与传播研究》1999 年第 2 期。
② 蔡骐：《传播研究范式与中国传播学的发展》，载《国际新闻界》2005 年第 4 期。
③ 陈力丹：《试论传播学方法论的三个学派》，载《新闻与传播研究》2005 年第 2 期。
④ 台湾地区译为"发酵中的园地"。

(The Future of the Field: Between Fragmentation and Cohesion)、2008 年"交集"(intersections)和 2018 年"新酵母"(Ferments of the field)。这四次讨论纪录着传播学学术成长的主导趋势和关键发展,在传播学史上堪称经典,众多传播学界的知名学者为这四期特刊撰稿,其刊发的论文日后成为许多院校传播学研究和教学的必读书目,在众多传播学研究中也广为引用。

1983 年的特刊由乔治·格伯纳(George Gerbner)担任主编。这期特刊集中刊出了 10 个国家、41 位著名传播学学者撰写的 35 篇论文。讨论围绕两个根本问题展开,一是有关传播学的学科地位:传播学究竟是独立的学科还是进入其他学科研究的一个"简单易入"的大门或通道?二是有关传播学的研究方法:经验研究与批判研究应该各自为政、相互对立,还是相辅相成、共同发展?1993 年重在思考"领域的未来",编者用两期特刊的篇幅就传播学领域十年间新出现的问题与未来进行了又一次颇具影响的讨论。这次共刊登出 48 篇论文,围绕 5 个争议性议题展开:(1)该领域原有的论战大部分已经解决,新的论争尚未出现,寻找通用的传播学研究范式的渴望已经被更易接受的理论多元主义所取代;(2)传播学既不能影响新闻和传播实践,也不能规划传播政策,未来它将更关注与社会相关的研究;(3)传播学之所以缺乏学科地位,原因在于没有核心知识(core of knowledge);(4)冷战虽然已经结束,但意识形态和方法论上的斗争依然在分裂着我们的研究领域;(5)媒介效果问题仍然是传播学研究的黑匣子,依然在提出无法解答的问题。编者把这两期特刊称为"经验主义的观察报告",他们发现传播学领域的"向心力"与"离心力"同时存在,研究范式之间依然相互作战。编者认为,传播学研究可以粗略地划分为"两个半模式":第一个是轮廓分明的行为科学,第二个是阐释性的人文研究,另一种规模小得多、只能作为"半个"的是传播政策研究。2008 年特刊篇幅相对较小,但对传播学研究范式和效果的关注依旧。2018 年特刊以"新酵母"为题,一方面是对格伯纳的致敬,另一方面也是《传播学期刊》对研究传统的某种坚持和延续。最近的这次讨论有众多学者希望能够重新建构两种范式之间的对话机制,以助批判学派重放光芒。

虽然这四次特刊的讨论并非完全围绕媒介效果研究展开,但它在媒介效果研究中影响甚广,有多篇文章直接或间接与媒介效果研究相关,尤其是在研究范式层面。不同学者持有不同的立场与观点,既有强烈支持经验研究的"经验派",也有强烈支持批判研究的"批判派",但经过反复研讨,越来越多的学者主张,经验研究与批判研究应该取长补短、相互融合,虽然这其中有些对经验研究更为青睐,有些对批判研究有所倾向,但总体上形成了阵容强大的"折衷派"或"融合派"，一如格伯纳在这次讨论中看到的欣喜，"现在传播学者们能以更平衡的观点来看待方法论的问题"①。在这个意义上，四次特刊讨论可以视为西方媒介效果研究"范式对话"的缩影。

十大错误

1998年英国学者大卫·岗特里特（David Gauntlett）的论文《媒介"效果"模式的十大错误》（*Ten Things Wrong With The Media "Effects" Model*）集中表述了文化研究学者和批判学派对媒介效果研究的质疑，矛头直指媒介暴力研究，再一次把经验研究与批判研究的范式之争推向了新的高潮。岗特里特把这种声称媒介与人类行为之间有直接效果或可预测性效果的研究体系称为"效果模式"（effects model）。他首先质问，虽然经历几十年的、成百上千的研究，人们使用媒介与随后发生的行为之间的关系依然晦涩，虽然研究者对效果研究表现出无比的热情与耐心，但面对这个缺乏一致意见的论题，我们现在应该后退一步，保持距离地追问：为什么没有一个关于媒介效果的清晰答案？经过对相关研究的细致分析，他认为可以得出两个结论：①经过六十年的大量研究，媒介对于行为的直接效果仍然没有被清晰地确定，因而我们可以说，发现二者之间的关系并不简单；②媒介效果研究自始至终使用了错误的方法来研究大众传媒、受众和社会。这种误导以多种形式表现出来。

1. 效果模式使社会问题退居其次

在解释社会中的犯罪与暴力问题时，犯罪学研究者常常不是把视野放在媒介上，而是从社会因素，如贫穷、失业、住房供给、家庭和群体行为上寻求解释，而媒介暴力研究则不同，它是从媒介开始，然后试图与社会扯上关系。在这个意义上，媒介效果研究可谓本末倒置，在方法上造成了问题的后退。

2. 效果模式认为儿童是不合格的（inadequate）

心理学导向的学术研究，建构了"儿童"的概念，并坚持以特殊的观念看待儿童。把社会问题归因于未成年人的能力缺乏，有"谴责受害者"（blame the victim）之嫌②，偏重于对个体进行心理分析，而隐蔽其后的结

---

① George Gerbner. The importance of being critical: In one's own fashion [J]. *Journal of Communication*, 1983, 33(3): 355-362.
② 美国心理学学者威廉·赖安（William Ryan）于1972年在《谴责受害者》（*Blaming The Victim*）一书中提出了这一概念，意思是指，把"问题制造者"的污名归咎于受害者身上。他在书中举出了众多具体例证，认为种族、小区、学校、家庭、工作环境等都存在着"谴责受害者"的意识形态。

构性联系。

3. 效果模式的假设具有保守意识形态的特征

媒介效果研究和电视暴力的内容分析，坚持认为"反社会行为"是一个可被测量的客观范畴，乐此不疲地用内容分析的方法计算媒介中各种"侵犯性行为"，并得出一个非常高的数量，如格伯纳的研究。虽然美国媒体中无理由的暴力行为可能达到一定的数量，而且是令人不愉快且不必要的，但它并不能总被假定为是因为不好的原因或毫无理由。媒介效果研究者对暴力行为"数量"的强调使人误认为暴力行为的"意义"并不重要。

4. 效果模式缺乏对其研究目标的充分定义

效果研究想当然地界定媒介的内容，就像界定真实社会的行为特征——反社会行为或亲社会行为——一样，把节目也分为"反社会"（antisocial）或"亲社会"（prosocial）节目。这是一种意识形态的价值判断。而且，媒介效果研究还把一些语言侵犯或打击无生命物体都认为是暴力行为。事实上，究竟是少数的还是极端的媒体暴力内容，引发了真实世界中严重的或细微的暴力反应，通常是不可能辨别的。

5. 效果模式通常是基于人工元素和假设（artificial elements and assumptions）

媒介效果的社会学研究需要大量的时间和金钱，为了保证研究的数量，不得不通过一些人工元素来简化研究。典型的例子是，在实验室中进行研究，或者在看似自然的环境中，如教室，但研究者会在教室中出现并采取一些怂恿的行为。同时，研究者给参与实验者看的电视节目也是经过选择录制下来的片段。显然，这些实验环境与自然的收视情境有很大的差别，而且实验用的节目片段也割裂了其与日常电视节目的情境联系。如阿尔伯特·班杜拉（Albert Bandura）的"波波玩偶实验"（bobo doll experiment）。这种研究方法假设实验对象在实验过程中不会因为被观察或被提问而改变自己的行为或态度，但已有学者研究证明，观察者的举止、外形和性别会强烈影响儿童的行为，因此此类研究的有效性应受到质疑。

6. 效果模式常常滥用方法

方法的错误导致了结论的错误。一方面，同一个实验在不同时期进行会得出完全不同甚至自相矛盾的结论；另一方面，后来的研究者采取同样的方法进行实验却得不到相同的发现。方法的滥用，使研究不能证明一件事情导致了另一件事情的发生。例如，暴力的人通常喜欢观看暴力电视节目，但这并不能证明是暴力电视节目导致了人的暴力个性。同样，儿童的反社会行为倾向与其对暴力电视节目的特殊兴趣之间有一定的逻辑联系，但这并不能得出是这些暴力电视节目导致了儿童的暴力行为这一结论。

7. 效果模式在批评媒介的暴力描述时是有选择性的

效果研究除对"反社会行为"进行了意识形态性的界定之外，也把对"暴力"的声讨局限于虚构的媒介作品之中，新闻和严肃的真实性节目中的暴力行为被有意无意地忽略了。质疑这一点并不是说新闻节目中的暴力必须被纳入研究视野，而是意在指出效果模式无法自圆其说的哲学上的矛盾——如果虚构作品中的反社会行为会对受众的行为产生很大影响，那么为什么新闻节目中的暴力行为却不会产生明显的类似效果呢？

8. 效果模式在大众面前表现出优越感

调查表明，部分公众认为，大众媒介只会让其他人陷入反社会行为，但几乎没有一个人认为他们自己会受到大众媒介的负面影响。因此效果研究在某种意义上热衷于分析一些所谓的"弱势群体"，如不具备足够能力的儿童或"不稳定"（unstable）的个体。格伯纳的研究也认定"重受众"（heavy viewer）是缺乏选择和批判能力的。这种观点明显带有精英主义的色彩，把大众看做粗野而愚昧的。

9. 效果模式并不试图理解媒介的意义

效果模式在对内容的理解上是霸道的。它不可避免地停留于对媒介内容的简单假设和未经证实的刻板印象。效果模式认为媒介提供了单一的、清晰的"信息"，而且效果模式的倡导者能够确定那些信息是什么。剥离了具体语境的表象信息使媒介内容的意义被忽略了，如把女性打男性简单等同于暴力，进而等同于劣迹（bad）。其实，不同的受众，在不同的情境中会对同一信息有不同的解读。

10. 效果模式是缺乏理论基础的

效果模式只是一些枯燥而简单的论断，并没有理论上的推论。有一些基本的问题从来就没有被充分地证明过。如，为什么媒介能够导致人们去效仿它传播的内容？被受众观看的媒介中展示的行为如何转化成真正的行为动机，促使受众用特定的方式采取行动？等等。理论的缺乏，使媒介而不是人，成为效果研究的起点。有一些必须被证明的观点，在效果模式中成了不证自明的公理。诸如前文已提及的，儿童缺乏"对付"媒介的能力，媒介的虚构内容应该被关注，而新闻性内容则被略过，等等。这些问题的存在，归根到底都是因为效果模式的建立缺乏理论的一致性和连贯性。

岗特里特最后提出，"媒介效果"（media effect）的话语来自政客和通俗报刊，是可笑且过分简单的，不应该得到学术研究的鼓励。但"大众传媒的影响"（impact of the mass media）依然是一个充满魅力的论题，应该选择一个替代性的研究方法和程序，去除一些成见和自认为不证自明的假设。

岗特里特在著作《移动的经验：理解电视的影响和效果》(Moving Experiences: Understanding Television's Influences and Effects)的前言中，以"效果研究的终结"为题，就这一问题进行了讨论。① 他认为"效果"一词在传统观念和普遍观念中是指假设的媒介信息对个人的直接的后果和影响。虽然媒介效果的研究备受争议，但依然以传统的或新的方式延续着。效果研究已经终结，但这并不意味着传媒不再对人们的思想、观念、生活态度和世界观等产生影响。他还以小说作比，提出没有人质疑过小说对人们的思想、行为、态度等的影响，但为什么"小说效果"没有成为一个公众关注的议题，也没有成为一个专门的学术研究领域？我们丝毫不怀疑电视能影响受众的思想，但让"媒介效果"成为学术研究焦点的，是"媒介对行为有直接效果"这一观点的提出。许多学者的研究也是为了证明或强化这一观点。在这些研究中，许多都设计简陋且带有特定的目的或政治动机。暴力研究依然是其批判的主要对象。他认为，暴力研究之所以在效果研究中比其他议题具有更重要的地位，是因为几十年来的研究导向已经被政治性欲望所引导，即把电视指责为一个社会问题，以及对"新"媒介的恐惧。

之所以在此处如此详尽地转述岗特里特的观点，是因为他的论著浓缩了批判学派对经验学派媒介效果研究的批判，而且直逼范式之争的根本问题，他的众多观点成为本书立论的重要依据。

五大误解

面对批判学派和文化研究学者的质疑，杰克·M. 迈克里奥德(Jack M. McLeod)、杰拉尔德·M. 科斯基(Gerald M. Kosicki)和潘忠党于1991年撰写了《论媒介效果的理解与误解》(On Understanding and Misunderstanding Media Effects)。这是一篇为美国传统媒介效果研究进行辩护的论文，收录在英国学者詹姆士·科伦(James Curran)编著的《大众传媒与社会》(Mass Media and Society)一书中，但在该书其后出版的版本中，这篇文章被其他学者的论文所代替。② 究其原因，作者之一的潘忠党在其2004年的一篇

---

① David Gauntlett. *Moving Experiences: Understanding Television's Influences and Effects* [M]. London: John Libbey, 1995.
② Jack McLeod, Gerald Kosicki, Zhongdang Pan. On understanding and misunderstanding media effects[J]. *Mass Media and Society*, 1991: 235-266.

论文中写道:"这篇文章发表后,为很多大众传播院系用作研究生理论课的必读教材,而且也经常被引用。但是,《传媒与社会读本》①的编辑们显然对这篇文章不怎么满意,因为从该读本的第二版开始,它就不再出现。我感觉,问题不在我们这一章写得是否够好,而是《读本》的编辑们对效果研究这一领域,包括其理论成就(或缺乏成就)及方法取向,有很大保留,甚至感到格格不入。令我产生这感觉的是媒介效果这个题目在该读本中的尴尬地位:读本的第一版只有我们这么一篇实证主义取向的文章;在读本的第二版,它被英国做'新受众分析'(new audience analysis)的一位学者写的效果研究综述所取代;到了读本的第三版,效果研究不再出现,取而代之的是英国利物浦大学教授约翰·柯纳(John Corner)对'影响'或'效果'概念的解构(其实只是对社会科学取向的媒介效果研究之非常浮皮潦草的点评)。"②这一解释也大致勾勒出了英美两大学术流派对媒介效果研究的态度与取向。

《论媒介效果的理解与误解》一文认为,批判学派和文化研究学者对媒介效果研究存在"五大误解":

一是关于研究起点的误解。通常以为媒介效果研究始于20世纪40年代保罗·拉扎斯菲尔德和哥伦比亚大学的选举研究,但19世纪末20世纪初的前经验时代(pre-empirical era)已有一些理论家和社会观察家开始关注报刊的效果问题,包括马克斯·韦伯(Max Weber)、沃尔特·李普曼(Walter Lippmann)、约翰·杜威(John Dewey)和罗伯特·E. 帕克(Robert E. Park)等。韦伯甚至还有一个未完成的研究计划。美国新闻教育的奠基人威拉德·布莱叶(Willard Bleyer)同样也关注到媒介效果的问题。在这些研究者的眼中,报刊是新闻学和更大学科领域中的改革者。这在某种意义上证明了效果研究并非是行政型视角的倡导者,而是有着深厚的社会学科和人文学科的背景与根基。

二是关于经验式研究的误解。把媒介效果的经验式研究推至拉扎斯菲尔德之前十年,并不像批评者所言运用了普遍效果的简单"刺激-反应"模式。在20世纪30年代的效果研究中,简单模式和强效果假设部分表现出公共恐惧(public fear)的相关特征,但佩恩基金会(Payne Fund)资助的电影对儿童的效果研究显然并没有此类的反映。他们的研究表明,个人影响

---

① 按英文书名直译应为《大众传媒与社会》(Mass Media and Society),但此处潘忠党原文如此,把该书称为《传媒与社会读本》。
② 潘忠党:《媒介效果实证研究的话语:对一个研究领域的理解与误解之反思》,发表于中华传播学会传播学论坛,2004年1月4日。

和情境因素改变了信息的效果，这些复杂效果的总和并不能称作强大。即使是强效果论最有力的例证——广播剧"星球大战"——也只是表明某些群体比其他群体更容易相信媒介并对之作出回应。卡尔·霍夫兰有关态度变化的研究也表明，接受者的心理状况会改变媒介效果。

三是关于行政型研究（administrative research）的误解。创造出"行政型研究"这个新词来定位拉扎斯菲尔德的研究并不确切。"administrative"是指研究者从商业媒介中得到资金资助或为维持政府政策的现状所进行的研究。但事实上，早期对报刊效果的关注是基于把报刊视作改革者而不是保护媒体实践。

四是关于拉扎斯菲尔德。批评者过多地关注到拉扎斯菲尔德，视之为媒介效果研究的符号。无可否认，他的研究及其团队的确是媒介效果研究中最引人注目的，如1940年的投票研究和1948年的选举研究、对媒介竞选（media campaigns）的评论、对个人影响的研究等。他的这些研究表明，大众媒介最大的效果在于巩固已经存在的观念。媒介的效果是有限的。但同时也应该看到，拉扎斯菲尔德并不代表效果研究的全部，他的这一观念并没有被普遍接受，依然有学者坚持媒介的强效果论。有关媒介与国家发展的研究也认为媒介在社会变化中扮演着积极角色。批评者应该看到媒介效果研究的多元化结论，而不能被拉扎斯菲尔德一叶障目。

五是效果研究在拉扎斯菲尔德之后依然有历史。1970年以后，媒介效果研究在美国、西欧和部分亚洲地区都有长足发展。很大的原因在于电视发展成为一个占主导地位的娱乐和新闻媒介。电视暴力对儿童的影响成为媒介效果研究的主要关注点。批判学派和文化学者也日益加强了对媒介效果的研究。

虽然以上的简要梳理远远无法涵盖西方媒介效果研究范式之争的全貌。但"窥一斑以见全豹"，经验研究与批判研究在方法理念、整体立场与研究取向上的异同已大致清晰。当批判学派将质疑经验主义的媒介效果研究作为其主要任务之时，无意之中也把"批判"铸造成了另一种"范式"。经过几十年的发展，"经验"与"批判"之间逐渐从对抗走向对话，进而走向融合，使媒介效果研究以范式为轴心，在多个层面出现了转向。从研究范式的角度厘清西方媒介效果研究的历程与转向，一方面有利于辨明媒介效果研究中尚存的疏漏与模糊，另一方面也有益于为传播学的未来发展寻找方向。

思考路径：超越实证话语

中国台湾政治大学钟蔚文教授在其撰写的《国科会社会学门(含传播学)评审意见之整理》①一文中提到了"去熟悉化"(defamiliarization)的观点，即在研究问题时不要滞留于事物的表象，而应该发挥学术的想象力，抗拒直觉，用陌生的眼光去看熟悉的事物。西方媒介效果研究考察的正是这样一个"熟悉的陌生人"，只有对该问题保持足够的批判与反思意识，在充分掌握问题的脉络、背景和文献之后，与其保持距离，"对其进行后设的分析与反省，分析其前提，厘清其意义，检视其运作的社会和文化条件"之后，才能发现新问题、新角度。

西方媒介效果研究的发展轨迹可以从多个角度进行归纳。编年史式的纵向考察，国别史式的横向比较，或依照效果理论自身的变化，从"媒介万能论"到"有限效果论"，再到"强效果论"的回归，等等，都不失为可行的研究视角。但这都难免把媒介效果研究局限于传播学自身的学术框架之内，而忽略了媒介效果研究多理论来源、跨学科发展的特点。

媒介效果研究既不仅仅只出现于传播学领域，也不仅仅只局限于经验式的研究，更不停止于拉扎斯菲尔德时代。这是一个有着深厚学术基础、丰富理论背景、丰硕理论成果的研究领域。本书既不是单纯地梳理西方媒介效果研究的历史发展，也不是介绍个体的理论假设，而是尝试把媒介效果研究置于西方社会、文化、经济与学术的整体环境之中，探讨媒介效果研究的学术脉络、理论渊源、社会背景，分析媒介效果研究在传播学科内部产生的影响、确立的模式以及引发的震荡、争论与转向。将媒介效果研究与西方社会科学的学术传统全面结合，跳出传播学实证研究甚至是传播学的窠臼，以高屋建瓴的研究起点，梳理西方媒介效果研究的历史脉络，以研究范式的争论为线索，探讨西方媒介效果研究的历程与转向。

纵观媒介效果研究的历史，其研究对象、研究视角、研究领域、研究目的等层面均发生过或大或小、或隐或显的转向。在研究对象上，从研究媒介对个人或群体的影响，转为研究媒介对社会、政治、经济、文化的影响。因此，在研究视角上相应地从微观转向了宏观，研究目的也从实用转向了反思，从研究受众如何被动地受到影响，转向研究受众如何利用媒

---

① 该文得自于中国台湾政治大学钟文蔚教授的 E-mail。

介,如何抑制坏效果。在主要研究学科领域上,从最初作为社会学、心理学的一个研究领域,到发展为传播学研究的核心,再扩展到与医学、教育学甚至技术科学等领域的结合,如媒介教育/媒介素养(media education/media literacy)研究,健康传播(health communication),以及创新新闻学(innovation journalism)的诞生。

这些转向的直接原因便是媒介效果研究范式的转变。虽然经验学派与批判学派的争论从未停歇,但经过多年深入而广泛的交锋与探讨,双方已从最初的相互挑剔、相互拷问,走向了更为深刻的反思、对话与整合。对此,代表着不同研究话语,并曾在文章中略有争锋的美国学者杰克·M.迈克里奥德和英国学者约翰·柯纳,对媒介效果研究的趋势却有着极为相似的评述。

杰克·M.迈克里奥德认为:"当代媒介效果研究最引人注目的趋势在于,加强对理论的关注而不是简单的经验式发现。尤其是给予建立媒介效果理论更多的关注以对应特定的传播现象,而不是归于行为社会心理学和其他人类行为领域的概念之下。此外,应进一步研究并运用更为复杂的媒介效果模式和更精细的统计方法,以连接此前孤立的传播过程。……如果当代效果研究存在着一个支配性的趋势,那么就是对效果以及媒介生产条件和信息条件的视野(outlook)的放宽。把社会结构和文化环境纳入理论考虑之中现在成为一种相对的共识。"①

约翰·柯纳提出:"虽然研究者们自己已经清楚地意识到他们实验性框架的特定条件,但是我认为,限制性的观念可能会根据结论的普遍适用性而强求一致,这些结论的普遍适用性有时会被对测量设备的技术优越性或纯粹统计上的透明度和数据模式浮现出的准确性所取代。在这个意思上,'社会学想象力'的衰退已然浮现。但是我想说的是,从这种判断到经验主义的消散,本质上是避开几个有关目的的问题和对媒介研究而言应该给予更多警惕、相互包容的多学科评鉴的实践选择。"②

在这个意义上,从"效果"(effect)到"影响"(influence)就不再是故作矫情的咬文嚼字,而是标志着媒介效果研究在研究起点及研究范式上的转向。"效果的终结"是因为"效果"这一概念本身就有"操纵-技术"的意涵,

---

① Jack M. McLeod, Gerald M. Kosicki, Zhongdang Pan. On understanding and misunderstanding media effects. In James Curran and Michael Gurevitch (Eds.). *Mass Media and Society*[M]. London: Arnold, 1991: 241, 255.
② John Corner. Influence: The contested core of media research. In Jams Curran (Eds.). *Mass Media and Society*[M]. London: Arnold, 2000: 377-397.

可以"按照'有效'、'方便'和'容易处理'来衡量"①，概念本身即有量化及简化的倾向，而"影响"一词则恰到好处地强调了主客体之间在各种关系及社会环境中的相互作用。正如岗特里特所说："我们必须要有这样一个观念，就是把电视放到它所在的更广泛的社会环境中，也许这样我们才能开始理解它的作用。"②

从上文的引言中不难看出，经验学派与批判学派不约而同地把"融合"作为了媒介效果研究甚至是传播学研究的未来走向。这也从另一个角度证明了从"效果"到"影响"的合理性。或许语词的选择并非最重要的，重要的在于，研究理念与研究范式的取长补短、有效整合。若能如此，"融合"不仅是媒介效果研究转向的根本动力，而且是媒介效果研究新动向的起点。

问题与答案

在某种意义上，这是一本"问题导向"的论著。之所以称为"问题导向"，主要从两个方面进行考虑。首先，作为一个研究领域，媒介效果研究本身正处在"问题"所建构的话语范畴，既包含其成果与媒介实践之间形成的一种矛盾关系，又涉及其不同层面之间所展开的激烈的争议/碰撞；其次，文本的构思、讨论与写作过程一直为"问号"所牵引，是一个不断提出问题、寻找答案，继而产生新问题、寻找新答案的过程。这些问题由两大类型所组成：一类是关于论题自身的合理性与必要性；另一类构成了本书的主干章节，问题基于已有的研究成果，尤其是前文提及的四次讨论、十大错误与五大误解而提出，集结了两大范式之争的精要。

具体而言，第一类问题包括：

(1) 媒介效果研究真的终结了吗？

虽然岗特里特已经说明，他所谓的"效果研究的终结"是指研究媒介对个人的直接的后果的结束，"大众传媒的影响"依然是一个充满魅力的议题，但时下一旦提及"媒介效果"，仍然会遭到众多研究者的嗤之以鼻，断然认为媒介效果研究已经过时，缺乏继续研究的价值。事实上，在多数

---

① 赫伯特·马尔库塞：《单向度的人：发达工业社会意识形态研究》，刘继，译. 上海译文出版社1989年版，第133页。
② David Gauntlett. *Moving experiences*: *Understanding Television's Influences and Effects* [M]. London: John Libbey, 1995.

情况下，这只是一种未经深思熟虑和严密论证的情绪表达。为了给予这个问题一个更明确清晰、客观公正的答案，本书第七章以国外六大传播学期刊的论文为数据来源，对其近十年（2007—2016）刊发的所有论文进行逐篇检阅，从总计 2112 篇期刊论文中筛选出了 950 篇属于媒介效果研究范畴的样本，采用文献计量法，依托 CiteSpace 软件，在总结归纳研究主题和观点、描绘基本研究现状的同时，尝试从研究主体、研究内容、研究热点等层面，勾勒西方媒介效果研究的知识图谱。研究发现，新的媒介形态成为研究的热点，效果研究的对象呈现明显的分野。但媒介效果研究的范式和内容并无较大改变，传统效果研究的路径依旧占据一席之地。

（2）媒介效果研究等同于实证研究吗？

这一问题在"范式之争"中已有所论及。对这个问题的回答在一定程度上决定了本书的逻辑起点。不可否认，经验学派的实证研究在媒介效果研究中影响甚大，并创立了一整套研究方法，社会科学研究范式被认为是媒介效果研究中的"主导范式"（尽管经验学派并不认可这种说法）。但是，正如威尔伯·施拉姆（Wilbur Schramm）所言，开始于 20 世纪 60 年代末、被称为"批判"传播研究的欧洲传播学研究传统，虽然规模不大，但质量很高。批判传播研究学者以内在信仰作为出发点研究传播问题，这些研究问题常常是传播社会效果的马克思主义阐释。① 如果将西方媒介效果的历史考察局限于经验学派内部，那么将会呈现出一部单线条的编年史，既无法呈现纷纷扰扰的范式之争，也无从深入描绘从"效果"到"影响"的学术流变。批判学派对效果问题的关注，不但使这一领域重获生机，而且使其具有了更宽泛的学术视野。只有超越效果研究的实证话语，将其纳入经验学派与批判学派的范式对话中全面考察，才有可能还西方媒介效果研究以全貌。

第二类问题包括：

（1）媒介效果是影响的手段还是控制的权力？

这个问题与两大学派对"效果"的界定直接相关。以社会学为主导范式的经验学派关注媒介对个人的、短期的、微观的效果；强调情境（context）与背景的批判学派则侧重整体的、宏观的研究视野。经验学派对拉扎斯菲尔德的路径依赖使之将媒介视为影响受众的工具与手段，而批判学派则深入本质，认为权力精英把控媒介，媒介效果表现为权力方对社会

---

① Wilbur Schramm. The unique perspective of communication: A retrospective view[J]. *Journal of Communication*, 1983, 33(3): 6-17.

的控制，将"权力"视为问题的核心。

（2）媒介效果关注的是内容还是意义？

如前文所述，岗特里特指出，效果模式并不试图理解媒介的意义；暴力研究对数量的强调，让人误以为暴力行为的"意义"并不重要。这些观点揭示了两种范式在媒介效果研究中关注点的差异。以内容分析见长的经验学派强调对文本客观系统的定量描述，批判学派则认为意义源自关系，强调不同受众对文本的不同解读。这一问题表明了两大学派具体研究方法上的差异与论争，这种矛盾在暴力研究中得到集中体现。

（3）效果研究的受众是特殊的还是一般的？

大众传媒研究最核心的课题是传媒对受众态度与行为产生影响的效果研究[①]，此观点代表了经验学派最普遍的效果观。实证测量、量化分析是经验学派经常使用的方法，但这些研究的对象通常是特定受众，如家庭妇女、特定年龄的儿童、特定地区的选民等。经验学派从对这些特定受众的研究中得出推论、解释现象，并将这些推论延展至一般广谱受众。这样的逻辑遭到指责，岗特里特认为，"效果模式"只是一些枯燥而简单的论断，没有严密的理论推论，将一些必须被证明的基本问题视为不证自明的"公理"，从未进行充分论证，例如，儿童是能力不完全的特殊受众。[②] 与此同时，批判学派的受众观也难求一致。一些研究强调在权力精英的控制下，媒介受众表现出明显的被动性，而另一些研究则认为受众对媒介文本的解读具有很强的个体化和特殊性。一个个看似证据确凿的个案研究和理论假设，却因逻辑前提的深受质疑而难以连成一片理论的山脉。探寻问题原因，受众研究的源头考量或许是厘清思路的重要切入点。

（4）行政型研究是解决问题还是掩盖问题？

批判学派代表人物托德·吉特林（Todd Gitlin）对经验学派先驱拉扎斯菲尔德最为集中的指责之一是，后者开创的行政型研究传统高度依赖政府和集团提供的研究资金，其在接受经济资助的同时也接受了资助方的利益诉求，学术研究的公正性和中立性难以保证，研究是为资助方解决问题，却无助于解决真正的社会问题。但经验学派却认为行政型研究遭到误解，指出早期资助方对报刊效果的关注是基于把报刊视作改革者而不是保护媒

[①] 魏然、周树华、罗文辉：《媒介效果与社会变迁》，中国人民大学出版社2016年版，第346页。

[②] David Gauntlett. Ten things wrong with the media 'effects' model. In Roger Dickinson. Ramaswami Harindranath and Olga Linné (Eds.). *Approaches to Audiences: A Reader* [M]. London: Arnold, 1998: 120-130.

体实践。本书结合史料剖析行政型研究传统的源头与历史误读。

(5)效果研究的成果是"假说"还是"理论"?

基础理论与核心知识的缺乏是传播学研究难以否认的软肋,媒介效果研究同样面临如此尴尬。虽然收获了丰富的传播模式/假说/理论,但效果研究的理论建构价值却备受质疑。"效果模式只是一些枯燥而简单的论断,没有严密的理论推论,将一些必须被证明的基本问题视为不证自明的'公理',从未进行充分论证。"①批判学派认为,硕果累累的经验研究成果并未能使效果研究建立起具有普适性的统一理论,反而常常陷入研究结果大相径庭甚至互相矛盾的尴尬境地。一个个看似卓然挺立的个案研究结论,却因逻辑前提的深受质疑和理论基础的欠缺不足,而难以连成一片理论的山脉。"假说还是理论?"成为经验学派与批判学派的另一种针尖与麦芒。

---

① David Gauntlett. Ten things wrong with the media 'effects' model. In Roger Dickinson. Ramaswami Harindranath and Olga Linné (Eds.). *Approaches to Audiences: A Reader*[M]. London: Arnold, 1998: 120-130.

第一章　西方媒介效果研究的历史脉络

西方媒介效果研究的发展轨迹可以从多个角度进行归纳。编年史式的纵向考察，国别史式的横向比较，都不失为可行的研究视角。在不同的研究范式和研究视野下，可以勾画出截然不同的历史状貌。在经验学派的研究中，媒介效果研究经历了从"媒介万能论"到"有限效果论"，再到"强效果论"的自我反省与轮回发展；对于批判学派而言，媒介效果研究则表现出理论间与学科间的不断更新与丰富。丹尼斯·麦奎尔和约翰·柯纳先后对西方媒介效果研究历史进行的分期，分别代表了经验学派和批判学派的不同立场。

麦奎尔在论文《大众媒介的影响与效果》(The Influence and Effects of Mass Media)中将1979年之前50多年的媒介效果研究划分为三个阶段。①

"媒介万能论"阶段：从20世纪初到20世纪30年代。研究者主要集中在欧洲和北美。这一时期的主要观点是，大众媒介在塑造意见和信仰、改变生活习惯、推行政治体系等方面具有强大功效。这一阶段恰逢通俗报刊、电影和广播等大众媒介日渐普及，受众数量急剧扩张。在一战期间，大众媒介的强大效果在广告商、政府宣传人员等各方人士的推波助澜下，更成为一时无可辩驳的定论。但这些观念的产生并非基于科学调查，而是建立在经验观察(empirical observation)之上，其采用的调查方法与概念都只处于社会科学研究的起步阶段。

"有限效果论"阶段：20世纪40年代到20世纪80年代。美国的大众传播学研究得到长足发展，经验研究方法在大众传播效果的特定问题中得以应用。这一时期的研究成果斐然，研究问题更为具体、更为实际，其中最具代表性的包括：拉扎斯菲尔德1940—1948年进行的总统选举研究，霍夫兰对美国军人进行的说服灌输(indoctrination)研究等。社会心理学的

---

① Denis McQuail. The Influence and Effects of Mass Media. In Doris A. Graber. (Ed.). *Media Power in Politics*[M]. Washington: A Division of Congressional Quarterly Inc, 1979.

研究传统被用于电影效果和大众媒介对犯罪、侵犯性行为的影响，以及态度改变等多项研究中。20世纪60年代末已经有一小部分媒介效果的研究成果被运用于社会和政治科学之中。这一阶段"有限效果论"占据了主导地位，其基本观点是，大众媒介的影响极其有限，从属于其他更为主要的影响因素，大众媒介无法直接改变个人的态度、观念和行为，也不能直接导致犯罪、侵犯性行为或其他反社会行为，大众媒介的效果是与其他各种社会因素交织在一起，共同产生影响的。众多不同研究得出了相同的论断，约瑟夫·T. 克莱珀对此做出了最为精辟的总结，"大众传播通常并不成为影响受众的充分必要条件，而是通过一系列的中介因素产生作用"[①]。

"强效果论"阶段：从20世纪60年代至今。这一时期以电视为主要研究对象，同时关注到了长期以来被忽视的报纸。许多新出现的观念与新的证据证明，大众媒介虽然不是万能的，但的确会产生相当强大的效果。"强效果论"逐渐取代了之前的"有限效果论"，研究方法更为精确，对影响效果的变量的测量更为恰当，大众媒介的社会力量再一次成为社会科学家们的关注中心。也正是"强效果论"的出现，使媒介效果研究呈现出新的希望。

詹宁斯·布赖恩特和苏珊·汤普森合著的《传媒效果概论》(*Fundamentals of Media Effects*)一书，将以这样的思路勾勒出的媒介效果研究史称为"'已建立的'历史"[②]，他们认为这种划分方法最大的不足在于没有划分等级的标准线，难以确定具体变量的百分比数值来作为判定效果大小的标准。因此，他们提出了"重新修订的历史"，认可早期由心理学家、社会学家或其他研究人员从事的传媒效果的开创性研究，对一些未被纳入"公认的"历史体系的研究进行重新评价。虽然这两位学者并未跳出传播学史的既定框架，依然将研究焦点集中在被施拉姆和埃弗雷特·罗杰斯(E. M. Rogers)确立地位的霍夫兰、拉扎斯菲尔德、哈罗德·D. 拉斯韦尔(Harold. D. Lasswell)、库尔特·列文(Kurt Lewin)等学者身上，但总体上已经对媒介效果研究的历史有所拓展。

在批判学派研究者眼中，媒介效果研究既不仅仅只出现于传播学领

---

① 转引自 Denis McQuail. The Influence and Effects of Mass Media. In Doris A. Graber. (Ed.). *Media Power in Politics*[M]. Washington: A Division of Congressional Quarterly Inc., 1979: 22.

② 布赖恩特和汤普森在有限效果模式与强大效果模式之间加入了"温和效果模式"，即将媒介效果研究史划分为子弹理论模式、有限效果模式、温和效果模式和强大效果模式。

域,也不单一地局限于经验式的研究。这是一个有着深厚学术基础、丰富理论背景、丰硕理论成果的研究领域。约翰·柯纳在《影响:媒介研究可质疑的核心》(Influence: The Contested Core of Media Research)一文中,对媒介效果研究的历史进行了不同的划分。①

早期"大众社会"(mass society)观念:盛行于20世纪20年代到30年代,认为大众传媒具有潜在的强大力量,它的快速成长及其可能对控制产生的负面影响,应该引起文化和政治的关注,代表人物包括李普曼、杜威以及法兰克福学派的西奥多·阿多诺(Theodor Adorno)等。

效果作为经验式社会科学的核心:这一阶段始于20世纪30年代,至今长盛不衰。20世纪80年代成为一个单独的流派。持此观念的学者,注重长期效果研究,认为长期效果比短期效果更重要,社会学和社会心理学成为主要的测量效果的工具,效果研究的主要理论成果,如有限效果论、暴力研究、使用与满足理论,等等,均产生于这一时期。代表人物是拉扎斯菲尔德、伊莱休·卡茨,等等。

关于意识形态的新马克思主义和文化研究观念:兴盛于20世纪70年代到80年代之间,强调媒介的语言学和符号学特征,对媒介效果普遍抱有悲观主义的态度,这一时期学者们创造出一些新名词,希望借此得到一些新的、强有力的关于媒介效果的阐述。代表人物有路易斯·阿尔都塞(Louis Althusser)、斯图亚特·霍尔(Stuart Hall)、约翰·费斯克(John Fiske)、约翰·哈特利(John Hartley)、戴维·莫利(David Morley)等人。

修订的和跨学科的观点:这一阶段对符号的构成与诠释,对意识和行为的复杂性,对文化的偶然性(contingencies of culture),比以前任何时期都给予了更多的关注,认知学派的方法(cognitivist approach)成为研究的主导模式,强调理解的环境和机制。主要理论成果包括议程设置(agenda-setting)、框架理论(framing theory)、涵化理论(cultivation theory)、文化指标(cultural indicator)等,代表人物有道尔夫·兹尔曼、格伯纳、纽曼(Elsabeth Noelle-Neumann),等等。

两相比较,麦奎尔的阶段划分清晰明了,但局限于传播学自身学术框架之内的划分方式难免忽略媒介效果研究多理论来源、跨学科发展的特点。约翰·柯纳的这篇论文虽然并未对每一个具体的理论流派、学术观点进行深入而详细的论述,甚至被指为"浮皮潦草"②,但他的阶段划分将媒

---

① James Corner. Influence: The contested core of media research. In Curran J. (Eds.). *Mass Media and Society*[M]. London: Arnold, 2000: 377-397.

② 潘忠党:《媒介效果实证研究的话语:对一个研究领域的理解与误解之反思》,发表于中华传播学会传播学论坛,2004年1月4日。

介效果研究与西方社会科学的学术传统全面结合，使媒介效果不再停留于传播学甚至是传播学实证研究的窠臼之内，而是将媒介效果研究置于西方整体的社会、文化、经济与学术环境之中，赋予媒介效果研究更纵深、厚重的学术渊源，高屋建瓴地勾勒出西方媒介效果研究的立体图景。但柯纳的划分也在一定程度上忽略了1920年以前的前奏，当时欧洲的广告商们已经开始注意到媒介的作用，第一次世界大战中的宣传家们是利用媒介效果的行家里手。

因此，综合麦奎尔、布赖恩特和汤普森，以及柯纳的理论成果与研究理念，将"已建立的历史"与"重新修订的历史"两相结合，以研究范式为主要轴线，本书将西方媒介效果研究划分为以下四个阶段：(1) 奠基阶段，20世纪30年代以前；(2) 经验研究一枝独秀阶段，20世纪30年代到60年代；(3) 批判研究异军突起阶段，20世纪70年代到80年代；(4) 多元发展阶段，20世纪80年代以来。下文将分别就每个时期的代表性人物、观点、影响，以及占主导地位的研究方法与范式进行概括梳理。

第一节　奠基：20世纪30年代之前

一、理论起点："大众社会"的核心概念

"大众社会"是文化研究、政治研究与社会研究中的重要概念，同时也与传播学有着千丝万缕的联系。大众媒介(mass media)、大众传媒(mass communication)等术语的产生均与"大众"(mass)一词的意义脉络相关。"传播史上第一个媒介的经验性研究就是建立在20世纪初流行的'大众社会'概念之上。随着心理学家和社会学家不断地提出其他的有关人类本性和社会运行规律的理论，大众传播过程和效果的一些新的思维方法也随之发展起来。因此，有关人类心理运动和社会结构的主流理论，直接影响着传播学者对大众传播效果研究对象的选取。……这一概念是早期大众传播研究的学术基础。"①在大众社会的核心观念下，随着工业化和城市化不断加快，社会阶层不断分化，社会差异不断增加，社会规范愈加混乱，受众被贴上了"分散的""个性消失""受群体精神统一律支配"等标签，面

---

① [美]希伦·A.洛厄里、[美]梅尔文·L.德弗勒：《大众传播效果研究的里程碑》，刘海龙等，译，中国人民大学出版社2004年版，第5页。

对如潮水般迅猛发展的大众媒介，顷刻失去了防御能力，成为一触即倒的乌合之众。"魔弹论"也因此应运而生。

流行于 20 世纪初的大众社会理论，系统论述了社会秩序与个人之间的联系方式，但并未对个体进行深入的心理分析。当学者们逐渐意识到大众媒介的强大力量时，心理学开始在解释媒体与大众之间的关系中扮演重要角色。查尔斯·罗伯特·达尔文（Charles Robert Darwin）的进化论对此影响颇深。《物种起源》（The Origin of Species by Means of Natural Selection）不但引起了自然科学某些领域的根本重建，而且对社会科学也产生了重要影响。进化论不仅使科学家们放弃了上帝造人的观念，而且使他们开始注重对人类思考方式的研究，遗传学与生物学得以运用来解释人类行为，心理学也得到进一步发展，"刺激-反应"被认为是人类本能或由遗传决定，而非智力决定。实用主义心理学家威廉·詹姆斯（William James）是达尔文的强力支持者，他将遗传导致的个体差异称之为"本能"（instincts），认为人类的思想会积极而持续地与社会环境相调适，"本能"在与环境的互动过程中导致了习惯或长期行为。这些成为"魔弹论"产生的理论基础以及心理学解释。社会达尔文主义的某些观点吸引了查尔斯·霍顿·库利（Charles Horton Cooley）和帕克等芝加哥学派的理论家，尽管后来他们都反对社会达尔文主义，但帕克还是利用进化论的观点区分了四种主要的社会进程：竞争、冲突、适应与同化。然而，在大众媒介与个体的相互关系、相互作用的形成机制上，达尔文式的生物解释遭到了芝加哥学派和行为主义的驳斥。

大众社会理论和进化论分别从社会关系和个人心理层面为"魔弹论"提供了理论支持。在媒介效果研究的公认历史中，"魔弹论"也恰恰是第一个被普遍接受的理论模式，虽然之后媒介效果研究的结论千变万化，但"大众社会的概念，在这些最初关注新兴媒介效果的学者们头脑中，已成为占统治地位的思维方式。"①

二、研究传统：芝加哥学派

芝加哥学派对媒介效果研究传统的影响，一方面体现在社会学的研究视角，另一方面体现在实用主义的研究取向。

社会学研究视角的芝加哥学派，将传播看做人类联结的同义词，将它

---

① [美]希伦·A. 洛厄里、[美]梅尔文·L. 德弗勒：《大众传播效果研究的里程碑》，刘海龙等，译，中国人民大学出版社 2004 年版，第 11 页。

称为城市社会问题的潜在的解决办法。① 大众媒介是形成共同理念、创立共同体的有力工具,既有利于社会问题的解决,又能使个人在与他人的交流中认识自我,同时推动民主制度的建立、完善与发展。罗杰斯在《传播学史———一种传记式的方法》一书中将库利、杜威、乔治·贺伯特·米德(George Herbert Mead)和帕克视为芝加哥学派的关键人物,并称帕克为"最能代表芝加哥学派的学者"和"大众传播的第一个大学研究者"。

库利的研究是经验的而非统计的。他不进行深入调查研究,不相信测量,而是依靠观察来得出结论。他认为,社会是由大众媒介联结在一起的,大众媒介能够恢复一种共同体感;大众媒介力量的增长可以使人们提高觉悟,扩展自我意识;报纸能够增加普通人获得信息的机会,将人类带入启蒙新时代。这正与杜威的著名论断保持了高度一致。杜威认为:"社会不仅通过传递、通过沟通继续生存,而且简直可以说,社会在传递中、在沟通中生存,在共同(common)、共同体(community)和沟通(communication)这几个词之间,不仅字面上有联系。人们因为有共同的东西而生活在一个共同体内;而沟通乃是他们达到共同的东西的方法。"②在杜威看来,个人只有在与其他人的联系中才能发现自我意识,"企图在彼此孤立的个体之间创造观念上的一致那是愚蠢之举"③。这与库利提出的"镜中自我"(the looking-glass self)④的概念有某种程度上的契合。杜威认为,共同体是民主制的基础,共同体的创立有赖于传播,而报纸这样的大众媒介则可以在大城市将社会中的人们结集起来。大众媒介在杜威的眼中成为民主制度形成并存活的有效工具。作为"民主制度哲学家"的杜威,在很大程度上并未被美国的主流传播学者所接纳,他的许多思想被认为是当代传播学的间接先行者。但是越来越多的立足于美国文化与哲学传统的传播学者,如深受杜威影响的詹姆斯·凯瑞(James W. Carey),已经从哲学出发,并进入了传播学的研究。"凯瑞明确区分了两种不同的看

---

① [美]E. M. 罗杰斯:《传播学史:一种传记式的方法》,殷晓蓉,译,上海译文出版社2001年版,第197页。
② 黄旦:《美国早期的传播思想及其流变:从芝加哥学派到大众传播研究的确立》,载《新闻与传播研究》2005年第12期。
③ [美]J. D. 彼得斯:《交流的无奈:传播思想史》,何道宽,译,华夏出版社2003年版,第15页。
④ 对于这一概念,库利的解释是,人们彼此都是一面镜子,映照着对方。一个人的自我观念是在与其他人的交往中形成的,一个人对自己的认识是其他人关于自己看法的反映。人们总是在思考别人对自己的评价之中形成了自我的观念。

待传播的观点和概念,他称之为'传送'(transmission)的传播观和'仪式'(ritual)的传播观。把传播理解为传送,……这是'所有的工业文化'所持的最普遍的看法。……'这种传播观的核心是为了控制的目的而对信号和信息的跨距离的传送'。因此,在我们的传播学研究的习惯性思维的症结处,深深扎根着这样的理念:信息的传播是技术的、空间的、控制的过程;社会的政治和经济力量对最大传播效果的追求,成为这一过程的关键所在。凯瑞认为,20 世纪 20 年代以来一直统治着美国学界的'传送'的传播观,它的功能主义和行为学的表达语汇已近穷尽,成为了一种不断重复已有成果的、毋庸置疑的学术。"①

米德提出的符号互动主义(symbolic interactionism)认为,意义并不是事物本身所具有,而是通过语言的运用创造出来的。因此语言的运用是人类社会和交往的基础。意义和知识通过与他人互动进行协商,社会组织和个人的行为之所以能被理解是因为在特定情境中发生的人们之间的互动得以实现。大众传媒作为语言的重要提供者成为芝加哥学派的研究焦点。米德还发展了库利的"镜中自我"理论,他认为,自我是在与他人的互动过程中得以发展的,"通过'主我'和'客我'相互作用而产生'自我'的过程不仅不可能是孤立隔绝,而且必然要把他人、把所处的社会情境与'自我'联系起来"②。

曾经做过调查性新闻记者工作的帕克被认为是美国社会学中最有影响的人之一,他在 1922 年出版的唯一一本著作是与大众传媒相关的《移民报刊及其控制》(The Immigrant Press and Its Control),书中研究了美国的外文报纸,如意第绪语、波兰语、德语等报纸对移民的影响,如何帮助移民在美国生存下来,如何同化于美国文化,并逐渐构建自己的角色。帕克将传播界定为一个社会心理过程,"凭借这个过程,在某种意义和某种程度上,个人能够假设其他人的态度和观点;凭借这个过程,人们之间合理的和首先的秩序能够代替单纯心理的和本能的秩序"③。

芝加哥学派开启了美国社会学研究的经验主义传统,在媒介效果研究中直接表现为实用主义的研究取向。在以杜威为代表的芝加哥学派学者的

---

① 王瀚东:《敞开传播学研究的思想方法——媒介批评之我见》,载《新闻与传播评论》2001 年。
② 黄旦:《美国早期的传播思想及其流变:从芝加哥学派到大众传播研究的确立》,载《新闻与传播研究》2005 年第 12 期。
③ [美]E. M. 罗杰斯:《传播学史:一种传记式的方法》,殷晓蓉,译,上海译文出版社 2001 年版,第 197 页。

观念中，大众媒介是改造社会的有力工具，杜威对大众媒介的敏感与关注，"多多少少表现出他对传播效果的企望和判断"。"大众媒介给社会带来道德问题，对政治的影响，对经济的刺激等等，直接导致了大众媒介效果的研究。杜威实用主义的道德理想，他对现代传播具有改革社会力量的憧憬，以及媒介对政治、社会事务产生作用的推论，都为效果研究的确立，导出了思想轨迹。"①同时，杜威是实证主义的积极倡导者，帕克虽然不相信统计分析，但相信经验的研究，并把社会学领域定义为经验论的、价值自由选择的、客观的。这一研究取向成为媒介效果研究在下一发展阶段的主导范式。

三、宣传分析的开端：拉斯韦尔与李普曼

拉斯韦尔被称为"行为科学的达·芬奇"②，他最为经典的论断莫过于将传播学研究描述为"谁？说什么？对谁说？通过什么渠道？取得什么效果？"的"5W"模式。他在1927年完成的博士论文《世界大战中的宣传技巧》(*Propaganda Technique in World War* I)不但是宣传研究中浓墨重彩的一笔，而且成为媒介效果研究中不可忽略的重要组成部分。这篇论文包含了"主要概念的定义，宣传策略的分类，限制或促进诸如此类的宣传策略的效果的阐述"。"他的宣传分析建立在与欧洲国家的官员的访谈的基础上，建立在档案材料之使用的基础上，也建立在他关于宣传信息的定性的内容分析的基础上。"③这是拉斯韦尔的第一个宣传研究，以经验为根据，以内容分析为主要方法，对德、英、法、美等国所采纳的各种宣传技术进行个案研究。这次研究在风格上是定性的和批判的。"他主要揭示了发生冲突的双方都采用的宣传技术的性质。15年后，他在第二次世界大战期间的宣传研究主要是定量的和统计学的。"④拉斯韦尔倡导的"5W"框架成为美国传播学研究的主导性框架，这个以"媒介效果"为最终立足点的研究框架让美国传播学研究进入了"效果导向"的研究模式。传播过程

---

① 王怡红：《美国传播效果研究的实用主义背景探讨》，载《新闻与传播研究》1995年第4期。
② Arnold Austin, Lasswell Harold Dwight. *Politics, Personality and Social Science in the Twentieth Century: Essays in Honor of Harold D. Lasswell* [M]. Chicago: University of Chicago Press. 1969.
③ [美]E. M. 罗杰斯：《传播学史：一种传记式的方法》，殷晓蓉，译，上海译文出版社2001年版，第222页。
④ [美]E. M. 罗杰斯：《传播学史：一种传记式的方法》，殷晓蓉，译，上海译文出版社2001年版，第221-222页。

成为一个以说服为目的的过程。或许这并非拉斯韦尔的本意，因为他"全身心地致力于打破社会研究之间的人为障碍，并且致力于使社会研究彼此互相理解"①，但在客观上，他的确强化了效果研究在美国传播学发展史上的位置，并使其后的效果研究更加具体化。

罗杰斯认为，李普曼在宣传分析与舆论工作方面，与拉斯韦尔是同一类研究者。李普曼的《舆论学》(*Public Opinion*)一书被认为是传播学领域的奠基之作，书中他运用行为主义心理学的"刺激-反应"模式解释了舆论的形成。他将人类的思维看成是纯粹的刺激反应，认为"刻板成见"(stereotype)是舆论过程中的关键因素，"外部世界和我们头脑中的景像"成为李普曼的经典名言。他开创了议程设置的早期思想。虽然他并没有使用"议程设置"这个术语，但在文章中却表达出类似的观点，如"报纸并不想要注意全人类的事"，"新闻首先不是社会情况的一面镜子，而是一种突出事实的报道"，等等。② 具体到大众媒介的作用，李普曼指出，"报道现代社会的新闻，其质量是社会机构状况的一种标志。机构较好的话，就更有效地代表了所关注的一切利益，就能够使更多的问题得到解决，就能采用更客观的标准，就使一个事件能更完美地成为新闻提供出来。就其最好的方面说，报刊是一些机构的有用的工具和护卫者，就其最坏的方面说，报刊是少数人利用社会瓦解来达到他们自己的目的的一种手段"③。严格来说，李普曼并非传统意义上的学者，专栏作家出身的他更多的是凭借经验做出了某些论断，他"具有将复杂事物简化的特殊能力"④。

就研究动机而言，这一时期对媒介效果的思考始终伴随着一种恐惧情绪。公众与学者们都对大众媒介的负面影响忧心忡忡。"由于当今世界上把可见的大多数错误都归罪于某种类型的媒介传播，因此大众传媒效果已经成为最重要的社会焦点之一。"⑤报纸被认为是青少年犯罪的罪魁祸首，新出现的电影也很快成为被攻击的对象。

就研究范式而言，芝加哥学派开启了媒介效果研究的实证主义传统，拉斯韦尔使内容分析成为传播效果研究，乃至传播学研究的重要工具。内

---

① [美]E. M. 罗杰斯：《传播学史：一种传记式的方法》，殷晓蓉，译，上海译文出版社2001年版，第221页。
② 林珊：《李普曼》，人民日报出版社1995年版，第125、127页。
③ 林珊：《李普曼》，人民日报出版社1995年版，第125、127页。
④ [美]E. M. 罗杰斯：《传播学史：一种传记式的方法》，殷晓蓉，译，上海译文出版社2001年版，第245页。
⑤ 布赖恩特·詹宁斯、苏姗·汤普森：《传媒效果概论》，陆剑南等，译，中国传媒大学出版社2006年版，第15页。

容分析的目标即推断分析信息的效果,这一研究工具也自然而然地被后来的媒介效果研究者广泛采用。李普曼提出的"刻板成见",以及对"刺激-反应"的推崇都深刻影响到其后的媒介效果研究。在这个意义上,1930年之后的近40年时间里经验学派在媒介效果研究领域独领风骚也就在情理之中了。

第二节 经验研究一枝独秀:20 世纪 30 年代至 60 年代

洛厄里和德弗勒的《大众传播效果研究的里程碑》(Milestones in Mass Communication Research: Media Effects)一书,对经验研究的起点做了明确的界定:"20 世纪 20 年代,已经出现了一些针对现有媒体的零星的调查,但是正是大型项目佩恩基金对电影与儿童关系的调查,才真正开始了对大众传播效果进行的大规模经验研究。正是这些最初的大型和小型系列调查,将要用调查得出的证据来代替在媒介效果研究问题上的纯粹的理论思辨。"①这本经典著作不但确立了媒介效果经验研究的起点,更从一个侧面证实了经验研究在 20 世纪 30 年代到 60 年代的一枝独秀——西方媒介效果研究历史中的重大成果有近八成集中在这一时期。

一、硕果累累的效果研究里程碑

洛厄里和德弗勒共挑选出 14 个研究项目作为"大众传播效果研究的里程碑",其中有 11 个发生在 20 世纪 30 年代到 60 年代,包括:佩恩基金研究(The Payne Fund Studies,1929—1932)、火星人入侵(The Invasion from Mars,1938)、人民的选择(The People's Choice,1940)、日间广播连续剧的听众(Audiences for Daytime Radio Serials,1940)、爱荷华州杂交玉米种研究(The Iowa Study of Hybrid Seed Corn,1934)、电影实验(Experiments with Film,1941)、传播与说服(Communication and Persuasion,1946—1961)、个人的影响(Personal Influence,1945—1955)、里维尔项目(Project Revere,1952—1954)、儿童生活中的电视(Television in the Lives of Our Children,1958—1960)、暴力与媒体(Violence And Media,1969)等。

---

① [美]希伦·A. 洛厄里、梅尔文·L. 德弗勒:《大众传播效果研究的里程碑》,刘海龙等,译,中国人民大学出版社 2004 年版,第 17 页。

这些项目之所以被称为"效果研究的里程碑",是因为其在研究方法、研究理论以及研究议题等层面为后来的媒介效果研究提供了极具借鉴意义的范例,甚至在一定程度上指明了媒介效果研究的发展路径。举例而言,佩恩基金会始于1929年的电影对儿童的影响的研究"成为使媒介调查领域科学化的先驱。它预言了到现在才提出的意义理论、模型理论,并且还关注了一些新兴的研究领域中的课题,如态度转变、休眠效应、使用与满足、内容分析、模仿的影响和现实的社会性建构(social construction of reality)。他们把定量分析、实验和调查的方法放在一个非常重要的位置,……最重要的是,他们的研究对部分批判宣传的传播学者所使用的旧式修辞的研究模式①进行了改进"②。1941年的电影实验是二战中对美国士兵的说服研究。这项研究在方法上"为传播研究建立了新的标准。……在《我们为何而战》的实验中注重细节控制,也成为后来者学习的一个典范"。同时这项研究还代表着大众传播研究的重要转折,"以这些实验成果为标志,一项新的研究开始了——对说服中的'魔力要素'(magic keys)的研究。……实际上,在后来的很多年里,它都成为说服研究中的主流观点。"③

二、确立主导范式的拉扎斯菲尔德

吉特林在论文《媒介社会学:主导范式》(Media Sociology: The Dominant Paradigm)中指出,西方媒介效果研究领域的主导范式形成于二战时期,其标志是拉扎斯菲尔德及其学派带来的一系列观点、方法和发现,如通过研究媒介内容来发现特定的、可度量的、短期的个人态度和行为效果,并得出媒介在公众舆论的形成过程中并不十分重要等结论。其中最有影响的理论是"两级传播"(the two-step flow of communications)。研究者最为关注的是信息制造者和信息接收者之间的"变量",尤其是人际关系的变量。他们把受众看做相互关联的个体而不是大众社会中孤立的点目标(point-target)。大众传媒也只是影响"态度"或投票选择若干变量中的一个,他们的研究倾向于把可度量的媒介效果与其他变量,如人际接触,进

---

① 原文此处有脚注:这里指以拉斯韦尔为首的一些学者进行的宣传术研究,这些研究虽然启发了传播研究和传播学的产生,但从科学的角度而言,这些研究对宣传中的修辞技巧着眼过多,而缺乏量化程序。
② [美]希伦·A. 洛厄里、梅尔文·L. 德弗勒:《大众传播效果研究的里程碑》,刘海龙等,译,中国人民大学出版社2004年版,第39页。
③ [美]希伦·A. 洛厄里、梅尔文·L. 德弗勒:《大众传播效果研究的里程碑》,刘海龙等,译,中国人民大学出版社2004年版,第147、148页。

行比较。这一研究确立了传播学科的一个重要的调查领域，使用了有特色的方法，如小组研究(panel studies)和社会测量法(sociometry)等，并得出了一些与众不同的、有一定分量的结论。"两级传播"也成为所有媒介效果研究必须提及的理论之一。① 吉特林是拉扎斯菲尔德最激烈的批评者之一，这也从另一个角度肯定了拉扎斯菲尔德在经验研究领域不可忽略的深远影响。

首先，拉扎斯菲尔德引导传播学沿着在社会背景下研究个人行为的方向行进，开创了媒介效果研究的传统，并使媒介社会学成为美国媒介效果研究的主导范式。其次，"两级传播"假说标志着大众传播从"媒介万能论"到"有限效果论"的转折，它使人们不再用单一的"刺激-反应"模式来思考大众传播，分处信息传递两端的媒介与受众之间并非一段真空，而是存在着一系列干扰传播效果的"缓冲体"。再次，拉扎斯菲尔德实现了方法论上的创新，"将定性方法和定量方法、参与性观察和深度访谈、内容分析和个人传记、专题小组研究和焦点访谈结合起来。……从根本上来说，拉扎斯菲尔德是一个制造工具的人，只有在第二位的意义上他才是一个传播学学者，尽管在开创大众传播研究方面他是最重要的一个人"②。

鉴于拉扎斯菲尔德在媒介效果研究中的特殊地位，后文将对此有进一步的详细阐述。

三、推陈出新的"使用与满足"

20世纪30—60年代，经验学派之所以能在媒介效果研究领域一枝独秀，与其自身不断寻求突破、推陈出新不无关联，正是在兴奋与忧虑的共存中，经验学派的效果研究展现出持续发展的旺盛生命力。

20世纪30年代至40年代不断有证据表明，大众传播的影响十分有限。1960年，克莱珀纵览数百个媒介效果研究，得出结论：大众传播通常并不是效果产生的必要和充分条件，而是经由一些中介因素产生影响，大众传播的效果是有限的。"使用与满足"赋予了媒介效果研究以新的希望，提供了一个新的研究方向。③ "使用与满足"把媒介使用与现实世界相

---

① Todd Gitlin. Media sociology: The dominant paradigm [J]. *Theory and Society*, 1978, 6: 205-253.
② [美]E. M. 罗杰斯：《传播学史：一种传记式的方法》，殷晓蓉，译，上海译文出版社2001年版，第298、299页。
③ Joseph T. Klapper. *The Effects of Mass Communication* [M]. New York: Free Press, 1960.

联系，研究媒介的使用行为对受众的影响，把效果研究的中心从传者转向了受众，不再一味强调信息的传递，而更多地探讨信息的选择与使用，可以提供更正确的、更有意义的关于大众传播社会角色的描述。用"人们如何对待大众传播？"代替"大众媒介对人们做了什么？"，使用与满足理论"一方面是'功能论'的延伸，认为人们求取资讯是为了满足某种需求，以维持心理结构的平衡；另一方面也代表了十足的理性和个人主义，认为每个人都知道自己的需欲，以及知道使用什么媒介去满足需欲。媒介的效果便是从受众的角度来看的"①。同时，"使用与满足"使研究者观察到媒介效果有可能是长期的、累加的、难以确定的，而不仅仅是短期的、独立的。这不仅是对"刺激-反应"的有力回击，更在方法与理念上为媒介效果研究开创了崭新天地。

"使用与满足"提供了一种功能性分析(functional analysis)的方法。克莱珀激动地提出，"使用与满足"如果想达到其最大的效用，首先必须在精确性上大大提高。传播学研究者必须从追随这样的范式开始，详细说明能够提供特定满足或确保被使用的媒介情境的精确要素，如内容、内容的构成元素、收视收听的过程、媒介的概念，等等，在功能性分析中必须详细具体。其次，不仅要考虑到观测使用，还要考虑到使用对个体、社会群体，以及社会的"后果"(consequences)，要重视对结果的研究，而不仅仅是观测使用行为，要证明(demonstrated)，而不是假设(assumed)。②

虽然在批判学派眼中，"'使用'研究简直是问错了问题，至少不是最重要的问题，光问人们如何使用媒介，不但琐碎无意义，且只是维护既有社会秩序的作用而已"③。但对经验学派而言，"使用与满足"犹如长夜里的一道亮光，照亮了黎明前的黑暗。它让效果研究在"媒介万能论"饱受质疑的困扰中看到了"柳暗花明又一村"的欣喜。

在历史演进过程中观照经验学派一枝独秀的 20 世纪 30 年代到 60 年代，虽然成果斐然，但具有标志性意义的乃是拉扎斯菲尔德和"使用与满足"。拉扎斯菲尔德将社会科学研究范式在媒介效果研究中推向极致，他和他的研究都成为考察西方媒介效果研究中不可越过的经典。"使用与满足"推动了"媒介万能论"到"有限效果论"的转向，使经验式效果研究找到了持续发展之路，成为承上启下的重要环节。

---

① 李金铨：《大众传播理论》，台北三民书局1990年版，第119页。
② Joseph T. Klapper. Mass communication research: An old road resurveyed [J]. *The Public Opinion Quarterly*, 1963, 27(4): 515-527.
③ 李金铨：《大众传播理论》，台北三民书局1990年版，第119页。

第三节 批判研究异军突起：20世纪70年代至80年代

施拉姆认为，开始于20世纪60年代末、被称为"批判"传播研究的欧洲传播学研究传统，虽然规模不大，但质量很高。批判传播研究学者以内在信仰作为出发点研究传播问题，这些研究问题常常是传播社会效果的马克思主义阐释。① 乔治·康姆史达克（George Comstock）认为，传播研究中最古老的话题是大众传媒在公共事务中的影响。② 库尔特·郎（Kurt Lang）和格拉迪斯·恩格尔·郎（Gladys Engel Lang）夫妇提出，传播学研究最早可以追溯到韦伯，欧洲和美国一样在传播学发展史上占据着重要位置。几十年后，传播学研究回到了最初吸引学者眼光的地方——大众传播在政治、知识和现代社会文化生活上的效果。③

依罗杰斯之见，传播学的欧洲起源可以追溯到达尔文、西格蒙德·弗洛伊德（Sigmund Freud）和卡尔·海因里希·马克思（Karl Heinrich Marx）。"进化论、精神分析理论和马克思主义这些欧洲的理论基础间接地影响了1900年后在美国崛起的传播学。芝加哥学派中的社会学家为进化论所吸引；法兰克福学派将马克思主义和精神分析理论结合起来；互动传播的帕洛阿尔托学派通过研究相关传播来反对弗洛伊德的内心理论；哈罗德·D. 拉斯韦尔热心于精神分析的思考；而卡尔·I. 霍夫兰的说服研究则在弗洛伊德理论那里发现了一个间接的基础。"④批判学派对媒介效果的观念与经验学派大相径庭。经验学派关注的是微观的、个体的、使用性的效果，认为媒体能够促进社会问题的解决并引导社会变化。批判学者关注的是宏观的、社会性的、制度性的效果，认为大众传播被现行制度用来控制社会和社会中的个人，"意识形态""文化研究"和"政治经济学"因而成为批判学派效果研究的主要视角。

一、传播与权力以及意识形态问题

20世纪60年代兴起的结构主义思潮，对1970年以来的西方传播效

---

① Wilbur. Schramm. The unique perspective of communication: A retrospective view[J]. *Journal of Communication*, 1983, 33(3): 6-17.
② George Comstock. The legacy of the past[J]. *Journal of Communication*, 1983, 33(3): 42-50.
③ Kurt. Lang and Gladys Engel Lang. The "new" rhetoric of mass communication research: A longer view[J]. *Journal of Communication*, 1983, 33(3): 128-140.
④ [美]E. M. 罗杰斯：《传播学史：一种传记式的方法》，殷晓蓉，译，上海译文出版社2001年版，第36页。

果研究产生了一定的影响。1970年阿尔都塞发表了《意识形态与意识形态国家机器》一文并引起广泛关注。结构主义既是一种思潮，也是一种方法，它强调事物之间的关系及由此形成的系统。在阿尔都塞看来，"意识形态是不同于科学的一种表象体系，它表达了人类个体与其生存条件之间真实关系和想象关系的统一"①。作为"结构主义的马克思主义"研究者，阿尔都塞继承了经典马克思主义理论对"意识形态"的理解——"意识形态是指占统治地位的政治力量维持的一套骗人的思想"。意识形态理论代表着阿尔都塞的学术精华，他认为，意识形态存在于社会本身的结构之中，并产生于社会中各种制度所采取的实践之中。意识形态形成了个人的意识，并形成了个人对经验的主观认识。在这个模式中，上层建筑建立意识形态，意识形态又反过来影响个人对现实的观念。建立意识形态的上层建筑，既包括压制性的国家机构，如警察和军队，又包括意识形态性的国家机构，如学校、教堂、媒介、家庭等，它们以更加细微和不易觉察的方式在日常传播活动中复制着这种意识形态。传播活动在马克思主义理论中被视为"个人创造力与社会对这种创造力的束缚之间的矛盾的结果。只有当个人可以真正自由地、明确地和理性地表达自己的意愿时，才会得到解放"②。

媒介作为"意识形态国家机器"的概念，亦涉及意识形态的生产和再生产的性质问题，"这对于后工业社会文化传播尤其是大众媒介的研究具有深远影响。例如，电影叙事方式和节奏将受众的接受速度划一了；电影展示出的另一重生活比历史和现实中的真实生活更能深入人心；电视风光片复制了人们欣赏自然的眼光，……充斥于都市的商业广告，引导着人们的购物走向，并从精神上塑造着人们关于完美生活的观念，等等。"③

传播学的政治经济学研究，从另一方面涉及媒介及其信息产品的生产性质的问题，为媒介效果研究提供了另一种视角。媒介生产关系到权力的来源和运作，尤其是与传播过程和信息流动相关的权力。因此，赫伯特·席勒（Herbert Schiller）提出"生产"应该成为传播学研究的核心概念（Schiller, 1983）。作为当时批判学派代表人物之一的席勒，除了提出媒介帝国主义理论之外，还著有其他重要著作，如《大众传播与美利坚帝国》(Mass Communications and American Empire, 1969)、《传播与文化霸

---

① 李彬：《符号透视：传播内容的本体诠释》，复旦大学出版社2003年版，第106页。
② 斯蒂文·小约翰：《传播理论》，陈德民，叶晓辉，译. 中国社会科学出版社1999年版，第410、411页。
③ 李彬：《符号透视：传播内容的本体诠释》，复旦大学出版社2003年版，第107页。

权》(Communication and Cultural Domination, 1976)等。席勒专注于对传播结构和政策的分析,他不满于主流实证主义研究只对光明面大唱赞歌,而是把研究重点放在了对媒介阴暗面的了解和分析上。他重点调查了美国的传播制度和传播程序,认为对广告利润的追逐和对大公司的服从,使美国媒介走向集中和垄断。在国内,用媒介来安抚公众,用私有势力占领公共空间和公共体制;在国外,美国公司垄断着文化生活,实行着全球霸权,尤其是在第三世界国家。"建立世界新闻传播新秩序"因此成为不发达国家的强烈要求。

与主流论调全然对立的观点,使席勒的研究困难重重,但他用勇气、执著,及其对媒介和文化进行深刻的政治经济批判,赢得了广泛的赞誉,被誉为"媒介的清醒的、政治的、社会的批评家"。传播政治经济学批判代表了与当时媒介研究传统方法的决然分裂,在媒介效果研究中重新引进政治经济权力的争议,从而改变了媒介研究的学术议程。郎氏夫妇在论文《传播学研究的"新"辞令:长远的观察》①中,提出应摒弃用经验研究方法和批判研究方法来区分研究者,而用"局内人"(insider)和"局外人"(outsider)取而代之。借用郎氏夫妇的话,以席勒为代表的传播政治经济学派是以"局外人"(outsider)的视角,从更宽泛的政治、经济外围层面为效果研究提供了新的路径。

阿尔都塞曾把意识形态界定为一些主题(themes)、概念(concepts)以及表征(representations),人们通过这些东西,以一种想象的关系,"经历着"(live)与他们的真实的存在条件的关系。② 这就不但为传播学批判学派中的意识形态分析提供了理论依据,也对文化研究理论的发展与实践产生了重要影响,使文化研究由早期的"文化主义"范式转向"结构主义"范式。

二、传播研究作为文化研究

斯图亚特·霍尔的《文化研究:两种范式》(Cultural Studies: Two Paradigms)一文对这种转向做出了详细论述。文化主义范式把文化理论化,并与社会实践紧密相关;同时反过来也把这些实践理论化,作为人类活动的一种共同的形式。它强调社会存在与社会意识之间的辩证关系,认为二者之间不能分离。文化既是产生于不同社会群体与阶级、以其特定的

---

① Kurt. Lang and Gladys Engel Lang. The "new" rhetoric of mass communication research: A longer view[J]. Journal of Communication, 1983, 33(3): 128-140.
② Stuart Hall. Cultural studies: Two paradigms[J]. Media, Culture and Society, 1980, 2(1): 57-72.

历史条件与关系为基础的意义与价值，又是活着的传统与实践，通过它们，各种各样的理解才能得以表达，而这些理解也具体地体现在这些传统与实践中。结构主义范式在很大程度上围绕着意识形态的概念而建立，它与文化主义共同的地方是突破基础/上层建筑的模式，赋予上层建筑以建构性的力量。在这里，意识形态不是被理论化为观念的内容或表层形式，而是被理论化为条件得以再现与实践的无意识范畴。在文化主义范式中"经验"是基础，是生活的领域，意识与条件在这里会合；而结构主义范式则认为，经验不能是任何东西的基础，"经验"被知觉为一种效果（effect），而不是一种本真化的来源（an authenticating source），不是对于现实的反映而是想象的关系。①

《作为文化的传播》（Communication as Culture: Essays on Media and Society）一书的作者詹姆斯·凯瑞曾讲述过一段往事，他听说英国文化研究的领军人物雷蒙·威廉姆斯（Raymond Henry Williams）在20世纪70年代伦敦的一次会议上讲道："传播学的研究由于心安理得地把自己称作有关'大众传播'的研究而极其糟糕地被肢解了。"所以，当霍尔为研究中心命名时，曾经考虑过包括"传播学"在内的许多称谓，但最终还是选择了"当代文化研究中心"（The Center for the Study of Contemporary Culture, CSCC），而不是"传播学"或"大众传播"研究中心②。在霍尔看来，这个选择是一个明智之举。作为文化研究的先锋人物，从20世纪70年代中期以来，霍尔的研究历程几乎平行于英国文化研究本身的发展轨迹。立足于霍尔的编码/解码模式所进行的接受分析（reception analysis）是这一阶段出现的又一新名词，这一模式假设受众会根据不同的立场或观点，以"支配的""协商的"或"对立的"等方式来对信息进行解码。研究者的本意是通过这种研究方式确认有关媒介强大效果的阐述，但却得出了与预期大相径庭的结论——占据主导地位的却是"协商性"媒介影响力。"发源于20世纪70年代，为媒介效果研究带来关于媒介文本（尤其是新闻）、阅听人和媒介组织的新研究取向，可以称之为'社会建构学派'（social constructivist）。基本上，这牵涉到一种媒介观，认为媒介透过意义的建构而产生最具影响力的效果，接着，这些建构透过系统的方式来提供给阅听人，在这个过程中，意义以某些协商的形式为基础，和个人的意义结构相（或未）结合，

---

① Stuart Hall. Cultural studies: Two paradigms[J]. Media, Culture and Society, 1980, 2(1): 57-72.
② James W. Carey. Communication as Culture: Essays on Media and Society[M]. New York: Routledge, 1992.

而这通常会受到阅听人预存之集体认同的影响。意义(以及因此而来的效果)是由接收者本身来建构的,这种中介的过程通常牵涉到来自接收者直接社会脉络的强大影响。方法学的转变也显示此一阶段和'万能媒介'(all-powerful media)的差异,尤其它已经远离了量化的调查方法。一位早期效果研究的执行者也提出'行为主义的崩溃'(bankruptcy of behaviorism),以作为媒介效果的解释。"①

在霍尔的带领下,CSCC 在文化研究统辖下的传播研究和来自美国的社会科学实证传统分道扬镳。媒体被定义为"主要的文化与意识形态力量","媒体盘踞某个主导性位置,定义社会关系与政治问题,并且指出受众流行意识形态的生产与转化"。文化研究弱化媒体的行为主义"效果",突出强调媒介效果的意识形态批判。文化研究关注媒体与政治经济权力关系的"再现"与"接合",以及在这种媒体"政治"下受众的主体性问题。例如,对于电视媒体来说,霍尔并不认为"高层艺术"是促进电视达到"更佳"效果的主要标准,恰恰相反,他主张在"日常生活"的叙事脉络中对接收主体进行意义考察,由此形成的电视效果研究更具有说服力。媒介效果研究由于长期被"实证主义"所主导,缺乏新鲜活力,而霍尔打破传统思想的禁锢,立足"文化研究"视角所提出的一些新思路,对媒介效果研究乃至传播学研究都产生了深远的影响,由此也吸聚了约翰·菲斯克等一大批学术"拥趸"迈向"文化研究"的道路,并日渐发展为一支不可忽视的"批判型"研究队伍。可以说,霍尔对文本与意识形态之间的关系考察、对意识形态概念的理论化以及对这些文化/政治效果的理解,深刻刺激日后文化研究的整体发展②,为媒介效果研究的深入开展提供了一种新的解读方式或批判视角。

总体而言,批判学派的媒介效果研究始终弥漫着较强的悲观主义色彩。渗透着意识形态话语意义的"权力操控"是其关注的焦点所在。或从制度和阶层的观点审视权力的分配,或从文化的角度来分析媒介对意义的建构,抑或从政治经济的视角来探讨媒介的霸权。此种研究取向使两种范式之争回到了起点,即如何定义"效果"。经验学派习惯于使用"effect",多探讨"短期的、可观察的、量化的'效果',但忽略了长期的、非量化的以及结构性的传播'力量'(power)"。而批判学派则多用"influence","其

---

① 丹尼斯·麦奎尔:《特新大众传播理论》,陈芸芸、刘慧雯,译,台北韦伯文化 2003 年版,第 555~556 页。
② 唐维敏:《霍尔与文化研究》,http://www.culstudies.com/rendanews/displaynews.asp?id=4936,2005。

主要特征则是权力的运作"①。

第四节　多元发展：20世纪80年代以来

如果说，1980年以前西方媒介效果研究是"花开两朵，各表一枝"，且强弱分明，那么1980年以后的媒介效果研究却进入了"共生共荣"的多元化时代。虽然发展初期，经验学派与批判学派的"对抗"多于"合作"，但批判学派在媒介效果中的威力日渐突出，并逐渐受到经验学派的重视。当然，在两大主流学派进行"对话"的过程中，也出现了一些持有折衷主义态度的研究者，但是，折衷主义的话语力量相对微弱。从整体上讲，西方媒介效果研究仍然以经验学派与批判学派为主导，而在这一时期，批判学派的影响力日益壮大，到20世纪90年代，两大学派由对抗走向合作，学者们纷纷意识到各自学派在研究方法上的不足，更多的学者多了一分反省，少了一分固执。

一、经验学派：重返"强效果"

20世纪60年代"使用与满足"理论的出现使经验学派重新找回媒介效果研究的希望，效果研究进入一个新的发展期。20世纪70年代，许多从事广告、宣传或竞选研究的学者认为大众媒介的潜力极为可观，自1950年起盛行的电视媒介更是魅力无穷，对社会生活产生了前所未有的影响。"有限效果论"不能真正了解大众传播的威力，经验学派的学者们因此开始重新检讨媒介的影响力。

德国学者纽曼在1983年撰写的论文《媒体对媒介效果研究的效果》(*The effect of media on media effects research*)中指出，20世纪60年代中期迫于经验研究的结果，微效果假设开始瓦解，大多数学者如今认为大众媒介对人们理解真实的概念有决定性影响。但是为什么有限效果论和微效果论在很长一段时间内占据了主要的学术舞台？为什么业界热衷于接受有限效果论和微效果论？纽曼认为，从学者的角度而言，当时媒体是效果研究的主要资助者，对于一个新兴学科领域的发展，媒体的支持至关重要。从媒体控制者的角度来说，强效果论会使报道的客观性受到质疑，记者们不愿承认他们的报道会受到其自身政治态度的影响。微弱的媒介效果和媒介力

---

① 张锦华：《传播批判理论》，台北黎明文化实业股份有限公司1994年版，第43、44页。

量可以使媒体为社会中的不良现象承担更少的责任，拥有更多的自由，受到更少的控制。从研究方法的角度而言，纽曼认为媒介效果研究经历了如下历程：从早期单独的个案研究发展为对众多个案进行全面研究；从短期效果研究发展为长期效果研究；从实验室研究发展为田野调查式的实地研究；从早期的以观察和问题为主的研究方式发展为综合性的调查研究；从以印刷媒介为研究中心发展为对多种媒介的共同关注；从早期着力观察个体受众态度和行为变化发展为注重社会环境对个体受众的影响，并重新注意到测试态度对人们的影响。在研究设计上开始提倡重视媒介效果的积累性证据，如纵向研究。纽曼对强效果论表现出明显的支持倾向，而且认为强效果是未来媒介的必然趋势，有限效果论并不能真正证明传播的力量有限，而是由于传播研究者所使用的理论与方法过于有限，才导致我们对传播的力量认识不清。①

美国媒介社会学者伊契尔·索勒·普尔（Ithiel De Sola Pool）表达了同样的观点。他认为传播学研究最大的进步就在于测量方式的提高，使原来被当做"噪音"忽略的细微效果变得清晰可辨，对长期效果的研究当然更为精确。但与纽曼的观点大相径庭的是，普尔认为，媒介效果的"大"或"小"并不是一个重要的问题，重要的问题在于媒介效果如何在不同的环境下产生并形成一个"过程"。因此，长期效果研究与短期效果研究可以进行比较，如"强化"（reinforcement）与"改变"（change），态度变化与采取行动等。对于这类研究，经验主义原来的研究方式显得过于粗糙，无法检测出细微的变化。例如，在测量晚间新闻对受众态度的影响时，或许短期内不会有明显的改变，但如果进行一项长达数年的跟踪研究，其效果或许会非常深远。②

早期简单的"刺激-反应"模式开启了行为主义研究的先河，但媒介万能论忽略了对受众本身的研究。有限效果论开始针对受众进行各种实验与社会调查，但却将传播的能力简化成对受众短期行为层面的研究，忽略对媒介及其他长期潜在的影响。强效果论拓展了认知层面以及媒介运作层面的研究，并且也尝试从宏观的社会结构层面反省传播的效果及功能，议题设置理论、知沟理论与涵化理论等都体现出这一特征。依据麦奎尔的三阶段划分，简要归纳经验学派的效果研究发展历程，不难发现，虽然某些立

---

① Elisabeth Noelle-Neumann. The effect of media on media effects research [J]. *Journal of Communication*, 1983, 33(3): 157-165.
② Ithiel de SolaPool. What ferment? A challenge for empirical research [J]. *Journal of Communication*, 1983, 33(3): 258-261.

场坚定的经验学者依然强调两大学派的差异与对抗,但媒介效果理论的自身发展已经显示出相互融合的特质。

二、批判学派：反思与借鉴

20世纪80年代以后批判学派对媒介效果的研究,一方面继续致力于对传统的经验主义效果研究进行深刻的反思,将大众媒介的效果问题置于更加广泛的社会整体与文化价值体系之中,批判大众媒介对社会造成的负面影响;另一方面在研究实践中取长补短,将经验学派的研究方法逐步融入到批判研究之中。

佛朗哥·费拉罗蒂(Franco Ferrarotti)的《谈话的终结:大众媒介对现代社会的影响》(The End of Conversation: The Impact of Mass Media on Modern Society)一书在一定程度上代表了批判学派的媒介效果观。他认为人类的真实性(human reality)是一种意义,是创造实体,是整体意义的建构,它并不来自照片本身,而是来自摄像师的意图。"大众传媒正在遍及整个世界,并使之日趋平面化。通常,调查性新闻学比科学分析来得更早,用它自己的技术研究设施做出有利的判断。非常精确地得出'千篇一律'的效果,也就是说,大众传媒超越特定的时间和空间,抵消掉历史的变化和环境的根源,以及人类经验的意义,生产出了一致性的认同。……历史已经失去了其特定的、独一无二的内涵；社会阶级在模糊、毫无特点的生活方式中被洗刷得干干净净。从个人到大众,从由不同群体——初级或第二级、面对面或被官僚作风式地组织而成——构成的人类,到一个粉末化的、四处分散的、无形的、不再有特定反应和精确认同的人类,必须有一些前提。在这个大众化的过程中,电视扮演了重要的角色。高速公路改变了自然地貌,把大都市的中心联结起来形成一个社会的鲜活'内在(inside)'机体,而把乡村排除在外。电视则强烈地影响了心理结构。……麦克卢汉说,电视屏幕是假肢。也许是,但它是个昂贵的假肢。电视剥夺了人的参与性。谈话正在消逝。随着每天最细微的故事一起消逝。……在当今的社会传播中,直接的人际联系越来越少,正在逐渐丧失。"[1]

事实上,经验学派与批判学派的差异"绝非仅是研究方式的差异(如前者重研究,后者重理论);而是两者在事实认定、知识标准及目的论等层次上均有不同的哲学观点,以至基本社会理论架构,如对权力运作的假

---

[1] Franco Ferrarotti. *The End of Conversation: The Impact of Mass Media on Modern Society*[M]. New York: Greenwood Press, 1988: 3, 4, 5, 12.

设、对阅听人及媒介的社会角色及其研究方式等均有所不同"。考察批判学派的发展历史,其与经验研究有着密切关系,"马克思基本上赞成实证科学(positive science)传统中的经验研究的重要性"①。20世纪80年代以后,英国文化研究学者大卫·莫利的受众分析成为批判学派中经验研究的重要代表。莫利先后于1980年和1986年出版的《全国新闻的观众》(*The Nationwide Audience*:*Structure and Decoding*)及《家庭电视》(*Family Television*:*Cultural Power and Domestic Leisure*)中,将霍尔的受众解读模式应用于经验性研究,以深度访谈、参与式观察等田野研究的方式收集资料,以年龄、性别、种族、阶级等为标准,将受众划分为不同的社会群体,研究不同群体对文本的不同诠释,从而体现出受众在接收媒介文本时并非是消极的、被动的"靶子",而是具有能动的"主体"。这种方式可谓是文化研究与经验研究的结合。

虽然经验学派与批判学派有纷争、有对抗,但双方对自身学派研究方法的反省日益增多,总体上向着融合的趋势发展着。这一阶段在研究对象上,两大流派的重点都转向了电视媒介,如对电视暴力的研究;在研究方法上,认知学派的方法成为经验学派的主导模式,强调理解的环境和机制,测量的精确性得到提高。但批判学派的宏观视野得到更多的重视,媒介与社会的关系在效果研究中得到进一步强化。

在兼顾经验学派与批判学派的观念下勾勒西方媒介效果的历史脉络,不但有助于更全面地理解媒介效果,将个人与社会、短期与长期、微观与宏观的效果研究尽收眼底,而且有利于给予媒介效果研究更公正的评判,不会因立场的偏向而顾此失彼。范式对话中的媒介效果研究考察,是在质疑中追问,在追问中求解,在求解中豁然开朗。

---

① 张锦华:《传播批判理论》,台北黎明文化实业股份有限公司1994年版,第229、231页。

第二章 媒介效果：影响的手段还是控制的权力？

在某种意义上，经验学派与批判学派在媒介效果研究上的根本分歧在于对"效果"本身的界定。经验学派表现出更多的"功能主义"色彩，带着保守的偏见，强调社会的维系与稳定，而不是以可能的改变为重点。① 例如，在经验学派的典型研究中，"5W"模式"强调传播结构独立于社会结构，两者间的关系只有模糊的互动概念加以解释，其研究重点放在个人的、短期的、微观的传播效果上"②。批判学派则强调情境(context)与背景，强调在"媒介、文化和社会"构成的"场域"中研究文化、意义与权力，以整体的、宏观的视野来探讨传播的角色。由此，两大学派展开了激烈的争辩。

1978年，托德·吉特林在《媒介社会学：主导范式》中提出，所谓媒介社会学的主导范式(dominant paradigm)，即丹尼尔·贝尔(Daniel Bell)称之为"被接受的有关个人影响的知识"(received knowledge of personal influence)，"已经将其注意力从媒介的权力转向了界定正常和非正常的社会和政治活动，转向了评说什么是及什么不是政治上的真实和合法；转向了证明两党政治结构的合理性；转向了为社会关注建立可靠的政治议程和牵制、引导及排斥异己；转向了塑造反对运动的形象。就其方法论而言，媒介社会学强调受众的反抗，对由媒介生产的信息的抵制，而不是对他们的依赖、默许和轻信。它已经在特定的行为主义者的方法中注意到广播电视节目的'效果'，非常狭窄、微观地界定了'效果'，并且这种至多只能显示细微效果的调查式研究，使它看起来非常合理。它把短期'效果'(short-run effects)作为重要性的衡量尺度，并奉为神圣，很大程度上是因

---

① [美]Arthur Asa Berger：《媒介分析方法》，黄新生，译，台北远流出版公司1994年版，第98-99页。
② 石义彬、单波：《比较与整合：西方媒介理论新动向》，载《国际新闻界》2000年第3期。

为这些'效果'可以在一个严格的、可复制的行为意识(behavioral sense)中得到度量,因此注意力偏离了大众传媒产品更大的社会意义。当它去探询困难问题,希望得到更多成果时,它就试图去找寻'硬数据'(hard data),而这时通常是混合着各种结果,似乎适用于所有人,又似乎谁都不适用。仅仅研究可以被经验性'量度'或可调查的'效果',好比将方法论这辆车放到了理论这匹马的前面。三十年来有关大众传媒'效果'的系统性研究几乎没有创造出什么理论和一致性的发现,这是一个怪异的现象吗?这种不可思议的自相矛盾,起因于现存范式自身的分解(decomposition)。"①批判学派认为媒介效果研究,尤其是早期的媒介效果研究,在方法上,存在着简化论的缺陷,基于"刺激-反应"学习理论,局限于"媒介刺激"与"效果"这两个变量,忽略了中介作用,在定位上过于个人主义。在类型上,仅局限于一种类型的效果研究,即说服。同时,批判学派还指责媒介效果研究是一种行政型研究,研究者高度依赖于公司媒体(corporate media)和政府提供的研究资金,其公正性与客观性应受到质疑。霍尔则批评媒介效果研究在谈及变量和效果时运用了不正确的术语,反映出"行为性的主流霸权"(behavioral mainstream hegemony),被过时的实证主义哲学所制约。效果研究忽略了文化变量,使个人隔离于其所处的文化,被片段化(segment),失去人的特性,且低估了受众对媒介信息的建构能力。威廉·麦克基尔(W. J. McGuire)认为效果研究的经验性结果并不支持其宣称的强效果论。效果研究把媒介作为"效果"的"原因",这期间的因果指向是模糊不清的,忽视了信息的特定特征引起的特定效果,使效果研究的结论缺乏科学上的精确性和理论上的确定性。"以媒介为中心"的理念,混合了信息生产过程的宏观概念和效果的微观概念,导致了理论上的不连贯。②

面对批判学派的诸多批评,经验学派的学者们做出了态度坚决、有理有据的回应。他们把传播学称为"传播科学"(communication science),在总结了媒介效果研究的若干缺陷,如媒介效果理论的个人主义偏见(individualistic bias),对于社会系统效果的关注明显少于个人效果,媒介效果研究缺乏与信息生产的系统联系等,之后,并不承认存在一个所谓的"主导范式",因为"媒介效果研究在理论关注和方法上都是种类繁

---

① Todd Gitlin. Media sociology: The dominant paradigm [J]. *Theory and Society*, 1978(6): 205-253.
② William J. Mcguire W J. The myth of massive media impact: Savagings and salvagings [J]. *Public Communication & Behavior*, 1986(1): 173-257.

多的,共同特征非常有限。因此,将其称之为一个'范式'是专横的"①。经验学派认为,批判和文化研究学者对媒介效果的批评一方面存在着历史观点上的局限性,另一方面过于狭隘地界定了当代媒介效果研究。简单的"刺激-反应"模式并不能正确描述从早期经验式研究阶段到今天媒介效果研究的全貌,"行政型研究"的指责也是对20世纪40年代以前媒介效果研究的误读。但即便如此,经验学者并不讳言,"媒介效果研究作为一种以逻辑实证主义为基调的话语,是以现代社会科学的语言和逻辑而建构的关于媒介的社会角色和影响之全景的话语。它的基本特征是考察由媒体中介或通过媒体行使的社会影响,以因果关系的语言,将影响的来源回溯到媒介的某一相面,并就这种因果关系,提出可检验的假设"②。

归根结底,这些争辩的直接原因是经验学派与批判学派对"媒介效果"的理解差异——媒介效果是影响的手段还是控制的权力?本章将就此从经验学派的主导范式、批判学派的权力观念和发展传播学等层面具体阐述两大学派对媒介效果的不同解读与研究传统。

第一节 经验学派:个体如何被影响

贝雷尔森的《传播研究的状况》(*The State of Communication Research*)一文指出,过去25年美国传播研究有四个主要研究取向:拉斯韦尔的政治学取向,拉扎斯菲尔德的样本调查及社会学取向,列文的小团体传播过程的社会心理学取向,以及霍夫兰对说服研究的实验心理学取向③。这四位传播学的奠基人确立了传播学研究的主要方向与议题,"拉斯韦尔的5个问题的模式被解释成使传播研究侧重于媒介效果,这个侧重点使传播研究有了一种连贯性,但是它也引导传播学学者偏离了其他重要的课题。……他们把传播看作是一个行动,而不是一个过程。是单向的和有意图的,旨

---

① Jack M. McLeod, Gerald M. Kosicki and Zhongdang Pan. On understanding and misunderstanding media effects. In James Curran and Michael Gurevitch (Eds.), *Mass Media and Society*[M]. London: Arnold, 1991: 236.
② 潘忠党:《媒介效果实证研究的话语:对一个研究领域的理解与误解之反思》, http://web.cenet.org.cn/web/keyouxz/index.php3?file=detail.php3&nowdir=&id=75766,2005.
③ Bernard Berelson. The state of communication research[J]. *The Public Opinion Quarterly*, 1959, 23(1): 1-6.

在达到意想的效果"①。拉扎斯菲尔德"开创了媒体效果研究的传统,这一传统成为美国大众传播研究的占有统治地位的范式","在引导传播研究趋向于效果研究方面,拉扎斯菲尔德的作用超出了任何其他个人"。② 在吉特林的论文中,拉扎斯菲尔德被认为是媒介社会学主导范式的形成标志,也是他集中火力批判的靶子。"二战"时期,拉扎斯菲尔德及其学派带来的一系列观点、方法和发现,如通过研究媒介内容,来发现特定的、可度量的、短期的、个人的态度和行为效果等,影响着整个经验学派媒介效果研究的走向。

一、问题导向

问题导向(problem-oriented)是和理论建构相对立的研究取向。问题导向的研究者热衷于应用一系列的研究技术处理短期的零散问题,强调对研究方法的再三精炼,却鲜有尝试去累积学术情境中的理论主体,于是经验技术愈来愈复杂,统计方法愈来愈精细,但研究或研究成果的理论意义却往往被束之高阁,被不闻不问。问题导向与理论建构在某种程度上也分别代表着经验学派与批判学派不同的研究旨趣。

再次回溯经验学派媒介效果研究的演进历程,不难发现,对美国商业广播产业的研究,描绘出了受众的图像,以及战时对宣传研究的需求;战时的食物消费模式则给予列文及其学生传播研究的灵感;哥伦比亚应用社会研究局的委任市场调研,也在纽约地区进行了诸多具有影响力的媒介消费研究。这些研究对媒介操纵、效果与影响的实际关注,并非没有理论意义,特别是在社会心理学的层面上,只不过形成了一个个相互竞争的观点。这些研究的旨趣,并非依据理论关怀而来,而是出于行政需要,在他们看来,这些研究只是引用精细的量化技术,而不是从概括层次,阐明传播理论。③ 需要特别说明的是,在这个问题上,吉特林将问题导向的矛头直指拉扎斯菲尔德显然有失公允。因为在上文提及的《评行政的和批判的传播研究》中,拉扎斯菲尔德已经意识到这个问题,将批判研究与行政型研究进行过比较,也试图在二者间建立连接,但或者是因其主导的行政型

---

① [美]E. M. 罗杰斯:《传播学史:一种传记式的方法》,殷晓蓉,译,上海译文出版社 2001 年版,第 231、233 页。
② [美]E. M. 罗杰斯:《传播学史:一种传记式的方法》,殷晓蓉,译,上海译文出版社 2001 年版,第 233 页。
③ Peter Golding, Graham Murdock. Theories of communication and theories of society [J]. *Communication Research*, 1978, 5(3): 339-356.

研究影响过于深远，或者是"媒介效果研究其实只是继承了拉氏学术传统中的实证观察之总结，或'中层理论'，忽略了其在更高层面的理论取向"①，而最终未能如愿。这固然能为批判学派对拉氏的指责找到一些开脱之辞，但从另一个角度看，这也恰恰证明了媒介效果研究对拉扎斯菲尔德的追随与依赖，使其后的媒介效果研究者视"问题导向"为理所当然。

问题导向与行政型研究可谓互为因果。问题导向使研究者更容易获得资金支持，并得出目的明确、具有针对性的研究结论；行政型研究反过来又强化了研究的实用性选择。问题导向使媒介效果研究更多地停留在微观的现象层面，而疏于探讨现象背后的宏观背景。正因如此，问题导向下的研究结论似一个个相互独立的实证孤岛，而无法形成互相构连的理论陆地；它们具有个体上的科学性与精确性，却无法实现整体上的普适性和推广性。在批判学派眼中，经验学派的媒介效果研究正是这种局部的和片段式的，这些看似科学的结论对每一个具体的个案而言是真实、客观而可信的，但一旦把它置于宏观的社会、历史背景中，其孤立化、原子化的特性就暴露无遗，也就丧失了科学研究的普遍适用性作用。

至于理论建构，一直以来是困扰两大学派的共同问题。在很大程度上，这是基于确立学科身份与地位的迫切需要。罗杰斯和斯蒂芬·查菲（Steven H. Chaffee）认为传播学中"小国割据"（balkanized），是学术上的"南斯拉夫"，在"传播"这个大概念下，存在着无数的子概念，如大众传播、口语传播、电信传播等，但无论传播的介质如何——是大众媒介、面对面，还是互动技术，中心问题在于吸引学者们关注传播学统一理论（unifying theories）的发展。② 但罗伯特·克雷格（Robert T. Craig）面对越来越多的传播理论，非但没有表现出欣喜，反而认为，传播理论的表面繁荣，恰恰是因为我们并不知道什么是理论。我们越来越不确定我们正在做什么或应该做什么；传播学尚处于寻找范式的"前范式"（preparadigmatic）状态。在这个意义上，虽然经验学派与批判学派各有所好、各有所长，但问题导向与理论建构这两种研究取向并不应截然对立，而更应相互整合，因为"'真正的生活具有多个侧面，需要联合使用多种理论和多种方法。'每一种方法都应该给其他方法留下空间。不同现象、不同情境和不同社会

---

① 潘忠党：《媒介效果实证研究的话语：对一个研究领域的理解与误解之反思》，http://web.cenet.org.cn/web/keyouxz/index.php3?file=detail.php3&nowdir=&id=75766,2005。
② Everett M. Rogers and Steven H. Chaffee. The past and the future of communication study: Convergence or divergence? [J]. *Journal of Communication*, 1993, 43(4): 125-131.

需要用不同的观点加以理解"①。

二、个人影响

强调个人在传播过程中重要作用的观念,既体现在1955年拉扎斯菲尔德与卡茨合著的《人际影响:个人在大众传播中的作用》一书中,又体现在"两级传播"的理论假设中。

《人际影响》源于一个通俗家庭杂志提出的研究计划,其于1945年对伊利诺依州(Illinois)的800名女性对象进行调查,以确定个人如何获得信息,如何获得有关人们看什么电影、怎么投票、购买什么样的时装等方面的见解。其结论是,在大批个体受众中重新发现了库利所谓的"首属群体",它通过人们中的社会关系——邻居、朋友和亲戚——而得以传达。大众媒体中的消息给许多个人提供信息,但只有当这个信息作为个人影响从一个人传递到另一个人时,这些个人才被激发着做出决定和采取行动②,人际传播的重要性得以认识。

"两级传播"理论假设中起重要作用的"个人"是"舆论领袖"(opinion leader)。观点或意见通常是经由大众媒介传递给舆论领袖,然后再由舆论领袖传递给不太活跃的人群。这一结论同样认为人际传播产生着比大众媒介更大的影响。

对人际传播效果的强调不但开启了媒介效果研究中的"有限效果论"阶段,而且,在某种意义上,正是将"个人"作为分析单位的理论假设,将拉扎斯菲尔德引入了研究媒介效果的方向,继而引导美国传播学沿着在社会背景下研究个人行为的方向进行,从而将传播学领域引向效果问题的研究。③ 同时,与个人影响相关的研究还带来了方法上的变化。研究者最为关注的是信息制造者和信息接收者之间的"变量",尤其是人际关系的变量。他们把受众看做相互关联的个体,而不再是大众社会中孤立的点目标。大众传媒只是影响"态度"或投票选择的若干变量之一。研究者倾向于把可度量的媒介效果与其他变量,如人际接触,进行比较,并使用了小组研究和社会测量等颇具特色的方法。

---

① James D. Halloran. A case for critical eclecticism[J]. *Journal of Communication*, 1983, 33(3): 270-278.
② [美]E. M. 罗杰斯:《传播学史:一种传记式的方法》,殷晓蓉,译,上海译文出版社2001年版,第314页。
③ [美]E. M. 罗杰斯:《传播学史:一种传记式的方法》,殷晓蓉,译,上海译文出版社2001年版,第316页。

如果说，对"行政型研究"的路径依赖，导致了经验学派对媒介效果研究实用性的强调，那么，对"人际影响"的路径依赖则使研究者们将媒介效果定义为短期的、个人层面的态度变化。

"两级传播"理论的流行在一定程度上是缘于拉扎斯菲尔德的"个人影响"和个人魅力，即使到1973年，人们对其理论已提出异议，但对于拉氏本人依然狂热。吉特林指出，"两级传播"在最初出现时，只是一个事后的想法(afterthought)，并没有进行详细说明。① 此后有众多学者复制了拉氏当年的实验，但只有少部分实验在小范围内证实了这一假设，大部分无法证实或者对其做了大幅的修正。"'效果'通常是控制性实验(如，至少是带有强烈的目的性)，从单个的人造'效果'(artifact's effect)研究到更广泛、更普遍、更重要的由公司或国家资助的广播'效果'(effect of broadcasting)，但其趋势却是得出一个缺乏论证的推断(extrapolate)。"②

安东尼·吉登斯(Anthony Giddens)在其著作《先进社会的阶级结构》(*The Class Structure of the Advanced Societies*)中也有相关论述："大众媒介的影响和'大众文化'的传播通常被认为是假定的消费模式、需求及口味'同质化'的根源。但'两级传播'研究却表明，大众媒介传播的形式相同的内容可以用完全不同的方式进行解释和做出反应。这种理解和反应的选择性，使社会结构中现存形式的差异性非但不会被同一的媒介内容所根除，反而会因其得到巩固。"③

莫里斯·斯坦(Maurice Stein)更不无调侃地评价到，"我常常这样幻想，当拉扎斯菲尔德读了赖特·米尔斯(Charles Wright Mills)《社会学的想象力》(*The Sociological Imagination*)一书的第一句话：'现在的人们常常觉得他们生活在一系列的圈套之中。'拉扎斯菲尔德马上会问，'有多少人？哪些人？他们产生这种感觉有多长时间了？个人生活的哪些方面让他们烦恼？当他们没有陷入困境时，他们会觉得个人生活让他们烦恼吗？他们经历过什么样的圈套？'如果米尔斯被说服，他们俩就可以向国家心理健康研究所(National Institute of Mental Health)申请到一百万美元的资金来详细说明第一句话。他们将需要几百个工作人员，研究结束之后，他们将写一

---

① Todd Gitlin. Media sociology: The dominant paradigm[J]. *Theory and Society*, 1978(6): 205-253.
② Todd Gitlin. Media sociology: The dominant paradigm[J]. *Theory and Society*, 1978(6): 205-253.
③ Todd Gitlin. Media sociology: The dominant paradigm[J]. *Theory and Society*, 1978(6): 205-253.

本名为《美国人眼中的心理健康》(Americans View Their Mental Health)而不是《社会学的想象力》。"①

第二节 权力控制：批判学派研究主旨

斯蒂文·小约翰(S. W. Littlejohn)在《人类传播理论》(Theories of Human Communication)中将批评的社会科学归纳为三个根本特征：(1)批评社会学家认为有必要在背景中理解人们经历过的体验，重点在于压制问题；(2)批评理论方法研究社会状况，以此来揭示通常隐蔽在日常活动过程中的危害性办法；(3)有意识地融合理论与行动，目标是提示对立利益想到冲突的方式以及有利于某些特写群体的解决矛盾的方式。② 传播研究的批判学派关注背景，以探讨权力控制为主旨，试图从社会权力结构的运作角度分析社会现象和传播现象。基于此，批判学派的媒介效果研究也相应地体现出宏观性、揭露性，以及抗争性等明显区别于经验学派的研究特点。

确切地说，传播研究中的批判学派不是特指某一体系分明的研究派别，而是包含了许多不同的研究流派与主张。如法兰克福学派的文化工业批判，政治经济学批判，国际传播的帝国主义批判，女性主义研究和文化研究，等等。批判研究基本上与马克思主义理论有所关联，其共同特征是反对美国行为主义取向的量化传播研究。③ 简言之，以研究权力控制为主旨的批判学派在对"媒介效果"的理解上，围绕着三个概念展开：一是政治层面的意识形态"霸权"；二是经济层面的大众媒介的"所有权"；三是技术层面的媒介"控制权"。

一、权力精英的媒介"霸权"

"霸权"概念最先由安东尼奥·葛兰西(Antonio Gramsci)提出，"指的是使既定的社会延续下去的顺应主义观念的无可争议的统治。"④他认为，

---

① Todd Gitlin. Media sociology: The dominant paradigm [J]. Theory and Society, 1978(6): 205-253.
② [美]斯蒂文·小约翰：《传播理论》，陈德民，叶晓辉，译，中国社会科学出版社1999年版，第407页。
③ 金兼斌：《传播研究典范及其对我国当前传播研究的启示》，载《新闻与传播研究》1999年第2期。
④ 萧俊明：《文化转向的由来》，社会科学文献出版社2004年版，第121页。

一个社会制度的真正力量并不是统治阶级的暴力或其国家机器的强制性权力，而是被统治者对于统治者世界观的接受。这一概念被广泛运用到媒介研究与媒介分析之中。众多学者从不同角度对此进行了完善与发展。约翰·斯道雷（John Storey）指出，在霸权社会中，虽然存在着剥削与压迫，但仍然保持高度一致和高度稳定，因为"社会里居从属地位的各个集团或阶级对将自己束缚在或'融入'到主要权力结构中的各种价值观、理想、目标、文化及政治含义都表示支持和赞成"①。吉特林认为葛兰西这一在监狱备受煎熬情况下写作出的手稿，表达含糊不清、支离破碎，他将葛兰西的理论理解为："霸权即指统治阶级（或联盟）通过加强意识形态在日常生活中的渗透，来实现对被统治阶级的支配。这是一个对大众的操纵，使他们对既有秩序形成认可（但并不是必要或蓄意的）的过程。"②斯图亚特·霍尔的解释更为详细："当统治阶级（或者小部分统治阶级的联合，一个历史的'集团'）不仅为实现其阶级利益对被统治阶级进行压制，而且还在全社会范围内对被统治阶级和社会结构行使'所有的社会权力'时，霸权便产生了。当小部分统治阶级不仅进行支配，并且直接领导——当他们不仅拥有权力去压制，同时还积极组织起来，以获得摇摆不定的被统治阶级的承认时，霸权便开始运行了。因此，霸权来自政府的武力和大众的允诺。但葛兰西认为，在自由资本主义国家，大众的认可通常运行在高压政治背后，处于主导地位。"③

用霸权理论阐释媒介效果，首先是权力精英把持大众媒介。米尔斯在《权力精英》（The Power Elite）中曾有一段通俗的论述："如果我们使美国100名最有权的人、100名最有钱的人和100名最有名的人，远离他们现有的地位，远离人际关系和金钱，远离目前聚焦在他们身上的大众传媒，那么，这些人将变得一无所有，没有权势，没有金钱，没有声望。因此，权力并非属于个人，财富也不会集中在富有者身上，声望并不是任何人格的内在属性。要想声名显赫，要想腰缠万贯，要想权倾天下，就必须进入主要机构，因为个体在机构中所占据的位置，很大程度上决定了他们拥有和牢牢把握这些有价值的经历的机会。"④米尔斯所言的"权力精英"并不

---

① [英]约翰·斯道雷：《文化理论与通俗文化导论》，杨竹山、郭发勇、周辉，译，南京大学出版社2001年版，第169页。
② [美]托德·吉特林：《新左派运动的媒介镜像》，张锐，译，华夏出版社2007年版，第189页。
③ [美]托德·吉特林：《新左派运动的媒介镜像》，张锐，译，华夏出版社2007年版，第189页。
④ [美]C.赖特·米尔斯：《权力精英》，王崑、许荣，译，南京大学出版社2004年版，封底。

仅仅是指政界统治者,还包括公司董事、军界首领和社会名流,等等。顾问、幕僚、发言人与意见领袖更被他称为权力精英中更高层次构想与决策的领航人。处于权力精英圈中的人们相互勾结,利用手中的权力,用他们的决策影响着普通民众日常生活的方方面面。把持在权力精英手中的大众媒介成为意识形态的重要工具。

这些人继而通过大众媒介制定标准。法兰克福学派的诸多观点都表达了大众媒介在制造标准化、同一化方面的强大力量。马克斯·霍克海默(Max Horkheimer)和阿多诺创造了"文化工业"一词,提出文化工业产品的两大特征是文化同质性和可预料性;利奥·洛文塔尔(Leo Lowernthal)认为文化工业生产着一种以"标准化、老套、保守主义、虚伪、受操纵的消费品"为标志的文化;赫伯特·马尔库塞(Herbert Marcuse)则认为大众媒介通过消除文化中的对立的、异己的和超越性的因素来使理想与现实同化,从而导致了单向度的思想和行为模式。"总的来说,霸权的作用就在于,为通常的新闻规定必须要报道的事件制定标准的假定。"①

最后,大众媒介使受众成为统治阶级的"控制的接受器"。"消除双向度文化的办法,不是否定和拒斥各种'文化价值',而是把它们全部纳入已确立的秩序,并大规模地复制和显示它们。"②媒介的作用不在于强加给受众"需要",而是消除"真实的需要"和"虚假的需要"之间的对立,从而使"需要"也成为单向度的、看似自由的主动选择。大众媒介避免了国家机器的暴力,用一种"润物细无声"的方式实现着意识形态的霸权,"公众舆论的共同性侵入私人事务;私人卧室成为大众传播媒介的渲染对象"③。

二、用"所有权"制造共识

批评的社会科学往往在本质上是经济的和政治的。④"所有权"同样可以理解为具有经济的和政治的双重意涵。就现象而言,越来越多的媒介集中于越来越少的大公司手中,文化生产愈来愈受到商业策略的制约,受众成为商品;就本质而言,现代大众媒介的历史不仅仅是指媒介逐渐融入资

---

① [美]托德·吉特林:《新左派运动的媒介镜像》,张锐,译,华夏出版社2007年版,第198页。
② [美]赫伯特·马尔库塞:《单向度的人:发达工业社会意识形态研究》,刘继,译,上海译文出版社1989年版,第53页。
③ [美]赫伯特·马尔库塞:《单向度的人:发达工业社会意识形态研究》,刘继,译,上海译文出版社1989年版,第19页。
④ [美]斯蒂文·小约翰:《传播理论》,陈德民、叶晓辉.译,中国社会科学出版社1999年版,第407页。

本主义经济体系中的经济史，同时也是它们争取实践公民权的政治史。国家不仅仅是传播制度的管制者，它本身就是一个拥有庞大权力的传播者。①

在这个意义上，从"所有权"的角度审视媒介效果，首先要将传播视为一种经济活动，从生产、分配、流通、交换等过程来观察媒介及其传播行为，关心文化产品的制造，重视文化生产对文化消费的影响力。赫伯特·席勒在其论文《信息时代的批判研究》(Critical Research in the Information Age)中提出"生产"(production)应该成为传播学研究的核心概念，其优势在于"可以让研究者直面权力所有者，检查他们的目标，监控他们的方法，评估他们的过程和产品，……并预测传播学领域的发展"。同时，对"生产"的研究还可以彻底揭示基本制度的重要性，这些都是传统研究轻视或忽视的问题。基于市场有效性的传统研究，把个人变成了"受众商品"(audience commodity)②。其所谓的政治多元主义，表面看起来似乎可以使所有群体受益，但事实上并未表现出美国及其他类似社会的权力真相。与经验学派的传统研究不同，批判研究强调信息作品的生产而非媒介产品的个人消费和影响；关注权力的来源和运作，尤其是与传播过程和信息流动相关的权力；展现出对社会进程和制度持续变化的觉醒，或对历史进行不同的解读。在传播政治经济学者的视野中，"传播学研究的议程最终一定要由被压迫国家、阶级、种族和人民的需要来决定。在这种情况下，还有什么动机比为新出现的、更多的人类社会形式而斗争更好呢?"③

其次，要检视文本的政治经济学，以便了解媒介产品中的再现与外在生产、消费的物质现实(material realities)之间的关系，要评估文化消费的政治经济学，以便说明在物质和文化资源之间不平等的关系。④ 艾弗拉

---

① Peter Golding, Graham Murdock. Culture, communication, and political economy. In James Curran and Michael Gurevitch (Eds.), *Mass Media and Society*[M]. London: Arnold, 1991: 70-93.

② "受众商品论"是由斯麦兹(Dallas Smythe)在1977年提出的。他认为，在垄断资本主义下，受众已成为一种商品，大众媒介是这种商品的生产者，而广告商是买主。大众媒介通过制作形形色色的媒介内容吸引受众，从而使受众能顺道注意媒介内容中夹带的广告。媒介内容越具吸引力，就越能招揽到受众，受众越多，广告商也就越愿意出资购买这种商品。

③ Herbert I. Schiller. Critical research in the information age[J]. *Journal of Communication*, 1983, 33(3): 249-257.

④ Peter Golding, Graham Murdock. Culture, communication, and political economy. In James Curran, Michael Gurevitch (Eds.), *Mass Media and Society*[M]. London: Arnold, 1991: 70-93.

姆·诺姆·乔姆斯基(Avram Noam Chomsky)先后在 1988 年、1997 年出版了《制造共识：大众媒介的政治经济学》(Manufacturing Consent: The Political Economy of the Mass Media)(与爱德华·赫尔曼 Edward Herman 合著)和《媒介控制：宣传的壮观成就》(Media Control: The Spectacular Achievements of Propaganda)，他对在资本家控制下的"公司化媒体"深恶痛绝，认为美国民意从来就不是"美国公众的民意"，而是少数精英的利益。美国媒体长期被大财团所垄断，而这些财团与政治集团向来关系密切，因而这些所谓主流媒体根本不是在传播"公众意见"(public opinion)，而是在制造"精英利益"(elite interest)。正是在政治与经济所有权的双重控制下，媒介制造出了"天下大同"的共同意见。

在这个意义上，批判学派的媒介影响研究主要从两个角度来揭示媒介所有权如何影响、控制意见的形成："第一，研究传播机构的所有权类型，以及所有权类型控制传播活动的影响力。第二，研究国家管制和传播机构之间关系的本质。"①

2001 年 11 月，许多积极致力于媒体及传播事务的非政府组织联合成立的"传播权平台"(the Platform for Communication Rights)启动了信息社会传播权(Communication Rights in the Information Society，CRIS)运动。这一运动的发起是基于对现在信息社会状况的不满——收音机、电视与各种电信传播所需使用的空中电波，日益明显地陷于东切一块西切一块的情况，出最高价格的人就能使用；曾经是新兴的、极有新公共领域前景的互联网愈来愈落入了商业化及受控制的险境；媒介内容饱受消毒过滤及同质化之苦，媒介将消费至上的生活形态卖给了大众，然后又将大众卖给了广告商。CRIS 认为传播权是一个手段，必须用来提升各种人权，并用来强化人们及社群的、社会的、经济的及文化的生活，构建以人为中心的信息社会。② 围绕"权力"观念展开的批判学派媒介效果研究，侧重于从宏观层面探讨谁拥有媒介和谁控制媒介，大众媒介又如何被用来控制社会。在某种意义上，批判学派效果研究的宗旨，正如法兰克福学派复兴的重要代表人物尤尔根·哈贝马斯(Jurgen Habermas)期盼的那样，"希望传播成为解放

---

① Peter Golding, Graham Murdock. Culture, communication, and political economy. In James Curran, Michael Gurevitch (Eds.). Mass Media and Society[M]. London: Arnold, 1991: 70-93.
② 《信息社会的传播权 CRIS 运动的缘起与主张》，冯建三，译，http://www3.nccu.edu.tw/~jsfeng/20030115.doc。

性的,从其效果研究中摆脱出来"①,不再停留于考察"是什么"(to be),而着重思考"应该是什么"(ought to be)。

第三节 传播与发展

"传播与发展"是经验学派与批判学派共同关注的议题,也触动了两大学派在媒介效果理解与界定问题上的根本分歧。第二次世界大战后,随着现代化理论的兴起,该议题首先引起了经验主义研究者的关注,他们以"创新扩散模式"为理论基础,强调传媒在传统社会向现代社会过渡过程中的积极作用。但同样是针对这一过程,批判学派则给予了完全不同的解读,大众媒介被认为是发达国家实行全球霸权的有力工具,导致了媒介帝国主义的产生以及文化的同质化。

作为一个研究领域,发展研究(development studies)在20世纪后半期的兴起很大程度上是因为去殖民化之后发达国家对第三世界国家经济前景的关注。第二次世界大战后它首先是作为经济学的一个学科分支而产生,到了20世纪60年代,发展经济学派注意到单纯的经济学无法充分讨论政治和教育的作用,因而逐渐融合政治与经济的观念,将发展研究扩展为一个跨越社会科学多个研究领域的、关注发展中国家的议题。发展传播学(development communication)正是在这一背景下产生、拓展的。发展传播学是指国际发展中的传播过程、策略与原则,致力于改善不发达国家和处于社会边缘人群的生活质量和生活条件。这是一个非常宽泛的概念,一方面有关信息传播与教育、行为变化、社会发展的相关性;另一方面讨论全球化层面的大众传播技术,如电报、海底通信电缆、卫星电视,以及与世界发展的相关性等。时至今日,在全球视野下研究互联网、移动电话等新媒介技术在世界不同地区的使用也成为发展传播学的组成部分。在这个意义上,发展传播学本身也是一个不断"发展"的概念。从"如何利用传播来促进国家发展"的宏观层面,逐渐过渡到更为具体、相对中观的技术层面,探讨诸如"大众媒介如何更好地传播技术创新"等问题。

本节将首先就两大学派在传播与发展问题上的共同理论基础与不同研究立场展开论述。随后,跟随发展传播学自身在信息社会的理论拓展,以

---

① [美]E. M. 罗杰斯:《传播学史:一种传记式的方法》,殷晓蓉,译,上海译文出版社2001年版,第197页。

"创新新闻学"(Innovation Journalism)为例,探讨其为"传播与发展"这一议题提供的全新的研究视角和有益的理论尝试。

一、共同的理论基础:创新与扩散

"创新与扩散"是经验学派的研究成果。创新与扩散的概念可以追溯到法国社会学家、哲学家、法官加布里埃尔·塔尔德提出的"扩散理论"(diffusion theory)和罗杰斯提出的"创新扩散理论"(diffusion of innovation theory)。塔尔德1890年在《模仿定律》(The Law of Imitation)一书中最早使用了"创新扩散"(diffusion of innovation)一词,他提出,"我们的问题是弄明白,为什么同时出现的100个不同的新事物中——其中有单词、天马行空的思想和生产方法等等——只有10个会广为流行,而90个则会被人们忘记呢?"并认为"创新"且能"传播"是人类社会持续进步的原因。1962年罗杰斯延续塔尔德的理论,在《创新的扩散》(Diffusion of Innovations)一书中进一步探讨"创新"通过特定的传播渠道进行扩散的过程,以及扩散过程受到哪些因素的影响。他强调了大众媒介在创新扩散过程中的核心地位和重要角色。罗杰斯把创新定义为"个人或其他单位在采用的过程中,被感知为新鲜的思想、行为或事物。"扩散则"是在一段时间里,创新通过某些渠道在社会系统的成员中传播的过程。"创新扩散的过程可以分为知晓(awareness)、兴趣(interest)、评价(evaluation)、试用(trial)和采纳(adoption)五个主要阶段。[1] 1964年施拉姆与联合国教科文组织协力出版《大众媒介与国家发展》(Mass Media and National Development),这本书有效地推动了传播技术扩散与社会发展之关系的研究,赋予了传播学研究的新方向。

在某种意义上,塔尔德最早发现了创新与扩散的问题所在,罗杰斯将其总结并上升为理论,施拉姆则将其确立为一个新的研究领域。但在这个过程中不能忽略的是美国爱荷华州杂交玉米种的研究。1862年林肯总统签署了《莫里尔法案》(The Morrill Act),旨在帮助美国各州建立教育机构,让农村青年受益,并传授与农业和机械工程相关的知识,许多大学和研究机构在此期间成立,乡村社会学(rural sociology)在这些学术单位中被纳入农业大学,并逐渐关注到农民对新技术的应用。"二战"前,美国农业技术中最重要的创新成果之一就是杂交玉米种子的发明。20世纪30年代,

---

[1] [美]希伦·A. 洛厄里、梅尔文·L. 德弗勒:《大众传播效果研究的里程碑》,刘海龙等,译,中国人民大学出版社2004年版,第106、116、117页。

美国农业部向中西部的玉米种植者大力宣传使用杂交种子。1943年布赖斯·瑞恩(Bryce Ryan)和尼尔·格罗斯(Neal C. Gross)发表了名为《杂交玉米种在爱荷华州两个社区的扩散》(The Diffusion of Hybrid Seed Corn in Two Iowa Communities)的研究报告,研究认为,创新的采用是既有的人际关系和对媒介的习惯性接触这两个因素共同作用的结果。他们明确提出,"对这一扩散的研究有着特殊的意义,因为它代表的农业特质不能称为'好的(经济的)农业生产方式'。对种子的传播研究,能使我们直观地了解到哪些条件使得一个理性的技术能够扩散得如此成功。"对媒介效果研究而言,这个研究最重要的意义在于"将注意力从模式(pattern)研究,转移到过程(proccss)研究上来"①。

二、不同的研究立场:发达国家/发展中国家

"传播与国家发展"议题的提出与现代化理论的兴起与发展密切相关。"现代化理论的起源大致可以追溯到美国政治统治阶层和知识分子对第二次世界大战以后的国际环境的反应,特别是冷战的影响,以及在欧洲殖民帝国解体下第三世界社会的同时出现,并在世界政治舞台上成为杰出的角色,所有这些现象在同一个时期聚合在一起——而且确实是有史以来第一次——使知识界的兴趣和精力越过了美国甚至欧洲的界限,转向对亚洲和拉丁美洲的社会进行大量的研究。"② 1940—1960年前后,欧美发达国家已经完成了工业化进程,步入高度发达的现代工业社会;发展中国家仍然处于传统农业社会,有些地区甚至处于原始社会。所以,在经典的现代化理论中,现代化被概括为一句话:从农业经济向工业经济、农业社会向工业社会、农业文明向工业文明转变的历史过程。经典现代化理论根据领域不同,可以分为政治现代化、经济现代化、社会现代化、个人现代化和文化现代化理论等,其中社会现代化关注的是城市化、福利化、流动化和信息传播。其代表人物丹尼尔·勒纳(Daniel Lerner)1958年在著作《传统社会的消失:中东的现代化》(The Passing of Traditional Society: Modernizing the Middle East)中提出,从传统社会向现代社会的转变就是现代化。实际上,他这一研究结论的提出是建立在对冷战时期"美国之音"(Voice of America)的受众研究基础之上,他认为这是一种"不断增长的期望革命"

---

① [美]希伦·A. 洛厄里、梅尔文·L. 德弗勒:《大众传播效果研究的里程碑》,刘海龙等,译,中国人民大学出版社2004年版,第111、116页。
② 殷晓蓉:《战后美国传播学的理论发展:经验主义和批判学派的视域及其比较》,复旦大学出版社2000年版,第192页。

(revolution of rising expectations)，相信大众媒介能够提升人们对现代社会的理解并能促进从传统社会向现代民主政治的转变。

勒纳的研究在现代化理论与传播学研究之间架起了一座桥梁。现代化理论认为，发展可以通过跟随当前发达国家的发展轨迹而获得。现代化理论将国家视为社会现代化进程中的中心角色，教育则是个人现代化的关键。技术在发展过程中能产生重要作用是因为，一旦技术进步了就能够介绍给较不发达的国家以促进其发展。现代化理论的重要理念是，"发展"需要发达国家帮助发展中国家，并提供学习的榜样。此外，现代化理论还相信发展中国家会比发达国家有更迅速地成长，因此二者有可能实现平等发展。经验学派正是将此作为不证自明的公理，认为利用大众传媒可以迅速地促进第三世界国家的发展，因为，(1)它们可以作为"大扩音器"把中心站的话语传达到村庄，扩大传播的范围和速度；(2)可以为缺少个人服务的地方提供特殊的服务，如教育、医疗和技术等，媒介通常可以用提供特殊信息的方式来支持这些服务；(3)大的媒介可以用来有效地提高地位、奖励成就和集中人们的注意力，可以用来介绍一个新的运动、一个新的诊所或一个新的产品；(4)媒介可以用提出一个共同观点、一个全国性人物，或是一种标志的方法来帮助那些社会、政治或宗教利益截然不同的国家建立团结一致的合作，等等。[①]

然而在批判学派的视野中，全球所有的文化都受到了约翰·汤林森(John Tomlison)所说的"现代性的诅咒"。伴随着社会学发展理论持续不断的争议与拓展，传播与国家发展的相关研究也集中体现出经验学派与批判学派截然对立的研究立场。

就发展理论本身的演变而言，在发展中国家的研究者看来，发展传播研究的目的并不是建立平等的经济关系，而是寻找第三世界国家的问题，它建立在一个无需证明的假设之上，即西方工业资本主义模式适用于世界所有地方。许多发展研究以失败而告终的原因在于他们并未找到问题的根本症结，如土地的缺乏、农业货款的不足和产品的公平市场价格尚未建立，等等，这些问题并不能单纯地依靠教育或传播来解决，而需要社会的根本变革。由于现代化理论难以解释殖民主义的后果，如发展中国家向发达国家出口原材料和农产品，进口制成品的不平等贸易模式持续存在，一些拉美学者提出了依附理论(dependency theory)。该理论认为，在现代化

[①] 殷晓蓉：《战后美国传播学的理论发展：经验主义和批判学派的视域及其比较》，复旦大学出版社2000年版，第197页。

理论模式下，发展中国家更容易受到侵犯与控制，对发达国家产生更大的依赖性。依附理论将国家分成两种不同的发展类型：中心型（center）和边缘型（periphery）。前者由发达国家和殖民国家组成，后者由发展中国家和殖民地国家组成。在剥削与被剥削的关系中，中心型国家完成了殖民和后殖民的剥削以实现发展。依附理论对现代化理论提出的发展过程提出了最大的怀疑，依附理论认为，剥削可以使中心型国家发展，但不可能使被剥削国家在同样的过程中也实现增长。但除了质疑，依附理论并未提出可行的解决方案。作为依附理论的补充，2004年伊曼纽尔·沃勒斯坦（Immanuel Wallerstein）在《世界系统分析》（*World Systems Analysis*）一书中提出了世界系统理论（World Systems Theory），这一理论将中心型国家和边缘型国家进一步细分为三模式系统：核心国家、半边缘国家和边缘国家。在这个系统中半边缘国家处于核心国家和边缘国家之间，一方面被核心国家剥削，另一方面又剥削着边缘国家。国家理论（state theory）进一步丰富了发展理论，该理论基于经济与政治相互缠绕的观念之上，认为每个国家发展的起飞周期（take-off period）各不相同。它强调阶级关系、国家实力和自治性。阶级关系和国家性质影响着国家发挥作用的能力，因而发展包含于国家与社会关系的互动之中，发展有赖于国家对内、对外的稳定性和影响力。

这些理论嬗变折射到发展传播研究上，直接表现于批判学派的激进态度。当经验学派沾沾自喜地利用大众传媒推行发达国家的成功经验之时，另一种声音悄然出现却振聋发聩。这种声音既来自发达国家有识之士的反省，也来自第三世界国家的觉醒。

以赫伯特·席勒为代表的美国"激进派"提出了"媒介帝国主义"的问题。在1969年出版的《大众传播与美利坚帝国》（*Mass Communication and American Empire*）一书中，席勒提出，经济实力和传播方面的知识技术相辅相成，有效地促进着美国世纪的实现。美国媒介不仅影响着国内人民的生活和日常行为，也已经直接冲击着世界各地的人们的生活，美国正在进行着一场"全球电子入侵"，而处于电子包围中的发展中国家则面临着丧失文化完整性、被工业化世界电子扩张灭绝民族遗产的威胁。

汤林森也在现代性、发展与文化宿命的框架下讨论了"文化帝国主义"。他认为资本主义消费文化、都市工业化与大众媒介等的全球化扩散过程实际上是文化支配。"资本主义现代性的'活生生的文化'，实乃透过西方社会的主要社会经济机构而传送，亦即透过资本主义的市场、官僚组织、科学与技术、大众传播等，柏格称之为'现代性的携带者'。就某种清楚显明的'政治经济'意义而言，我们可以说这些过程确实是强行加诸非西方文化体的，因为它们整个是与政治经济帝国主义和殖民主义串联而不可分离，在这么一段历史里，西方一直是而现在仍然是占据了支配的位置。"发展是"社会的想象"①。

1970年保罗·弗莱雷(Paulo Freire)的《被压迫者教育学》(Pedagogy of the Oppressed)为发展传播学提供了另一种研究视角，他强调社群之间应该就他们真正的需要开展对话，而不是由教育者进行单向传播。20世纪70年代，第三世界国家对发展传播学的一些基本假设展开了批判，并对重建全球信息环境发出了强有力的呐喊，他们认为现在的国际传播秩序维持并强化了国家之间的不平等，倡导建立"新的世界信息秩序"(NWICO)。1980年联合国教科文组织发表《多种声音，一个世界》(Many Voices, One World)，概括的议题包括：跨国传播集团的权力，媒介信息产品的单向流动，信息流动的商业化倾向，以及第三世界国家面对西方文化的大量涌入时，保护文化自主权的必要性等。

综上所述，经验学派对传播与发展议题的讨论是基于对现代化理论的理解，认为"第三世界国家求发展的道路没有别的，只能'求助于'已长大成人的西方兄弟"②，是基于发达国家的立场，以近乎于"救世主"的身份，出于世界大同的善良愿望来帮助并推动发展中国家的进步。提出"创新扩散"模式的罗杰斯在日后也不得不承认，"这个模式的弱点就在于它对线型效果的强调，在于它对地位和专长的等级制的依赖，以及对来自上层的合理的、或是传递的操纵的依赖"③。而批判学派则是站在第三世界国家的立场，以反对媒介霸权、维护文化多样性为宗旨，寻求抵制发达国家的文化入侵、保持传播自主权与独立性的积极对策。

三、技术创新与经济发展的全新解读：创新新闻学

之所以将"创新新闻学"纳入"传播与发展"这一议题下进行讨论，首先是因为创新新闻学与发展新闻学有着共同的理论渊源——创新扩散；其次，创新扩散"是关于新观念与新技术如何、为什么，以及以何种速度在文化中传播的研究"，创新新闻学正是围绕技术创新与经济发展展开讨

---

① [英]汤林森:《文化帝国主义》，冯健三，译，上海人民出版社1999年版，第290~291页。
② [英]汤林森:《文化帝国主义》，冯健三，译，上海人民出版社1999年版，第270页。
③ 殷晓蓉:《战后美国传播学的理论发展：经验主义和批判学派的视域及其比较》，复旦大学出版社2000年版，第199页。

论。"技术"既是发展传播研究中的主要推动力,也是创新新闻学的研究起点。在这个意义上,创新新闻学是在技术日新月异的信息社会语境下、从一个相对中观的层面探讨传播与发展,在新世纪为这一老议题提供了新的研究视角与理论尝试。

"创新新闻学"这一概念最早出现于 2003 年大卫·洛德福斯(David Nordfors)的文章《创新新闻学的概念及其发展规划》(*The Concept of Innovation Journalism and a Programme for Developing It*)。洛德福斯是物理学博士,曾就职于瑞典最大的 IT 杂志,2003 年 6 月瑞典创新署(Swedish Government Agency for Innovation Systems,VINNOVA)设立创新新闻学基金,洛德福斯出任项目主任。2004 年 4 月第一届创新新闻学会议在斯坦福大学召开,由 VINNOVA 与斯坦福学习创新中心(Stanford Center for Innovations in Learning)①合作举办。同年芬兰与德国的大学开设了创新新闻学或创新传播学(innovation communication)的课程。2005 年,在斯蒂格教授的穿针引线下,瑞典银行业沃伦伯格(Wallenburg)家族②从该年度起,连续三年、每年提供 100 万美元,作为学习创新中心的研究经费,其中一部分作为创新新闻学之用。③ 第二、第三届创新新闻学会议分别于 2005 年 4 月和 2006 年 4 月继续在斯坦福大学举行。

创新新闻学,简言之,即"报道创新的新闻学"(journalism covering innovation)。创新是当今世界经济增长的最大驱动力,创新系统(innovation systems)中各专业领域、各参与者之间的互动与联系越来越多,传媒是最大的信息来源和传递通道。在创新系统中,传统新闻报道领域的划分受到挑战。传统新闻学通常把报道领域分为经济、科技、政治,等等,创新新闻学打破了这样的划分,集中报道这些领域中的"创新"部分,以及它们之间如何相互作用、相互影响。例如,它们的研究与开发、创新管理有多强大?创新能否赢利?创新新闻学报道的主要议题包括科学技术的发展趋势、研究与开发政策、无形资产权、投资、技术标准、工业生产过程、新技术行销、商业模型、政策等。对这些问题进行调查、分析并发表有建设性的意见,需要记者同时对技术与经济的相关问题有透彻的理解。④ 洛德

---

① 该中心创办人斯蒂格·海格斯壮(Stig Hagstrom)教授曾经担任瑞典高等教育大学校长。
② 斯坦福大学学习创新中心四层楼房以此命名。
③ 冯建三:《春游史丹佛,创新新闻学》,http://www.ccis.nccu.edu.tw/CCIS%20Epaper/200602/0501.htm.
④ David. Nordfors. The concept of innovation journalism and a programme for developing it[J]. *Innovation Journalism*, 2004, 1(1), http://www.innovationjournalism.org/.

福斯希望"创新新闻学"这一概念在学术层面成为一个新的学科分支（discipline），在实践层面开创一个新的报道领域。

创新新闻学在创新系统中的角色是，把有关"技术商品化"（technology commercialization）的信息传递给竞争组织、潜在的投资者、技术提供者与研究者，从而改进创新系统。有研究者提出，确切地说，创新新闻学是"报道新兴技术商品化的新闻学"①。因此，发明（invention）与创新，技术与经济成为理解创新新闻学的两组关键概念。

发明与创新 "发明"是指具体的发明创造，是一个创作品（creation），在创新系统中，"发明"通常是指新兴技术，如网络技术、生物技术，等等。而"创新"既包括发明创造的产生，也包含其商业化的使用。从"发明"到"创新"的过程即是新兴技术商品化的过程。在这个过程中，公众对"发明"的广泛接受必不可少，大众传播及记者在其中扮演着分享知识、传播新技术或新概念的重要角色。

技术与经济 技术与经济的结合是创新新闻学的重要议题，因为"发明"（技术）只能花钱，不能赚钱，只有在市场上出售，使发明创造成为商品，才能使其转变成利润与财富。换言之，在科学研究、科技革新中投入的金钱变成了新的知识，"创新"的任务就在于让这些新的知识转化成经济效益。20世纪末的IT革命使经济创新与技术创新产生"聚合"。但在绝大多数新闻媒体中，经济与科技仍分属两个不同的报道领域，使其无法深入地描绘出创新的全景。处于创新系统中的新闻学，无论在实践层面还是理论层面均远远滞后于科技与经济的发展。创新新闻学的提出旨在促进经济与技术的结合，其最终目的是促进新技术的商品化与市场化。同时也是新闻学自身的一次革新，将当代新闻学的理念与使命置于总的科技新生态或新环境之中。

传播媒介是创新系统中的参与者而不是观察者。新闻的角色从单纯的启蒙转变为趋势观测（trend spotting）。把新闻纳入创新系统之中，可使记者获得全新的视角，进行公平而独立的报道。经新闻记者报道的创新内容，反映出记者的理解水平，同时也为公共辩论的水平和知识的质量设定了基准。好的创新新闻学可以通过提供更好的共同知识（common knowledge）和对创新议题的理解，从而提升公共辩论的品质。"在工业经济中，创新是关键。在民主中，新闻是关键。因此在民主工业经济

---

① Magnus Höij. Components of innovation journalism[J]. *Innovation Journalism*, 2004, 1(5), http://www.innovationjournalism.org/.

(democratic industrial economies)中，致力于报道创新的新闻学应该是关键。"①

成功的创新系统需要在不同的专业人员之间进行互动并实现知识共享，传媒是分享知识的最主要的来源与通道。创新新闻学的精髓在于"商业影响"。一方面，它是报道"技术商品化"的新闻学；另一方面，它也可以给新闻学本身带来商机。创新新闻学可以改进创新系统，而创新系统也可以为创新新闻学提供商业化市场。不同层次的创新系统（包括全国性的、地方性的和行业性的）为创新新闻学提供了潜在的受众市场。根据创新系统的不同层次，创新新闻学也可以相应地划分为：国家创新新闻学、地区创新新闻学和行业创新新闻学。

创新新闻学试图在技术与经济之间架起一座桥梁，寻找共同基础促进相互之间的聚合。只有同时报道"发明"及其"市场"的新闻才能被贴上创新新闻学的标签。否则只能算作传统意义上的经济新闻或科技新闻。

创新新闻学是"有关创新的新闻学"(journalism about innovation)，而不是指新闻学中的创新(innovations in journalism)。新闻学的创新一直是"技术论"者的关注焦点。在技术论的视野下，新闻学是技术创新的受益者，是新闻技术的使用者。但在创新新闻学中，新闻学与新兴技术之间的关系不再如此简单。一方面，通过采用信息技术，尤其是互联网技术，新闻学自身得到了越来越迅速的发展。技术是一种发展迅速的工业，报道技术的媒介同样需要及时快速。另一方面，现代媒介不仅仅是报道创新，其自身也越来越成为革新者(innovators)。创新新闻学可以：(1)提供有关新技术及其对生活的影响的见解；(2)探测科学、经济及社会的发展趋势；(3)为政策制定及决策者判断未来提供帮助；(4)帮助股票持有者评估新的启动资金；(5)鼓励科学家做更多的创新研究。②

技术的发展使大众传媒从无视研究与发展转变成研究密集型行业。研究与发展渗透到新闻业的方方面面，激发新的新闻报道方式与新的传播方式、发行方式及经济模式的整合。这表明新闻组织方式正在发生着梦幻般的变化。技术的发展使新闻具有了向更大范围、更多受众传播信息的能力，同时也使新闻业的经济模式发生改变。在互联网出现之前，媒介依赖概率模型(probability models)收集目标受众的信息，网络可以精确地知道

---

① David Nordfors. Why we need innovation journalism, and where it may have a market[J]. *Innovation Journalism*, 2004, 1(3), http://www.innovationjournalism.org/.
② Eva Barkeman. How to integrate innovation journalism into traditional journalism[J]. *Innovation Journalism*, 2006, 3(4), http://www.innovationjournalism.org/.

受众在何时何地接收了新闻或广告，这使得广告商的付费依据，从之前的"可能性"(probability)变成了"为每个举动付费"(pay per action)。这也使广告商与受众之间的直接互动成为可能，得到更多的有关受众的信息。因此，新闻业中的研究与发展会得到更多的投入，在全新的服务和经济模式下测量受众行为以及内容的普及情况。①

新闻学的创新是一个历时性的概念，新闻学的发展依赖并受制于技术的发展。创新新闻学则是一个共时性的概念。在时间层面，新闻学的创新强调历史进程，创新新闻学的关注焦点显然更多地倾向于互联网及其之后出现的新兴技术。在空间层面，新闻学的创新是二维的，着重探讨新闻学与技术创新之间的关系，创新新闻学则是多维的，新闻学被置于立体的、多面向的创新系统之中，受系统的影响并对系统中的其他构成产生影响。

在理论渊源上，创新新闻学借鉴了"创新扩散"与"议程设置"的核心理念，是"创新扩散理论"的延续，只不过这次推动其进程的主要力量始于科技界而非新闻界。互动与知识共享是创新系统的基础。把发明创造变成创新，必须要经历一个让人们知道、接受并使用它的过程。创新新闻学是要让公共了解创新的相关议题，使其进入公共的视野之中，使之成为"共同知识"或公共知识，让公众关注并探讨如何促进生产力的增长，如何让创新影响国家经济。创新新闻学的使命就在于为公众设置一个良好的议程，以供讨论，使新闻与科技、经济同速前行，并成为未来发展的导航系统。在这个意义上，创新新闻学是未来导向(future-oriented)的新闻学，是关于变化的新闻学。

把创新新闻学置入媒介效果研究的视野中，"分享"(sharing)与"互动"(interaction)成为其主旨。在传统效果研究中，无论是单向还是双向，传者与受众界线分明，且信息传递、受众接收、产生效果、受众反馈之间存在或多或少的时间差，而创新新闻学一方面强调新科技对媒介技术发展的影响，传者对新科技的运用，另一方面也强调新闻学在新科技传播过程中的重要作用与地位，强调媒介如何有效地报道创新，如何用报道影响公众对各个领域创新的理解与接受，如何加速创新的扩散。媒介具有给予创新者更多成功机会的力量。"创新"不仅仅与技术相关，它还涉及引导发展的管理体系、社会系统与文化趋势。因此，公共政策、高等教育、研究

---

① David Nordfors. Innovation journalism: Towards research on the interplay of journalism in innovation ecosystems [J]. *Innovation Journalism*, 2006, 3 (2), http://www.innovationjournalism.org/.

与开发、制造业、市场营销、金融等都因同处于创新体系(innovation systems)中而紧紧缠绕。媒介从单纯的技术受益者变成了参与者与推动者。"创新不是一个线性的过程。创新过程是一个处于基础研究、应用研究、发展及商品化之间的反馈回路式的嵌套系统(nested system of feedback loop)。"①(见图2-1)处于创新系统中的新闻媒介也不再仅仅产生线性的"效果"(无论是单向还是双向效果论,其本质都是线性模式的你来我往),而是环状的、交互式的"影响"。

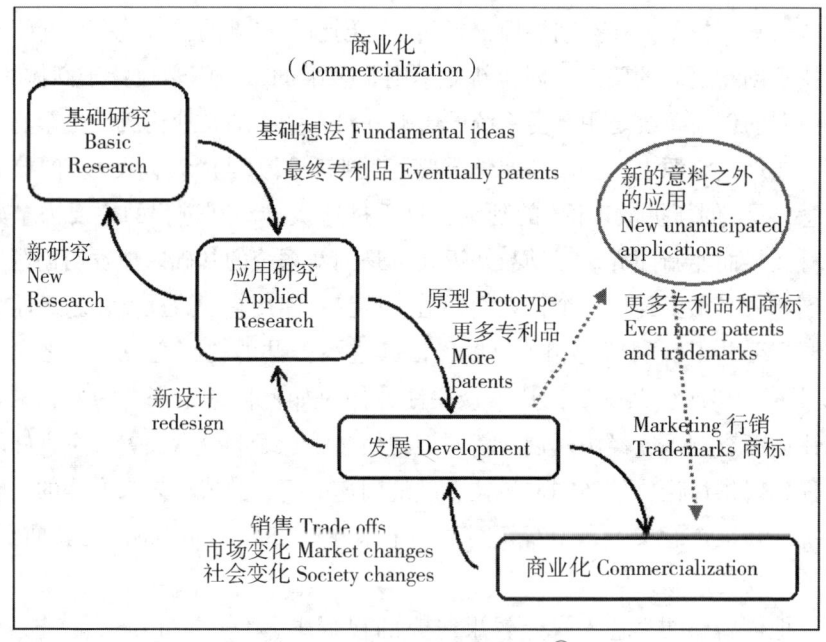

图2-1　创新过程的嵌套体系②

创新新闻学是分析技术与经济变化、趋势及发展的工具,其对于业界的推动大于理论研究。在这个意义上,创新新闻学或许更应被译为"创新新闻业",因为它更倾向于"术"。但我们远不必苛刻其理论成就的大小,作为一个新兴的研究领域,创新新闻学为因思维定势而裹足不前的媒介效果研究打开了一扇吹入清新空气的窗户。

经验学派与批判学派的根本差异在于对媒介效果截然不同的理解。

---

① Jan Sandred. Biotech Sweden：A business model case study in innovation journalism [J]. *Innovation Journalism*, 2004, 1(3), http://www.innovationjournalism.org/.

② Jan Sandred. Biotech Sweden：A business model case study in innovation journalism [J]. *Innovation Journalism*, 2004, 1(3), http://www.innovationjournalism.org/.

"批判学者认为,大众传播被现存的制度用来控制社会,而经验主义学者认为媒体能够帮助改进社会中的社会问题,并能够引导渐进的社会变化。对于批判学者来说,关键的问题是谁拥有和控制大众媒体,这是一种宏观的看法。经验主义学者主要关注媒体对于个体受众成员的效果,这是一种微观的看法。"①正是对大众传播社会作用看法的本质差异导致了经验学派与批判学派在研究立场、研究方法、研究对象、研究目的等诸多层面的根本不同。

---

① [美]E. M. 罗杰斯:《传播学史:一种传记式的方法》,殷晓蓉,译,上海译文出版社2001年版,第129页。

第三章 媒介生产：内容还是意义？

由于研究方法上的倾向与偏好，定量研究与定性研究在一定程度上几乎分别成为经验学派与批判学派的代名词。经验学派习惯于用定量的方法进行实验，从而证实某种理论假设，媒介内容是最主要的分析和统计样本之一；批判学派则倾向于用定性分析揭示表象之后的内在实质。与之对应，媒介效果研究也存在着两种基本模式：一是心理动力学模式（psychodynamic model），二是社会文化模式（sociocultural model）。两大学派由研究方法和研究模式差异衍生而来的对峙，集中体现在媒介效果研究的关注重点上——是媒介传播的信息"内容"，还是借内容传递或由内容而产生的"意义"。正因如此，拉斯韦尔通过宣传研究将"内容分析"发展成为经验学派媒介效果研究的重要工具，但批判学派却将由此产生的"效果模式"斥之为"并不试图理解媒介的意义"[1]，霍尔的编码/解码（encoding/decoding）模式成为分析文本意义的首要选择。因此，"内容还是意义"成为经验学派与批判学派媒介效果研究的又一重大分歧。具体而言，"内容分析法"与"编码/解码"分别代表着经验学派与批判学派的主要研究方法；暴力研究上的针锋相对，直观地呈现出两大学派在研究理念上的差异；英国"淫秽录像带"事件则提供了观照"效果研究社会放大"的个案。本章将围绕这三个方面展开论述。

第一节 内容分析法与编码/解码

拉斯韦尔创立的内容分析法与霍尔提出的编码/解码模式分别代表着

---

[1] David Gauntlett. Ten things wrong with the media 'effects' model. In Dickinson Roger, Harindranath Ramaswami, Linné Olga. Approaches to Audiences: A Reader [M]. London: Oxford University Press, 1998: 120-130.

经验学派与批判学派在媒介效果关注对象上的迥然差异。前者关注"显性内容"(manifest content),后者重视"潜在意义"(latent meaning)。"显性内容"是指传者明确表达出的内容,"潜在意义"却是超越传者意图的多种解读。通常内容分析更多地应用于分析显性内容,如词语、句子或文本自身,而不着力于揭示其潜在的意义。

一、内容分析法:客观系统的定量描述

艾尔·巴比(Earl Babbie)将内容分析定义为"对有案可查的人类传播的研究,如书籍、网站、绘画和法律"。拉斯韦尔的"5W"模式简明扼要地阐述了内容分析的核心问题:谁(Who)?说什么(Says What)?通过什么渠道(In Which Channel)?对谁(To Whom)?取得什么效果(With What Effects)?奥利·霍尔斯蒂(Ole Holsti)1969年给"内容分析"下了一个更宽泛的定义,"任何一种通过客观而系统地识别信息特定特征而得出推断的方法",并总结了内容分析法的15种用法(详见表3-1),最终将其归纳为三种基本类型:推断传播的前提条件、描述并推断传播的特征和推断传播效果。

表3-1　　　　　　　　**内容分析法的15种用法**

内容分析的用法(目的、传播要素及问题)			
Uses of Content Analysis by Purpose, Communication Element, and Question			
目的	要素	问题	用途
推断传播的前提条件 (Make inferences about the antecedents of communications)	信息来源 (Source)	谁? (who)	• 回答有争议的出处问题
	编码过程 (Encoding process)	为什么? (why)	• 保护政治和军事情报 • 分析个人特征 • 推断文化特征与变化 • 提供合法的、可评估的证据

续表

目的	要素	问题	用途
描述并推断传播的特征（Describe & make inferences about the characteristics of communications）	渠道（Channel）	如何？（how）	• 分析说服技巧 • 分析风格
	信息（Message）	什么？（what）	• 描述传播内容的趋势 • 在已知的信源特征与他们生产的信息之间建立联系 • 比较传播内容与标准
	接收者（Recipient）	对谁？（to whom）	• 在已知的受众特征与为他们生产的信息之间建立联系 • 描述传播模式
推断传播效果（Make inferences about the consequences of communications）	解码过程（Decoding process）	产生什么效果？（with what effect）	• 测量可读度 • 分析信息流动 • 评估传播反应

Note. Purpose, communication element, & question from Holsti (1969). Uses primarily from Berelson (1952) as adapted by Holsti (1969).

（图表来源：http://en.wikipedia.org/wiki/Content_analysis）

根据克劳斯·克雷宾多夫（Klaus Krippendorff）1980 年和 2004 年的总结，每一个内容分析都必须处理以下 6 个问题：(1) 要分析哪些数据？(2) 这些数据被如何定义？(3) 它们是从怎样的总体统计对象（population）中被抽取出来的？(4) 被分析的数据与怎样的情境相关？(5) 分析的边界（boundaries）是什么？(6) 推理的对象是什么？①

亚瑟·阿萨·伯杰（Arthur Asa Berger）在《媒介分析方法》（*Media*

---

① Krippendorff, Klaus. *Content Analysis: An Introduction to Its Methodology* [M]. Thousand Oaks, CA: Sage, 2004: 413.

Analysis Techiques)一书中将内容分析归入社会学分析方法①,并将内容分析称之为"正宗的社会学的技术","以测量(计算)某传播形态(例如漫画、单元电视剧、肥皂剧、新闻节目)的样本中某些事物的数量(暴力、黑人、妇女、职业类别的百分比等)为基础。内容分析所隐含的基本假设是:对于讯息与传播之探究能洞察接受讯息的人。"②伯杰认为内容分析的优点在于,成本较低、资料易寻、不影响他人、产生量化资料,以及可以处理当今或以往的事件。而其困难也显而易见,如难以确定样本的代表性,难以界定研究议题的定义(如,暴力是什么),不易找到可以测量的单位(a measurable unit),以及无法证明所做推论的正确性等。

在传播学界,被广泛引用的是贝雷尔森的定义:"内容分析是一种对具有明确特性的传播内容进行的客观、系统和定量的描述的研究技术。"③

概而言之,内容分析法强调的是客观、系统及定量,带有明显的科学主义色彩和实验考证性质。使用内容分析法的研究者通常占有大量文本信息,在一定的理论框架内对之进行系统性的性质鉴别。作为实证主义的方法论,每一个内容分析都是从一个假设出发。作为一种评估方法,内容分析被认为是问题导向的准评估(quasi-evaluation),因为它不需要建立在价值陈述(value statements)之上,而是仅仅基于知识(knowledge)既可④。

内容分析法可以运用于各种不同类型的传播内容,如口头表达、文字、访谈、画面等。自20世纪80年代以来,尤其是随着计算机技术的发展,内容分析法更如虎添翼,越来越普及,在媒介效果研究中尤其重要。

---

① 伯杰在该书中共提到了4种分析方法,即记号学分析方法、马克思主义分析方法、精神分析的批评方法和社会学分析方法。
② [美]Arthur Asa Berger:《媒介分析方法》,黄新生,译,台北远流出版公司1994年版,第98~99页。
③ 卜卫:《试论内容分析方法》,载《国际新闻界》1997年第4期。
④ 评估(evaluation)通常被分为三类:第一类将评估视为"价值判断",认为评估是有系统地收集和分析资料,以决定某一事物的价值;第二类视评估为"实际表现与理想目标两相比较之历程";第三类视评估为"协助决策之形成",通过系统地收集分析资料,以协助决策者在诸种可靠的途径中择一而行。就评估取向而言,可以分为假评估(pseudo-evaluation)、准评估(quasi-evaluation)和真评估(true-evaluation)。假评估是政治导向研究,以评估为名,实际上却将评估所得信息有选择性地公开,甚至伪造研究发现,使外界产生错误的判断,其主要类型有政治操控研究、公开授意研究等;准评估是问题导向研究,主要是以适当的方法来解答特定问题,呈现资料,因其关心焦点较窄,无法深入探究资料背后的意义,并判别其价值与优点,其主要类型有目标本位研究、绩效研究等。真评估是价值导向研究,强调真正的评估工作,应透过对评估客体之价值与优点做综合性调查,反对具有偏见的研究,其主要类型有认可研究、政策研究等。

二、编码/解码：意义源自关系

在"客观""系统""定量""科学"的旗号下，内容分析遵循着一个潜在的前提，即不同的受众对同样的内容应该产生同样的反应，受众被动地接受着既定的传播内容。而接受理论(reception theory)则认为受众并非简单被动地接受文本，而是积极地基于个体的文化背景和生活经历对文本进行不同的意义诠释。意义并不与生俱来地隐含于文本之中，而是在文本与受众的关系中产生。在接受过程中，有着共同文化背景和生活经验的人会具有较高的一致性，反之，如果文化差异和个人经历差异较大，对文本的解读也会大相径庭。麦奎尔认为，"最早期的新闻接收研究立足于霍尔的'制码/解码模式'①，而且牵涉到以下假设：新闻能够根据不同的观点，以'支配的'、'协商的'以及'对立的'等方式来对之进行解码。"②

斯图亚特·霍尔抛弃了"内容"这一相对陈旧的术语，取而代之以"作为意义话语的节目"。编码/解码模式的主要来源符号学和意识形态观念。一方面，符号与关系是符号学分析的两个重要观点。意义源自符号，索绪尔认为，由于关系的存在概念才有意义，富与穷、悲与喜都是如此。"以特殊方式组织起来并以符号载体的形式出现的各种意义和信息，它们像任何形式的传播或语言一样，在一种话语的语义链范围之内通过符码的运作而组织起来。因此，机制、关系和生产实践在某个环节('生产/流通'环节)以符号载体的形式开始运作，这个符号载体是按'语言'规则构成的。'产品'就是以这种话语形式流通的。"③霍尔认为不能将研究仅仅局限于内容分析，而应该意识到信息的话语形式在传播交流中的特殊位置，"不赋予'意义'，就不会有'消费'"，"事件在变为可传播的事件之前，必须要变成一个'故事'。"另一方面，符码的内涵是意识形态的碎片，促使权力和意识形态在各种特殊的话语中表达意义，"意义与意义的生产同社会结构不可分割地连在一起，并只能在社会结构及其历史的意义上解释"④，统治阶级通过对符码的"自然化"(naturalized)，令传者与受众的意义结构尽可能达到同一，从而使意识形态成为"普遍共识"。但受众完全有可能

---

① 我国台湾译本原文如此。
② [英]丹尼斯·麦奎尔:《特新大众传播理论》，陈芸芸、刘慧雯，译，台北韦伯文化2003年版，第598页。
③ [英]斯图亚特·霍尔:《编码，解码》，载罗钢、刘象愚:《文化研究读本》，中国社会科学出版社2000年版，第345页。
④ [美]约翰·费斯克:《英国文化研究和电视》，载罗伯特·C.艾伦:《重组话语频道》，麦永雄、柏敬泽等，译，中国社会科学出版社2000年版，第287页。

进行对抗式的解读。意义源自关系，在这个意义上，关系既包含传者与受众之间的互动，也意指社会结构、生产关系、技术制度，等等。

霍尔是接受理论的积极倡导者。他认为，人们既是文化生产者，也是文化消费者。他提出的编码/解码模式便是从生产与流通两个层面关注"意义"的问题。"支配的""协商的"和"对抗的"这三种解码立场为多元化的文本解读留下空间。文本的意义存在于传者与受众之间，传者以特定的方式进行编码，受众则以或多或少不同的方式进行解码，霍尔将其称之为"理解的边界"（margin of understanding）。这本质上是一种"社会建构主义"（social constructionism）思想。

第二节 暴力研究的交锋

美国学者詹姆士·波特（W. James Potter）曾作过这样一个比喻："媒介传播效果对人的影响就像天气对人的影响一样，它无处不在，无时不有，且存在形式多种多样。"[①]虽然现代科学使天气预报成为可能，但人们仍然很难精确地预测或控制天气形势的变化。在某种意义上，媒介暴力即是大众传播中的暴风骤雨。从电影到电视，再到网络游戏，视听兼备的影像媒介一次次成为媒介暴力研究的焦点。影像媒介的直观与形象，使"暴力"跨越语言障碍、文化隔阂、虚实界限，成为最畅通无阻的"全球议题"。因为"任何人都可以理解动作电影（action movies）。如果我讲一个笑话，你也许不懂，但如果一颗子弹穿透窗户，我们都能知道它会射向地板，无论我们使用什么语言"[②]。虽然先进的仪器也难以控制天气的变化，但个人却能够有效地避开风雨，享受阳光。正是基于对暴力的恐慌和对减少暴力的美好愿望，经验学派将媒介暴力研究的最终目标设立在寻求回避风暴的有效途径上，这使该研究议题具有了理论与实践的双重价值。但同样的议题，在批判学派眼中却成为本末倒置的夸大其辞。

一、经验研究的成果

媒介暴力的现实泛滥与媒介暴力的学术关注都与电影、电视、网络等

---

① 张开、石丹：《提高媒介传播效果途径新探》，载《现代传播》2004年第1期。
② George. Gerbner. TV violence and the art of asking the wrong question [EB/OL]. http://www.medialit.org/reading_room/article459.html.

影像媒介的产生、发展密切关联。电影剧院放映、付费观看的模式使暴力具有可选择性与可控制性，家庭化、个人式的"免费电视暴力"则使受众常常被动地沉溺其中，而众多的角色扮演类网络游戏导致更加逼真的暴力场面的产生，并使陌生人之间的网上虚拟较量成为可能，把被动的"观看"上升为主动的"参与"。影像媒介特有的收受模式、视听兼备的媒介特性、直观形象的传播效果使之成为最具影响力的大众传媒。"电视是历史上唯一一个在人生最初和最后阶段都能与之互相影响的媒介，更别说在人生的其他阶段"①，因而以电视为代表的影像媒介成为暴力研究的重中之重。

20 世纪 60 年代末，美国民众在家里看到了越来越多的暴力，社会动荡不安，社会运动兴起，犯罪及暴力事件层出不穷，犯罪年龄降低等等，为美国"电视暴力"研究设立了特定的时空背景。1968 年 6 月，林登·约翰逊总统（Lyndon Baines Johnson）通过行政命令成立了"国家暴力事件和预防委员会"（National Commission on the Causes and Prevention of Violence）。这个委员会负责调查美国的暴力事件情况并向总统提供行动建议。1969 年 12 月，该委员会提交了名为《建立正义，确保国家安宁》（*To Establish Justice, To Insure Domestic Tranquility*）的报告，其中之一"暴力与媒介"（violence and the media），成为大众传播研究的里程碑。该报告长达 600 多页，包括 19 个独立章节和 18 个附录。报告由三个部分组成：（1）历史透视（a historical perspective），（2）新闻媒介（The News Media）和（3）电视娱乐与暴力（television entertainment and violence）。1969 年 8 月到 1970 年 4 月间，研究人员收集了 40 多篇关于"电视与社会行为"的论文，提出"美国公共卫生部报告"（Surgeon General's Report），该报告共由五个部分构成：媒介内容与控制（media content and control）、电视与社会学习（television and social learning）、电视与青少年的攻击性行为（television and adolescent aggressiveness）、电视与日常生活（television and day-to-day life），以及电视的效果（television's effects）。此外还有一个总结卷"电视与成长"（television and growing up）。这两份报告汇集了电视暴力研究的重要成果，并得出了一系列影响甚广的结论。

20 世纪 60 年代以来产生了大量有关媒介暴力的学说，包括宣泄理论（catharsis theory）、社会学习理论（social learning theory）、预示效果、强化

---

① Stanley J. Baran, Dennis K. Davis. *Mass Communication Theory: Foundations, Ferment and Future*[M]. Beijing: Qinghua University Press, 2003: 324.

理论(reinforcement theory)等,至今依然影响甚重。乔治·格伯纳经过十多年研究提出的涵化理论更成为电视暴力研究中最具代表的理论之一。涵化理论较为完整地探讨了大众传媒对公众塑造"社会现实"(social reality)的潜在影响。"此理论的重点是,看电视的时间愈长,所形成的对社会现实的认知和态度会愈接近电视所呈现的景象,也就是'媒介现实'(media reality)。正由于媒介现实和社会现实之间有些落差,且电视所呈现的媒介现实里有强调暴力、色情的倾向,因此,电视看得愈多的人,愈有可能觉得身处'黑暗社会'(meanworld)。"①格伯纳还认为,媒介所"创造"的世界之所以成为"现实",仅仅是因为我们相信它是现实,并且,基于我们对日常生活的判断,认为那就是现实。

经验学派效果研究的经典议题包括:

1. 媒介暴力与攻击性行为

"观看媒介暴力是否会导致受众的攻击性行为"是媒介暴力研究的核心问题,也是各种理论论争的焦点,儿童与青少年的特殊性使其成为最主要的研究对象。

最广为引证的一项早期研究是1971年由罗伯特·利伯特(Robert M. Liebert)和罗伯特·巴伦(Robert A. Baron)实施的。在5~9岁的儿童中,研究者随机分派他们或观看一个短片,或观看暴力节目《无法接触》(*The Untouchables*),或观看非暴力的体育节目。之后,实验对象被告知他们可以"帮助"或"破坏"隔壁房间里另一伙伴正在设法赢取的一场游戏。他们还被告知,如果按"帮助"键,他们就能够帮助那个孩子更轻易地转动一个能使游戏获胜的关键操纵杆;如果按下"破坏"键,操纵杆将变得烫手难触,并最终破坏那个孩子的游戏进程。实验结果表明,那些此前观看了暴力电影片段的儿童比起那些观看体育节目的儿童,更有可能按下"破坏"键并持续地按此键。1972年斯坦(A. H. Stein)和弗里德里克(L. K. Friedrich)对儿童进行了另一项实验,随机分派实验对象观看暴力动画片《蝙蝠侠》和《超人》,或者观看亲社会节目(prosocial programming)《邻居罗格斯先生》(*Mister Rogers Neighborhood*)。在随后两周的观察中发现,观看暴力动画片的儿童在与其他儿童的交往过程中,比那些观看亲社会节目的儿童更具攻击性。这两个早期实验促进了人们对媒介暴力与儿童的攻击性行为之关系的关注。

---

① 王旭:《收看电视与对治安观感之间的关联:涵化理论的验证》,http://140.109.196.10/pages/seminar/sp/socialq/wang_xu.htm。

与此对照，里昂纳德·伯科威茨(Leonard Berkowitz)以大学生们为研究对象进行了一系列试验。在这些实验中，实验对象观看暴力节目或非暴力节目，被挑衅或未被挑衅。伯科威茨发现，观看暴力节目的实验对象比观看非暴力节目的实验对象，在被挑衅时行为更具攻击性。此外，伯科威茨和他的助手还在公共机构里对少年犯进行了一系列实地实验。这些实验评估了那些被指定连续数周观看媒介暴力内容的男孩在身体上和语言上的攻击性，并与其他未观看暴力节目的男孩的攻击性程度作了比较。研究结果与实验室调查结果趋于一致：观看了媒介暴力内容的男孩更有可能实施攻击性行为。

威廉斯(T. M. Williams)1986 年的研究尤其应受到关注。她对加拿大的一个小镇进行了连续数年的攻击性行为变化研究。最初，这个小镇不能接收电视信号，但在自然试验(natural experiment)的过程中，接收到了电视信号。她发现，攻击性行为随着接触媒介暴力内容的增加而增加。遗憾的是，由于现在电视信号的普遍深入，收集更多同类证据的可能性逐步下降。

1999 年道夫·齐尔曼(Dolf Zillman)和韦弗(James B. Weaver)观察了连续四天观看暴力或非暴力故事片的受试者，结果发现：与早期的实验结果相同的是，观看了暴力电影的受试者随后的行为更具敌意；与其不同的是，以往试验倾向于表明受试者只对事先激怒他们的人表现出敌意，而齐尔曼和韦弗的受试者无论事先是否被激怒过，都显示出敌意。①

诸多实验都试图证明，"电视允许儿童参加成人交往(interaction)。电视移走了那些一度依据年龄和阅读能力区分不同社会境况的障碍。电视的广泛使用使儿童直面战争与死亡，求爱与勾引，犯罪情节与鸡尾酒会。儿童也许不能完全理解性、死亡、犯罪和金钱等电视中所呈现的议题。或者，他们是以一种不同的、孩子似的方式来理解。电视让成人花费了几个世纪试图向孩子们掩藏的话题与行为暴露在他们面前。电视把孩子们推入复杂的成人世界，刺激他们去追问那些行为与语言的含义，如果没有电视，这些语言与行为他们根本不会听到或读到。"②这一结论似乎在说明，媒介是暴力的制造者与传播者，受众则是媒介暴力的受害者，尤其是防范

---

① [美]格伦·G. 斯帕克斯、[美]谢里·W. 斯帕克斯：《媒介暴力的影响》。[美]简宁斯·布莱恩特、[美]道尔夫·兹尔曼：《媒介效果——理论与研究前沿》，石义彬、彭彪，译，华夏出版社 2009 年版。
② Stanley J. Baran, Dennis K. Davis. *Mass Communication Theory*: *Foundations*, *Ferment and Future*[M]. Beijing: Qinghua University Press, 2003: 200.

能力较弱的儿童。

2. 媒介暴力的行为效果与时间效果

行为效果与时间效果是媒介暴力研究最主要的分析视角。在行为效果的分析中，最引人注目的是戴维·菲利普斯(David P. Phillips)和布兰登·森特瓦尔(Brandon S. Centerwall)的研究。森特瓦尔的研究表明，美国在电视机出现以前，全国的杀人犯比例为十万分之三，到1974年，杀人犯比例翻了一番。森特瓦尔认为这一数量的增加与整体文化大量接触电视有直接关系。他注意到加拿大也出现了同样的现象。而在南非，尽管各方面的可变因素都存在某些相似性，但由于电视禁令的存在，1945年至1974年间南非的杀人犯比例并没有上升。然而，当禁令一经解除，那里的杀人犯比例就开始上升，近20年里增长了一倍多，这与美国和加拿大的情况非常相似。森特瓦尔把他的研究资料加以总结后指出，美国大约一半的杀人犯在某种程度上是由于接触电视引起的。菲利普斯分析了自然发生的数据资料，并且得出与森特瓦尔相似的结论。他认为，广泛宣传重量级拳击争霸赛后，杀人犯比率上升了。同时他还注意到自杀事件被广泛报道后，车祸和飞机坠毁事件增多了。

时间效果分析主要表现为即时效果、短期效果与长期效果三个方面。即时效果是指在接受媒介信息过程中的情绪或行为反应，如惊恐、害怕，或与之相应的行为表现，捂住眼睛、紧抓某类物品、尖叫等。长期效果是指长时间反复接触某类信息后，受众接受并形成某些新的观念，或发生行为的改变。短期效果介于二者之间，是指受众在接受媒介信息后的两至三天里发生的情绪、观念或行为变化，通常这种效果持续的时间不会超过一周。媒介暴力的消极影响主要体现在其产生的长期效果。尽管也有一些调查认为媒介暴力与攻击性行为之间关系不大或没有关系，但1986年罗维尔·休斯曼(L. R. Huesmann)和埃龙(L. D. Eron)进行了一项长期的调查研究，他们收集了一些8岁儿童的资料，并对同一样本追踪研究，直至他们30岁。结果发现，那些童年时观看电视暴力最多的孩子，成人后更可能卷入严重的犯罪活动。休斯曼从这项研究中得出的基本结论是，攻击性行为习惯形成于幼年时期，一旦形成就难以改变，且预示着成年时期严重的反社会行为。如果一个孩子观看媒介暴力内容并养成攻击性行为习惯，将造成终身的危害性后果。

3. 媒介暴力的合理化与多样性

内容分析作为媒介暴力的主要研究方法之一，不仅分析暴力的数量，同时还要分析暴力的性质或特征。"公开表现以武力对抗他人或自我，或者反对他人意愿的强制行动造成被伤害或杀害的痛苦。"①格伯纳的经典定义把暴力局限为非法的行为暴力，这无疑是最具代表性的暴力表达方式，最引人注意，也最具直接破坏性，对受众所产生的负面效果也最为明显。影像媒介技术的日臻完善，促使了"战争暴力""体育暴力""卡通暴力"等的出现，使媒介暴力的表达方式不再仅仅局限于行为暴力，也不再是绝对的非法途径，而可能以反暴力或非暴力的形式展现着暴力的影像。以战争暴力、体育暴力、卡通暴力等为代表的"合理暴力"，使暴力行为逐渐告别非法与无理，以种种合理、合法的方式给予表现，甚至可能赢得认同或称道，成为更为隐性的暴力表达，也更易被人忽略。依据波特的观点，由于"合理暴力"中的暴力元素或未受到惩罚，或赢得了受众的认同，或其行为具有某种"正当性"的解释，因而增加了被模仿的可能性，甚至会导致观念上的根本转变。

如果说暴力表达的整体形式更多是对受众的观念产生影响，那么暴力内容的细节陈述则直接影响受众对暴力行为的取舍。

波特提出，媒介暴力的细节陈述能否成为受众的模仿原型取决于以下七个重要的"情境变量"（contextual variables）：（1）奖赏/惩罚，受到奖赏的攻击性行为较多地被模仿，受到惩罚的攻击性行为则较少被模仿。我们知道这会分别产生非抑制效果和抑制效果。（2）结果，伴随着否定描述或有害结果的媒介暴力内容较少被模仿。这又一次表现出抑制效果。（3）动机，有据可依、有理可辩的媒介攻击性节目较多地被模仿，未被证明其正确性的媒介暴力内容则较少被模仿。受众会被暗示采取攻击性行为是适当的(或不适当)。（4）写实性(realism)，尤其是对男孩子而言，栩栩如生的媒介暴力更有可能导致现实世界中的攻击性行为。正如波特所解释的那样："真实的(媒介)犯罪者更有可能减少抑制作用，因为相对于虚构的犯罪者，如卡通或科幻角色，他们的行为更适合于现实生活情境。"（5）幽默，由于消解了行为的严重性，幽默的媒介暴力描述更有可能导致受众在现实生活中采用攻击性行为。（6）对媒介角色的认同，受众对媒介角色的认同程度越高(例如，那些他们认为与自己相似的或有吸引力的角色)，越有可能模仿由这些角色表演的行为。（7）唤醒(arousal)，波特解释说："情感诉求能提升叙述的戏剧性，并且能提升对角色使用暴力的积极倾向

---

① [美]理查德·韦斯特、[美]林恩·H. 特纳：《传播理论导引：分析与应用》，刘海龙，译，中国人民大学出版社2007年版，第416页。

的注意力,……高水平的唤醒更易导致攻击性行为。"①

在商业利益的巨大诱惑与媒介技术飞速发展的合力作用下,媒介暴力表达的内容与形式以更为直观、更具冲击力、更加诱人的面容呈现于受众眼前。与技术进步带来的欣喜相反,媒介暴力的合理化与多样性,在某种意义上意味着"暴力"边界的模糊、防范难度的增加,以及随之而来的危害程度的加强。

二、暴力问题的现实悖论

经验学派的媒介暴力研究试图在媒介内容与攻击性行为、社会犯罪等暴力现象之间寻找到直接或间接的因果联系,其结果是制造出暴力问题的现实悖论。一方面,公众与学者都清楚地意识到,暴力现象的出现与存在根本上是一个社会问题,但另一方面,一旦发生暴力事件尤其是涉及儿童或青少年罪犯,大家又不约而同地对大众媒体众口铄金。这一悖论产生的根源恰恰就在于经验学派的暴力研究过多地关注媒介的内容分析,既忽略了具体语境对内容解读的影响,也回避了受众的个体理解差异。同时,由于被"内容"一叶障目,暴力研究不断地夸大着媒介暴力的存在及其影响,而疏于寻找深层的社会因素。

早在暴力研究尚未成为美国社会研究重心的20世纪四五十年代,社会学家丹尼尔·贝尔就曾提出:"关于这个问题的合理看法是,相对于一百年、五十年、甚至二十五年前,美国今天的犯罪可能更少,而且,当今美国比大众舆论想象中的更为守法、更为安全。"②在某种意义上,"暴力世界"是媒介建构出的一个"媒介世界"而非"现实世界"。

美国国家暴力事件和预防委员会的一项全国调查表明,电视所呈现的暴力世界在许多重要方面并不能正确地反映现实世界:首先,电视夸大了直接卷入暴力行为的可能性;其次,在现实生活中合法性是暴力获得赞成的先决条件,但在电视节目中非法暴力也常常赢得赞同;在现实生活中,大多数暴力发生在家庭成员、朋友或熟人之间,但是在电视中大多数暴力发生在陌生人之间;此外,电视世界中的暴力大多会使用武器,但美国大部分成年人和青少年从未经历过此类暴力。在电视暴力世界中,最常见的角色是攻击者,最少见的是旁观者,而在现实生活中,情况恰恰相反。这

---

① Stanley J. Baran, Dennis K. Davis. *Mass Communication Theory: Foundations, Ferment and Future*[M]. Beijing: Qinghua University Press, 2003: 298.

② [美]希伦·A. 洛厄里、梅尔文·L. 德弗勒:《大众传播效果研究的里程碑》,刘海龙等,译,中国人民大学出版社2004年版,第291页。

项调查的一个最重要的发现在于,大多数美国人并未直接经历暴力。他们对暴力的了解大部分来自电视中的陈述。①"两个世界"的比较研究表明"现实世界"的暴力与"媒介世界"的暴力存在极大差异,电视中的暴力描述并不真实,但电视在建构现实、使受众的暴力行为社会化方面作用极大。如果电视能够影响受众的态度、价值观念与行为,那么"现实世界"与"媒介世界"会越来越相似。

暴力研究还存在着另一个"隐秘"的悖论。能在专业学术期刊上发表的暴力研究论文,绝大多数是肯定媒介暴力的负面影响,而那些证明媒介暴力与攻击性行为关系微弱,或没有必然联系的研究成果难以被采用。这在一定程度上也放大了媒介暴力的危害与恐慌。

三、对"暴力恐慌"的批判

媒介暴力研究塑造出了一个令人惶惶不可终日的媒介映像,从另一个层面制造出了一场场"暴力恐慌"。正因如此,媒介暴力研究虽然硕果累累,却也饱受争议。对媒介暴力研究的批判一方面来自对经验学派惯常使用的量化研究方法的反思,另一方面来自批判学派对其研究意义的质疑。

基于实用目的而产生的媒介暴力研究,在经验学派的影响下,一直将实证分析作为其最主要的研究方法。在一系列复杂的实验设计、数据收集、统计与分析之后得出的结论,具有严格而精确的科学意义。但恰恰又是这种严格与精确,以及实验环境与现实环境的差异、样本选择的差异等因素,使某些实验难以广泛复制,其结论更多地作为个案分析的总结,而难以成为普遍的适用法则。虽然大多数学者就媒介暴力的效果分析达成共识,但学界和公众对这一问题的论争却此起彼伏。导致争论产生的一个重要原因是围绕有关统计显著性(statistical significance)、统计重要性(statistical importance)和社会重要性(social importance)而产生了概念混淆。

统计显著性中的"显著"(significant)在统计上的意义并非"重要",而是"只靠抽样的随机性不容易出现这样的结果"②,"显著"意味着可能正确(并非偶然)。当统计人员说一项结果"非常显著"时,指的是正确的可能性非常高,他们并不必然地指"非常重要"。当统计显著性结果显示媒介暴力与攻击性行为有因果关系时,研究者可以确认他们观测到了一种并

---

① [美]希伦·A. 洛厄里、梅尔文·L. 德弗勒:《大众传播效果研究的里程碑》,刘海龙等,译,中国人民大学出版社2004年版,第308页。
② 柯惠新、祝建华、孙江华:《传播统计学》,北京广播学院出版社2003年版,第202页。

非偶然的关系，但这并不能说明关联程度。为了衡量这种关联程度或它的"统计重要性"，研究者通常通过了解接触媒介暴力的水准，求助于攻击性行为所占的统计方差指标。就研究者在因变量中能计算的 10%～15% 的方差而言，媒介暴力和攻击性行为的研究与人类行为其他领域的研究并无两样。以下两方面的因素导致诸多研究高估了媒介暴力对攻击性行为影响的总体强度。其一，由于在大多数研究中，85%～90% 的攻击性行为不能证明是由接触媒体引起的，因而媒介的影响作用十分有限。其二，在任何特定的研究中，说明攻击性行为的统计方差在多大程度上能用作现实世界里这些变量间关系性质的一般性指标，仍是不明晰的。没有一种方式能轻易地把孤立研究得出的统计指标绘制成有关现实世界关系量值的一般陈述。一些轻视媒介暴力与攻击性行为之间关系的批评者强调，大部分攻击性行为似乎更多地源于其他渠道而非接触媒介暴力。而另一些批评者则强调，考虑到任何人类行为动因的多样性，在一项特定研究中，只要能说明攻击性行为中 10% 到 15% 的方差是与接触媒介相关，就会给人留下相当深刻的印象。"社会重要性"这一概念加剧了有关效果值大小（effect size）（统计重要性）的争论。由于受众数量庞大，有时数以亿计，即使很小的统计效果也能够转化成非常重要的社会问题。即使几十万受众中仅有一人受暴力电影的影响实施了严重的攻击性行为，对几亿观看了此片的电影观众而言，其社会后果也极为引人注目。但同时，这样小的统计效果似乎全然不可避免，这是由任何特定受众群体中人的巨大差异性所决定的。解决这些问题的困难性已经使学者现存的对这一事实清晰的共识——接触媒介暴力和侵犯行为之间有着因果关联——变得模糊起来。①

批判学派的暴力研究，首先拓宽了对暴力的理解，强调媒介自身的"象征暴力"及其符号性意义。媒介技术的飞速发展，媒介影响力的迅速攀升，使受众无处藏身，媒介本身成为无孔不入、无法抗拒的"暴力"。"在后现代文化中，影像文化的特殊优越地位，构成了电视在新闻场中经济实力和符号表达力都占据上风，进而对其他媒介（比如印刷媒介）构成了一种暴力和压制，甚至影响他们的生存。"②电视成为"一种形式特别有害的象征暴力。象征暴力是一种通过施行者与承受者的合谋和默契而施加

---

① [美]格伦·G. 斯帕克斯、[美]谢里·W. 斯帕克斯：《媒介暴力的影响》。见[美]简宁斯·布莱恩特、[美]道尔夫·兹尔曼：《媒介效果——理论与研究前沿》，石义彬、彭彪，译，华夏出版社 2009 年版。

② [法]皮埃尔·布尔迪厄：《关于电视》，许钧，译，辽宁教育出版社 2000 年版，第 9 页。

的一种暴力，通常双方都意识不到自己是在施行或在承受"①。在一定程度上，这也是将对电视符号性意义的关注置于其传播内容之上。其次，批判学派提出暴力研究或许不是最重要的问题。大卫·岗特里特认为，解释暴力问题，根本应该从社会因素，如贫穷、失业、住房供给、家庭和群体行为上寻求解释，而不是从媒介开始，然后再试图与社会扯上关系。尼尔·波兹曼（Neil Postman）强调电视对儿童的暴力行为的影响，"虽然这个问题不可小看，它却转移我们的注意力，让我们不去思考更重要的问题，例如，电视所呈现的现实世界，究竟如何破坏一个儿童对大人是理性的、世界是有秩序的、未来是有希望的种种信念呢？电视究竟是如何破坏儿童对未来自己有能力控制自己的暴力倾向的看法呢？"②再次，批判学者还认为，经验学派的暴力研究在内容分析上过多强调了暴力行为的"数量"而忽略了暴力行为的"意义"，无限扩大暴力的定义，滥用方法论，漠视受众对同一信息的不同解读，缺乏理论上的一致性与连贯性等。这些观点在绪论中已有提及，此处不再赘述。

  总体而言，基于实用目的的经验式暴力研究以内容分析为主要方法，其集大成者格伯纳的电视暴力世界的研究便是典型代表。该研究对1967年和1968年电视台的娱乐节目进行了内容分析，包括三个部分的内容：（1）电视中暴力的程度或数量；（2）电视暴力的性质特征；（3）对内容分析的解释。这项研究得出了许多具体的结论，可以简要地归纳为短期效果和长期效果两大类型。③ 1997年英国学者马丁·巴克（Martin John Barker）和朱利安·佩特利（Julian Petley）编辑出版的《坏影响：媒介/暴力的辩论》（Ill Effects: The media/violence debate）则可被视为文化研究学派对美国效果研究的总结性批判。该论文集的所有作者中只有一位来自美国，其他作者均任职于英国的学术机构。该书认为大量有关电视暴力的研究很多时候被有关方面用作管制媒介的依据。编者从文化研究的角度，对传媒/电视与暴力的因果关系研究全面"开炮"。其具体内容有：（1）对英国报纸制造电视暴力恐慌的批判，举例说明英国报纸偏向于把暴力罪案归因于暴力影视节目；（2）对电视与儿童的影响作出探讨，指出暴力电视的影响并非一

---

① ［法］皮埃尔·布尔迪厄：《关于电视》，许钧，译，辽宁教育出版社2000年版，第14页。
② ［美］尼尔·波兹曼：《童年的消逝》，萧昭君，译，台北远流出版公司2002年版，第102页。
③ 具体的研究过程与结论请参阅：［美］希伦·A. 洛厄里、［美］梅尔文·L. 德弗勒：《大众传播效果研究的里程碑》，刘海龙等，译，中国人民大学出版社2004年版，第282~286页。

致,儿童会因不同环境受到不同的影响;(3)提出成人对影视暴力的恐惧,源于自己对"儿童时期"的回忆和理解;(4)叙述作者自己作为恐怖片迷的经历;(5)提出现实生活的暴力与失业、社群互助精神消失及精神沮丧的关系,大于媒介暴力;(6)指出中产阶级对低下阶层的偏见,认为最受媒介暴力影响的是下层人士,这种偏见倒过来成为限制下层人士文化喜好的借口;(7)全面介绍美国效果研究的出现及影响;(8)指出媒介影像是现实生活暴力中最易寻找到的替罪羊;(9)展现学界与社会对媒介暴力/影响的重大分歧。

第三节 使用与满足:观念的聚合点

作为受众研究的转折点,"使用与满足"理论代表着经验研究范式与批判研究范式的汇合,"美英这两个研究流派,政治立场虽然泾渭分明,却在强调受众之主动性这一点上,分别从右从左,汇流成气。"①其结合点就是对"积极受众"的认识与强调。不同研究范式的学者们都注意到了传受关系的重要性,"内容"使媒介效果具有了产生的可能性,而解读内容的"意义"则决定着媒介产生怎样的效果,以及怎样产生效果。在这个意义上,使用与满足不能简单地被理解为受众理论,它体现出媒介内容分析与受众分析的折衷与结合:受众如何从媒介内容中得到满足。

一、同中存异的概念理解

诚然,经验学派与批判学派对"使用与满足"有着各自不同的理解与应用。

1974 年杰伊·布拉姆勒(Jay G. Blumler)和卡茨主编的《大众传播的使用》(*The Uses of Mass Communications: Current Perspectives on Gratifications Research*)一书,将 20 世纪四五十年代称为"使用与满足"研究的童年时期,1970 年到达其成熟期,该书同时还论述了"使用与满足"理论开展调查研究的基本逻辑:具有社会和心理根源的需求,引起期望,即大众媒介和其他信源(的期望),它导致媒介披露的不同形式(或从事其他活动),

---

① [英]阿兰·斯威伍德:《大众文化的神话》,冯建三,译,生活·读书·新知三联书店 2003 年版,第 3 页。

结果是需求的满足,和其他或许大多是无意的结果。① 经验主义的使用与满足研究可以划分为"传统"与"现代"两个时期。传统时期包括一大部分围绕无线电广播开展的研究,如1938年的"火星人入侵地球"广播剧引发的恐慌研究,1940年日间广播连续剧的听众研究,等等。1960—1970年的现代时期研究更为复杂,如施拉姆等20世纪60年代进行的美国儿童使用电视情况的研究等。这一时期得出了一个相当一致的观点:是人在使用媒介,而不是媒介在使用人;效果研究从"媒介对受众做了什么"转向"受众可以对媒介做什么"。

使用与满足理论受到经验学派的推崇不足为奇,而且它"在美国特别有生命力",因为"美国的传播媒介也是私营的赢利企业,其真实和主要的目的是制作和传播能够尽可能多地吸引听众、观众和读者的内容,以牟取最大利益,而了解受众的需要和对媒介内容的满意程度的研究无疑是和这一目的相吻合的"②。因此,内容分析依然是经验学派使用与满足研究的主要工具。

批判学派同样承认"使用与满足"为媒介效果研究所带来的转折性作用,虽然"它侧重于个体消费者在使用媒介中获得的满足,而不考虑媒介生产者所追求的效果。……颠倒了媒介研究中的所谓因果关系的方向:受众通过对媒介的选择'造成了'媒介效果,而生产者仅只提供了原材料"③。但是在批判学者眼中,经验学派的使用与满足研究仍然是聚焦于媒介本身,热衷于对特定传播内容的考察,而忽略了宏观层面的、社会结构与文化意义的思考。因为媒介内容并非孤立于社会结构与文化经验之外,内容丰富也未必代表着选择的多样性,媒介霸权下生产出的同一化内容可能制造出"虚假的满足",利益驱动下生产出的媚俗化内容也有可能导致文化品位的下降。

二、"意义的输出"与观念的对话

冲突与争论固然无可回避,但无论如何,两大学派都自觉或不自觉地尝试着将对方的理念融入自己的研究之中。正如《意义的输出:〈达拉斯〉

---

① [英]丹尼斯·麦奎尔、[英]斯文·温德尔:《大众传播模式论》,祝建华、武伟,译,上海译文出版社1997年版,第103页。
② 殷晓蓉:《战后美国传播学的理论发展:经验主义和批判学派的视域及其比较》,复旦大学出版社2000年版。
③ 殷晓蓉:《战后美国传播学的理论发展:经验主义和批判学派的视域及其比较》,复旦大学出版社2000年版。

的跨文化解读》(*The Export of Meaning*:*Cross-cultural Readings of Dallas*)(1993)一书的导论所言:"我们清醒地认识到'趋同'或者调和的观念是不受有些人欢迎的,因为他们认为真理是通过各种范式之间的斗争而产生出来的。他们的意见或许是正确的,但我们认为,把自己束缚于个别的研究范式并扔掉解决问题的钥匙是徒劳无益的。"该书由"使用与满足"研究最主要的代表性人物卡茨与泰玛·利贝斯(Tamar Liebes)合著,详细研究了以色列、美国和日本三个不同语境中的个人如何解读通俗电视剧《达拉斯》。内容分析与意义解读在这项研究中同为关注的中心。首先,作者认为:"内容分析显然是详细说明电视播出内容的基本前提。这种分析为我们建构关于观众的解码与传播效果的假设奠定了基础,……虽然我们会强烈反对这种单纯从内容分析的角度来推断节目的传播效果的可能性,但是我们并不想贬低内容分析的作用。"然而,"尽管内容分析是一个中心关注点,但是传播研究绝不是仅此一面。还有几条不同的方法论的线索。批判理论家们以及时间上离我们更近的具有人道主义与哲学的倾向的结构主义理论家们和符号学家们明显地倾向于质化研究以及潜在的研究。主流传播研究者们——作为社会科学家——专注于用量化方法来证明传播的内容,但是更重要的区别体现在对分析单元的定义中。与定性分析相比,运用量化方法的研究倾向于更加精确化,聚焦于很小的分析单元。具有讽刺意味的是,这种精细化的研究倾向导致了对一部分节目或者一种文类的界限缺乏兴趣,而对作为一种劝诱媒介的电视的超文本更感兴趣,后者讲述暴力事件,提供关于分别被赋予英雄与恶棍身份的各种种族的信息、将不同的职业划分等级、说明预期的几种性别与阶级角色的行为模式、鼓吹消费主义的与成功的价值观。与此相反,质化的研究取向重视文类(有时是个性化的节目),强调对主题以及各个主题之间的相互关系的研究,比如说,在西方文化中文明与野蛮之间的关系。这两种分析类型确实在文类研究方面达成了一致(至少在某种程度上是如此),尤其是在关于新闻与家庭剧——它们几乎从一开始就已经占据着传播研究的领地——这两种文类的研究中。"①

这段长长的引文不仅总结了内容分析与效果研究的联系,而且精辟地概括出两种研究范式在关注对象上的根本差异。卡茨和利贝斯指出,两大

---

① [英]泰玛·利贝斯、[美]埃利胡·卡茨:《意义的输出:〈达拉斯〉的跨文化解读》,刘自雄,译,华夏出版社2003年版,第10页。

学派不再是"一场聋子的对话"①，而是在解码研究上逐渐趋同。围绕"使用与满足"这一理论模式，两大学派都开始集中关注受众与文本之间交互作用的过程。批判学派意识到在关注文本时忽略了受众，从而提出受众具有三种不同的解读方式；经验学派则意识到在强调受众时对文本的忽视，从而在研究中重新恢复文本的权力。在某种意义上，《意义的输出》一书既是身体力行的"调和式"实践，也是不偏不倚的对照式理论总结，为媒介效果研究提供了一把有可能"解决问题的钥匙"。

---

① 作者认为，传播学研究中一些人埋头研究通俗文化的文本，但对观众知之甚少；另一些人致力于研究文本在受众身上产生的效果，但对文本一无所知。布拉姆勒等人将这种反常称为"一场聋子的对话"。

第四章 媒介受众：特殊还是一般？

对于传播研究来说，受众是一个十分简单的术语，但这一术语"却被用来概括一个不断多元化和复杂化的现实，并且还被应用于另类的、对抗性的理论模式"①。无论在两种范式内部，还是范式之间，受众研究在理论前提、研究方法和成果产出上都存在巨大差异，甚至在范式内部还存在相互矛盾的现象，这与受众的复杂性密不可分。

为了在受众错综的行为与影响因素中架构研究路径，两种范式在受众研究中均存在简化现实的倾向。经验学派注重测量个体态度变化，将受众研究简单化为某种情境下、某些受众对信息的反应，在样本选取上存在人数和类型的局限，并且难以考察受众的信息接触情境和个体差异。批判学派则更倾向于将受众当成"被影响的整体"，强调受众在作为意识形态工具和资本运作载体的大众媒介面前的被动与乏力。

这两种简化现实的倾向，都隐含着某种预设，即，"受众是特殊的？还是一般的？"从研究过程来看，两种范式都追求将研究结果推导至所有受众，或者至少是本研究关注的类型受众，这里"推导"的作用是使研究结论适用于广谱意义上的一般受众。但经验研究的测量无法穷尽受众总体，其研究实质是把被测量到的"特殊受众"解读为"一般受众"，或将针对特定受众的研究结论套用于整体意义上的一般受众，这种将"特殊等同于一般"的思路显然忽视了个体差异与传播情境。而注重从社会整体层面进行反思的批判学派，把受众当成被影响的整体，分析权力、意识形态、经济等因素对受众的操控，实际上遵循了"一般受众包含特殊受众"的逻辑，使得看似鞭辟入里的批判分析难以在千差万别的现实中寻得落地土壤。受众是一般的还是特殊的，直接关系到效果研究的现实意义和理论建构，两种范式在受众观上的差异，既为效果研究理解复杂的受众问题提供

---

① ［美］丹尼斯·麦奎尔：《受众分析》，刘燕南、李颖、杨振荣，译，中国人民大学出版社2006年版，第2页。

了多元视角，也给传播学理论体系的整合与建立带来了严峻挑战。

第一节 受众研究路径之差异

以媒介发展史的视角审视受众概念，第一个社会科学意义上受众概念的诞生，是以电影的发明和影院放映方式的出现为标志的。① 就在电影诞生30年后的20世纪20年代末，传播学尚处萌芽阶段，美国电影研究理事会(Motion Picture Research Council)便组织社会学家以实证调研的方法，开展了一次遍及全国的"电影对儿童的影响"调查。这一研究设计遵循"传播者—内容—受众"的传播过程模式，对美国主流传播学的受众研究影响深远。

但是，批判学派认为"主流传播学研究的语言和模式可能与勒内·笛卡儿(Rene Descartes)的'信息'概念有特殊关系，所以对知识观点的展示格外抗拒"②。批判学者利用马克思主义哲学等思想传统作为理论武器，以现有知识观照传播现象，将受众作为"人"来反思其在社会中的位置。不同于经验学派将受众作为独立的研究议题，批判学派眼中的受众总是与意识形态、制度、社会环境等因素息息相关。两种范式受众观的不同，带来了受众研究路径的巨大差异。

一、经验学派：将异质群体的普遍化

受众研究之所以成为经验学派的显要议题，与拉斯韦尔提出的"5W"模式不无关系。"此模式可以看做拉斯韦尔对正在形成中的传播研究制定的研究大纲，大学研究人员、媒介负责人和政治领袖，都能在其中找到自己期待的东西，而且它建立在对经验数据的搜集基础上，除了以批判立场的名义，又能以何种名义拒绝这样一个研究纲要呢？"③这一模式不仅把媒介受众作为独立的研究领域加以明确，同时将基于社会调查与数据分析的实证方法与受众研究进行绑定，"受众"成为经验研究的鲜明主题。

实证研究主张从数据发现规律，再由规律上升到理论的过程，数据是

---

① G. S. Jowett, J. M. Linton. *Movies As Communication*[M]. Beverly Hills, CA: Sage, 1980.
② [美]苏·卡利·詹森：《批判的传播理论：权力、媒介、社会性别和科技》，曹晋主译，复旦大学出版社2007年版，第109页。
③ [法]贝尔纳·米耶热：《传播思想》，陈蕴敏，译，江苏人民出版社2008年版，第12页。

验证理论的起源，因此数据的可靠性与普适性至关重要。受众研究中数据来源的代表性是判断媒介效果能否成立及在何种情境下成立的关键因素。与数据密切相关的是样本的数量、类型及其他限定条件，一旦研究者按照限定条件筛选受众样本，那么被研究的对象便成为某种意义上的特殊受众。在洛厄里和德弗勒精选的大众传播效果研究的 14 个里程碑中，虽然多数研究的调查对象数量达到千人以上规模，但受众样本在地域、类型等方面仍存局限，使得原本基于儿童、选民、士兵、日间剧听众等异质群体的研究结论，作为具有普适意义的效果理论加以推广。这个过程缺乏必要的逻辑论证和条件检验，但被经验学派约定俗成般地视为理所当然，因为"人们广泛接受这样一个信条：大众媒介是一个对人们的观念和行为有着强大影响力的工具"①。

经验研究学者并非无视"异质群体普遍化"的逻辑漏洞，为了将个体差异和情境因素纳入调查，研究者在测量方法、变量选取和数据分析等方面精益求精，试图令研究结果更具科学性和普适性。然而批判学派认为这种方法得不偿失，因为它使研究者沦为精致的方法论者，甚至为了方法架构研究问题，丧失了学术研究的终极目的和社会意义。"方法严格限定了人们选择研究的问题和表述问题的方式，方法论似乎决定了问题，这些做法无外乎用统计手段展示一般性观点以及运用一般性观点加以说明统计结果，而一般性观点根据数字的需要被挑选，仿佛数字被用来配合它们一样。"②可见，精致的方法与真正的研究问题之间存在紧张关系，看似令受众统计更加科学的方法设计，实则偏安方法论一隅，带来研究意义的空心化。

不过，将针对有限样本的分析上升为一般理论的过程并非经验学派所独有，其背后是实证的社会科学方法所打下的烙印。长期以来，社会科学研究依据理论家们的智慧寻找答案，但基于"思辨"的研究结果纷繁复杂、莫衷一是。19 世纪初，医学、化学、天文学、物理学等领域根据经验证据不断取得突破，而社会科学仍处于学者们众说纷纭的理论阐释中，于是小部分研究者开始效仿自然科学的研究路径，试图寻求方法转型与研究突破。19 世纪二三十年代开始，社会学和心理学的先驱们开始从宽泛的哲学范畴中摆脱出来，对有限的行为方式进行测量，建立起探索"刺激源-行

---

① [美] 丹尼斯·麦奎尔：《麦奎尔大众传播理论》，崔保国、李琨，译，清华大学出版社 2010 年版，第 373 页。
② [美] 米尔斯·C. 赖特：《社会学的想象力》，陈强、张永强，译，生活·读书·新知三联书店 2001 年，第 61 页，第 75 页。

为"之间关系的行为主义研究路径,并在其后发展出问卷、数学统计关系分析等量化研究的标准方法。这种研究取向在社会科学领域迅速流行,尤其伴随大众媒介受众这一群体的日益显著,调查方法为受众研究提供了高效的研究工具。某种程度上,大众传播学正是基于这种方法的演进得以诞生,因为"只有当这些调查工具可以使用时,大众传播的科学调查才能正式开始"①。

效仿自然科学的实证方法为社会科学打开了新的研究思路,但它本身存在不可避免的缺陷。与自然科学规律的客观性与一致性不同,对于"人"的调查面临主观、客观等诸多方面的不确定因素,单纯测量特定人群在某些情境下的表现,难以反映社会总体运行规律,甚至来自有限样本的数据是否足以反映规律都值得商榷。实证性的社会科学调查尚存这些疑问,以"人"为直接研究对象的受众研究存在逻辑漏洞便不足为奇。

媒介效果由媒介信息的接收者体现出来,后者包含个人、组织、社会等不同的结构单元,但他们都由"受众个体"这个基本单位组成,效果研究必须以受众研究为载体加以实现。在这个意义上,效果研究与受众研究水乳交融、不可分割,受众研究存在的问题,必然投射于效果研究上。"异质群体普遍化"的过程,不仅由研究方法的固有逻辑演化而来,其背后更是由研究者对媒介效果的固有假设所决定,即认为媒介效果是被普遍承认的客观事实。这在詹姆斯·波特对传播效果概念的研究中显露无遗。

波特在回顾效果研究主要文献的基础上,认为学者们主要通过两种方法定义媒介效果。一是明示法(ostensive method),即不提供具有细分规则的正式定义,而是呈现一系列他们认为是大众媒介效果的实例(things),交由读者去推断这些例子有什么共性;二是原始法(primitive method),研究者假定媒介效果这一概念已经存在并广泛分享,其他人对其意义具有相同的理解,所以没有必要阐明一个正式的定义。这两种方法既未给出媒介效果的正式定义,也未指出理解媒介效果的逻辑框架。明示法以实例代替定义,将基于异质群体的研究作为媒介效果的存在依据,暗含了"异质群体普遍化"的过程;原始法则隐含了两个假设,一是"媒介是有影响的",二是学者们普遍认可这一假设。其危险在于:"其他人可能不会共享相同

---

① [美]希伦·A. 洛厄里、[美]梅尔文·L. 德弗勒:《大众传播效果研究的里程碑》,刘海龙等,译,中国人民大学出版社2004年版,第11页。

的定义,特别是当定义中有几个元素在共享程度上有所不同时。"①从经验学派对媒介效果约定俗成的态度来看,因为学者们相信媒介效果的普遍存在,受众研究"异质群体普遍化"的逻辑也便"顺理成章"。

当然,经验学派并未纵容这种明显带有漏洞的研究逻辑任意发展,而是尽可能采取措施提升研究的严谨性。在经验学者的论文中,常常出现关于"研究不足"的讨论,作者诚恳陈述研究设计与过程的不足之处,以及研究结论在应用至整个社会现象中的局限性,并为此议题未来的研究方向提供建议。这种做法虽能为当前的论文及结论限定适用范围,在一定程度上增强严谨性,但从整体来看,经验研究处于不断得出结论、提出局限,再到重新检验结论的过程。虽然这遵循了学术研究持续修正与多方验证的一般规律,但研究者选取样本的差异、对变量设计的差异以及方法的差异,都会带来研究结论的偏差,看似沿着相同的议题开展日益深入的研究,实则却可能因结论的千差万别而阻碍了研究的延展性。随着新媒体对大众生活的渗透,学者们开始以网络媒介和网络受众/用户为研究对象,展开对经典效果理论的新一轮验证。任何一个变量的变化,都会对基于数据采集而来的受众研究带来不同程度的影响,如何在纷繁复杂的受众行为中提取核心变量,如何建立富有衔接性和体系化的研究模式,成为经验学派需要长期面对的问题。

二、批判学派:建构理解受众的多重标准

不同于经验学派一开始就将个体受众作为明确的研究对象,批判学派的受众研究经历了从隐性到显性的过程。该范式的早期代表法兰克福学派未将受众作为独立的分析单元,而是理所当然地认为受众是文化工业生产的必然受害者,但到了英国文化研究学派那里,受众不仅成为被研究者追踪观察的对象,亦被认为具有能动性和反抗能力。批判范式的受众研究随着范式内部流派的多元发展呈现不同取向,甚至同一流派也在全球政治经济生态的变化中转变受众研究立场,生发出理解受众的多重标准。

法兰克福学派以其对资本主义意识形态和生产方式的彻底批判而著称。该学派集中揭露被权力和资本操控的大众媒介如何成为麻痹大众思想的工具,认为大众在国家机器面前毫无抵抗能力。这里的大众实质上与传播研究中的受众具有相同的意义,因此该学派的受众观是被动的、悲观

---

① W. James Potter. Conceptualizing mass media effect[J]. *Journal of Communication*. 2011, 61 (5): 896-915.

的，其中暗含批判者的精英主义文化观念。主流传播学叙事一度倾向于将法兰克福学派定格于阿多诺、霍克海默、马尔库塞等在 20 世纪三四十年代成长起来的理论家及其思想，较少关注后续研究者对法兰克福学派理论的修正与发展。作为阿多诺学生的哈贝马斯，与老师彻底悲观的批判理论保持距离，并将原有宏大的、抽象的资本主义批判具体化为对个性丧失、民主式微、文化颠覆等晚期资本主义弊端的阐释，进而提出"公共领域"概念。这一理论不仅延续了法兰克福学派的批判锋芒，同时赋予批判理论修正既存不合理秩序的生命力。哈贝马斯把文化置于它所处的历史过程中，受众也就成为不断演变的公共领域中的公众，公众的权利，包括传播的权利，在传播过程中批判和娱乐的权利，又和他们的公民身份密切相关。① 因此哈氏围绕"重建理性"这一主旨展开理论建构，力图发掘作为公民的受众在媒介接触中的能动性，尤其是批判的能动性，以对抗晚期资本主义的政治经济秩序。这与阿多诺等法兰克福学派早期代表人物的主张已大相径庭。在理论的演化中，折射出法兰克福学派受众观从被动到主动、从悲观到理性的变迁。

世界政治经济格局的变化催生了更多批判视角。第二次世界大战后，强权国家以软性的文化输出取代军事行为，诉诸文化层面的文化帝国主义批判迅速崛起。

这种批判视野将文化当做人的实践活动重新整合，并且"努力维持具有前景的统合概念，即人的社会能动性（human social agency），表现为从许多贫穷国家中纷纷出现的民族解放运动"②。文化帝国主义批判将法兰克福学派注重的"意识形态政治"转向"民族认同政治"，其背后是对大众能动性的主张，亦即媒介受众对媒体内容的能动接触与理解。

延续"认同政治"，英国文化研究学派将认同由民族层面细化为生活层面，研究着力点由民族认同转向身份认同。文化研究学派明确认为文化领域是意识形态角逐场所，处于从属地位的阶级不断通过文化上抗争挑战统治阶级的意识形态，解放的可能就在于这种动态斗争的持续存在。③ 承继批判学派的基本立场，文化研究学者认为受众是社会系统中的个体，但

---

① 王健：《受众的再现——法兰克福批判理论中的大众、精英与公民》，广西师范大学出版社 2015 年版，第 179 页。
② ［美］丹·席勒：《传播理论史——回归劳动》，冯建三、罗世宏，译，王维佳，校译，北京大学出版社 2012 年版，第 10 页。
③ 余晓敏、胡翼青：《再度解蔽：为法兰克福学派辩护》，载《全球传媒学刊》2017 年第 1 期。

这种宏观的系统性力量可以细化为生活结构加以理解，因此在研究方法方面，学者们在思辨基础上加入民族志观察、深度访谈等方法，深入受众生活情景加以考察。文化研究学派以霍尔的编码/解码理论为理论框架，着力解释受众对媒介文本的不同解读，发现受众对媒介文本的对抗性力量。例如戴维·莫利深入电视观众家庭进行民族志观察，分析性别、家庭空间分配、生活情境等因素对受众解读电视文本的影响①；洪美恩(Len Ang,又译伊恩·昂)则通过对"肥皂剧"《达拉斯》受众的研究，肯定了"平民主义意识形态"在社会文化实践中的力量。② 文化研究学者关注意识形态的斗争性，即从根本上承认受众在选择媒介和接触媒介中的能动性。

如果说文化帝国主义批判和英国文化研究忽略了"经济基础"这一马克思主义哲学的批判元素，那么传播政治经济学派则重返"经济基础决定上层建筑"的逻辑起点，在受众观上回到法兰克福学派立场，认为受众在意识形态和商业浪潮的双重裹挟中几无抵抗之力。无论对大众媒介"制造共识"[3]的批判，还是揭露商业媒介兼并带来的传播内容的去多元化[4]，均显示出受众在传播秩序中的被动地位。但与法兰克福学派从政治权利、工业生产等间接角度阐释受众问题不同，传播政治经济学派发展出直接的受众理论。达拉斯·斯迈兹(Dallas Walker Smythe)在其1977年的文章《传播：西方马克思主义的盲点》(*Communications: Blindspot on Western Marxism*)中认为，大众传播产业生产的并非信息、娱乐或意识形态，而是"受众"，即大众媒介通过提供内容吸引受众注意，再将受众注意力售卖给广告商。这种"受众商品论"认为受众本质上是被建构的，"真正的受众从来都是不可测量的，只能事后进行重构或评估"⑤，调查收视率/收听率即是"建构受众"的方式，不同的调查方法和样本往往产生不同数据，被大众媒介用作向广告商出售"受众"的必要依据。洪美恩在《拼命寻找受众》(*Desperately Seeking the Audience*)一书中对美国的受众调查系统进行深

---

① David Morley. *Family Television: Cultural Power and Domestic Leisure*[M]. London: Comedia, 1968.
② Len Ang (Ed.). *Watching Dallas: Soap Opera and the Melodramatic Imagination*[M]. London: Routledge, 1985.
③ "制造共识"来自爱德华·S. 赫尔曼和诺姆·乔姆斯基合著的《制造共识：大众传媒的政治经济学》(*Manufacturing Consent: The Political Economy of the Mass Media*)一书，作者认为："媒体为主导国家和私人活动的社会利益集团服务，并为之进行宣传鼓动。"
④ Eileen Meehan. Watching television: a political economic approach. In Janet Wasko (Ed.). *A Companion to Television*[M]. Malden: Blackwell Publishing, 2005: 238-255.
⑤ [美]丹尼斯·麦奎尔:《受众分析》，刘燕南、李颖、杨振荣，译，中国人民大学出版社2006年版，第47页。

入探讨，认为这种源自媒介产业的活动实际上是对人的重新建构，"受众"不是一种身份群体，而是由业界建构而出，是一种"幻影受众"（phantom audience）。① 因此，在传播政治经济学派的观点中，受众若非被政治和资本所影响，便是被媒介产业所建构，本质上是被权力和商业操控的产物。

综上所述，批判学派由多条分支所构成，每条分支均持有不同的受众观，围绕"受众是主动的还是被动的""受众是既存的还是被建构的""受众是易被影响还是理性的"等议题，批判学派衍生出理解受众的多重标准。但在这些差异下，批判学派有着关于受众研究的两个共通基础，一是关注受众的反抗与解放，二是在社会环境的结构性视角中考察受众。批判范式的受众研究在这两大基础上经历了从隐性到显性的过程，即从把受众视作被政治经济力量影响的一个整体，转变为把受众作为独立的研究主体加以细致考察。这种转变背后是批判范式从宏大与悲观的研究视角转向从社会生活肌理中寻求重建传播秩序之径，以及在全球经济一体化背景中揭示大众媒介商业本质的种种尝试。由此，在"受众是特殊的还是一般的"这一问题上，批判范式坚持"受众是被结构性因素影响的一般群体"这一研究前提，在研究方法和研究过程中呈现出关注"特殊受众"的趋势。但无论受众是一般的还是特殊的，建立公正传播秩序、建构个人在传播系统中的主体性，是批判学派受众研究的一贯追求。

第二节 儿童：受质疑的"特殊受众"

儿童是备受关注的受众群体，也是经验学派和批判学派在媒介效果研究领域争论的焦点。某种意义上，儿童既是媒介效果研究的起因，也是效果研究的目的。例如，进行暴力研究最重要的原因就是认为儿童缺乏对媒介内容的辨别和抵御能力，因而必须采取相应对策以防止媒介对儿童的不良影响。"儿童是能力缺乏的特殊受众"这一在经验学派效果研究中不证自明的公理恰恰成为批判学派对其最主要的质疑之一。事实上，经验学派效果研究中的"特殊受众"远远不止儿童，例如，格伯纳的研究也同样区分出缺乏选择和批判能力的"重观众"。如若追根溯源，作为媒介效果研

---

① 张磊、谢卓潇：《从芝加哥到伯明翰：受众民族志研究》，载《青年记者》2014 年第 16 期。

究重要理论基础的大众社会理论,"大众"一词原本就是指带有贬损色彩的"乌合之众"。在这个意义上推而广之,媒介效果研究更早期的"公理"是"受众是能力缺乏的乌合之众"。

研究前提与逻辑起点往往决定着一项学术研究的方法选择与工具使用。对"特殊受众"这一"公理"的认同,使经验学派的效果研究沿着提出假设——设计实验——分析数据——得出结论的路径一路起来、成果斐然;而批判学派却始终不能苟同经验学派的众多结论,这种质疑一方面是因为经验学派长久以来并未得出相对一致的实验结果,有些结果甚至背道而驰;另一方面则是对"公理"本身的怀疑,正因如此,"假说"难以上升成为"理论"。"儿童与电视"是两大学派共同关注的媒介效果研究的重要议题,但由于对"儿童是否是特殊受众"的认知不同,两大学派的结论大相径庭。本节以"儿童受众"这一充满争议的研究对象为典型代表,在梳理两大学派的分歧中窥探二者受众研究的深层差异。

一、定义儿童:"靶子"还是"积极受众"

英国学者大卫·帕金翰(David Buckingham)在2005年发表的《特殊受众? 儿童与电视》(*A Special Audience? Children and Television*)一文中集中阐述了其有关儿童与电视这一论题的代表性观点及其最新的研究成果。[①] 此文延续了作者一贯的批判性视角,重新审视了"儿童与电视"这一在媒介研究和教育研究领域都备受关注的论题的研究历史、方法、进展,以及存在的问题。文章从儿童的定义着手,从心理学研究和文化研究两个层面回顾了儿童与电视的研究进程及局限,进而提出新的研究取向和研究理念。这篇文章集中呈现出两大研究范式在定义儿童上的差异。

近几十年的社会学研究认为,童年期是一种社会建构(social construction),随着不同社会、不同时期、不同的态度(attitudes)、习俗(traditions)和仪式(rituals)而有所区分。心理学中,儿童通常是一个"不能干什么"的概念,而不是"能干什么"的概念,被消极地定义为"非成人"(non-adults)。儿童在成人之前必须要经历一些特殊的阶段,这些发展阶

---

① 就同一论题,作者还分别发表过论文《儿童与电视:批判性研究综述》(*Children and Television: A Critical Overview of the Research*)(收录于 Roger Dickinson, Ramaswami Harindranath and Olga Linné. *Approaches to Audiences: A Reader* [M]. London: Edward Arnold, 1998.)和《电子化和儿童虐待? 关于儿童媒介效果的反思》(*Electronic Child Abuse?: Rethinking the Media's Effects on Children*)(收录于 Martin Barker and Julian Petley. *The Effects: The Media/Violence Debate* [M]. London: Routledge, 1997.)

段分层级呈现，从无能力的儿童阶段到有理性的、有逻辑能力的成人阶段。这种前进的过程表现出"成就伦理"（achievement ethic）的特征①。"成就伦理"意指社会上通常把成就高低视同伦理标准；努力追求成就或已有成就的人，常被推许为同龄人中的楷模或社会典范。在这个意义上，从儿童到成人的发展过程被认为是一个逐步完善、从"不好"到"好"的过程。

帕金翰同样强调"童年的观念本身是一个社会性与历史性的建构"。我们对童年的定义和看法是一个持续变化的过程（ongoing process），会随时间、社会以及其他各种因素的变化而改变，而电子媒体的出现促成了对童年及儿童观念的重新界定。他认为，儿童之所以被认为是一个特殊的受众群体，并在媒介研究，尤其是效果研究中成为一个重要论题，是因为自古以来儿童就是一个被寄予无限期望与忧虑的、关乎未来的概念。以电视为核心的电子媒介不仅是一种现代技术，也代表着一种现代文化。电视不是潜在的启蒙者或公民民主权利的代言人，而是造成道德退化和社会衰落的原因。在电视创造的新时代里，儿童不是充满信心的冒险者，而是被媒介操控的消极的牺牲品。在充满保护性色彩的大众文化精英话语中，儿童是一个"缺乏性"的概念，他们易受攻击（vulnerability）、无知（ignorance）且不理智（irrationality），他们缺少知识、缺乏经验，没有足够的智力与能力或不愿意遵从成人的规范。作为没有自我保护能力的"他者"（others），儿童无法分辨真实与虚构，无法判断行为的好坏，只能一味地不加选择地模仿电视中的（暴力）行为，认为这就是真实世界的映射。因此，成人有责任保护他们，使他们免受媒介的不良影响。在讨论儿童应该看什么样的节目时，通常的表达方式同样是缺省性的，也就是说，得出的结论是儿童"不"应该看什么，如性、暴力和粗口（swearing），等等。

儿童成为学术讨论的特别关注对象，"一方面，这可以简单地被视为对电视在儿童生活中相对重要性的一个回应。有人指出，今天的儿童看电视所花的时间超过他们在学校的时间或除睡觉以外其他任何活动所花的时间。尽管新媒介已经到来，但统计表明，电视仍然是儿童生活中占支配地位的媒介，即使是在对电脑技术有高接近水平的城市。但事实上，年龄大的人才是看电视最多的人（heaviest viewers），可是却几乎没有对他们收视习惯的讨论——无论是有关他们对电视的需要还是他们特定的弱点。把儿

---

① 转引自 David Gauntlett. Ten things wrong with the media 'effects' model. In Roger Dickinson, Ramaswami Harindranath, Olga Linné. *Approaches to Audiences: A Reader* [M]. London: Edward Arnold, 1998.

童视作'特殊'的电视受众并非是简单的收视身份的问题。相反，它引起了种种在精神上和意识形态上，我们认为什么是儿童，更广泛地说，什么是成人的假定。童年的历史表明，作为一个特定的社会范畴，儿童的界定和分离是一个相对较近的新生事物，是出现于西方工业化社会的特殊形式。这一过程伴随着名副其实的关于(about)儿童和针对(at)儿童的话语的勃兴(explosion)。发展心理学的出现及其在家长咨询手册(advice literature for parents)中的普及，使其成为制定'合适的'或'自然的'儿童行为规范的手段之一。同样的，儿童读物和儿童玩具以及最终的儿童电视都应用了种种有关什么是儿童的假定。"[1]

帕金翰在其著作《童年之死》中提到，人们在讨论儿童与电视时有两个假定的前提：一是儿童意味着"不完全能力"，意味着需要保护；二是儿童的消逝是一件可怕的事情，"人们对于儿童将变成早熟的成人所感到的恐惧(亦即他们将被剥夺其'童年')，已有一段长远的历史。"[2]正是这种对儿童的界定和对"童年之死"的恐惧使儿童成为"特殊的受众"。对于成人而言，电视出现之前的时期是一段"黄金时期"，他们可以对儿童保守秘密，使成人世界与儿童世界呈现出截然不同的面貌，但电视的出现打破了这种对立，通过电视儿童可以进入成年人试图隐藏的、成人生活的阴暗面。正如尼尔·波兹曼所言，印刷媒介创造了童年，电子媒介使童年消逝。

对儿童的此种界定带有明显的"魔弹论"痕迹——媒介是万能的，效果消极且不可抗拒，儿童是缺乏应对能力的、应声而倒的"靶子"。如此简单地定义"儿童"在一定程度上忽略了儿童的复杂性和多样性，这些根深蒂固的、认为电视引发了道德恐慌或社会负面变化的观念，使人们往往去寻找一个单一的因果解释；对电视负面影响的过度关注或一味指责，则使相关研究忽略了其他的各种可能因素，如儿童生活的家庭背景、社会环境，等等。其实，电视对儿童的积极影响不可忽视，如可以帮助儿童积累知识、激发想象力，以及锻炼社会交往能力等。事实上，儿童也并非如此不堪一击，他们也可以是"积极受众"。当然，认为儿童是"积极的""世故的"或"批判性"的，都是一个相对性的概念，是相对于一味把儿童认为是"被动的"和"易受影响"而言的。即使儿童是"积极受众"，这也并不意味

---

[1] David Buckingham. A special audience?: Children and television. In Janet Wasko (Ed.). *A Companion to Television* [M]. Malden: Blackwell Publishing, 2005: 468-486.

[2] [英]帕金翰·大卫：《童年之死：在电子媒体时代成长的儿童》，张建中，译，华夏出版社2005年版，第34页。

着他们就不受媒介影响或者可以与媒介的负面影响绝缘。批判学者们更希望强调的是对儿童受众多样性的关注，而不能把他们简单地假定为某种类型。儿童可以成为积极受众这一观念的出现在一定程度上被认为是对浪漫主义的颠覆。因为这意味着："前人对于童年的经验特征：安全与纯真，已经永远地逝去了。"①

二、心理学传统和文化研究的差异

心理学对媒介效果研究和受众研究影响颇深。在广告研究、社会学习理论、暴力研究等效果模式的研究中儿童都是绝对的"主角"。在这些研究中充满了行为主义的假设和单一因果关系的认定，使一些复杂的社会问题简单化为媒介自身的问题。"宽泛地说，这一领域大多数心理学研究的基本目标是为现在的消极效果提供证据。相比之下，有关积极效果的研究处于边缘。"②如今，这些领域的研究已经逐渐脱离了早期的行为主义模式，虽然影响的产生仍然被看做是单向的，但已经开始强调介于刺激与反应之间的"干涉变量"。如有关电视对"性别角色"养成的作用的研究，以及电视对家庭交流方式、群体中的关系等社会环境方面的影响的研究等，得到越来越多的重视。

"在这个意义上，效果研究逐渐地转向另一个研究范式，即认为儿童是'积极观众'。在这里'积极'这一观念带有一定的修辞色彩，它常常并不十分精确。不过这一观念不再把儿童视为电视信息的被动接收者，而是积极的阐释者和意义加工者。也就是说，电视的意义不是传送给受众，而是由受众来建构。……'积极受众'这一观念的提出也表明心理学研究转向为更为宽泛的'建构主义者'或认识论的研究方法。受众行为在这里不是简单地被视为是刺激反应，而是一个有意识的过程，阐释并评估信息。在理解他们所看到的内容的过程中，受众会运用心理图式（schemas）或模式（scripts），以及他们在以前通过看电视和在现实世界中形成的成套的方法和经验。在有关儿童对电视的理解的研究中，认知心理学家趋向于注重'微观'而非'宏观'——例如注意力和理解力、叙述的理解或对想象与真实的辨别能力等心理过程。因此，一些关于电视'语言'的特殊元素（如摄像机的角度或剪辑）的极端细节化研究，也许可以'替代'内在的心理过程

---

① ［英］帕金翰·大卫：《童年之死：在电子媒体时代成长的儿童》，张建中，译，华夏出版社2005年版，第19页。

② David Buckingham. A special audience?: Children and television. In Janet Wasko (Ed.). *A Companion to Television*[M]. Malden: Blackwell Publishing, 2005: 468-486.

或'塑造'(model)儿童不具备的认知能力。"①

"使用与满足"的提出被看做心理学研究传统从"效果"走向"积极受众"的转折点,认为受众会根据自己的需要和收视目的来主动选择观看什么节目、接受什么信息。同时,同样的信息也会被不同的受众给予不同的解读,并产生不同的影响。由于所处家庭背景、学校环境、交往人群的不同,以及年龄、性别、社会阶层的差异,不同的儿童会建构不同的"媒介世界"。但"使用与满足"依然是基于个人主义的观点,并未摆脱心理学研究传统的局限性:它过于强调个人的内在心理过程,常常忽略了社会、文化等因素在意识和理解力形成过程中的作用。"认识"在很大程度上被认为是孤立的,不仅仅独立于"感情",而且在收视经验层面独立于社会关系和人际关系。但儿童并非独立于具体的社会环境和历史情境之外,其成长必然受到媒介以外众多因素的影响。在这样的研究范式下所得出的儿童与电视关系的结论难免偏颇。

正因为心理学研究传统的弱点越来越明显地被意识到,文化研究成为儿童与电视研究的另一种重要研究取向。在文化研究领域,儿童与电视是一个相对较新的议题。文化研究的方法在总体上超越了效果研究和"积极受众"理论的局限,不再认为受众是一个孤立的"认知处理者"(cognitive processors),而是试图在制度(institutions)、文本(texts)和受众(audiences)这三者间建立起互动的关联。

(1)制度

"关于媒介对青年人负面影响的担忧早已有之。2000多年以前,希腊哲学家柏拉图提出在他的理想国中禁止戏剧诗人,因为担心他们有关神的不道德的怪诞故事会影响易受影响的青年人的思想。此后,通俗文学、歌舞厅、电影院和儿童连环画都引起了'道德恐慌',这直接导致了更为严格的审查,以避免儿童受到他们声称的有害效果的影响。在这方面,近来更多的争论可以看做这一传统的延续,如20世纪80年代的'淫秽录像带'恐慌或1993年有关荧幕暴力和随后的詹姆士·伯格(James Bulger)被杀事件的辩论(详见第五章相关论述)。同时,现在这些讨论理所当然地反应在有关儿童使用互联网聊天室和电脑游戏的讨论中。"②1997年BBFC主任詹姆士·弗曼(James Ferman)说,对于每一部电影或录像带,委员会

---

① David Buckingham. A special audience?: Children and selevision. In Janet Wasko (Ed.). *A Companion to Television*[M]. Malden: Blackwell Publishing, 2005: 468-486.

② David Buckingham. A special audience?: Children and television. In Janet Wasko (Ed.). *A Companion to Television*[M]. Malden: Blackwell Publishing, 2005: 468-486.

必须考虑两个最为重要的因素，第一是是否合法，第二是是否有害。这里的"有害"即指对儿童的危害。①

在传播学研究中，儿童电视产品的制度与政策背景是一个相对边缘的研究领域。儿童节目的政策在一定程度上折射出对"儿童"天性的基本假设。以"保护儿童"为旗号的电视政策与制度的调整变化往往加强了对媒介内容的管制，牺牲了媒介自由。帕金翰2001年发表的论文《电子虐待儿童？重新思考媒介对儿童的影响》(Electronic Child Abuse? Rethinking the Media's Effects on Children)就审查制度有过论述，他认为，可行的审查制度应该是从儿童及其父母出发，相信他们的能力，让他们自己决定什么是适合观看的。作者明确指出，我们更需要积极的教育策略，而不是消极的审查制度。同时，他强调了媒介教育的重要性——媒介教育并不是要让儿童远离"坏"节目，而是让他们尽可能熟悉不同类型的媒介产品，从而具有一定的批判能力。当然与此同时，媒介也要尽可能地保证儿童节目的多样性和高品质。近来随着儿童电视商业化的增长和公共服务传统的明显退却，相关学术研究和讨论呈现出上升之势，呼吁对消费给予更多积极的解释，以及对于"质量"的含意给予更彻底的讨论。

(2) 文本

这一领域的研究主要集中在三个方面：①儿童电视为"准社交互动"(para-social interaction)提供机会；②如何处理"信息"和"娱乐"之间的关系；③如何吸引(address)儿童受众。近来关于节目类型的谈论是一个热点，如古装剧(costume drama)、儿童新闻节目、动作-冒险片和学龄前儿童节目等。不过，这一领域最主要的研究兴趣还是集中在广受批评的儿童卡通片上。由于文化研究排斥长期以来运用的量化的内容分析法，有些研究试图用符号学、心理分析和后现代理论等定性研究来分析问题，并提出了一个有趣的假设：认为卡通片为"颠覆性的"阅读(subversive readings)提供潜能，可以使受众感受并控制焦虑(anxiety)，从而有可能导致主体形式的多样化。

(3) 受众

文化研究视野中的受众研究比以往的研究更强调社会的重要性。同时，它还力图避免把个体受众简单地看做某种人口统计意义上的类型代表。建构主义者虽然意识到文本可以产生意识形态上的和刻板印象上的限制性，但他们依然认为，受众是"积极的"意义生产者，而不是消极的消

---

① 参见 http://www.geocities.com/pentagon/2666/censorship.html.

费者。这一理念的核心是，儿童通过谈论电视来界定和建构他们的社会认同。儿童对节目类型和再现(representation)的判断，对电视叙述的重构(reconstruction)被视为与生俱来的社会过程。电视知识的积累，以及对电视的批评性观念的出现，则有赖于他们的社会动机和目的。

虽然文化研究被某些学者认为是盲目的平民主义，是对政策的否定，而且它本身对政策的定义具有高度的不精确性和狭隘性。但是在"文化研究领域，儿童与电视的研究正逐渐发展。虽然当它把不同形式的研究整合在一起时出现了一些特殊的问题，但事实上……在制度研究、文本研究和受众研究之间建立关联，这在更宽泛的媒介研究中依然保持着处于中心位置的优势。这不单单是平衡的问题，不是在'文本的权力'和'受众的权力'之间寻找快乐中介的问题。同时它也不是抽象的理论问题。……儿童与电视的关系只有在一个更宽泛的建构和界定下才能被充分理解"①。

三、解构假定：对儿童受众的再认识

以帕金翰为代表的批判学派研究者试图跨越研究的边界，通过对儿童收看电视时间的研究，把家长在家庭环境中的管理、电视节目编排的作用以及规章制度等问题结合起来。在研究课题"儿童的媒介文化"中，帕金翰"部分运用了多面向的或跨学科的研究方法"，这一研究最引人注目的地方就在于"电视研究的不同层面被罕见地完全整合在一起"②。研究者们试图解构有关儿童的若干假定，如儿童是什么，儿童需要什么，儿童应该、不应该看什么，等等。一方面童年是被强大的制度话语所制造出来的；另一方面，现实中的儿童自动地、不可避免地要逃脱这些建构。

研究的基本问题包括：媒介(尤其是电视)如何建构(construct)儿童受众？儿童如何与这种建构进行协商(negotiate)——作为受众，他们如何界定自己和自己的需要？同时，还对这些建构和界定的变化发展做了一番梳理，看看他们如何反映或不反映童年社会建构的变化。如果只看到问题的一个方面，电视或受众，这些问题都无法得到完满的解答，必须全面审视受众、文本和制度之间的关系，对政策、节目、规则、研究实践、节目编排、内容选择、文本形式、儿童自身对媒介的观念和使用媒介的观念，以

---

① David Buckingham. A special audience?: Children and television. In Janet Wasko (Ed.). *A Companion to Television*[M]. Malden: Blackwell Publishing, 2005: 468-486.
② David Buckingham. A special audience?: Children and television. In Janet Wasko (Ed.). *A Companion to Television*[M]. Malden: Blackwell Publishing, 2005: 468-486.

及他们使用媒介的行为如何在家庭中得到管制和调整等问题进行不同层次的分析。

在"制度"层面，主要研究内容有三：一是儿童电视的历史变革，以及为了争取留出专门播放儿童节目的时段所做出的努力；二是当代儿童电视的政治经济状况，尤其是在商业化、多频道和全球化愈加明显的环境下公共电视的命运；三是根据官方报告和对政策制定者、广播电视从业者、管理者、议会说客(lobbyist)及相关人士的采访，收集和分析政策话语。

在"文本"层面，从两个方面讨论了有关童年的假定和意识形态如何在制作者的实践和文本中得以呈现或进行协商的问题。

研究最终又回到"受众"本身。通过对制度和文本的研究，发现儿童的定义部分是强制性的，部分是乐观的，充满着尴尬与矛盾。由此产生出研究的另一个面向：儿童如何与这些定义进行协商，也就是说，作为一个受众，儿童如何界定他们自己。"在某种意义上，我们又一次关注于'童年'如何被定义，儿童如何在集体交往中建构童年的意义(相对于成人的概念)。'儿童'的范畴以及相对的'成人'的概念具有高度的不确定性和高度的情绪化，是自我界定和认同形成(identity formation)的参数。……受众的确是'积极的'，但却是在身不由己的条件下——在这个意义上，认为'积极'(activity)等同于动力(agency)或权力(power)，是一种错误的认识。对儿童而言，他们与电视的关系被更宽泛的社会制度和话语所结构、所限制，这些(存在于其他事物中的)社会制度和话语试图用特殊的方式界定'童年'。儿童受众——事实上是这种受众的'特殊性'——是被社会协商(social negotiation)的持续变化过程所建构的。"①

综上所述，批判学派并不否认儿童与成人的差别，也并不否认儿童在兴趣与品味上的特殊性，但这种特殊性并非与生俱来。媒介在定义童年时作用强大。换言之，儿童成为"特殊受众"是媒介作用的结果，反过来，它又成为媒介效果研究的逻辑起点。为了解决这一矛盾，不能简单地依靠理论上的证明，同时也需要经验层面的分析(in empirical terms)。在这个意义上，儿童作为"特殊受众"的研究既不能在经验学派的话语中单独完成，也不能在批判学派的研究路径下完满解决，唯有两相结合才有可能自圆其说。

---

① David Buckingham. A special audience?: Children and television. In Janet Wasko (Ed.). *A Companion to Television*[M]. Malden: Blackwell Publishing, 2005: 468-486.

第三节　主体的想象：理论孤岛与生态谬误

在某种意义上，经验学派和批判学派都带有浓厚的想象色彩。经验学派基于现状提出假设，再通过实证调研数据分析假设是否成立，可视为是检验想象成立与否的过程；批判学派则将想象体现得更为直观，阐释的、思辨的方法本身便是利用理论工具进行合理想象。然而，对受众研究的想象并不必然能够转化为受众理论，两种范式看似著述颇丰，实则在受众研究问题上各有所短，甚至徘徊于现有想象难以自拔。

一、硕果累累的理论孤岛

经验学派受众研究将"异质群体普遍化"，忽略受众千差万别的背景因素。在针对相同议题的研究设计中，任何变量的改变，都可能带来研究结论的差异。在这个意义上，经验研究得出的究竟是理论，还是一个个亟待更多验证的假设，成为经验学派学者面临的研究困境。在学者克雷格看来，"传播理论尚未形成一致领域（coherent field），传播学者没有找到跨越学科屏障的方法"，这种屏障使传播学的丰硕成果在另一个意义上成为座座理论孤岛。[1]

詹姆斯·波特将媒介效果研究定义为"个人或社会实体（social entity）在接触一项大众媒介信息或一系列信息（series of messages）后，由于大众媒介的影响（influence）而产生的一种变化的结果"[2]。受众是媒介效果研究的基本载体，效果研究的具体对象可以是接触信息的个体，也可以是社会实体。其中社会实体是指个体所组成的非正式的集合（informal collection）或正式的组织。

波特在梳理历史中发现，媒介效果是一种相当复杂的现象，学术界对何为"媒介效果"并无清晰定义，却对效果研究乐此不疲。他通过文献分析总结出效果研究九种不同的概念性议题[3]：

---

[1] Robert T. Craig. Communication theory as a field[J]. *Communication Theory*, 1999, 9(2): 119-161.
[2] W. James Potter. Conceptualizing mass media effect[J]. *Journal of Communication*, 2011, 61(5): 896-915.
[3] W. James Potter. Conceptualizing mass media effect[J]. *Journal of Communication*, 2011: 896-915.

(1) 效果类型(type of effect)：效果单独由行为表现出来，还是由认知、态度、信念、情感等多种方式表现出来？

(2) 效果层级(level of effect)：效果是微观层面的，还是宏观层面的？还是两个方面都有？

(3) 改变(change)：效果表现为改变现状还是强化现状？

(4) 影响(influence)：媒介必须具有直接的影响？还是可以间接影响？

(5) 说服(pervasiveness)：媒介对每个人都能施加影响？还是有条件地产生影响？

(6) 媒介刺激类型(type of media stimulus)：媒介的形式、传播渠道的属性和内容元素是否能够产生不同影响？

(7) 意向性(intentionality)：关注传播者有意施加的影响？还是关注主观意图以外的影响？

(8) 效果时长(timing of effect)：关注评估难度较大的长期效果？还是只关注媒介接触中产生的短期效果？

(9) 可测量性(measurability)：关注潜在的效果？还是那些更易测量到的显性效果？

每种议题都与受众调查息息相关。但学界对这九种议题的研究并非平均发力，也极少关注议题间的缝隙与融合，研究者似乎更乐于选择易被测量的、易出成果的议题，甚至会选择那些已被多次探讨过的议题，变更若干变量重新论证，得出看似全新的研究结论。罗宾·纳比(Robin L. Nabi)和玛丽·贝丝·奥利弗(Mary Beth Oliver)指出："年轻学者在追求荣誉和出版大量研究成果的压力下养成重复过去的研究话题和方法的习惯，牺牲了在这个学科内值得我们探索的理论上更丰沛和更复杂的工作，再加上学术领域的主要兴趣点在于发现特定有害效果和增加有害效果出现可能性的影响因素，这两个原因共同造成了学者们纷纷进行效果研究却忽视思考其本质的问题。"①经验学派代表人物伊莱休·卡茨也认为："那些继续说服研究的学者，大体上重复着拉扎斯菲尔德有限效果的发现，只是在影响人们做出改变的因素方面做了更多细分。"②于是，经验学派效果研究看似繁荣的表象背后，隐藏着重复研究、结论雷同之忧患。研究者出于

---

① Robin L. Nabi and Mary Beth Oliver. Introduction. In Robin L. Nabi and Mary Beth Oliver (Eds.). *The Sage Handbook of Media Processes and Effects*. Los Angeles, CA: Sage, 2009: 1-5.

② Elihu Katz. Lazarsfeld's map of media effects [J]. *International Journal of Public Opinion Research*, 2001, 13(3): 270-279.

不同原因纷纷着眼于已被反复论证的议题,热门议题的研究产品不断堆积,形成"理论山峰",但这不仅无法弥合各类传播议题之间的缝隙,反而会使更具意义的研究议题被掩映在山头之下,对效果研究的理论整合和体系建构无疑具有负面影响。

批判学派指责经验学派过于关注短期效果和个人影响,对媒介的长期效果和更深层的社会影响置若罔闻,这从另一侧面反映出经验学派理论体系的断裂。实际上,拉扎斯菲尔德早在1948年便规划了媒介效果研究的"地图",他以"传播研究种类"(kind of communication studies)和"效果种类"(kind of effect)两大维度展开建构,分别对应效果研究的切入点和效果类型,较为全面、系统地展望了效果研究的发展前景。(见表4-1)

表4-1　　　　拉扎斯菲尔德的效果研究地图①

传播研究种类 kind of communication studies	效果种类 kind of effect			
	瞬间回应 immediate response	短期 short-term	长期 long-term	制度性改变 institutional changes
单一单元 single unit	11	12	13	14
一般类型 general type	21	22	23	24
媒介的经济和社会结构 economic and social structure of medium	31	32	33	34
媒介的一般技术特征 general technological nature of medium	41	42	43	44

表中的"单一单元"指某一具体的媒介内容,如一档广播节目或一篇新闻报道;"一般类型"包括肥皂剧、谈话节目等具体节目类型;"媒介的经济

---

① Paul Felix Lazarsfeld．: Communication research and the social psychologist. In Wayne Dennis (Ed.). *Current Trends in Social Psychology*[M]. Pittsburgh: University of Pittsburgh Press, 1948: 218-273.

和社会结构"是指诸如商业广播和公共广播的对比研究等;"媒介的一般技术特征"即印刷媒介、电视媒介、互联网等介质属性。两种维度交叉形成16种研究取向。

拉扎斯菲尔德显然注意到了长期效果和制度性改变这两种效果研究的缺失,以至于媒介效果被局限于分散的、孤立的短期效果测量中。他认为这是因为"缺乏资金、缺乏良好整合的研究计划,使得大部分学生去做能快速完成的研究工作"①。

作为连接理论孤岛的一种尝试,经验学派试图将更多影响受众媒介接触的主客观变量纳入考察,用个体因素与环境因素相结合的双重视角检测效果、丰富理论。但在批判学派看来,于纷繁错综的情境因素中有选择性地筛选变量,关注的仍是过于微观的现实问题,缺乏宏观的历史视野。汉诺·哈特(Hanno Hardt)指出:"美国的传播与媒介研究并不关心不断变化的历史环境,而是将自己与社会、经济和权力机构结盟,关注社会科学研究中与商业和政治关联的议题。"②

回顾经验学派效果研究的历史,从"魔弹论"到"有限效果论",再到"强效果论",这种循环往复恐怕并非仅仅是媒介技术进步和社会历史发展的结果,在一定程度上也是经验研究范式在研究方法、研究思路和理论建构等方面立场错杂、观念摇摆的显著表征,是效果研究"孤岛林立"的又一明证。议题繁杂、研究重复、历史视野缺失等多重原因共同造成了经验学派效果研究硕果累累但却彼此割裂之境地,这其中既有研究范式自身特征带来的理论困境,亦有平衡研究者追求个人成就与推动科学发展之关系的学术伦理问题。

二、社会生态与个人影响

批判学派主张以宏观的社会结构视角和思辨的、阐释的方式探讨媒介议题,但具体到受众层面,这种研究方式缺乏针对受众群体的现实考察。经验学派对此的主要质疑在于,仅以宏观思考和理论思辨得来的研究结果是否真正具有实用性的理论价值。

美国学者罗伯特·史蒂文森(Robert L. Stevenson)认为,大众传播研

---

① Elihu Katz. Lazarsfeld's map of media effects [J]. *International Journal of Public Opinion Research*, 2001, 13(3): 270-279.
② Hanno Hardt. *Critical Communication Studies: Communication, History and Theory in America*[M]. London: Routledge, 1992: 77-122.

究的欧洲传统试图以对"社会"这个较高层次分析单位的观察来推论"个人"这一较低层次分析单位的状况,他将此现象称为"生态谬误"(ecological fallacy)。史蒂文森指出,批判研究通常把社会而不是这个社会中的个人作为分析单位,在社会系统中而不是从个人角度解释人类行为,其得出的结论只能是总体层次的,而不是效果研究真正有兴趣的个体层次的行为,从社会总体层面得出的结论并不能具体化到个体。"我们能够意识到没有足够理论支持的数据是缺乏影响力的,但我们也必须承认不经严格且涉及广泛的经验式实验得出的理论,是充满争议的。"①"生态谬误"在某种程度上揭示出批判学派的受众研究悖论,即明明标榜将"人"置于社会结构中进行考察,以重构"人"的主体性,但研究结果却无法落脚于微观或中观层面的受众个体或群体上,只是将"人"作为一个宏观而模糊的主体加以看待,并未真正体现"人"的主体性。

关于"生态"的批判,早在20世纪30年代末拉扎斯菲尔德与阿多诺合作研究广播项目时便有体现,前者在给阿多诺的信中写道:"您似乎把批判思想的独立性与随意的侮辱给混淆了。……我并没有试图阻止您进行侮辱,我只是想要让您知道您(随意地)选择某种侮辱而不是另一种侮辱是如何得不合逻辑和没有根据。如果在批判研究中,侮辱是必不可少的话——我现在不想谈论这个问题,您难道不认为它应该以一定的规则和程序为基础吗?"②拉扎斯菲尔德同样直指批判学派的论证逻辑,在程序理性和研究过程缺失的情况下,批判学者的观点难免因浓厚的主观色彩受到指责。

如果说以法兰克福学派为代表的批判研究习惯于从宏观的权力和经济视角分析传播现象,那么威廉斯等文化研究学者则以"文化"这个充满互动性的载体作为切入点,试图通过在文化主体争夺文化领导权的互动张力中所体现出的受众能动性,来解决"生态谬误"问题。然而新的情况是,在研究实践中"文化"的概念过于宏大,使得分析单位与研究目的无法紧密契合。"人类社会能动性的概念,促成知识界对英国工人阶级的历史和现状投入深刻的研究能量,而且反种族主义和女权运动旋即开始再度萌芽。这些情况下'文化'似乎满足了人们,或者至少是涂亮了令人感到满

---

① Robert L. Stevenson. A critical look at critical analysis[J]. *Journal of Communication*, 1983, 33(3): 262-269.
② [美]大卫·E. 莫里森:《寻找方法:焦点小组和大众传播研究的发展》,柯惠新、王宁,译,新华出版社2004年版,第178页。

足的前景。但是由此得到的传播概念,似乎与之共存的不是一些有限的媒体,而是一套彻底取而代之的社会总体观(visions of social totality),受到所谓自主的表意的驱使。"①文化研究学者对"文化"概念的模糊定位,也招致同为批判学派的传播政治经济学派对其研究目的的质疑。尼古拉斯·伽汉姆(Nicholas Garnham)等人指出,文化理论家从边缘群体的角度出发,提出"抵抗""解放""斗争"等术语,但其实他们并不清楚以下问题:抵抗什么?解放的目的是什么?从哪里寻求解放?最终的目标又是什么?② 可见,将文化与权力相结合的文化研究学者,虽然以能动性的视角考察文化的传播与接受/反抗,但"文化"一词似乎超越了"传播"的范畴而上升到更高的生态层中,那么文化研究关注的"人"能否等同于传播研究中的"受众"便值得商榷。

"生态谬误"似乎从根本上驳斥了批判学派的受众研究逻辑,但细读史蒂文森的观点,会发现他是站在典型的经验研究立场提出的上述论断,"个人角度""个体层次""每一个个体"等字眼反映出他从经验学派惯有的"个人影响"层次定位受众研究,这种逻辑起点显然与批判学派大相径庭。然而,这一论断还是有力地提醒着批判学者,传播研究并非站在宏观的社会和历史层面做出阐释即可,只有将结构性的批判思维与社会中的个体相结合,才能使批判理论不至于落入宏大主义和精英主义的窠臼。这使人联想到英国伯明翰学派所做的受众研究,该流派深入受众家庭或观看情境开展调查,结合个体所处的社会语境和社会经验分析受众对媒介文本的解读,可谓实实在在从"受众生态"展开的研究。这种研究方式被约翰·科纳称为"新受众研究"(new audience research),或曰"接受研究"(reception studies)。③ 研究者关注受众对媒介信息的解读和解码,习惯于从受众观看电视剧、阅读小说、收听音乐等对流行文化的消费中进行考察。如果说西方马克思主义的文化领导权观点认为媒介在强化意识形态方面有非常巨大的力量,新受众研究则力图证明这种力量是有限的。④ 不过,或许是此

---

① [美]丹·席勒:《传播理论史——回归劳动》,冯建三、罗世宏,译,王维佳,校译,北京大学出版社2012年版,第220页。

② Nicholas Garnham. Political economy and the practice of cultural studies. In Marjorie Ferguson and Peter Golding. (Eds.), *Cultural Studies in Question*[M]. London: Cromwell Press Ltd, 1997: 67.

③ 曹书乐、何威:《"新受众研究"的学术史坐标及受众理论的多维空间》,载《新闻与传播研究》2013年第10期。

④ 曹书乐、何威:《"新受众研究"的学术史坐标及受众理论的多维空间》,载《新闻与传播研究》2013年第10期。

种研究太过关注受众的生活语境而冷落了权力的因素，并且明显割裂了经济基础与文化之间的关联，因此该流派的批判色彩大大减少，正如科纳所言，"丧失了批判的能量(a loss of critical energy)"①。

不难看出，批判范式中各个流派对于受众的认知起点、研究方法和研究过程均有较大差异，为了克服"生态谬误"问题，使批判学派在保持批判锋芒的同时又能将研究触角深入社会肌理，就必须考虑不同流派在受众研究方面的借鉴与融合。在这个意义上，苏·卡利·詹森(Sue Curry Jansen)的观点或许为批判范式中的受众研究提供了新的思考方向："媒介批判的理论要求我们，重新将文化形式的分析与传播的机构和政治经济的分析结合起来，与文化工作者结成联盟，把有批判意义的学术和有意义的社会自由和政治自由的斗争相联系，而不仅仅是文化自由。也就是说，恢复和强化有意义的公民参与为核心的人类自由的定义——该定义以有意义的公民参与为核心。"②这一观点不仅将政治经济批判与文化研究相结合，而且将强调受众能动性的"公民参与"融入批判视野，平衡了争论不休的受众主动与被动的问题。同时，"公民参与"与哈贝马斯所言的公共领域中的"公众参与""交往理性"等又有诸多相通之处，将法兰克福学派的理论工具兼容并蓄。

随着新媒体带来传播生态的衍变、媒介受众向媒体用户的身份转变，受众研究将因受众行为的多样性、商业资本的遍在性和意识形态的隐蔽性而呈现出愈加多元化的面容。批判学派如何跨越生态圈层，将结构性的批判视角与对个体受众行为的考察融为一体，阐释媒体使用背后深层的政治经济动因，将是一个更具挑战性的议题。

受众是特殊的还是一般的？这一问题折射出的不仅是经验学派和批判学派在研究范式和论证逻辑上的差异，而且关系着学术研究意义建构和传播理论体系建设。在索尼亚·列文斯通(Sonia Livingstone)看来，媒体和人们之间的关系是如此复杂，以至于没有任何词汇可以精准地描绘这种关系，但受众研究恰恰需要将重点放在"关系"本身，而非为了文章而创造概念。③

---

① John Corner. Meaning, genre and context. In James Curran and Michael Gurevitch (Eds.), *Mass Media and Society*[M]. London: Edward Arnold, 1991: 267-284.
② [美]苏·卡利·詹森：《批判的传播理论：权力、媒介、社会性别和科技》，曹晋，主译，复旦大学出版社2007年版，第24页。
③ [美]丹尼斯·麦奎尔：《麦奎尔大众传播理论》，崔保国、李琨，译，清华大学出版社2010年版，第367页。

受众并非等待讯息刺激的孤立靶子,"将受众定位为由'暴露'在外界影响下的孤立个体所组成的大众,以及讯息传输模式和行为科学偏见,往往扭曲了受众研究。"①就此而言,在媒介效果研究视野中的受众分析,最核心的问题是将受众还原于错综的关系之中,用综合性的视角考察受众的信息接收与传播。由此,如果批判学派的问题意识、综合视野与经验学派的方法特长、数据优势相结合,效果研究中的"受众"将绽放出更耀眼的光芒。

---

① [美]丹尼斯·麦奎尔:《受众分析》,刘燕南、李颖、杨振荣,译,中国人民大学出版社 2006 年版,第 110 页。

第五章 行政型研究：解决问题还是掩盖问题？

传播研究之所以能够迅速成长为学科，很大程度上是因为它能回应实践的需求，具体来说就是以效果研究的名义，协助各种权力机制完成社会控制，比如民意测验、选举调查、受众调查、广告调查等。① 由于研究通常需要开展不同规模的实证调研，资金支持成为研究能否顺利进展的重要因素，而一旦涉及资金，资助方的意志和对相关问题的关注就会在不同程度上影响研究者的研究过程和结果。即便行政型研究的公正性与科学性备受质疑，但这依然不阻碍其成为经验学派占主导地位的研究路径。

行政型研究的代表人物是传播学四大奠基人之一保罗·拉扎斯菲尔德，他在 1941 年发表于法兰克福学派刊物《哲学与社会科学研究》(*Studies in Philosophy and Social Science*) 上的文章《评传播的行政研究与批判研究》(*Remarks on Administrative and Critical Communications Research*) 中，将行政型研究视为"正在兴起"的研究模式。他指出行政型研究的特点在于为公私机构或广告商服务、以服务对象的现实问题为导向、通过实证调查寻找原因等，研究关心媒体受众、宣传效果、传播者特征等，以发现大众传播规律和预测趋势为目的。② 概而言之，行政型研究的特点表现在：(1)资金资助来源于商业机构或政府；(2)研究结论为维持政府或机构的政策服务；(3)以量化研究为主，探寻现象的因果关系。

在批判学派眼中，行政型研究非但不能称为真正的科学研究，甚至已经沦为利益集团谋取利益的工具，因为它"有益于广播电视网，有益于市场研究公司，有益于政治候选人"③。更为重要的是，从不同的现实需求

---

① 刘海龙：《重访灰色地带——传播研究史的书写与记忆》，北京大学出版社 2015 年版，第 6 页。
② Paul Lazarsfeld. Remarks on administrative and critical communications research[J]. *Studies in Philosophy & Social Science*, 1941, 9(1): 2-16.
③ Gitlin Tood. Media sociology: The dominant paradigm[J]. *Theory and Society*, 1978, 6(2): 205-253.

出发进行的研究，其结论往往是孤立的、微观的、个体的，难以形成系统的理论脉络和框架，更无法穿透复杂的表面现象，对实质性的社会问题进行形而上的解释。社会学家米尔斯将经验学派的研究称为"抽象经验主义"①，认为它严重限制了社会学的想象力。

在传播学诞生的近一个世纪中，虽然行政型研究基于现实问题和实证调研产出大量成果，但批判学派从未停止对这种研究取向的指责。其间的核心问题在于行政型研究"从一开始就接受机构的信条标准，研究不仅不能独立，也无法与理论建构相联系"②。换言之，资金上受制于人的行政型研究根本不具备独立性，它们声称要"解决的问题"其实是资助方关注的问题，而资助方维护权力统治或商业利益的动机使其不会关注真正的民主和启蒙问题，这就使行政型研究背离了社会科学本应具有的价值关怀和理论能力，它们的研究实质上是在"掩盖问题"。

这些争论加剧了媒介效果研究的流派分化，使理论基础本就薄弱的传播学科更加遭受合法性的质疑。行政型研究包含经验学派研究取向的多重实质，从根本上说，批判学派对它的指责显示出两大学派在研究基础、研究方法和研究目的等方面的本质分歧。站在历史的角度重读行政型研究传统，重新梳理两个学派对峙的核心问题，对于当前位于十字路口的传播学科而言，或许能够打开范式融合发展的一扇窗口。

第一节　行政型研究传统的形成

传播学行政型研究的形成并非偶然。20世纪初，社会科学经历重要转型，以统计学为标志的量化方法进入社会科学领域。两次世界大战之后，欧洲作为传统上社会学研究的中心蒙受巨大损失，客观上为美国社会科学领域在世界范围内的崛起提供了条件。实用主义思潮与战争局势的汇流、国家安全需求与社会科学家责任意识的嫁接，使美国社会学研究从"一战""二战"直至冷战这几十年期间均呈现出强烈的现实取向。在这种背景下，脱胎于社会学、政治学、心理学等交叉地带的传播学经验学派便顺势与行政型研究发生了千丝万缕的联系，并在拉扎斯菲尔德的影响下形

---

① [美]米尔斯·C.赖特：《社会学的想象力》，陈强、张永强，译，生活·读书·新知三联书店2001年版，第55页。
② James W. Carey. The ambiguity of policy research[J]. *Journal of Communication*, 1978, 28 (2): 114-119.

成路径依赖。但在考察行政型研究传统形成过程时发现，此类研究并非一开始就面向具体问题寻求应然性结果，而是抱有明显的反思性和批判性，但这往往被传播学主流叙事所忽视。

一、基金资助：传播学萌芽的批判性温床

一般认为，大众传播学诞生于20世纪30年代的美国①，但在此之前，关于电影对儿童的影响、广播剧与受众恐慌等效果研究已经出现，并产生了不小的社会影响。这些研究问题之所以出现，在根本上与当时电子媒介的产生与发展不无关系。对传播现象的关注与研究能够从计划变为现实，则与佩恩基金会、洛克菲勒基金会等财团的支持密不可分。这些研究发生于大众传播学萌芽阶段，其资金来源、研究过程设计、方法应用等均对传播学的科研建制起到开创性和示范性作用。尤其是接纳商业财团资金支持、接受政府科研资金的注入，一度成为经验学派效果研究的传统，但这也引来了批判学派"研究为利益集团服务"的猛烈批评。不过，早期的传播效果研究是否真如批判学派所说服务于既有利益？基金会在支持传播效果研究中抱有怎样的意图？这些研究结果最终影响了政府的哪些决策？或许还需结合当时的研究语境加以还原。

罗杰斯曾说："没有洛克菲勒基金会，美国早期传播学就不可能繁荣起来，这个领域就建立在一个由石油所提供的基础之上。"②该基金会资助了包括拉扎斯菲尔德、拉斯维尔、列文、霍夫兰传播学四大奠基人在内的诸多传播研究。1933年，基金会决定资助广播研究。基金会里负责邀请学界专家的职员约翰·马歇尔(John Marshall)著文阐述了个中原因。他认为，商业文化中的大众媒体，在利益面前更注重娱乐而非教育，公众满足于病态的替代品(pathology of substitutes)，并被病态的影响(pathology of influence)所操纵，这使得大众对具体议题的公共知识一知半解，不能晓其全貌，不能获得真正知识。基金会应该资助研究这些病态如何影响民主进程，帮助社会科学专家实现真正的民主宣传(genuinely democratic propaganda)。③ 大众传播(mass communication)一词正是由马歇尔在20世

---

① 魏然、周树华、罗文辉：《媒介效果与社会变迁》，中国人民大学出版社2016年版，第8页。
② [美]罗杰斯·E. M.：《传播学史：一种传记式的方法》，殷晓蓉，译，上海译文出版社2012年版，第150页。
③ Breet Gary. Communication research, the rockefeller foundation, and the mobilization for war on words, 1938-1944[J]. *Journal of Communicaiton*, 1996(46): 124-147.

纪 30 年代末率先提出，用来表示通过媒介影响和形塑公众的大范围的通识教育（general education）。① 在这个意义上，基金会是抱着对"公民教育"和"民主进程"的期待资助社会学家们开展相关研究，其目的并非着眼于财团利益最大化，也与维护现存秩序大相径庭。

美国的教育广播是和商业广播同步发展起来的，在商业广播全面扩展的同时，教育广播却日渐式微。② 身处媒体商业化困境中马歇尔，并非以牟利思维开拓媒体市场，而是清醒意识到商业环境"替代品的病态"及其对公共知识的消解，这种观点本质上与法兰克福学派对文化工业批判中"制造虚假需求""个体丧失批判能力""追求商业利益"等表述高度一致。在某种程度上，马歇尔比阿多诺等法兰克福学派学者更早认识到商业文化中大众媒体带来的社会问题③，只不过与法兰克福学派走向彻底的否定不同，马歇尔出于改变现状的目的，与拉扎斯菲尔德等经验学派的先驱展开合作，在承认广播商业化的前提下，通过研究广播听众的习惯和需求，尝试将教育性内容融入商业广播中。

20 世纪 20 年代美国电影研究理事会（Motion Picture Research Council）试图调研电影中的色情和暴力镜头对儿童的影响，但没有政府机构愿意提供研究经费，最终私人慈善组织佩恩基金会同意资助"电影对儿童的影响"研究。1929—1932 年，成千上万的青少年被列为调查对象，这一项目成为至那时为止关于媒介效果的最大的科学项目之一。④ 该研究为政府决策层提供了事实依据，制片法案对电影业制定了更为严格的规定。在建立了所有重要的制作公司都予以合作的自检制度后，20 世纪 30 年代中后期的电影在原来被认为有社会争议的镜头方面做出了许多改变。⑤

如果说洛克菲勒基金会和佩恩基金会的资助只是个案而不具有代表性，那么放眼 20 世纪初期美国社会科学的生态发展之后，便会发现基金会之于传播研究的重要作用。这一时期，私人基金会作为典型美国化的新

---

① Theresa Richardson. Refiguring schools as child welfare agencies: Rockefeller boards and the new program in general education at the secondary level[J]. *American Educational History Journal*, 2005, 32(2): 122-130.
② 郭镇之：《北美传播研究》，北京广播学院出版社 1997 年版，第 99 页。
③ 上文 Gary1996 年的论文显示，马歇尔于 1938 年陈述此类观点，而阿多诺与霍克海默批评文化工业的著作《启蒙辩证法》于 1947 年出版。
④ [美]罗杰斯·E. M.：《传播学史：一种传记式的方法》，殷晓蓉，译，上海译文出版社 2012 年版，第 193 页。
⑤ [美]希伦·A. 洛厄里、[美]梅尔文·L. 德弗勒：《大众传播效果研究的里程碑》，刘海龙等，译，中国人民大学出版社 2004 年版，第 15 页。

生事物开始出现，并开创了对科学研究进行资助的传统。① 与其说行政型研究因为获取资助而成了资助方利益的代言人，不如说美国社会科学的发展轨迹孕育了行政型研究。至少 20 世纪初期基金会资助的传播研究带有商业批判和公众教育的目的，其社会改良意图为行政型研究注入了批判视野，使得行政型研究甚至先于法兰克福学派开始反思媒体商业化的负面影响，继而抱着寻找解决之策的目的开展实证调研。所以，当阿多诺与拉扎斯菲尔德在 1940 年前后展开广播研究项目的合作时，虽然拉扎斯菲尔德对前者有种种不满，但当洛克菲勒基金会停止资助阿多诺的子项目时，他仍然尽力为其说话，助其保留职位。拉扎斯菲尔德并不排斥吸收批判研究路径的方法和理念，只不过后人在将其奉为经验研究的领袖人物时，忽视了他的批判视角，也忽视了行政型研究一开始具有的理性反思和批判血统。

　　需要强调的是，私人基金会往往带有不同程度的慈善或公益色彩，它们在进行资助时考虑研究的社会意义不足为奇。上述两个基金会对传播研究的资助都是从媒体引发的现实问题出发，聚焦大众媒介在商业化浪潮中存在的问题，这与法兰克福学派"文化工业"的批判有着相同的逻辑起点。不同的是，基金会资助下的经验学派承认引发问题的社会现实，并在现实基础上寻找解决方式；批判学派则从根本上反对生发问题的社会根基，反对资本主义生产方式所带来的社会关系和文化关系。在这个意义上，传播学早期的行政型研究并未回避问题，而是同样抱着"教育"与"民主"的期待展开调查研究。这些期待与阿多诺所言"启蒙辩证法"中的"启蒙"意义相通，只不过行政型研究对大众媒介的教育功能依然存有希望，而批判学派则视大众传媒为统治者的意识形态工具，"启蒙"在这种工具的催化下只能走向"启蒙"的反极。因此，在"问题"这一关键词上，两大学派本有共通之处，但由于研究目的和终极关怀的不同，使二者在"解决问题还是掩盖问题"上争论不休。

二、历史语境：战争背景与传播研究的汇流

　　批判学派对行政型研究的指责，主要集中于它们接受政府部门或商业机构的资助，从而成为这些组织的智囊团和发声筒，使科学研究的中立性饱受质疑。为何一开始带有社会改良色彩的行政型研究逐步成了组织机构的代言人呢？这需要回到美国政治环境对社会科学研究发展的影响说起。

---

① 裴长洪：《美国人文社会科学现状与发展》，社会科学文献出版社 2001 年版，第 356 页。

如果说电子媒介崛起与媒体商业化浪潮为经验学派传播研究提供了最初的着力点，那么随着世界大战的到来，包括传播研究在内的美国社会科学经历了重要转向。"一战"之前，私人基金会对社会科学研究的资助几乎为零，这种情况在20世纪20年代发生变化，① 战时动员、军事战略、政策制定等越来越依赖于社会科学研究，国家层面对社会科学研究的资助也大幅提升。战争行为、学术天才和大量政府资助被相互联系起来，这不可逆转地改变了科学和国家之间的关系。②

当20世纪20年代末的经济危机席卷全球时，美国通过罗斯福新政走出困境，德国则因希特勒走上了独裁统治之路。"二战"爆发后，欧洲社会科学研究蒙受巨大损失，以法兰克福学派为代表的众多批判学派研究者流亡异国，纳粹政府让他们对世俗工业社会丧失希望，其批判锋芒也随之转向对工业社会的全面否定。然而，以举国之力克服了经济危机的美国，在面对世界大战这新一轮的困难时，再次倾尽全力应战，私人基金会、科学家、政府联手共动，以现实问题为导向的应用研究在此过程中迅速发展壮大。

在美国面临战争威胁之际，科学家们将学术研究与国家安全结合起来，多多少少成为他们的自觉之举。洛克菲勒基金会在1939年组织了由拉斯韦尔、拉扎斯菲尔德、坎特里尔等人组成的洛克菲勒传播研讨班，其最初目的是想获知今后应该资助什么样的传播研究项目，但随着"二战"临近，研讨班"重点研究联邦政府如何能够利用传播，以便对付日益临近的战争"，并在1940年10月汇成最终报告《必要的传播研究》。③ 拉斯韦尔本人更是亲自主持"战时传播项目"，将宣传研究与战时传播结合起来，在他提交给洛克菲勒基金会的研究计划中清晰阐释了研究目的：如果美国要更深入地卷入这场战争，对我们来说，重要的是制定战争的目的，它应该根据加强、而不是削弱我们联盟的士气来形成。④ 无独有偶，传播学奠基人之一霍夫兰的说服研究，同样缘于美国军事机构希望利用电影来教育、训练新入伍士兵的需要；另一奠基人勒温将食品营养研究的发现推广至各种传播环境。他认为"把关"概念"不仅适合于食品系统，而且适合于一条新闻通过某种传播渠道在群体中的流通。"而食品营养研究正好与美

---

① 伍静：《中美传播学早期的建制史与反思》，山东人民出版社2011年版，第41页。
② 雷迅马：《作为意识形态的现代化——社会科学与美国对第三世界政策》，中央编译出版社2003年版，第74页。
③ [美]罗杰斯·E. M.：《传播学史：一种传记式的方法》，殷晓蓉，译，上海译文出版社2012年版，第214页。
④ [美]罗杰斯·E. M.：《传播学史：一种传记式的方法》，殷晓蓉，译，上海译文出版社2012年版，第229页。

国第二次世界大战的努力相吻合，因为后者"要应付食品短缺、政府的食品配给，并需要饮食方面的变化，以改善公共营养和健康"①。

"二战"期间，科学家与美国政府的合作，为美国获取战争胜利提供了必要的智力支持和决策依据，这种传统在"二战"结束后继续沿袭，并随着冷战的到来焕发出更强的生命力。在"二战"后的年代里，学术研究与联邦基金之间的关联越来越密切，国家支持的研究项目越来越以生产有助于解决军事和战略问题的知识为目的，由此使学者们的研究工作也越来越多地以政策为取向。②"二战"中科学家们树立的国家责任意识还未消失，长达40余年的冷战接踵而来，国家安全再次成为科学研究和政府资助的强大动力。原哈佛大学文理学院院长麦乔治·邦迪（McGeorge Bundy）在1964年指出，当学术界和那些政府中积极有为的和拥有权力的人从同样的立场出发去工作时，学术界与整个国家均会受益。③ 对许多美国社会科学家来说，冷战成为一种使他们将自己定位为"知识生产者和捍卫自由民主阶层"的自我认同的力量。④

由此可见，从"一战"开始到20世纪90年代初，两次世界大战和冷战为美国社会科学研究打上了浓重的政策取向烙印，同时这与美国实用主义的社会传统密不可分。直到20世纪60年代末美国国内反越战浪潮的兴起，人们才逐步开始反思大众媒介在国家意识形态和舆论制造等方面的负面作用，传播学批判研究也在这一时期衍生出更多流派，但这依旧无法阻挡行政型研究传统在美国社会科学研究中的蔓延。回溯经验学派的研究历程，许多富有影响的理论思想与研究模式，都形成于"二战"前后，并持续影响着后续研究者的问题选择与过程设计，如媒介与暴力研究、说服研究、使用与满足研究等。无论这些研究是否与政府决策发生直接关联，它们都因"咨询功能"这一重要的现实意义而持续存在。

强调战争因素和国家机构对美国社会科学研究取向的影响，能够把视

---

① ［美］罗杰斯·E. M.：《传播学史：一种传记式的方法》，殷晓蓉，译，上海译文出版社2012年版，第344页。
② 雷迅马：《作为意识形态的现代化——社会科学与美国对第三世界政策》，中央编译出版社2003年版，第10页。
③ McGeorge Bundy. The battlefields of power and the searchlights of the academy. In E. A. J. Johnson(Eds.). *The Dimensions of Diplomacy*[M]. Baltimore: Johns Hopkins University Press, 1964.
④ Ira Katznelson. The subtle politics of developing emergency: political science as liberal guardianship. In Andre Schiffrin (Eds.). *The Cold War and the University: Toward an Intellectual History of the Postwar Years*[M]. New York: New Press, 1997.

线从简单的研究范式之争中抽离出来,从更宏观而深刻的社会背景因素出发,理解形成范式差异的多重原因。实际上,不仅行政型研究受到社会环境因素的影响,英国20世纪70年代以来文化研究的崛起,也与其社会现实密不可分,"战后的英国,公民社会身份认同和阶级感日渐弱化,亚文化的兴起与繁殖,女性主义的扩散,以及拥有不同文化背景的移民大量涌入,使英国进入多元社会时代"①。这种情境下,文化研究将文化看做意识形态,看做处于从属地位阶层挑战统治阶级意识形态的角力场,显示出社会背景因素对研究取向的孕育和影响。因此,与其说行政型研究刻意为权力机构和利益集团说话,不如说这是历史对美国实证研究打上的时代烙印。经验学派学者"在民主社会面临着极权主义和军国主义双重挑战的生死存亡时刻,……不存在第三条道路,当然也不存在同时批判斗争双方的政治现实"②。当然,这并非为行政型研究的"科学合理性"进行强行辩护,因为为资助机构开展的命题调查能否被称为"科学研究"本就存疑。但是,从历史出发思考经验学派行政型研究的某些必然性,的确不容忽视。

虽然政治因素对传播学形成和发展有着重要影响,但传播学主要奠基人在战时环境中的研究成果至今依然被广泛使用,如"一面理与两面理""把关人""使用与满足"等理论假说,一些诞生于选举等政治研究领域的理论也在持续发挥影响,如"二级传播""议程设置"等。

经验学派的学者认为,"对行政型研究的指责实际上是一种误解,因为在一个开放社会,研究资金的来源与研究的意识形态取向之间不具有必然的因果关联。经验学派的媒介效果研究带有非常明确的应用目的,即维护并健全民主生活方式,服务公共利益,带有极强的社会改造意愿,驱使这些改革者们去考察媒介及其效果的,不是特殊利益团体的需要,而是研究者们的民主理想"③。这再次显示出经验学派在承认社会现状的基础上提出问题、解决问题的研究传统,而批判学派则关注权力、经济等因素对人的抑制,对现存社会合法性存疑。研究生发逻辑的不同,使两种范式在对研究问题的认识上存在巨大差异。

---

① 余晓敏、胡翼青:《再度解蔽:为法兰克福学派辩护》,载《全球传媒学刊》2017年第1期。
② 潘忠党:《媒介效果实证研究的话语:对一个研究领域的理解与误解之反思》,见[美]简宁斯·布莱恩特、[美]道尔夫·兹尔曼:《媒介效果——理论与研究前沿》,石义彬、彭彪,译,华夏出版社2009年版,导读第15~17页。
③ 潘忠党:《媒介效果实证研究的话语:对一个研究领域的理解与误解之反思》,见[美]简宁斯·布莱恩特、[美]道尔夫·兹尔曼:《媒介效果——理论与研究前沿》,石义彬、彭彪,译,华夏出版社2009年版,导读第15~17页。

三、路径依赖：拉扎斯菲尔德传统的延续与误读

贝雷尔森的《传播研究的地位》(The State of Communication Research)一文指出，过去25年美国传播研究有四个主要研究取向：拉斯韦尔的政治学取向，拉扎斯菲尔德的样本调查及社会学取向，列文的小团体传播过程的社会心理学取向，以及霍夫兰对说服研究的实验心理学取向。① 在罗杰斯看来，此四人中，拉扎斯菲尔德对后世的传播研究影响最大，"在引导传播研究趋向于效果研究方面，拉扎斯菲尔德的作用超出了任何其他个人。"② 在吉特林的论述中，拉扎斯菲尔德被认为是媒介社会学主导范式的形成标志，也是他集中火力批判的靶子。"二战"时期，拉扎斯菲尔德及其学派带来的一系列观点、方法和发现，如通过研究媒介内容，来发现特定的、可度量的、短期的、个人的态度和行为效果等，影响着整个经验学派媒介效果研究的走向，造成了经验学派对拉扎斯菲尔德的"路径依赖"。

然而，后人在将拉扎斯菲尔德看做传播学四大奠基人、效果研究诸多传统的开拓者时，却常常忽略了他多元的研究视角和潜在的批判思维，忽视了他身处传播学萌芽时期整合不同研究流派的努力，而仅仅将其视为媒介效果实证研究的倡导者和权威予以效仿或批判。实际上，关于研究的问题导向、量化实证方法和研究的资金来源等方面，拉扎斯菲尔德有着更复杂而丰富的理解和探索。

在研究的问题导向方面，行政型研究往往以机构的现实需要或兴趣作为研究问题的来源，以为公共或私人机构提供服务为目标指向，这也成为批判学派指责行政型研究为既有利益服务的根源。但在拉扎斯菲尔德看来，他所做的并非局限于传播领域的效果研究，而是灵活运用多种方法、跨越学科界限，关注现实社会各个层面的学术或非学术问题。拉扎斯菲尔德称："(在哥伦比亚大学)我被称为是社会学家，这实际上什么意义也没有，我始终在做同样的工作。在维也纳，它被称作心理学，而在这里被称为社会学。"③ 这种"同样的工作"在罗杰斯看来是"某一社会背景下的个人行为(选举、购买消费品等)"。④ 在拉扎斯菲尔德学术旨趣形成的过程

---

① Bernard Berelson. The state of communication research [J]. *The Public Opinion Quarterly*, 1959, 23(1): 1-6.
② [美]罗杰斯·E. M.：《传播学史：一种传记式的方法》，殷晓蓉，译，上海译文出版社2012年版，第324页。
③ David Edward Morrison. *Paul Lazarsfeld: The Biography of an Institutional Innovator*[D]. Ph. D. dissertation, Leicester University, 1976.
④ [美]罗杰斯·E. M.：《传播学史：一种传记式的方法》，殷晓蓉，译，上海译文出版社2012年版，第253页。

中，电子媒介逐渐兴起，带来了大众传播方式、商业广告形式和受众阅听习惯的重大变化，无论是媒体集团、广告主还是学术界，都需要对传播过程、受众特征和宣传效果有更多了解。当1925年大西洋彼岸的佩恩基金会还未启动"电影对儿童的影响"研究时，拉扎斯菲尔德已经在他的维也纳研究所展开了"维也纳电台"的听众研究，这也是世界上最早一批进行的媒介受众研究之一。[1] 由此，专注"个人行为"研究的拉扎斯菲尔德接受机构资助，就机构关心的市场问题和传播问题展开调查便显得理所当然了，因为这些问题能够在机构需求和学术探索中架起桥梁。

在量化的实证方法方面，取得应用数学博士学位的拉扎斯菲尔德，在其社会科学研究生涯中将量化分析优势运用到极致。拉扎斯菲尔德是狂热的方法论者，善于针对具体问题开发与之匹配的研究方法，揭开事物之间的相互联系与因果关系。但也正因方法随问题而改变，使得他的研究更长于分析微观的、零碎的前因后果，而缺乏宏观层面上的理论探析，因此他所代表的经验研究被米尔斯称为"抽象经验主义"[2]。但如果因为拉扎斯菲尔德精通实证研究方法而断言他只是简单通过数据推断现象之间的关系，这似乎就严重低估了他的问题意识。拉扎斯菲尔德将研究方法看作解决问题的工具，这一方面表现在除了开发复杂的量表和统计外，拉扎斯菲尔德也与墨顿等人共同开发了焦点小组访谈、斯坦顿广播仪等质化的或物化的研究方法（工具），焦点小组更是成为后来批判学派之一的英国文化研究常用的方法；另一方面，面对阿多诺的批判思想，拉扎斯菲尔德表达了对于研究方法与问题的深入反思。他在论文《评传播的行政研究与批判研究》中写道："在经验研究中，许多学者经常被一个问题困扰，那就是花费了自己几乎所有时间的抽样和概率分析工作，似乎与当前时代重要的社会问题之间存在巨大鸿沟……如果批判研究能够整合经验研究提出思路，制定一种实际性的研究工序，那么涉及的研究人员、要解决的问题，以及研究的实际效用都将极大获利。"[3]换言之，拉扎斯菲尔德认为批判研究长于提供思想，经验研究善于提供工具，发挥两种研究范式之特长，方能更好地探索时代中真正的社会问题。可见，拉扎斯菲尔德并未陷入自己开发

---

[1] Herbert Hyman. *Taking Society's Measure*: *A personal history of Survey Research* [M]. New York: Russel Sage Foundation, 1991.

[2] [美]米尔斯·C. 赖特：《社会学的想象力》，陈强、张永强，译，生活·读书·新知三联书店2001年版，第55页。

[3] Paul Lazarsfeld. Remarks on Administrative and Critical Communications Research[J]. *Studies in Philosophy & Social Science*, 1941, 9(1): 2-16.

的实证方法中不可自拔，也没有将研究触角仅仅停留在现象推测层面，而是积极反思经验研究的社会现实意义，并试图将批判学派与经验学派的研究路径进行整合。在这个意义上，拉扎斯菲尔德在传播学形成初期便已着力探索研究视角和研究方法的多种可能性。他在跨越学科和多元方法之间的尝试，或许能为今天传播学两种范式的融合发展提供借鉴。

在研究资金来源方面，拉扎斯菲尔德被批判学派所诟病的，不仅仅限于他接受公私机构的资助，更在于他创造了"作为美国研究型大学的一个重要组成部分的研究机构"①。但由于研究所并不具有与学院、科系同等重要的地位，即便在拉扎斯菲尔德之后高校研究所如雨后春笋般兴起，但它们依然处于大学的边缘地带。谢里登的研究显示，与拉扎斯菲尔德的研究一样，许多以大学为基础的研究机构保留在大学的边缘，在存续期间，它们95%左右的预算依靠外来基金。② 在批判学派看来，一旦学术研究受到外来资金资助，研究的公正性和科学性便十分存疑，那么拉扎斯菲尔德开创的大量依赖资助的研究所模式，便成为学术研究的一种"不良传统"。但如同上文所述，拉扎斯菲尔德虽然接受资助，但其研究问题始终围绕他所感兴趣的"个人行为"的层面展开，并在研究中加入了本人的批判性思考。第二次世界大战结束后，拉扎斯菲尔德领导了两个大型的、带有明显批判性质的传播研究项目，一个是纽约州立电视委员会委托的"公共电视计划"，另一个是由哥伦比亚广播公司(CBS)立项的"关于电视潜力研究"的计划书。但前者遭到政治决策者的漠视而未能公开发表，后者因CBS的反对只开展了能够证明电视产业表现不错的一小部分研究。③ 据说拉扎斯菲尔德曾言，媒体行业雇主给研究者施加的压力，造成他退出传播研究。④ 由此看来，拉扎斯菲尔德接受资助并不等于接受资助方意志，他尝试做的是在"市场研究"和他感兴趣的"个人行为研究"之间找到"某种完美的结合"，资金支持是连接二者的桥梁，但这并不意味着他必然对资助机构进行妥协。

综上所述，传播学行政型研究传统的形成与发展，与20世纪初期美

---

① [美]罗杰斯·E. M.:《传播学史：一种传记式的方法》，殷晓蓉，译，上海译文出版社2012年版，第319页。

② Sheriden P. B.. *The Research Bureau in a University Context: A Case History of a Marginal Institution*[D]. Columbia University, 1979.

③ 李孝祥、冯强:《哥伦比亚学派传播研究的"衰落"及延续》，载《国际新闻界》2016年第2期。

④ Elisabeth Noelle-Neumann. The effect of media on media effects research [J]. *Journal of Communication*, 1983, 33(3): 157-165.

国科学界独有的基金会资助模式、美国社会科学家在两次世界大战和冷战中与国家结成的利益裹挟，以及拉扎斯菲尔德开创的研究所形式和量化实证风格等多重因素息息相关。不同于批判学派的指责，早期行政型研究实质上持有开放的研究观念和研究取向，在对经验研究的反思、批判思想的吸收、学科视角的整合和研究方法的开拓上均有积极探索。

或许随着媒体商业化的持续演进和国家机器对意识形态与学术界的渗透，行政型研究比以前更加容易与机构利益进行捆绑。但面对批判学派对行政型研究的严厉指责，潘忠党从传播历史的建构角度进行了分析："大众传播的历史被书写成'建制内的历史'和'反对派的历史'两种版本。后者力图建构一个大众传播研究由'资本'和'权力'所孕育、带着与生俱来之罪恶的诞生史……那些所谓'创业者'，其实是些趋炎附势的机会主义者，不惜从中央情报局、国防部、烟草公司、石油或汽车大亨那里拿钱，为他们的政治宣传和市场营销出谋划策，将传播研究生生地引上了为特殊利益服务、为思想控制服务的歧途。"①诚然，二元对立的历史叙事容易遮蔽两大主体的多元特征与融合可能，深入历史语境，从社会背景与关键人物中提取更多线索，在还原各个主体的历史原貌中反思传播研究的建构与发展，或许是当今研究者更应关注的问题。

第二节 "淫秽录像带"与效果研究的负面放大

无论是"解决问题"还是"掩盖问题"，发现问题、研究问题，并使之产生一定的社会影响，在某种意义上是媒介效果研究的深层意义所在。作为一项学术研究，提交完整的研究报告似乎意味着研究的终结，但行政型研究的特殊性在于，一旦政府或商业集团依据报告制定或实施机构行为，那么这项研究便会通过政府和商业集团发挥社会影响。就绝大多数媒介效果研究而言，无论其关注的对象是媒体还是受众，是媒介内容还是意义，是媒介产品的生产还是消费，都没有跳出媒介的自身框架，均以媒介为中心，在其内部或范围极小的外围展开研究，而极少关注效果研究对社会运动、媒介政策，以及学术研究本身产生的多层次影响。

---

① 潘忠党：《媒介效果实证研究的话语：对一个研究领域的理解与误解之反思》，见[美]简宁斯·布莱恩特、[美]道尔夫·兹尔曼：《媒介效果——理论与研究前沿》，石义彬、彭彪，译，华夏出版社2009年版，导读第2页。

英国"淫秽录像带"(video nasty)事件是效果研究社会放大的代表性例证。该事件是英国媒介效果研究，尤其是媒介暴力研究、道德恐慌(moral panic)、媒介危机(media risk)，以及儿童与电视等相关研究中经常提及的案例。20世纪80年代的"淫秽录像带"事件和1993年英国小男孩詹姆士·伯格(James Bulger)被害事件①，一再让人们认识到这样一个怪圈：虽然多数学者都提出，此前多年的研究成果表明，在暴力影视作品与暴力行为之间寻找联系相当困难，但一旦有犯罪事件发生时，暴力影视作品即成为"千夫所指"，成为一切罪恶的根源，"是电影让我这么做的"成了罪犯的有力辩词。在媒体的推波助澜下，媒介管制的加强、法律的修订必然成为连锁反应——"淫秽录像带"事件导致了《1984年录像带法案》(The Video Recording Act of 1984)的出台，詹姆士·伯格被害事件促使《1994刑事审判法案》(Criminal Justice Act 1994)进行了重大修订。在"淫秽录像带"事件中，社会运动、媒介政策与学术研究三者的关系在媒介效果研究的视野中以一种特殊的因果模型呈现出来：社会现象引起学术关注——学术研究成果引发道德恐慌，进而形成社会运动——社会运动导致媒介政策的转向——新的媒介政策遭遇学术批评与争论。

一、夸大的社会运动

20世纪80年代的英国，失业率升高，种族骚动频发，经济衰退，犯罪率上升……在这样的社会背景下，"淫秽录像带"一时成为种种社会乱象的替罪羊。录像机的普及，以及家庭录像带无需通过英国电影分级委员会(British Board of Film Classification，以下简称BBFC②)审查，为淫秽录像带的"兴盛"提供了技术支持和政策空间。

1982年初，Vipco(Video Instant Picture Company)公司发行《电钻杀手》(Driller Killer)，并在几本录像带杂志上刊登整页广告介绍影片内容，英国报纸迅速做出反应，就此类电影有可能对儿童造成的不良影响表示担忧。"淫秽录像带"一词首次出现在1982年9月1日的《太阳报》(Sun)上，该报发表了题为《令人愤怒的淫秽录像带》(Fury Over Video Nasties)的文

---

① 1993年两岁的英国儿童詹姆士·伯格在利物浦被两个10岁的孩子杀害。调查发现其中一个"凶手"的父亲曾经租借过暴力电影录像带《娃鬼回魂3》(Child's Play 3)，虽然没有证据表明这两个孩子在案发前观看过这个录像带，但法官依然认定，观看暴力电影是案发的原因之一。
② BBFC建立于1912年，1985年由British Board of Film Censors更名为British Board of Film Classification。

章。这个词特指一些通过录像带发行的电视节目或电影,其中多数是由意大利和美国制作的低成本恐怖电影。该词的发明者玛丽·怀特豪斯(Mary Whitehouse)在英国是一个家喻户晓且充满争议的人物。她同时还是英国"全国观众与听众协会"(National Viewers and Listeners Association,以下简称 NVLA)的创建人。从 1963 年开始,她陆续发动了一系列有关媒介标准设立或改进的运动,其中最有影响的是"清理电视"运动("Clean Up TV" Campaigns)①。2001 年 11 月,玛丽·怀特豪斯去世时,BBC 报道的标题《玛丽·怀特豪斯:道德改革者还是扫兴者?》(Mary Whitehouse:Moral crusader or spoilsport?)表达了英国民众对她的复杂评价。一方面她被视为富有献身精神的教师和虔诚的基督教徒,另一方面她又是媒介审查制度的极力倡导者。在"淫秽录像带"事件中,她的极端表达是:"一切我不赞成的东西都必须被焚烧。"

1983 年英国多家报纸刊登了耸人听闻的标题文章,如《对无辜孩子的诱惑》(The Seduction of the Innocent)、《录像带的可憎之处》(The Vile Side of Video)、《被来自电视机的邪恶所控制》(Taken Over By Something Evil From the TV Set)、《一半的儿童观看淫秽内容》(1 in 2 Children See Nasties),等等。"淫秽录像带"因此成为引起高度关注的公共话题,继而在 NVLA 的推动下发展成为一个社会运动,迫使英国的媒介政策做出相应调整。

二、媒介政策的调整与转向

20 世纪 70 年代,英国没有专门的法案对录像带内容进行管制,《1959 年淫秽出版物法案》(Obscene Publications Act 1959)在 1977 年修订时增加了有关色情电影(erotic films)的内容,并把"淫秽"定义为试图令观看者变得堕落和腐化的内容。同时这个法案还授权警察,一旦他们认为录像带违背法案,就可以从零售商那里将其没收。因为对"淫秽"的定义过于宽泛,使执法者的执法标准弹性很大。"淫秽录像带"事件开始之后,录像带销售商无所适从,录像带出租协会(Video Retailers Association)要求刑事检控专员(Director of Public Prosecutions,以下简称 DPP)提供指导性意见,明确哪些录像带可以出租,哪些不行。1982 年 8 月,迫于警方和舆

---

① "清理电视"运动的首要矛头对准 BBC 主管休·格林(Hugh Greene),玛丽·怀特豪斯称他为"这个国家道德崩溃的罪魁祸首"。1964 年 4 月怀特豪斯举行首次公开集会,有 2000 多人出席,"清理电视"运动正式开始。到 1965 年 NVLA 成立时,她共得到了 50 万人在"清理电视"请愿书上签名,在英国创下纪录。此后,怀特豪斯不断地给首相哈罗德·威尔逊(Harold Wilson)写信,认为政府应该比 BBC 的管理者承担更多的责任。

论压力，DPP对五部录像带提出了诉讼，并于1983年6月公布了一个淫秽录像带的名单，最初的名单上共有74部电影，其中35部由于无法成功地被起诉而从名单中撤销，但另外39部被DPP一直坚持保留到20世纪90年代中期。近来随着BBFC制度的改变，很多以前被禁止的电影得以无删剪发行，其他的违反淫秽出版物法案或BBFC新指导方针的电影，经过剪辑也得以发行。"淫秽录像带"名单彻底退出舞台。

1983年1月BBFC把英国电影分级修订为U（普通级）、PG（15岁以下需成人陪同观看）、15（15岁以上）、18（18岁以上）和18R（限制级，只允许在有经营许可的性用品商店销售）五个级别。3月，BBFC和英国录像节目协会（British Videogram Association，BVA）共同发布报告，并设立"录像节目标准咨询委员会"（Videograms Standards Council），4月开始，所有的录像带零售商都必须登记自愿接受分级。由于害怕被提起诉讼，一些录像带发行公司不得不忍痛割爱，对电影内容进行重新剪辑。1985年5月BBFC列出时间表，分阶段对录像带进行分级鉴定：

第一阶段：截至1986年9月，对所有1940年以前发行的英语电影进行鉴定；

第二阶段：截至1987年3月，对所有1980年以来发行的英语电影进行鉴定；

第三阶段：截至1987年9月，对1975年1月和1979年12月间发行的英语电影进行鉴定；

第四阶段：截至1988年3月，对1970年1月和1974年12月间发行的英语电影进行鉴定；

第五阶段：截至1988年9月，对所有外语电影进行鉴定。

作为国会法案（Act of Parliament）的《1984年录像带法案》1985年9月正式实施。法案规定所有在英国境内出售或出租的录像带必须接受BBFC的分级审查。此法案在1993年和1994年时又进行了两次修订。

三、学术研究的争论与反思

在公众与媒体眼中"成果卓越"的反对"淫秽录像带"事件在学术研究的视野下却是一场媒介自由与媒介审查的斗争。在这一事件中扮演重要学术角色的研究报告《录像带暴力与儿童》，其研究目的、研究方法，以及研究结论都备受质疑。

1983年11月23日克利福德·希尔（Clifford Hill）博士和他的团队发布研究报告《录像带暴力与儿童》（Video Violence and Children）。这项研究是由议会录像带咨询小组（parliamentary group video enquiry）提供资助的。研究报告宣称：研究表明有近半数的儿童与青少年观看过"淫秽录像带"。这一数据经报刊等媒体报道之后，引发了英国公众对"淫秽录像带"的强烈抗议与讨伐。在保护儿童的鲜明旗帜下，《1984年录像带法案》出台，这一法案通过BBFC对录像带实施了比电影发行更严格的审查规则。

在这份报告中，布瑞恩·布朗（Brain Brown）署名为咨询小组副主任（associate director of the enquiry）。但布朗在文章《我们真正想做的是什么》（*Exactly what we wanted*）中却明确地指出，这是一份奇怪的研究报告，它并不是"一个中立的、平衡的研究"①。作为该研究项目的参与讨论者之一，布朗对这份研究报告的资金来源、研究目的，以及研究者的能力均提出了质疑。项目的申请提案写道，该研究的目的是"揭示儿童的不正常行为与观看暴力或淫秽录像带之间的联系"。布朗质疑，收视习惯与行为模式因果联系的调查早已有之，而且过去获得高额资金资助的同类型研究均未得出令人信服的结论，此次的研究是否还有必要？他认为，真正能够做的研究是，看看能否描述现在家庭的收视习惯，以给议会提供一个家庭如何使用电视和录像带的概貌。被布朗质疑的这份研究报告的思路框架如下：犯罪率表明近期犯罪有所上升，其中一个新的因素就是家庭录像机的出现，特别是淫秽录像带的出现，这些录像带内容令人毛骨悚然。一些来源不明的、感情用事的故事成为证据，证明有多少比例的儿童卷入其中，并据此得出结论——录像带引发了犯罪和严重的精神骚乱，录像带应该得到审查和抑制。实际上，这份研究报告的框架是经过预置的，其中包括一些轶事式的引语，以便得出一个特定的结论。在获得完整的表格和数据分析之前，报告的结论就已经被写出来了，因此它不能被视为一份严肃的学术报告。该报告强调，（1）这是一份官方教会（official church）的报告，（2）经由议会授权，（3）由学术团队完成。但布朗对此一一驳斥：其一，它的确是在一个教堂里举行的一次会议上发布信息给报纸的，但它绝对没有得到至少两个主线教堂（main-line church）的支持和其他任何官方教会的签署，因而不能被称为"教会报告"；其二，这个报告的参加者在英国国会上议院召集会议，并有几个下议院成员出席，他们称自己为议会录像带咨询小组，并在报纸上宣称这是一份官方的议会调查，但实际上这份报告是来自一个非官方组织的特别设计；其三，这份报告声称由学术团队完

---

① Brain Brown. Exactly what we wanted. In Martin John Barker (Ed.). *The Video Nasties: Freedom and Censorship in the Media*[M]. London: Pluto Press, 1984: 68-87.

成,布朗本人也被任命为副主任,但它明显无法为以下问题提供满意的答案,如为什么项目的设立者是坚持抑制其他类型研究的玛丽·怀特豪斯和NVLA信奉者?为什么第一份报告在形式和内容上与预期中的相去甚远,而与雷蒙德·约翰斯顿(Raymond Johnston)1983年6月的论文如此相似?为什么当我们提出反对意见时,我们被认为是由录像带行业领导的"有组织的反对者"?等等。因此布朗等学者发表声明,他们既没有撰写这份报告也不对其负责①。1985年霍德-斯托顿出版社(Hodder and Stoughton)出版的《录像带暴力与儿童》一书中也的确没有再出现布朗的名字。整个报告的诞生,在布朗笔下犹如一出闹剧。

马丁·巴克编著的《淫秽录像带:媒介自由与审查制度》(*The Video Nasties: Freedom and Censorship in the Media*)一书对这个报告以及"淫秽录像带"事件的来龙去脉做出了详尽的梳理与评述。巴克称,这份由议会录像咨询小组(parliamentary group video enquiry)提供资助的研究报告,表面看起来是为了保护儿童,但实质上却有着明显的政治意图。该报告的专业水准及研究动机都值得怀疑。其荒谬之处主要体现在以下几个方面:(1)名为学术研究,实为政治权利的争夺;(2)对已有的电视与暴力的权威研究成果视而不见;(3)对"淫秽"的定义模糊不清。在报告中,并未公开衡量"淫秽"的标准,也未说明谁有权力判断什么是"淫秽",执行者可以完全根据个人喜好或目的随意裁定,弹性颇大。巴克对报告中出现的相关概念进行了批驳:其一是"公众",事实上,参与"淫秽录像带"相关辩论的人群中,从来就没有一个真正的'普通公众'(general public),都是一些来自特定性质群体的人们扮演了"合适的"(proper)普通公众。其二是"儿童",报告把儿童作为特殊的观众,其学习过程和社会经济地位都与成人不同,但巴克认为,这与事实是相矛盾的,儿童这一概念的产生是现代产物,是与家庭相关的意识形态模式,儿童从很小的年纪就开始面对复杂的环境,并不存在一个明显的地方可以提供所谓"天然未经处理"(natural)的知识。其三是"不必要"(gratuitous),通常这个词是指加入一些与主体"不相关"的枝节,但该报告却把其简化为"直白"和"不加掩饰"(explicit),因为他们认定儿童观看了暴力或性,就会学习暴力与性,因此任何对这些行为不加掩饰的表现都应该被认为是"不必要",都应该被禁止,正是这种对"不必要"的误用造成了对许多电影情节的误读,使之

---

① Brain Brown. Exactly what we wanted. In Martin John Barker (Ed.). *The Video Nasties: Freedom and Censorship in the Media*[M]. London: Pluto Press, 1984: 68-87.

被认定为"淫秽"。①

格雷厄姆·默多克（Graham Murdock）集中从研究方法上对该报告提出了批判。他指出，公众对大众娱乐毁灭性效果的恐惧已有200多年的历史，但"淫秽录像带"事件的不同之处在于，这一次审查制度的支持者不但能从"常识"和报纸等大众传媒上找到证据，还可以从学术研究中找到支持。他这里所说的"学术研究"即研究报告《录像带暴力与儿童》。但默多克质问，建立一个庞大的审查机制来控制极少数的问题，是否有因噎废食之嫌？他认为该报告的问题主要在于：(1)扩大了"淫秽"的定义，使其成为一次被夸大的社会运动。报告中把"淫秽"定义为未经许可对公众发行的、对人类或动物进行暴力行为或性虐待的电影场景。(2)研究者"自称"报告结果是"可信的"，这有悖学术规则与惯例。(3)该报告所使用的问卷存在设计缺陷：一是被调查者大多是儿童，其中有一些甚至是5岁以下的孩子，他们是否有足够的阅读能力，能否正确理解每一个问题？二是问卷中列出了一些录像带的名称，其中有一些非常类似，孩子们能否清楚地记住每一个他们看过的录像带的名称，做出正确的选择与判断？就总体而言，默多克认为，该报告只是指出了问题，但并未提供令人信服的证据，原因在于，其一实验室试验得出的结果与真实环境中的事实存在差别；其二受试者多是幼儿园的孩子，容易受到控制，并且难以代表绝大多数人的立场和情况；其三报告中引用的电影内容多为节选，对分析文本片段式的解读，常常会因为忽略整个节目的背景而改变其意义。②

在某种意义上，英国"淫秽录像带"可视为一个"非典型"行政型研究个案。《坏影响：媒介/暴力的辩论》一书认为，大量有关电视暴力的研究很多时候被有关方面用做管制媒介的依据，这可以理解为是从研究者的立场考察学术研究是否客观中立。当研究者被权力方作为管理社会的工具纳入权力系统，丧失研究的独立性和公正性，批判学派的指责便理所应当。在这一事件中，社会运动、媒介政策与学术研究的复杂关系，从不同层面折射出媒介自身及媒介效果研究的多层次"效果"。首先，社会运动在大众媒介的推波助澜下，产生了"危机的社会放大"（social amplification of risk）效果，导致媒介政策的改变。"危机的社会放大"这一概念由罗杰·卡斯帕森（Roger E. Kasperson）等人在1988年提出，着重探讨传播渠道如何将有关风险事件的信息传递给受众，个人和社会群体如何接受这些信

---

① Martin John Barker. The Video Nasties: Freedom and Censorship in the Media[M]. London: Pluto Press, 1984.
② Graham Murdock. Figuring out the argument. In Martin John Barker (Ed.). The Video Nasties: Freedom and Censorship in the Media[M]. London: Pluto Press, 1984: 56-67.

息,以及社会的反应机制等。运用这一理论框架,安妮特·希尔(Annette Hill)建立了"媒介暴力危机的社会放大"(the social amplification of the risks of media violence)模式(见图5-1),清晰地勾勒出"淫秽录像带"事件的发展

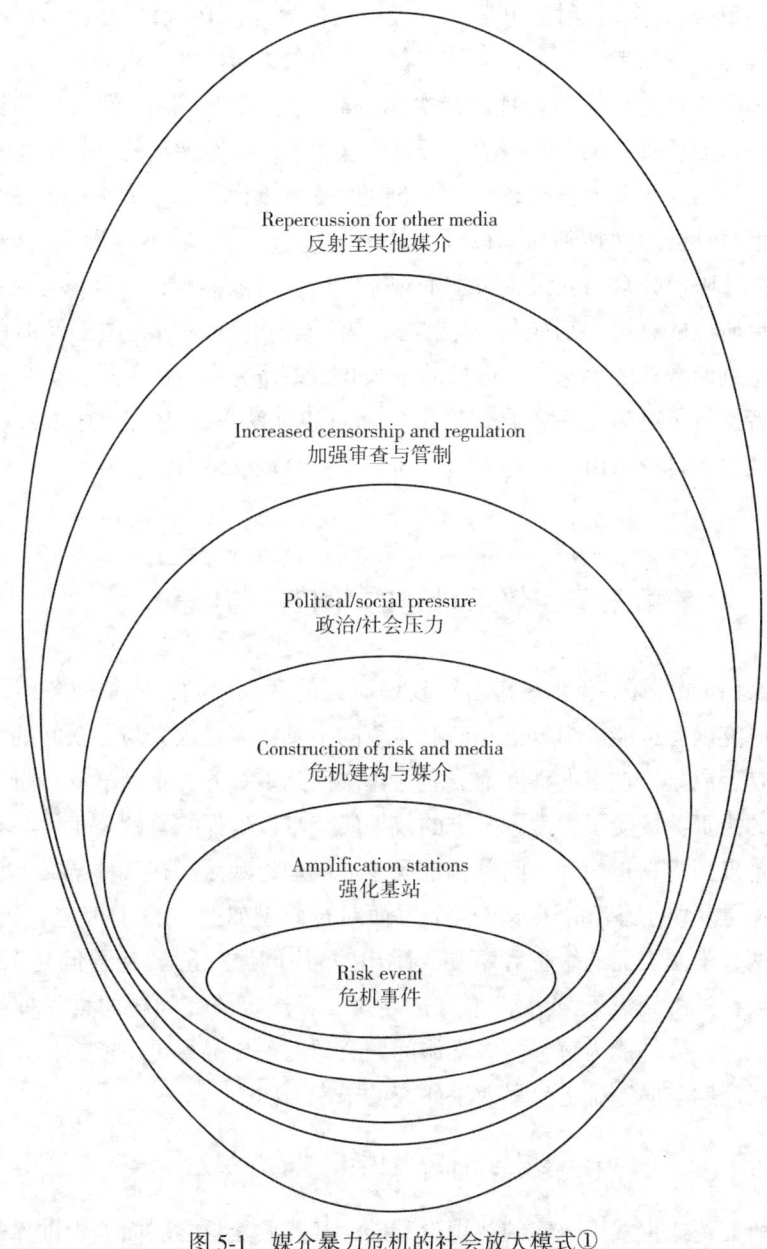

图5-1 媒介暴力危机的社会放大模式①

---

① Annette Hill. Media risks: The social amplification of risk and the media violence debate[J]. *Journal of Risk Research*, 2001, 4(3): 201-225.

过程。一个并不具有典型意义的危机事件，在某些社会团体的极力推动和媒体的大肆报道下，成为一场街知巷闻的全国性运动。迫于政治和社会的压力，管理机构加大了对录像带的审查和监管力度。相关法令的出台，又使这些审查和监管辐射到电影、电视等其他媒介。在这样的放大效果下，媒介既是始作俑者，又是直接受害者，一时耸人听闻的报道导致了媒介管制的加强与言论自由的牺牲。其次，从最初的"御用研究"到后来的针锋相对、全面反省，媒介效果学术研究在这次运动中自始至终都扮演了重要角色。政治意图明显，缺乏学术水准的《暴力录像带与儿童》虽然备受指责，但对社会运动达到高潮以及新法案的出台的确"功不可没"，这从一个侧面反映出公众与立法者对学术研究的信赖与依赖，在一定程度上肯定了效果研究的意义、功能与"效果"。与此同时，学术研究内部及时的质疑、持续而激烈的争论，不但推动了媒介效果研究本身的前进，为后来的研究者提供了更为全面的解读视野，而且也使法案的不合理之处逐步完善，从而在言论自由与审查管制之间寻求更合理的结合。

第三节 效果研究的"问题"与"意义"

"淫秽录像带"事件暴露出行政型研究的两大问题，一是服务组织机构的研究确有可能成为政治和商业斗争的工具；二是媒介与受众间的因果关系是否成立、在多大程度上成立？再次回到本章开头批判学派对行政型研究的指责：接受了资助方意志的效果研究难以确保结果的公正性与独立性，难以探析真正的现实问题，也无法形成理论观照。在某种意义上，批判学派是从"问题"和"意义"两个层面对行政型研究进行了否定。然而，绕开两大学派表面的纷扰和争端，跳出"解决问题"还是"掩盖问题"的追问框架，试图聚焦于"问题"本身，寻找二者选定研究问题的哲学框架和现实取向，或许能为解释两大学派问题意识的差异寻得更多依据，并在考察二者问题取向基础上反思效果研究的未来面向。

一、效率与价值：哲学框架的深层差异

研究范式生发于一定的认识论基础，其背后是哲学层面关于世界是否可知、如何认知以及价值判定等方面的取向问题。行政型研究所依托的经验研究范式，在哲学框架上遵循功能主义传统，这种传统重效率、轻人文，与批判学派所关涉的价值评判和人的主体性关怀形成本质区别。

功能主义属于实证主义的范畴，在社会科学中，实验心理学是最接近实证主义原则的一个学科，因为它的研究思路秉承行为主义的原则，将研究对象和研究问题严格限定在可感知、可观察、可记录的范围内。① 从"行为主义"的原则可以看出拉扎斯菲尔德关注"个人行为"的问题取向与实证主义的天然一致性。但是，行为主义主张严格控制研究对象的影响因素，将研究对象作为对刺激源的反应对象，简化其所面临的复杂背景和心理环境，并忽视个体具有的能动性，因而使研究结果对现实情况的适用性存有争议。

作为对行为主义的补充，功能主义在实证主义的框架下应运而生。美国社会学家罗伯特·默顿(Robert King Merton)认为，功能主义是中层理论的一种，它能够为数据分析提供框架和出发点，使经验研究的结论能够在一些逻辑的牵引下联系在一起，形成某种具有普遍意义的判断。② 默顿的功能主义观试图减少行为主义孤立的个体实证和简化影响因素控制的弊端，在种种经验分析中提取具有普适性的理论。也正是在这一观念的牵引下，擅长理论阐述的默顿与长于实证研究的拉扎斯菲尔德展开长期合作，"在拉氏发表的近乎每个作品中，默顿都是无名的合作者"③。在传播思想研究者看来，功能主义与(包括美国之外的国家和地区)大型媒介以及传播集团的崛起相伴相生，其目的在于鉴别消费者对于重要媒介施加给他们的刺激的反应。④ 功能主义是一种具有高度灵活性的研究取向，在功能主义框架下进行的经验研究能够根据现实中的现象或问题设计研究过程，研究触角可以涵盖传播者、传播渠道、传播内容、受众等相对广阔的思考层面，既能依据现实情境、紧扣现实问题，又能观照现象背后的深层因素。

更为重要的是，功能主义从现象层面生发问题，其前提是承认现存秩序的合法性，它解决问题的方式和目的并非推翻构成现存秩序的经济、权力或文化根基，而是在发现现实因素的搭配组合规律的基础上提供改良方案。因此，功能主义关心效率问题，无涉价值评判，这与批判学派所推崇的价值判断、思想启蒙和人性考量等面向相去甚远。

---

① 吴靖：《大众传播行政研究的兴起及其典范化的思想史考察》，载《北大新闻与传播评论》2013年第1期。
② [美]罗伯特·默顿：《社会理论和社会结构》，唐少杰、齐心等，译，译林出版社2006年版。
③ [美]罗杰斯·E. M.：《传播学史：一种传记式的方法》，殷晓蓉，译，上海译文出版社2012年版，第316页。
④ [法]贝尔纳·米耶热：《传播思想》，陈蕴敏，译，江苏人民出版社2008年版，第14、15页。

经验研究在功能主义哲学框架下所具有的强烈灵活性，使得行政型研究能够针对传播领域各个元素所引发的现象和问题展开调查，其研究结果的效力取决于资助方立场、研究者个体、研究问题的代表性等关键因素。在这个意义上，超越"解决问题还是掩盖问题"的简单争辩，力求行政型研究越过孤立的、被遮蔽的表层现象，尝试与既有的理论成果建立关联，在效果研究领域中用历史性和发展性的视角思考问题，达成默顿所说的"某种具有普遍意义的判断"，才是更为重要的学术追求。

批判学派以权力和意识形态为思考核心。法兰克福学派、传播政治经济学、文化研究等多个批判流派，都"在关于意识形态理论与权力方面的思考有着一致性，都基于'主流意识形态'（dominant ideology）这个概念展开对资本主义文化工业的讨论"①。批判学派问题意识清晰、观点明确，但是面对这些鞭辟入里地指出的问题，他们却无力为解决问题提出建树，在一定程度上让批判研究陷入"空中楼阁"之境。"在传播中，如果把所有或几乎所有的事物都纳入意识形态的范围，这种主张在传播中只看到了一种温柔的操控和/或"虚假意识"（fausse conscience）……这种研究取向将传播禁闭在观念领域。"②法兰克福学派以批判资本主义文化工业闻名，在反复阐述被机械复制的文化产品对人们思想的麻痹后，阿多诺甚至将改变现状的可能性寄托到了人的无意识上。"唯独他们无意识深处的不信任，人们的精神结构中艺术和经验现实之间所存差异的最后一些残余物，能够解释他们为何长期以来未把世界认知和接受成文化工业所构建的样子。"③这种将改良方案寄托于无意识层面的做法尤显虚无缥缈。因此，虽然法兰克福学派对发达资本主义的批判痛快淋漓，但面对资本主义商业化、全球化浪潮的持续裂变，阿多诺等人似乎只能大声疾呼，却无法将愿景变为现实。

20世纪70年代以来，批判学派发生了若干转向。他们继承马克思主义政治经济学的批判思想、抛弃法兰克福学派精英主义和悲观主义的论调，在各具特色的视角中展开批判性研究。尤其是欧洲文化研究中的受众研究，深入受众日常生活情境和文化情境，探索个体所处环境因素如何影响其信息的接受行为，并着力阐释受众的反抗式和批判式解读。而传播政

---

① Sari Thomas. Dominance and Ideology in Culture and Cultural Studies. In Marjorie Ferguson and Peter Golding(Ed.). *Cultural Studies in Question*[M], London：Cromwell Press Ltd, 1997：56.
② [法]贝尔纳·米耶热：《传播思想》，陈蕴敏，译，江苏人民出版社2008年版，第104页。
③ 余晓敏、胡翼青：《再度解蔽：为法兰克福学派辩护》，载《全球传媒学刊》2017年第1期。

治经济学派则将视角置入文化生产过程中的力量博弈,以及这种博弈如何塑造文化产品的意识形态。

二、效果的源头:以媒介为"中心"的问题取向

如果说批判学派对于行政型研究的指责,一定程度上包含着哲学框架的差异、对历史语境的疏忽或对代表人物的偏见,那么回归"研究问题"这个纷争本身,两种学派在问题观上是否绝无一致、背道而驰呢?实际上,站在媒介效果研究这个宏观议题下可以清晰地发现,无论影响的载体还是控制的手段,媒介被两种学派共同视为施加效果的"中心",忽视其他因素对受众个体或社会层面的作用。"媒介中心论"是两种学派共同的问题取向,出于对媒介影响力的集中强调,二者一方面维护各自对媒介效果运行机制的判断而导致议题争端,另一方面又共同面临着以媒介为"中心"的问题取向所带来的研究局限。尤其在新媒体蓬勃发展的当下,这种局限愈加明显。

虽然传播学从政治学、社会学、心理学等学科中得以萌芽,但从20世纪30年代传播学诞生至今,一直没有放弃将自身建制为独立学科的努力。"信息传播学从发展初期开始,就没有停止为自己(有时夸张地)寻求严格的理论基础;或是以科学之科学(la science des sciences)的面貌出现(这一企图总是反复出现);或是努力通过自身的研究对象(而较少通过它从其他学科借用的方法)而区别于其他学科——这些学科早于信息传播学得到人们的承认,它们地位的合法性更为牢固。"[1]在这种尝试下,传播学似乎确立了具体的研究对象(以拉斯维尔的"5W"模式为代表),产出了丰硕的研究成果,并分化出两大各具特色的研究学派。但正是这种建制化的努力,使传播学习惯以媒介为中心来开展研究。而实际上,个体、背景与媒介,谁为因、谁为果一直难以言清,个体在文化工业和意识形态传输面前是否有能动性、有多大能动性也尚无定论。以媒介为中心的问题建构,在一定程度上成为限制传播学想象力的阻力。

德弗勒曾言:"从过去的研究轨迹中我们确实可以发现一种'科技决定论':主张科技决定社会的变迁,大半美国的传播学者多少保持着决定论的观点,相信传播科技是造成美国社会变迁的主因。"[2]可以断言,美国

---

[1] [法]贝尔纳·米耶热:《传播思想》,陈蕴敏,译,江苏人民出版社2008年版,第3页。

[2] [美]洛厄里:《传播研究里程碑》,王嵩音,译,台湾远流事业股份有限公司1998年版,第21页。

实证主义传播学延续着媒介中心论的路线,不断探求媒介与其他因素之间的因果关系。然而,从20世纪60年代起,这种探索就已现瓶颈,因为研究者发现大众传播并非影响受众的必要和充分的原因,它更多通过中介因素发生作用。这种"有限效果"的结论甚至"使各方研究者们感到失望,并促使他们退出了传播研究领域。"①此外,虽然批判学派从权力和经济视角思考媒介问题,但其笔下"单向度的人""虚假需求"等论述无疑强调了媒介的控制效果,某种程度上同样具有"媒介中心论"的色彩。对于这种宏观的批判传统,贡策林·施密特·内尔(Gunzelin Schmids Noerr)如此评价:"旧的批判理论试图构建一个'社会的总主体',然而在当今的媒介与技术社会中,这种想法只可能是一种'幻想'。"②

由此看来,无论将媒介视为影响的中心,还是将其看作控制的中心,似乎都将效果研究限定在固有思路之上,但当这种思路无法得到足够的证明时,对传播效果理论建构和传播学作为独立学科合法性的质疑便如影随形。传播有很多的模糊性,"那些寻求实际影响的行动者在其中实施他们的策略,媒介化技术根植其中,而各种精妙的社会'管理'行为也在其中施行,但它最主要的模糊性在于使自己和经济全球化的目前所处阶段相一致。"③在这个意义上,要在充满模糊性的传播现象中把握真正的问题,还需面对快速发展的媒介现实,找准媒介在社会结构中的定位,用系统化、跨学科的思维进行思考。正如埃德加·莫兰(Edgar Morin)在思考大众文化研究时所谈到的,"大众文化(la culture de mass)应该被视为一个与社会和历史相关的特有的系统,而非被视为大众媒介的效果。"④

媒介技术对人类生活的空前渗透,尤其是伴随着移动终端的普及,人们真正进入到尼古拉斯·尼葛洛庞帝(Nicholas Negroponte)所说的"数字化生存"时代。新媒介生态下,信息的交互传递性严重冲击了传统媒介效果研究所依赖的单向"刺激-反应"模式,给当前的效果研究提出了全新挑战。在罗杰斯看来,这种挑战在传播研究诞生之时便注定会到来:"在传

---

① Jefferson Pooley and Elihu Katz. Further notes on why American sociology abandoned mass communication research[J]. *Journal of Communication*, 2008, 58(4): 767-786.
② [德]贡策林·施密特·内尔:《对当今技术的社会哲学批判》,[德]格·施威蓬豪依赛尔:《多元视角与社会批判——今日批判理论》(下卷),鲁路,译,人民出版社2010年版,第43页。
③ [法]贝尔纳·米耶热:《传播思想》,陈蕴敏,译,江苏人民出版社2008年版,第104页。
④ [法]贝尔纳·米耶热:《传播思想》,陈蕴敏,译,江苏人民出版社2008年版,第25页。

播学领域起步时,研究的主要媒介都是单向的(电影、广播和电视)和具有效果的,特别是对儿童有效果……电话和其他双向的媒介(如电报、私人信件)代表着未被传播学学者所采纳的路线。……对于这样一个交互性的媒介研究来说,传播学学者的效果模式是不相吻合的……电话是一个非一体化的信道,任何特殊种类的内容都可以通过它得到传播,这一情况对于研究媒介效果的通常方法提出了严峻的问题,后者依赖于某种标准的内容,诸如可接触到的受众中的每一个人所看到的电影或电视的节目。"[1]罗杰斯对电话媒介的分析,完全可以用来审视今天网络化、移动化的媒介现实,它们同样具有强烈的交互性和个性化使用色彩。或许正是传播学从诞生之日起便不具有研究交互性媒介的传统,才使今日的效果研究不得不重新开始面对更为千头万绪的影响因素。尤其随着拉斯韦尔线性的"5W"式在网络互动传播时代解释力的下降,研究者们在愈加纷繁复杂的传播现象中提出各式各样的问题与假设,这在一定程度上加剧了传播学研究问题不集中、不系统的学科弱点。1983 年菲力普斯·戴维森(W. Phillips Davison)提出"第三人效果"理论后,传播学再无学界普遍承认的经典理论诞生,这或许也在某种程度上反映着媒介进入交互时代给传播学研究带来的挑战。

  归根结底,媒介中心论把媒介作为影响者,认为从个体到社会的各级组织单元都会受到媒介影响,甚至被媒介定义他们的构成方式和存在方式。这里的核心逻辑是媒介与其影响对象是截然分开的,甚至是对立的,媒介向其传播信息,影响对象应声倒地或进行对抗式解读。然而,当今的媒介现实中,媒介与其影响对象已相互交织、融为一体,受众这一概念愈加向用户转变,媒介作为中心影响者的角色日益动摇,取而代之的是媒介被用户转化为连接世界的"中介"。用西尔弗斯通的话说,媒介的中介化指的是特定形态的人与人之间的互动及体验,它与现代大众传媒的兴起相伴而生,形成对照的是理论上设想的以人际间交往为基础形态的社会生活。[2]中介化强调媒介在作为信息的传输渠道之外,更多地充当用户与外界交往的工具,用户、媒介、社会环境以环形嵌套的方式组成传播轨迹。在这种情况下,考察媒介效果,或许不再适宜将媒介作为起点或终点来看待,而应该将之放在具体的用户、使用过程和背景因素中加以审视。

---

[1] [美]罗杰斯·E. M.:《传播学史:一种传记式的方法》,殷晓蓉,译,上海译文出版社 2012 年版,第 324、325 页。

[2] 潘忠党:《"玩转我的 iPhone,搞掂我的世界!"——探讨新传媒技术应用中的"中介化"和"驯化"》,载《苏州大学学报(哲学社会科学版)》2014 年第 4 期。

或许，新媒体的发展正在为两种范式的研究提供弥合之径。梅格达莱纳·沃希斯扎克(Magdalena E. Wojcieszak)认为，互联网打破了大众媒体固有的局限性，对分析媒介效果的传统方法提出挑战。他首先对比了代表行政型研究成果的议程设置理论和代表批判研究的同质化效果(英文)之间的异同，认为二者都将媒介概念化为具有纵向效应的强大媒介，议程设置可被视为创造了长期的社会政治的同质化(sociopolitical homogenization)，而同质化可被认为是对形塑个人经验的单一议程的优先考虑(prioritizing)。议程设置研究的是媒体影响人们思考什么、如何思考，同质化则认为文化与社会内部的权力关系有关，媒体塑造我们整个的智力完形(intellectual gestalt)，这些解释上的差异最大限度地减少了批判和主流学术之间的重叠。互联网增加了两种理论及对应分析方法的交叉可能：由于同质化强调文化工业完全派出了个人控制，因此法兰克福学派的学者们分析的是效应的强加，而不是现在正在发生的选择，强制与选择之间的区别应该得到解释；议程设置效果会在网络持续，由于互联网用户转向大型媒体集团(major media conglomerates)，以及一些关注相似主题的线上和线下的信息源，其议程可能更加强大，但视点多样性会降低属性议程设置的效果。① 互联网带来媒介环境的巨大变化，无论经典的批判理论还是行政型研究产出的结论，都急需在新媒介环境重新验证。面对新媒介产生的新问题，运用跨越范式边界的视角进行思考，采用复合性的方法和思维加以研究，或许能够探索出范式对话的另一层空间。

行政型研究解决问题还是掩盖问题？这个问题本身，就涵盖着两种问题取向的对立、两种研究范式的不同。然而，看似互相排斥的问题观背后，却悄然发生了研究轨迹的对接，只不过这种对接并非以范式整合的形态表现，而成为詹姆斯·卡伦(James Curran)笔下的"止步不前"。卡伦在1990年发表的一篇文章中提出了大众传播研究的"新修正主义"(the new revisionism)，他认为，最近受众研究的一些新成果，并非对以前问题和研究模式的修正主义式回归，这些所谓的"新"只不过是"重新发现"而已。从20世纪40年代以来，效果研究的主要突破就是发现受众的自主性，即受众能够对文本意义进行多重解读，这些放在今天都不是新发现。例如，40年前赫塔·赫佐格(Herta Herzog)研究广播剧时发现的"使用与满足"现

---

① Magdalena E. Wojcieszak. Mainstream critique, critical mainstream and the new media: Reconciliation of mainstream and critical approaches of media effects studies? [J]. *International Journal of Communication*, 2008, (2): 354-378.

象，与 20 世纪 80 年代洪美恩对《豪门恩怨》(Dynasty) 的受众接受研究就颇多类似。同时，这些貌似创新的新修正主义者，也呈现出一些不足甚至倒退，例如拒绝量化分析、过于依赖焦点小组而置个人差异于不顾，"解码"的阐释太过笼统，远不如以前效果研究所分解的注意、理解、认同、记忆等不同环节精细。①

借卡伦"重新发现"的视角而言，当批判学派抛弃了早期代表——法兰克福学派所持有的悲观色彩和宏观论述，转而关注社会现实肌理中的反抗因素后，它们研究的问题便与经验学派有了许多相通之处。

传统媒介时代，针对特定问题专门设计或改进研究方法的行为是行政型研究的专利，也是其备受诟病之处。如今就连曾经撰文激烈批判媒介效果模式十大错误的岗特里特，也开始创造更富创意的研究方法研究媒介问题。② 拉扎斯菲尔德在传播学初创时期进行的反思，在当前更加复杂的媒介环境中尤为必要。批判学派借鉴思辨优势，提供视角、审视意义，经验学派发挥方法特长、科学论证、寻求解决路径。面对媒介环境的变化和全球化浪潮对民众生活更全面的卷入，效果研究需要真正将经验学派口中的社会改造意愿与批判学派的启蒙意图相结合，以问题为纽带，丰富研究视角，强化理论阐释，以此带来媒介效果研究范式整合发展的更多空间与想象。

---

① Curran James. The new revisionism in mass communication research: A reappraisal [J]. European Journal of Communication, 2009, 5(2): 135-164.
② 岗特里特在 2007 年一项关于"身份"(identity) 的研究中，创新性地使用乐高(LEGO)玩具探索人们如何认知自我身份。参见 David Gauntlet. Creative Explorations: New Approaches to Identities and Audiences [M]. London: Routledge, 2007.

第六章 研究成果:"假说"还是"理论"?

西方媒介效果研究虽然在不断创新且收获了丰富的传播模式/假说/理论,但效果研究的理论建构价值却遭遇到质疑。岗特里特认为:"效果模式只是一些枯燥而简单的论断,没有严密的理论推论,将一些必须被证明的基本问题视为不证自明的'公理',从未进行充分论证,比如在考察媒介对儿童的影响时把儿童当成能力不完全的特殊受众。此问题的根源在于效果模式的建立缺乏理论基础,缺乏理论的一致性和连贯性。"[1]正如传播学一直在"术"或"学"的争辩中为自己的学术身份而奋战,基础理论与核心知识的缺乏是传播学研究难以否认的软肋。媒介效果研究同样面临着如此尴尬的情形。批判学派认为,硕果累累的经验研究成果并未使效果研究建立具有普适性的统一理论,反而常常陷入研究结果大相径庭、甚至互相矛盾的尴尬境地。一个个看似卓然挺立的个案研究结论,却因逻辑前提的深受质疑和理论基础的欠缺不足,难以连成一片理论的山脉。"假说还是理论?"成为经验学派与批判学派的另一个针尖麦芒。本章首先对"理论"和"假说"做出概念考辨和异同分析,据此探讨经验学派和批评学派的媒介效果研究的归属,讨论两大学派对媒介效果研究的学术评价与未来期望。

第一节 假说与理论的本质体认

效果研究作为传统大众传播理论研究的五大组成部分之一(其余四个部分分别为传播者研究、受众研究、内容研究和传播渠道研究),其已有

---

[1] David Gauntlett. Ten things wrong with the media 'effects' model. In Roger Dickinson, Ramaswami Harindranath, Olga Linné (Eds.). *Approaches to Audiences: A Reader* [M]. London: Arnold, 1998: 120-130.

的研究成果在表述上颇具争议，既有被称为"模式"（model）的，如"皮下注射模式"（hypodermic needle model），也有被称为"假说"（hypothesis）的，如"第三人效果假说"（third-person-effect hypothesis），又有被称为"理论"（theory）的，如"议程设置理论"（agenda-setting theory），还有为了避免词汇的过多重复，也不乏偶然的交替使用。模式、假说与理论，这三个在日常生活中通常可以互相替代的名词，在学术研究中却是相互关联，但又有各自特定的含义。

"模式"是一种理论结构，用以表示一系列变量以及其间的逻辑和数量关系，能够在理想化的逻辑框架中进行推证，是可以被实验检验的预测。"假说"是基于观察产生的有依据的推测，可以对观察到的单个事件或现象进行合理解释，但未经证实，在实验或后续的观察中，假说既可能被证实，也可能被证伪。"理论"则更接近于科学法则（scientific law），特指经过完全检验的思想与观念，它是对一系列观测结果的解释，这些观测结果以被证实的假说为基础，并多次被相互独立的研究者所检验。对个体研究和单独的研究者而言，只可能创立一个假说，而不能创造理论。

在库恩看来，范式是科学研究中的一种类似"共同体"①的存在，它是普遍承认的科学成就，是在特定时间段进行科学活动的逻辑起点。范式作为科学共同体的共同信念，它既是一种精神活动，也是认识世界、审视科学的思想工具和物质方式，内含世界观、方法论、技术装置等一切可以进行科学活动的手段和要素。美国著名社会学家艾尔·巴比在受到库恩"范式"观念的影响下，认为"范式是一种框架或视角。它是从事科学活动过程中观察/认识/反思事情的出发点，它提供了观察生活的方式和关于真实本质特质的一些假设"②。

一、假说：由已知设想未知

恩格斯在《自然辩证法》中指出："只要自然科学在思维中，它的发展形式就是假说。"③"假说"一词最初主要是用来表示自然科学中尚未形成原理的一些猜想、假设，或是第一次提出的、有待进一步验证的学说。如哥白尼的"日心说"、詹姆斯·克拉克·麦克斯韦（James Clerk Maxwell）的

---

① [美]T. S. 库恩：《必要的张力》，纪树立等，译，福建人民出版社1981年版，第291页。
② [美]艾尔·巴比：《社会研究方法（第11版）》，邱泽奇，译，华夏出版社2009年版，第44页。
③ 马克思、恩格斯：《马克思恩格斯选集（第3卷）》，人民出版社1997年版，第561页。

"电磁理论"等都曾以"假说"的形式存在。社会科学与自然科学同属于科学形式，其理论、定律、原理等也和自然科学一样不可能一蹴而就，同样需要经历一个建立假说、验证假说的过程，这样才能准确地揭示现实生活发展的规律。

王前在《假说与理论》一书中指出："假说是有关自然现象及其规律的一种不完备的、尚待验证的学说。"①叶德旺认为："假说是人们根据已有事实材料和已知科学原理，对尚未认识的一些客观现象产生的原因及其规律做出的假定性解释。"②梁景时以恩格斯的假说阐述为出发点总结了假说的内涵，"假说是人们根据已有的科学知识、实际材料和科学理论等信息，为开辟未知领域，对事物和现象的本质、规律、产生的原因以及可能出现的结果提出的一种设想，以便人们进一步去研究、证实这些设想。"③据此，我们不难看出，假说具有以下五个方面特征：第一，假说不是凭空的设想，而是基于社会实践而形成的一种猜想，它立足经验事实和科学知识进行推测与假定；第二，假说具有抽象性和逻辑性，它不是一种无序的、随意的堆砌，而是由一套基于核心概念组成的逻辑体系；第三，假说对社会现象具有解释功能，它来源于现实并反映现实；第四，假说具有预见性，这种预见性不一定是正确的，但它可以通过对经验事实的猜测与想象来帮助人们认识现实，并推进探求社会规律的进程；第五，假说具有多样性，对于同一自然和社会现象的认识，不同的研究者的假说内容及方式会有所不同，这些不同的假说之间可以相互补充、相互竞争。

假说虽然是对事物的一种假定性猜想，但它的形成并不是任意的、无条件的、盲目的。假说的形成方式主要有四种形式④：第一，人类实践过程中有了新的发现，但是却找不到合适的理论进行阐释，所以只有提出一种新的假说来对新发现进行解释；第二，社会现实与既有理论产生了冲突与矛盾，通过改变旧的理论，提出新的假说试图为社会现实提供解释；第三，原有理论体系存在着一定缺陷，有待进一步完善，需要提出一种假说来充实原有理论的框架和内容；第四，不同假说之间相互影响、相互渗透，使一部分假说逐渐融合起来，形成新的假说。但总的来说，假说的形

---

① 王前：《假说与理论》，辽宁人民出版社1985年版，第5页。
② 叶德旺：《假说与理论》，载《求实》1983年第2期。
③ 梁景时：《论假说在社会科学中的地位》，载《辽宁师范大学学报（社科版）》1991年第1期。
④ 王前：《假说与理论》，辽宁人民出版社1985年版，第28~34页；叶德旺：《假说与理论》，载《求实》1983年第2期。

成主要是以事实材料和原有理论为基础，并从实践和理论发展两个方面获得动力。

二、理论：抽象化与一般化

"理论"对任何从事科学研究的人来说都是再熟悉不过的一个词汇，哲学理论、法学理论、文学理论、新闻理论、传播理论等经验事实都可以与理论进行语法排列与意义组合，从而建构出一套规范化、系统化、科学化的理论体系。但如果问及理论究竟是什么？一般的回答可能不外乎"经验的总结""现实的反映"或"事实的概括"，等等。这些陈述语词是立足经验主义视角的归纳与概说。例如，美国著名社会学家杰弗里·亚历山大（J. C. Alexander）认为："理论就是脱离个别事物的一般化，脱离具体事例的抽象。"①美国学者詹姆斯·鲁尔（James B. Rule）在《社会科学理论及其发展进步》（Theory and Progress in Social Science）中把理论看做反映客观现实的一种表现，"只要能够精准地记录与反映客观世界，则是理论的一种进步。"②美国社会学家乔纳森·特纳（Jonathan H. Turner）在阐述科学理论时也带有经验主义的色彩，他指出："科学理论的表述是具体事实的抽象的表达，且试图解释促成事件的潜在动力。"③我国的《现代汉语词典》对理论的界定也具有经验主义的特征，"人们由实践概括出来的关于自然界和社会的知识的有关系统的结论。"④显然，这些关于理论的表述强调了理论对社会现实/具体事件的"抽象化"和"一般化"概括与总结，"是一种最为直接有效的定义和解释。"⑤

但如果仅从经验事实出发考量"理论"之价值，那么难免缺乏洞察社会的理性色彩。因为理论总是与社会现实相联系，它能够揭示社会现实，并经得起社会实践的论证与考验，具有很强的普适价值，内含着理性色彩的诸多情状。换言之，理论不仅是社会事实、具体事件的抽象化表现或反映，而且还需要对头脑中的猜想进行演绎与推演，即"借助推论形成完整

---

① [美]杰弗里·亚历山大：《社会学二十讲》，华夏出版社2000年版，第2页。
② [美]詹姆斯·B.鲁尔：《社会科学理论及其发展进步》，郝明玮、章士嵘，译，辽宁教育出版社2004年版，第206页。
③ [美]乔纳森·特纳：《社会学理论的结构（上）》，邱奇泽，译，华夏出版社2001年版，第3页。
④ 中国社会科学院语言研究所词典编辑室：《现代汉语词典》，商务印书馆1986年版，第694页。
⑤ 文军：《当代社会学理论跨学科视野》，中国人民大学出版社2016年版，第2页。

故事"①。正如美国社会学家罗伯特·默顿所言:"逻辑上相关联并能推导出实验的一致性命题就是理论。"②美国传播学家埃姆·格里芬(Em Griffin)在介绍传播学理论时也指出:"理论是与事物运行方式有关的一组可靠的自觉,它通常包含着推理及猜测的因素。"③理论是在研究者进行预设的前提下,通过演绎、推论等方法获得的一致性命题。由此,对社会现实的归纳/总结和对设想的推论构成了理论的两个基本维度。

理论究竟是由什么建构而成呢?乔纳森·特纳认为:"作为对世界进行解释的理论由概念和陈述所构成。"④其中,概念是一种抽象的、具有普遍意义的词语。比如,培养理论(the cultivation theory,也被称为"涵化理论""教养理论"),虽然最初该理论来源于格伯纳考察电视对儿童的影响,但是电视不仅影响了儿童,而且对成人也同样具有培养功能。"培养理论"作为一个高度概括的抽象表达,它与具体的时间和空间进行了剥离。此外,理论的另外一个重要构成是陈述。抽象概念如果没有经过语言结构的编码构成一套新的陈述系统,那么抽象的概念也难以具有说服力。也就是说,在建构理论的基本框架时,抽象概念需要借助一定的语言陈述来形成稳定的表达结构,陈述越是关涉人们行动、互动和组织的一般现象,理论的说服力就越强。显然,乔纳森·特纳的理论建构偏向于作为理论表述的基本结构,而另外一位美国学者弗莱德·卡斯迈尔(Fred L. Casmir)在其代表作《建构传播理论:一种社会/文化的视角》(*Communication Theories: A Socio/Cultural Approach*)中却认为理论构建涉及四个重要因素:"意义生成(sense-making)、传播、调查/知识、理论与现实社会之间的关系。"⑤弗莱德·卡斯迈尔对理论建构的理解打破微观的语言结构认知,转向了更加宏观的社会文化视角,把理论的意义、传播、知识以及映射社会现实等要素勾连起来,描绘了更加丰富的理论世界。相对于从语言结构视角来勾勒理论的抽象表述,使其具有普适性,弗莱德·卡斯迈尔更倾向于从宏观视角来认知理论的属性及其建构维度。

---

① 杨国荣:《思想与文化(第四辑)》,华东师范大学出版社 2004 年版,第 5 页。
② [美]罗伯特·默顿:《论理论社会学》,何凡兴等,译,华夏出版社 1990 年版,第 54 页。
③ [美]埃姆·格里芬:《初识传播学》,展江,译,北京联合出版社公司,2016 年版,第 3 页。
④ [美]乔纳森·特纳:《社会学理论的兴起(第五版)》,侯钧生等,译,天津人民出版社 2006 年版,第 37 页。
⑤ Fred L. Casmir. *Building Communication Theories: A Socio/Cultural Approach*[M]. London: Routledge,1994:10.

三、区别与联系

在认识现实世界及其发展规律的过程中,"假说"和"理论"扮演着不同的角色,承担着不同功能,二者并非截然对立,而是相互区别、相互联系。

(一)区别

第一,存在状态之差异。假说作为对现实世界的一种理论假定和推测,表现出一种阶段性特征。径直说,假说是一个过程。而理论则有所不同,它是人类思维的一种结果、一种目的。在某种意义上,科学研究的终极目的并非要提出一种悬而未决的"假说",而是要把"假说"推演为一种可以指导现实的规范性"理论"。也就是说,假说是思维的一种进行时态,而理论则是一种完成时态。

第二,表现特征之差异。"假说"作为基于一定的经验事实和理论基础进行的一种猜想和推论,难免出现对事物认识的不足。很多假说需要不断地进行验证、修改,才可能达到预期效果。甚至有一些假说即便经过了不断修正之后,依然不能准确地揭示事物发展状态。而"理论"是基于经过验证的假说而形成的一种结论,它在特定阶段对社会事物的认知,具有较高的精准性。所以,在准备把握以及揭示社会现实方面,理论的准确性远远高于假说。

第三,发挥作用之差异。在社会科学中,"假说"具有很强的探索性。虽然假说是对现实社会的一种反映,但它毕竟只是研究者的一种设想,这种设想是研究者对事物发展状态及其规律的一种探索,而且其适用范围也具有一定的局限性。"理论"则有所不同,澳大利亚社会学家马尔科姆·沃特斯(Malcolm Waters)曾指出:"理论具有一般性的作用"[1],这种一般性其实就是理论的普适作用,主要是理论适用于所有的研究对象,并可推广至相关领域。

(二)联系

无论是假说还是理论,它们都不是凭空的想象,而是基于一定的社会现实和理论基础而形成的,均具有反映和解释社会现实的作用。假说和理论作为抽象思维的表现方式,它们是对社会事实的一种反映。虽然它们在

---

[1] [澳]马尔科姆·沃特斯:《现代社会学理论》,杨善华等,译,华夏出版社2000年版,第4页。

反映社会事实的准确度上有所差异，但我们不能因此而否定了它们对社会事实的能动作用。这种能动性主要体现在对社会事实的解释功能。它们能够解释社会结构、存在法则、运行规律等诸多现象，对人们认识社会具有很强的示导作用。

理论和假说之间存在着天然的联系，假说是理论的基础，理论是假说的目的，二者相伴相生，互相促进。一方面，假说是理论的必经阶段。"假说不仅能引导人们进行各种实验，获得新的发现，它还是由经验到理论的桥梁。"[①]社会实践是一个难以描述和阐述的对象，所以就需要对这个难以捉摸的对象进行简化，提炼出最实质最关键的因素和变量，这个简化的过程其实就是研究者对社会实践进行的一种"假说"。然后对假说进行检验，那些经得起验证的假说，最后才能形成科学的理论。换言之，假说是社会实践与理论之间的一种桥梁和纽带，在某种意义上，理论是经得起验证的"假说"。另一方面，理论指导假说发展。理论一旦形成就具有了指导意义，它就会反过来指导社会实践，以此重构新的假说，解决新的问题。理论的终极意义在于指导实践，它通过指导社会实践来重新建构一种假说模式，以此发现、探讨和解决新的社会问题，进而重构新的理论范式。

第二节 范式差异与对抗

虽然在大多数的大众传播学教程中，"假说"与"理论"作为专业术语并未有严格的区分，尤其是在中文教材与专著中，翻译更消减了术语的细微差别。但如若细致辨别，术语使用的不同，在很大程度上体现出研究者对媒介效果研究成果的评价，以及研究范式的差异。

一、以"假说"为逻辑起点的经验学派

美国学者杰伊·布莱克（Jay Black）等人认为，在多数传播学研究者（经验学派）看来，真正的媒介效果得以形成和产生必须具备以下三个条件，"一是假定的诱因与假定的效果必须在一些可证实方面产生共变；二是假定的诱因在时间顺序上必定先于假定的效果；三是对于那些与之相竞

---

① 王前：《假说与理论》，辽宁人民出版社1985年版，第17页。

争的因素及媒介以外的其他原因的解释，必须得到控制并排除。"①在这个意义上，经验学派的媒介效果研究来源于对媒介引起社会作用的情况假定。换言之，"假说"构成了经验学派对媒介效果研究的逻辑起点。

经验学派之所以把"假说"视为效果研究的逻辑起点，与其形成的学术背景具有密切关系。在工业化迅猛发展的资本主义社会，实用主义思想渐次显然，人们对真理的追逐不再满足于获得，而在于如何让真理产生实用价值。正如拉扎斯菲尔德所言："美国的广播为的是出售货物，它的大部分其它可能影响潜藏在其他的社会机制中，这种机制使商业效果得到最强烈的表现。"②正是在实用主义的驱动下，量化研究在社会学、心理学、政治学等学科中得到了迅速普及与广泛应用。与社会学、心理学和政治学有着深厚学科渊源的媒介效果研究自然深受影响。

以媒介效果研究中与政治密切相关的选举研究为例，1940年拉扎斯菲尔德等人进行的"人民的选择"研究、1968年唐纳德·肖和麦克斯韦·麦库姆斯对总统大选开展的调查，均是量化研究的经典成果。拉扎斯菲尔德等人的研究假设是"媒介影响了人们的选举行为和投票结果"，以此为前提，在典型区域伊利县展开抽样调查来验证其假设的合理性，这一研究促成了"两级传播"和"意见领袖"等重要概念的产生，拉扎斯菲尔德更是因此奠定了其作为传播学研究"工具制造者"的先驱地位。后者受到李普曼拟态环境理论的影响，假设"媒介左右了人们对社会的认知"，通过大选前夕开展的一项小规模受众调查发现，"大众传媒作为大事加以报道的问题，同样也作为大事反映在公众的意识中，传媒给予的强调越过，公众对该问题的重视程度也就越高。"③由此开创了媒介效果研究的另一个里程碑——议程设置。

由此可见，强调实证主义研究的经验学派视数据与统计为第一要义，对严格遵行科学式研究程式的个体研究者而言，建立数学模型或心理学模式、提出假设（assumption）常常是他们的研究起点，但正因如此，批判学派认为，经验学派所创立的"效果模式"从根本上是缺乏理论基础的，媒介效果研究成果更应该被认作为"假说"，而非"理论"。原因首先在于，效果模式把一些基本问题当作不证自明的公理，从未对之进行充分证明，

---

① [美]杰伊·布莱克等：《大众传播通论》，复旦大学出版社2009年版，第30~31页。
② [美]切特罗姆：《传播媒介与美国人的思想》，曹静生、董艾禾，译，中国广播电视出版社1991年版，第140页。
③ 郭庆光：《传播学教程》，中国人民大学出版社2011年版，第194页。

只是提出一些简单的论断，而没有严密的理论推导①，如前文论及的将儿童视为特殊受众。其次，在同一个理论假设下，众多研究者经过不同实验却得出不尽相同、甚至截然相对的研究结果，几乎从未得出过一致的结论，如暴力与攻击性行为的关系等。但经验学派显然不屑于批判学派的指责，他们认为，传播研究最大的进步就在于测量方式的提高，把原来被当作"噪音"忽略的细微效果变得清晰可辨，对长期效果的研究当然更为精确。伊契尔·索勒·普尔言辞激烈地反击了批判学派对经验主义研究的批评，认为经验主义研究并非一种"旧的范式"，批判学派也并非"酵素"，它只不过创造了一系列的词汇，如社会体系、资本主义、实证主义、霸权，等等，此外并无新意，事实上，"过去被称为经验主义的保守批评如今通常被称作经验主义的激进批评。这些批评既不保守也不激进，它不过是偏离了核心问题。"②

或许在遭遇批判学派的批评之前，经验学派从未认真考虑过"假设"与"理论"在学术评价层面的根本差异，这在前文提及的效果研究成果的术语使用上便有所体现。在某种意义上，是批判学派让"假说还是理论"的问题浮出水面，并成为两大学派的争论焦点，其根源依然是研究范式的对抗。

二、以哲学思辨为"理论"坐标的批判学派

相对于经验学派对量化方法的重视，批判学派在否定实证主义的基础上，借鉴了马克思主义的哲学思辨方法，对媒介效果进行批判性考察。霍克海默认为，批判理论通行的思想方式是"主观的和思辨的"，"在这个理论整体里，均退性思维比体验证实起更重要的作用。"③论及媒介效果，批判学派"主要致力于深层背景的揭示，注重传播体制的阶级性和历史性，强调传播与控制的密切关系。他们的立意与旨归，都在于特定的传播现状和现有的传播体制进行全面、深刻而系统的批判"④。

批判学派擅长于理论借用与再度阐释。批判学者大量借鉴马克思主义、精神分析、现象学、符号学、结构主义等理论来对媒介效果进行意义

---

① David Gauntlett. Ten things wrong with the media 'effects' model. In Roger Dickinson, Ramaswami Harindranath, Olga Linné (Eds.). Approaches to Audiences: A Reader [M]. London: Arnold, 1998: 120-130.
② Ithiel de Sola Pool. What ferment? A challenge for empirical research [J]. Journal of Communication, 1983, 33(3): 258-261.
③ [德]马克斯·霍克海默：《批判理论》，李小兵等，译，重庆出版社1990年版，第208、210页。
④ 徐耀魁：《西方新闻理论评析》，新华出版社1998年版，第290页。

解读。比如斯特亚特·霍尔借鉴了阿尔都塞和葛兰西的强大作用。约翰·费斯克对电视文化的研究则借鉴了符号学研究方法，围绕符号传递的"意义"洞察媒介产生的影响。由此，相对于经验学派以"假说"作为考察媒介效果的逻辑起点，批判学派则立足于"理论"角度来审视媒介影响，研究视野更为宽广，更加注重对整体主义的依赖。批判学者认为，社会本身就是一个有机的、整体性的结构，任何传播活动都不是孤立存在的，它必然与社会事实存在着耦合关联。所以批判学派不再关注媒介对个人的影响，而是从整个社会的经济、文化等背景出发，考察形成媒介效果背后的经济控制与文化浸润。比如，霍尔在研究电视媒介的传播效果时，通过生产、消费、商品、交换、资本等经济学视角进行考察，从而挖掘了电视生产与传播背后的资本控制与文化利益，为理解电视媒介的生产机制以及传播动因提供了一种新的研究径路。在这个意义上，批判学派的媒介效果研究摒弃了微观的、个体化的视角，而是从宏观的、系统的层面来勾勒富有整体主义的媒介效果版图，"这些整体主义倾向有助于改变经验学派在理论贡献上相对零散的状况，有助于形成学科体系。"①

相对于经验学派对传播现状的肯定，批判学派则对媒介的传播行为及其效果持强烈的否定态度。不管是哪一种批判性研究，在其深层的意识里都无不把现行的传播体制视为压抑人、奴役人、欺骗人的玩意，都是同人的本质需要格格不入的。批判的目的在于防止人们在媒介的潜隐灌输中失去主观能动性而迷失自我。比如霍克海默创立的文化工业理论，对那些经过了工业化浸染的"单调的""乏味的""流程式"的大众文化进行了批判，认为技术生产的理性化特征阻碍了人的个性化发展。电影、电视等媒介技术作为工业技术的重要表征，物化了人的感觉系统，影响人的自由和全面发展。马尔库塞在1964年出版的《单向度的人：发达工业社会意识形态研究》一书中对媒介效果的批判性建构具有里程碑意义。他指出，广播、电影、电视等现代媒介技术的无孔不入正在解构和消蚀人们思想的丰富性和多样化。他对大众媒介的批判实质上重返了媒介的"强效果说"，这种批判的态度成为推进媒介效果理论建构的重要动力。因为社会科学理论建构的本质就是肯定与否定交替显现的过程，有批判的否定才能更好地推进理论的形成。此外，批判学派的批判态度与批判精神并不是对某一种学说或方法的继承或延续，而是融多种学科知识于一体的批判实践，丰富了其思想内涵，增强了理论厚度。

---

① 李舒：《传播学方法论》，中国广播电视出版社2007年版，第133页。

根据前文乔纳森·特纳和弗莱德·卡斯迈尔对于理论的解读，可以从四个方面来认知理论：首先，理论是一种抽象的表述，以哲学思辨为主的批判学派在抽象化表述方面有明显优势，诸如文化工业、政治经济分析、符号生产等术语表达足可窥见其抽象性概述能力；其次，理论是意义生成，批判学派十分注重媒介意义的阐释，比如霍尔的媒介文化主义研究；再次，理论是与现实关系发生联系的纽带，批判学派注重对媒介效果的宏观和整体考察，为理解媒介与政治、经济、文化等社会的宏大意义提供了可供参照的解读；最后，理论是在调查的基础上所形成，在这一方面，批判学派虽然不及经验学派在实证研究方法上精益求精，但在焦点访谈、民族志等质化研究方法的运用上也颇有建树。

但与此同时也不得不承认，批判学派的思想高度虽然相对深刻，但其理论框架却并不成体系，尤其是对哲学思辨的过度依赖加剧了其研究的主观化倾向，解构了理论的客观原则及其普适价值。所以，经验学派认为，批判学派的哲学思辨带来了概念的模糊化，诸如意识形态、大众文化、符号生产、文化工业等词汇显得过于主观与随性，并不能真正成为建构理论的标杆。诚如拉扎斯菲尔德所言："批判学派用一些含混的概念进行理论建构具有危险的不确定性。"①

第三节　范式整合与理论建构

随着媒介对社会影响的日渐深远，传播学逐渐发展成为备受关注的"显学"，其理论创造/创新能力也不断提升，其理论范畴也不再局限于经验学派和批判学派，而是融通了更加多元化的学科因子，诸如符号互动论、意义协调管理、建构主义、社会渗透、详述可能性模型、认知不协调、媒介生态、面子协商、女性主义等理论范式都在不断重构着媒介效果的话语版图。当然，传播理论的增多并不意味着学科的成熟，因为很多所谓的理论粘连着经验学派的"假说"气质。随着经验学派和批判学派两大学术阵营的逐渐发展，双方都开始意识到了自我的不足以及对方存在的重要意义，由此，两种范式之间开始相互借鉴，并由"对抗"走向"整合"，以此共同完成媒介效果的理论重构。

---

① ［美］E.M.罗杰斯：《传播学史——一种传记式的方法》，殷晓蓉，译，上海译文出版社2002年版，第298页。

一、范式之争的替代性选择

正如卡尔·埃里克·罗森加兰特(Karl Erik Rosengren)所言①,经验学派与批判学派之间的争论有可能导致传播学研究分化成数个敌对的宗派,因此我们必须意识到这种状况并寻求一个替代性的选择。这个替代性的选择就是,超越批判主义与经验主义的二元对立,采吉普森·纳布瑞尔(Gibson Burrell)和加雷思·摩根(Gareth Morgan)提出的社会学派的四分法,即激进人文主义(the radical humanist)、激进结构主义(the radical structuralist)、阐释学(the interpretive)和功能主义(the functionalist)。绝大多数传播学研究是在功能主义社会学(functionalist sociology)的知识框架里进行的。这一框架常常受到其他三种研究范式的批评与质疑。但这四种范式在传播学中存在着一个矛盾:前三种范式被称为"持不同意见者"(dissident),它们虽然提出了重要问题,但无法提供答案;第四种范式是主导范式,可以回答问题,但无法提出问题。这样一个事实使我们不得不质疑:如果在一种"范式"中提出的问题可以在另一"范式"中得到答案,那么我们真的有四种范式,还是只有一种?这是否意味着多种研究范式存在整合的无限契机?"这种整合的结果是传播学研究不知不觉地发生了由'以学科(学派)为中心'向'以问题为中心'的知识产生途径转变。"②罗森加兰特用了大量篇幅来论述这四大范式并非完全各自独立、截然不同,而是不乏综合运用的先例,并充满融合的契机。③他最后无限期待地说:如果研究能朝着这个方向继续进行,骚动将被欣欣向荣的发展而取代。

两种范式不再围绕学派的理论基础和关注对象进行争辩,而是以问题为中心从不同视角对同一问题开展丰富性研究。经验主义在用实证方法研究媒介技术对人的影响时,开始关注对媒介技术的批判反思;批判主义在批判自由主义日益支配媒介的时候,不断运用模型建构等实证研究来佐证和支持自己观点。也就是说,在研究媒介效果的时候,经验学派和批判学派不再固守其单一的研究方法或理论向度,而是在借鉴与融合中使研究更具说服力,共同推进理论建构。

---

① Karl Erik Rosengren. Communication research: One paradigm, or four? [J]. *Journal of Communication*, 1983, 33(3): 185-207.
② 李舒:《传播学方法论》,中国广播电视出版社2007年版,第161页。
③ 罗森加兰特的这篇文章在某种意义上也可以回应本文绪论中有关"两种范式"还是"三种范式"的讨论,依据罗森加兰特的观点,研究范式社会学派的"四分法",实则可以被更精炼地划分为提出问题的"持不同意见者"和提供答案的主导范式,在媒介效果研究中,前者类似于批判学派,后者类似于经验学派。

二、理论建构的未来可能

一个学科若要获得学术身份认同与学科地位，必须进行理论建构。传播学概莫能外。传播学学科地位的缺乏在很大程度上是因为没有核心知识与统一理论，长久以来的范式之争也并未从根本上解决问题。"我们从提出问题到观察，再到与时俱进(in orderly fashion)地组织答案，如果需要，这个过程是有案可查、可以复现的。无论所选取的研究方法是量化的还是质化的，无论是实地研究(field study)还是实验室实验(laboratory experiment)，当我们将一种评价工具与一项任务相关联时，它就是重要的……数十年以来，有关一种方法在基值(basic value)上高于另一种方法的争论也许真的满足了我们对于身份、权力或自我论断的需要。但是，他们对于人类知识和知性(understanding)的贡献多少是值得怀疑的。"①

1996 年詹姆士·安德森(James A. Anderson)分析了 7 种传播理论教材，从中鉴别出 249 个不同的"理论"范式，其中 195 个仅在 1 本教材中出现过，也就是说，只有 22% 的理论在 7 本教材中出现过 1 次以上，只有 7%(18 个)被 3 本以上的教材介绍。"如果传播理论真的是一个领域，那么似乎应该有超过一半的介绍性教材，对该领域基本内容的 7% 以上达成一致意见。"②由此不难看出，传播理论虽然在数量上呈现出了剧增的趋势，但能够达成共识的却相对较少，尤其缺乏核心理论支撑。

面对越来越多的传播理论，罗伯特·克雷格非但没有表现出欣喜，反而认为，我们越来越不确定正在做什么或应该做什么；传播学尚处于寻找范式的"前范式"(preparadigmatic)状态；传播理论的表面繁荣，恰恰是因为我们并不知道什么是理论。因此，现在比以前更需要"反思"。克雷格提出，出现如此多的传播理论，原因在于两个边界的模糊。一是人文学科和社会科学边界的模糊。学者们根据自己的研究需求，自由穿行于各个学科领域，不仅只是吸收其他学科的思想和观念，而且在构建与重塑新的研究领域，由此，跨学科理论日益增多。人文学科越来越科学化和理论化，社会科学则越来越量化，越来越像物理学和自然科学。二是理论与实践边界的模糊。理论的目的在于解释、预测和控制。但是如今理论潜在的"建构作用"得到加强，它影响人们如何思考并谈论自己的行为，继而塑造他

---

① Fred L. Casmir. *Building Communication Theories*: *A Socio/Cultural Approach*[M]. Hillsdale, NJ: Lawrence Erlbaum Associates, 1994: 12-13.
② Robert T. Craig. Communication theory as a field[J]. *Communication Theory*, 1999, 9(2): 119-161.

人的行为。在这个意义上，理论不再仅仅是"知识"，而是参与性社会实践的组成部分，实践进入了理论话语之中。因此，尽管经验式研究依然占有一席之地，但实践性的传播理论(practical communication theory)是必须的。对于传播学的未来，克雷格提出了一系列的可能性，"也许我们可以找到方式，让现有这些多样性的，明显矛盾的或不相关的传播理论模式进行更多创造性的对话。也许传播研究范式计划的更新可以减少我们的困惑并拓宽我们选择。也许传播学可以理解为一种整合性的'实践学科'(practical discipline)，在这个学科中，批判研究、阐释研究、经验研究和哲学思考、实践工作将把基本功能(functions)和功能的运作(perform)紧密结合。"①直至1999年，克雷格依然认为传播理论尚未成为一个一致领域，也未能建立起统一理论。其原因正在于不同研究传统各自为阵，互不理睬或相互质疑，彼此都成为学术孤岛。"传播理论尚未成为一致的研究领域，是因为传播理论者们还没有找到一个超越学科实践屏障的方法，这个屏障将他们彼此分隔。"②作为一个领域，传播理论的不一致性可以从两方面得到解释，其一是传播理论的多学科来源，其二是这些学科源源不断提供的丰硕知识成果，被传播学者以特殊方式使用甚至常常是误用了。

但克雷格对传播理论的未来充满信心，相信传播理论终有一天会成为统一领域。因为"传播理论作为一个领域的潜能被最好地认识到了，不是在传播的统一理论内，而是在对话/辩证的学科基质(dialogical-dialectical disciplinary matrix)中，对一套假设的共同理解(尽管总是有争论的)能够促使传播理论的不同传统之间展开丰富多彩的讨论"③。他主张，传播学者可尝试从不同范式出发，了解传播的本质与共同基础，借由对话与讨论的方式，来建立传播理论的体系。"所有的传播理论都有着共同的实践的生活世界(practical lifeworld)，'传播'在这里已经是一个意义丰富的术语。照此看来，传播理论是元话语(metadiscursive)实践的一致领域，是关于传播实践话语的话语领域。传播理论的各式传统中，每一个都提供了截然不同的方法对传播问题与实践形成概念并展开讨论。这些方法来自并诉诸特定的有关传播的众所周知的信仰(commonplace beliefs)，同时将其他信仰问题化(problematize)。正是这些传统之间的对话使传播理论可以充分地

---

① Robert T. Craig. Why are there so many communication theories? [J]. *Journal of Communication*, 1993, 43(3): 26-33.
② Robert T. Craig. Communication theory as a field[J]. *Communication Theory*, 1999, 9(2): 119-161.
③ Robert T. Craig. Communication theory as a field[J]. *Communication Theory*, 1999, 9(2): 119-161.

与社会中正在进行的有关传播的实践话语(practical discourse)(或元话语)啮合。"①因为每一种理论模式都存在偏见和局限,克雷格一直强调"对话"的重要性,进入这样的对话,传播学研究在与人文科学其他议题进行交锋时才不会失败。

迪特姆·舍费尔(Dietram A. Scheufele)和戴维·特克斯伯利(David Tewksbury)在评价"框架"研究时指出②,对研究方法科学性的严格要求与狭窄定义,固然可以保证研究结果的精确度,并使内在效度(internal validity)最大化,但认为信息在真实世界里会产生与实验环境下同样效果的假定,也可能限制了概念的外在效度(external validity)。正是基于这种内在效度和外在效度的矛盾,研究在两个目标之间左右为难。第一个目标需要按照韦伯提出的理想类型(ideal types),探究启动效应、框架和议程设置,使其能够有益于解释性和前瞻性的理论建构;第二个更具挑战性的目标是,我们需要研究检测不同效果模式相互之间作用与影响的方法,以使其能够充分有效地理解在现实世界中如何塑造受众的观点。后者缺少了前者提供的理论基础将无计可施。然而,不幸的是,在传播学的研究中,常常跳过第一步,直接冲向第二步,这也就可以解释为什么我们在概念上和术语上存在着如此多的困惑。

对媒介效果研究,甚至对整体传播学研究而言,舍费尔和特克斯伯利同样不乏洞见且充满期望。与其在孰优孰劣、孰对孰错的争论中继续混沌,不如重新回到问题的源点与结点,寻找解决问题与争端的钥匙。有关"假说还是理论"的辩论或许正是这样一个开始,其最终目的并非找到决出高下的答案,而是从对问题的讨论中寻求范式整合与理论建构的契机。范式整合与理论建构都非一日之功,相对于历史悠久的哲学、心理学、社会学等传统学科,传播学依然处于蹒跚学步之时,媒介效果研究更是嗷嗷待哺,其茁壮成长既有赖于传统学科已然奠定的肥沃土壤、学科间的良性互动,更有赖于学科内部、范式之间的携手共进。

---

① Robert T. Craig. Communication theory as a field[J]. *Communication Theory*, 1999, 9(2): 119-161.
② 2007年3月美国《传播学期刊》出版有关框架(framing)、议程设置(agenda setting)和启动效应(priming)的理论解释特刊,探讨这三种媒介效果模式是否相关以及如何相关,它们之间有哪些潜在关系能给研究媒介效果的理论家和研究者以启示。其中《框架,议程设置和启动效应:三个媒介效应模式的进化》(*Framing, Agenda Setting and Priming: The Evolution of Three Media Effects Models*)(此标题采用该期特刊提供的中文摘要中的译法)一文抛砖引玉,简要回顾了这三种效应和它们在媒介效果研究中的根源,比较启动效应、框架和议程设置的几个层面,并指出这些理论差异对传播学学科成长的意义。

第七章 西方媒介效果研究的知识图谱(2007—2016)

"期刊论文是研究趋势的晴雨表。"①为了更明晰而准确地勾勒出近十年西方媒介效果研究"正在进行"的学术动向,本章选择6种2007—2016年国外传播学专业期刊作为研究样本,采用文献计量法,在总结归纳研究主题和观点、描绘基本研究现状的同时,尝试从研究主体、研究内容、研究热点等层面,勾勒西方媒介效果研究的知识图谱。

在"范式对话"的构架中讨论西方媒介效果研究的新动向,本文将更注重考察两种研究范式的关系变化(对质、分离还是融合),更着力于白描式的"现象描述",而非深入细致的观点总结。这一方面是为了以尽可能客观而简洁的方式回答前文提出的问题"媒介效果研究真的终结了吗?";另一方面"近十年以来西方媒介效果研究新动向"本身即可成为一个相对独立的研究课题,难以在有限的篇幅中全面展开,谨希望本部分论述能为后续的相关研究打开思路、奠定基础。

本书中所选取的论文样本来自于国外传播学六大期刊:《传播学期刊》(Journal of Communication)、《传播学研究》(Communication Research)、《人类传播研究》(Human Communication Research)、《传播理论》(Communication Theory)、《媒介、文化与社会》(Media, Culture & Society)和《欧洲传播学期刊》(European Journal of Communication)。在众多西方传播学期刊杂志中选取这6种作为分析样本,主要是考虑样本的下列因素:(1)学术地位,依据美国信息科学学会(Information Sciences Institute, ISI)出版的期刊引用报告(Journal Citation Report, JCR)中的期刊排名和影响因子(Impact Factor)②,在这6个样本中既有排名前十位的重要期刊,也在

---

① Rasha Kamhawi, David Weaver. Mass communication research trend from 1980 to 1999[J]. Journalsim and Mass Communication Quarterly, 2003, 80(1): 7-27.
② 基于Web of Science2015年的数据,《传播学期刊》影响因子2.895,排名第3;《传播学研究》影响因子1.976,排名11;《人类传播研究》影响因子2.4,排名第5;《传播理论》影响因子2.43,排名第4;《媒介、文化与社会》影响因子1.128,排名第33;《欧洲传播学期刊》影响因子1.095,排名第34。

排名较后的杂志,对不同层次期刊杂志的分析比较,使研究结论更具有普遍性意义;(2)出版地区,兼顾分别代表经验学派的美国杂志(样本中的前4种)和代表批判学派的欧洲杂志(样本中的后2种);(3)研究历史与研究传统,样本中既有拥有多年出版历史的领航性杂志,也有诞生不久的新秀期刊;既有热衷于经验主义研究范式的"保守派",也不乏倡导跨学科视角、坚守批判立场的"改革派"。

以下对6个样本期刊进行简要介绍。

《传播学期刊》是国际传播协会(International Communication Association)的旗舰杂志。该杂志集中关注传播学研究、实践、政策与理论,以及传播领域中一些明显的问题与议题,带领读者进入传播学研究中最前沿、最重要的发现,力图成为传播学研究领域的综合性论坛。

《传播学研究》关心所有层次的传播过程研究,特别是阐释与测试那些能够解释传播过程及其结果的模式,在过去30多年里是传播学研究者和从业者及时、全面了解传播学及相关领域研究状况的重要途径。该杂志刊登的论文致力于在社会体系的广泛范围内探讨传播的过程、条件与结果,研究议程涵盖大众媒介、人际传播、健康传播、政治传播、新技术、组织传播、跨文化传播、家庭传播等,强调严格的经验主义分析方法以及多学科的研究视角。该杂志认为,始于20世纪的经验主义研究在今天比以往任何时候都受到研究者的关注,杂志的编辑目标就是在新千年为反思与变革提供特殊机会。

《人类传播研究》是国际传播协会声誉极高的官方杂志之一,致力于增进对人类符号互动上的知识与了解,主要研究议题包括语言与社会互动(language and social interaction)、非语言传播(nonverbal communication)、人际传播、组织传播、新技术、大众传播、健康传播、跨文化传播,以及传播学中的发展性议题。该杂志不仅受到传播学研究的关注,其广泛的社会科学视野,使其同时对心理学、社会学、语言学和人类学的学者们也产生重要影响。其刊登的论文强调理论导向,关注新兴传播理论模式的发展,以及观察、测量传播行为的创新式方法的发展。

《传播理论》同样是一个着眼于多学科研究视野的期刊,除传播学研究外,社会学、心理学、政治科学、文化与性别研究、哲学、语言学和文学都囊括其中,力求塑造传播学未来的学术性的和科学性的话语。

《媒介、文化与社会》由英国学者主编,致力于在政治、经济、文化和历史背景下探讨大众媒介,侧重于用跨学科的视角进行文化与社会分析,关注批判以及理论、方法上的创新。

《欧洲传播学期刊》由欧洲学者主编，反映出传播学研究领域强烈的国际性特征，试图构建全球学术社区（global scholarly community），促进不同知识传统和国家背景下欧洲学者的交流。"变化"与"对话"是该杂志的关键词——为传播学关键议题在国家之间、学科之间提供对话机会；对描绘传播进程和机构制度变化图景的比较研究、理论研究、实践工作尤为感兴趣。

综观这6种杂志的JCR排名和影响因子，由英国学者和欧洲学者主编的两种期刊明显落后于美国学者主编的期刊，这或许是一种偶然，但追溯JCR的来源，其本身就是美国研究机构的产物，因而表现出对美国研究传统与研究范式的青睐也在情理之中。在这个意义上，《媒介、文化与社会》和《欧洲传播学期刊》在影响因子上的略逊一筹不能简单地理解为学术地位的落后，而是存在着一定的地区间差异。

本章旨在探讨过去十年媒介效果研究的动向，因此，样本筛选必须符合两个条件：2007—2016年发表在新闻传播学六大刊上的研究论文（Article，不包含书评和编辑评论），且论文主题与媒介效果有关。基于此，本书通过对六大刊2007—2016年刊发的所有论文进行逐篇检阅，从总计2112篇期刊论文中筛选出了950篇文献作为分析样本。

文献计量法是一种定量分析方法，以科技文献的各种外部特征作为研究对象，采用数学与统计学方法来描述、评价和预测科学技术现状与发展趋势。[1] 知识图谱是以科学知识为对象，显示其发展进程与结构关系的一种图形。[2] 本章依靠知识图谱的帮助，透视西方媒介效果研究体系中的研究主体、研究内容和研究热点，通过呈现其复杂的知识网络，描摹效果研究的前沿发展态势，思考传统研究范式在新兴媒介生态下的适用性与有效性。知识图谱绘制依托CiteSpace软件。该软件可以把一个知识领域浩如烟海的文献数据和该领域的研究演进历程，以一种多元、分时、动态的方式，将文献分析可视化。

第一节　发文数量和年度分布

根据筛选后的样本数量统计发现，媒介效果研究的发文量随时间变化

---

[1] 朱亮、孟宪学：《文献计量法与内容分析法比较研究》，载《图书馆工作与研究》2013年第6期。
[2] 刘则渊、陈悦、侯海燕：《科学知识图谱：方法与应用》，人民出版社2008年版，第2页。

呈现稳定增长的趋势。其中,2013年的发文量是2007年的两倍,此后仅用了3年时间发文量再翻一番(见图7-1)。从占比数据来看,媒介效果研究论文占期刊论文总量,除了2008年低于30%,其他年度的占比都在40%以上,2014年甚至超过了50%(见图7-2)。值得一提的是,2016年《传播学期刊》有多达76.09%的论文涉及媒介效果研究。这表明媒介效果研究依旧是传播研究的重要内容,学术地位由此可见一斑。

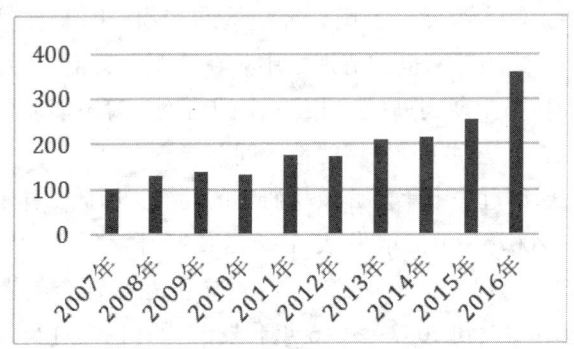

图7-1　媒介效果研究论文数量年度分布

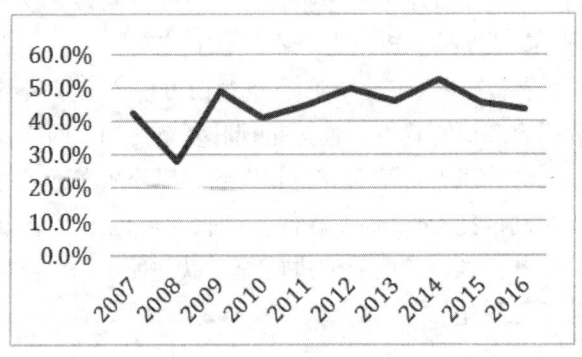

图7-2　媒介效果研究论文占期刊论文总量比率

期刊间比较表明,《传播学期刊》刊登媒介效果研究论文的比例最高,平均值高达64.16%,最高年份更达到了83.33%(2015年);《人类传播研究》紧随其后,平均值为50.13%;随后依次为《欧洲传播学期刊》《传播学研究》《媒介、文化与社会》和《传播理论》。

综上所述,媒介效果研究依然是21世纪以来传播学研究的重要议题。在美国学者主编的传播学期刊中占据了重要位置,甚至可以占据近半壁江

表 7-1　媒介效果研究论文占期刊论文总量比率

期刊年份		2007	2008	2009	2010	2011	2012	2013	2014	2015	2016	平均值
传播学期刊	效果	18	13	22	25	36	45	37	35	40	35	
	总数	37	36	35	35	56	62	57	57	48	46	
	比例	48.65%	36.11%	62.86%	71.43%	64.29%	72.58%	64.91%	91.40%	83.33%	76.09%	64.16%
传播学研究	效果	8	7	16	16	16	20	16	23	25	21	
	总数	29	35	35	36	36	36	35	44	43	45	
	比例	27.59%	20.00%	45.71%	44.44%	44.44%	55.56%	45.71%	52.27%	58.14%	46.67%	44.05%
欧洲传播学期刊	效果	9	7	11	9	8	10	23	24	11	9	
	总数	21	17	20	19	17	20	35	38	35	35	
	比例	42.86%	41.18%	55.00%	47.37%	47.06%	50.00%	65.71%	63.16%	31.43%	25.71%	46.95%
传播理论	效果	5	2	8	2	6	5	7	11	5	4	
	总数	22	20	15	17	19	17	21	23	20	22	
	比例	22.73%	10.00%	53.33%	11.76%	31.58%	29.41%	33.33%	47.83%	25.00%	18.18%	28.32%
人类传播研究	效果	17	9	9	11	13	13	10	13	14	16	
	总数	24	26	29	26	25	21	22	24	27	28	
	比例	70.83%	34.62%	31.03%	42.31%	52.00%	61.90%	45.45%	54.17%	51.85%	57.14%	50.13%
媒介、文化与社会	效果	17	10	20	12	16	15	14	25	18	28	
	总数	40	40	43	43	55	52	69	71	76	75	
	比例	42.50%	25.00%	46.51%	27.91%	29.09%	28.85%	20.29%	35.21%	23.68%	37.33%	31.64%
平均值		42.50%	27.80%	49.10%	40.90%	44.70%	49.70%	45.90%	52.30%	45.60%	43.50%	

山，在欧洲学者主编的期刊中，虽然单纯就数量而言，尚无力与美国相抗衡，但也明显呈现出增长趋势。

第二节 研究热点

本书的热点分析指标是"共词词频"。词频是指所分析文档中词语出现的次数。词频分析是在文献信息中提取能够表达文献核心内容的关键词或主题词，依其高低分布来研究该领域发展动向和研究热点的方法。在词频的基础上，基于词的共现模式研究即共词分析。其基本原理是对一组词两两统计它们在同一篇文献中所出现的次数，通过这种共现次数来测度他们之间的亲疏关系。简言之，使用共词方法能够分析学科的热点内容、主题分布以及学科结构等问题。①

把经过筛选后的效果研究文献数据导入 CiteSpace，以"Keyword"为节点类型，绘制关键词共现图谱，即未经聚类算法形成的共词图谱（见图 7-3）。图中每个节点代表一个关键词，节点年轮的厚度代表频数，不同颜色分区的年轮代表不同时间，由内至外代表着时间由远至近，节点之间连线的距离代表它们之间的亲疏关系。一般而言，新兴研究领域的图谱是较为分散的，传统的研究议题图谱则较为集中。从图 7-3 来看，其结构节点分布有疏有密，表明效果研究已经形成固有范式和研究议题，同时也在不断开拓新的研究领域。如图 7-3 中呈现了两大自然聚类：右上角形成的聚类Ⅰ，包含高频关键词传播（communication）、媒介（media）、社交媒体（social media）、互联网（internet）、在线（online）、影响（impact）等；左下角形成的聚类Ⅱ，包括高频关键词信息（information）、行为（behavior）、感知（perception）、态度（attitude）、接触（exposure）、情感（emotion）、电视（television）、新闻（news）、大众媒介（mass media）等。聚类Ⅰ主要从新媒介层面研究媒介效果，而聚类Ⅱ则从心理学路径入手聚焦传统媒体产生的效果。由此可见，近十年的媒介效果研究基于媒介形态差异出现了明显分野。具体而言，基于新媒介的效果研究集中于身份认同、性别研究和网络新闻，而基于电视等传统媒体的效果研究则侧重于受众的认知、态度和行为等方面的变化。两者交集于舆论和民主政治研究上。

---

① 李杰、陈超美：《CiteSpace：科技文本挖掘及可视化》，首都经济贸易大学出版社 2016 年版，第 194~195 页。

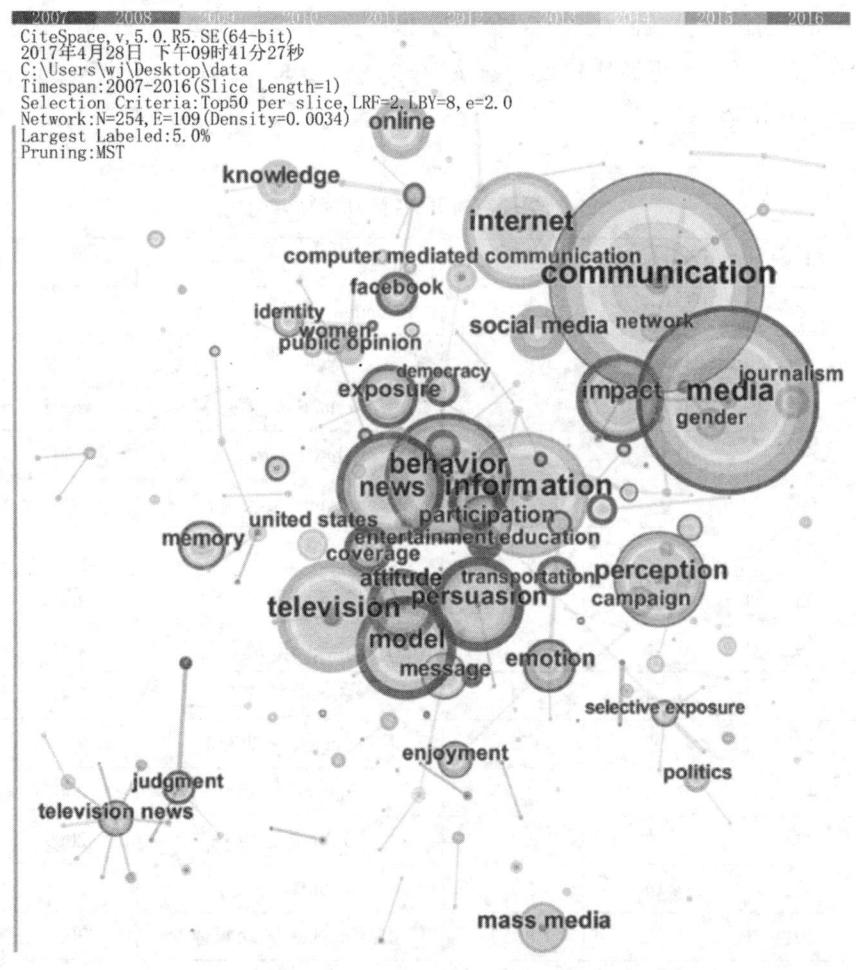

图 7-3 媒介效果研究关键词共现图谱

图 7-3 中的具有高度中心性的枢纽节点（Hub node，即被标以深色外圈的词）表明了整个研究领域中不同主题但共同关注的问题。如影响（impact）、劝服（persuasion）、态度（attitude）、行为（behavior）、接触（exposure）等都共同指向了媒介效果，从另一个侧面验证了样本筛选的信度。

表 7-2 列出了词频超过 20 的高频关键词，这些关键词同时也在图 7-3 中得以印证。研究发现高频关键词主要分为四类：媒介形态、媒介内容、媒介使用和效果类型。其中，媒介形态包含"媒介"（98）、"互联网"（64）、"电视"（62）、"在线"（33）、"大众媒介"（30）和"社交媒体"

(30)；媒介内容的关键词有"信息"(69)、"新闻"(53)和"讯息"(24)；媒介使用包含"接触"(28)和"参与"(28)；效果类型则包括"行为"(65)、"感知"(50)、"劝服"(42)、"态度"(32)、"知识"(25)、"记忆"(25)和情感(25)。

表 7-2　　　　　　　媒介效果研究重要关键词(词频>20)

词频	中介中心性	Sigma	关键词	年度
119	0.05	1	Communication（传播）	2007
98	0.05	1	Media（媒介）	2007
69	0.02	1	Information（信息）	2007
65	0.03	1	Behavior（行为）	2007
64	0	1	Internet（互联网）	2007
62	0	1	Television（电视）	2007
53	0.03	1	News（新闻）	2008
50	0.05	1.16	Perception（感知）	2007
47	0.04	1	Model（模型）	2007
42	0.05	1	Persuasion（劝服）	2007
41	0.12	1.33	Impact（影响）	2007
33	0	1	Online（在线）	2009
32	0.14	1	Attitude（态度）	2007
30	0.02	3.52	Mass media（大众媒体）	2007
30	0	1	Social media（社交媒体）	2014
28	0.03	1	Exposure（接触）	2007
28	0.03	1	Participation（参与）	2007
25	0.08	1	Knowledge（知识）	2007
25	0.06	1	Memory（记忆）	2007
25	0.11	1	Emotion（情感）	2007
24	0.05	1	Message（讯息）	2008

中介中心性(betweenness centrality)是 CiteSpace 提供的一个衡量节点在网络结构中重要性的指标，通常高中介中心性(Centrality>0.1)的节点是连接两个领域的关键枢纽。表 7-2 中情感、态度、影响具有较大中介中

心性，是重要的连接关键词。Sigma 值是结合节点在网络结构中的重要性（中介中心性）和时间上重要性（突发性）两个指标共同测度节点重要性的指标。表中"大众媒介"的 Sigma 值高达 3.52，这表明"大众媒介"是连接本研究中多种媒介形态的关键节点，也是自 2007 年以来研究中占主导的媒介形态。

图 7-4 是根据共词分析得出的聚类分析图谱。由聚类所生成的是一组数据对象的集合，同组中的对象彼此相似，而与其他组中的对象相异。换言之，在图中同一框线内的节点可以被视为是同一类。本次聚类计算 Modularity 模块化指标 Q=0.884，Q 值越大网络聚类越好，一般 Q>0.3 即意味着结构是显著的。同质性指标 Silhouette 的值在 0.5 以上为合理的，本次聚类分类同质指标 Silhouette=0.472。考虑到本次筛选文献数量少、阈值选取较高、聚类内部节点较少，0.472 也在可接受范围内。以网络媒

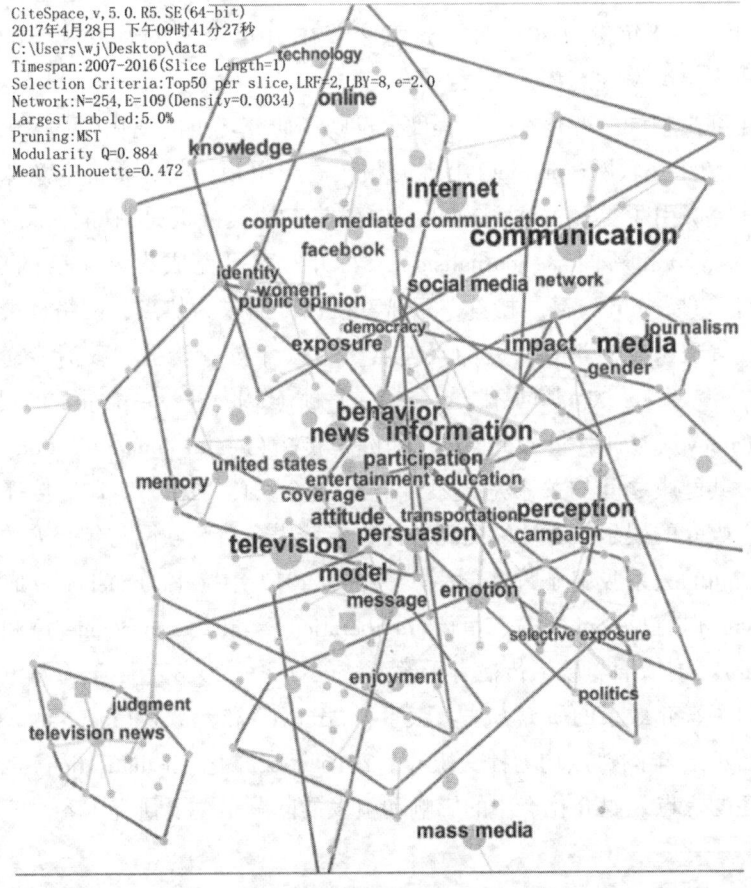

图 7-4　媒介效果研究关键词网络的聚类

体研究为例,由互联网(internet)、在线(online)、知识(knowledge)、技术(technology)、计算机中介传播(computer mediated communication)、脸书(Facebook)和认同(identity)等关键词聚类而成,这与自然聚类观察的领域基本一致。

从聚类图可以看出,过去十年,媒介效果研究分散而多样,不同研究领域彼此交叠。结合关键词和聚类图来看,媒介效果研究主要聚焦于"效果如何产生",惯常考察的路径有:媒介形态→媒介效果,媒介内容→媒介效果,媒介使用→媒介效果,或三者相互交叉。

突发性检测(burst detection)是针对新兴议题进行的检测。在基于"keyword"进行突发性检测以捕捉新涌现的研究议题时,发现15个检测结果中混入了大量非突发性的传统议题。为了确保研究信度,再以"Term"为节点类型进行分析①,得出研究领域中的突发性议题仅有一个为Social media,其强度为9.23(通常情况下数值为5即为高强度),起始年份为2014年,终止年份为2017年。这意味着在2014年针对社交媒体的效果研究呈现出突发性态势并延续至今。

年度高频词的变化在一定程度上反映了研究热点的变化(见表7-3)。

2007年互联网(internet)出现的频次高于电视(television),意味着新媒介研究吸引了更多关注。2008年位列前三的关键词是新闻(news)、讯息(message)和新闻学(journalism),表明内容研究成为该年度的焦点。2009年在线(online)高居榜首,意味着在线传播成为热点,网络社群、在线交往等现象成为学者研究的兴趣点。2010年健康传播、政治传播引人注目,涉及的关键词有选择性接触(selective exposure)、民主(democracy)、认同(identification)和健康传播(health communication)。媒介与公共健康之间的关系是健康传播讨论的核心。2011年政治传播热度不减,媒介的娱乐教育功能受到关注。传统媒介、互联网与年轻人的政治参与之间的关系吸引了许多学者的关注。2012年脸书(Facebook)成为年度热词,但意见(opinion)、审议(deliberation)、契约(engagement)和权力(power)等词依旧与政治传播有千丝万缕的联系。2013年居于前两位的热词指向了媒介效果的研究方法:叙事(narrative)和元分析(meta-analysis)。2014、2015年的热点均为社交媒介。2016年媒介化(mediatization)是学者们关注的焦点。媒介化产生的影响和引发的问题是主要研究内容。

---

① "keyword"是以作者的原始关键词和数据库的补充关键词为标本,而"term"是从标题、关键词和摘要中提取的名词性术语为标本)。

表 7-3　媒介效果研究年度高频词（前 10 个高频词，由高到低排列）

2007	2008	2009	2010	2011	2012	2013	2014	2015	2016
communication	news	online	enjoyment	entertainment education	facebook	narrative	social media	twitter	mediatization
media	message	united states	network	identity	time	metaanalysis	framing	polarization	religion
information	journalism	aggression	selective exposure	political participation	opinion	social support	social network	misinformation	modernity
behavior	transportation	experience	democracy	response	deliberation	perspective	community	work	ethnicity
internet	television news	frame	consequence	public sphere	engagement	web	protest	online news	world
television	discourse	violent video game	identification	news media	power	credibility	audience	content analysis	video
perception	technology	ritual	motivation	china	intimacy	college student	appreciation	talk	social cognitive theory
model	press	pornography	health communication	internet use	entertainment	self esteem	radio	media effect	sex difference
persuasion	politics	new media	education	political communication	stategy	stress	society	intervention	self-affirmation
impact	media use	health	psychological reatance	attention	crisis	social identity	social network site	belief	seeking

总体而言，过去十年媒介效果研究热点的主要变化体现在媒介形式的变化上。从互联网到在线媒介，再到脸书（Facebook）、推特（Twitter）等社交媒体，新兴媒介形态为学者提供了新的研究对象。广播、电视等传统媒体也并未退出历史舞台，在媒介效果研究中依旧占据一席之地。

第三节　重要作者和经典文献的共被引分析

引用其他论文的行为可以看作知识从不同的研究主题流动到当前进行的研究，是知识单元从游离状态到重组产生新知识的过程，而发表的论文又被其他论文引用是这个过程的持续。① 对引文网络进行分析既可以对知识进行追根溯源，又能追踪其发展。两篇文献共同出现在了第三篇施引文献的参考文献目录中，这两篇文献就形成了共被引关系。共被引的次数越多，他们之间的学科专业关系就越密切，距离也就越近。②

共被引的图谱（图 7-5）中形成了三个自然聚类。聚类Ⅰ中，共被引频次最高的是艾米莉·莫耶-古瑟（Emily Moyer-Gusé）的《娱乐劝服理论：娱乐-教育讯息的劝服效果》和其共被引关系较近的文献还有《体验故事中的虚构性和感知现实主义：一个叙事、理解和参与的模型》和莫耶-古瑟的《电视娱乐节目中叙事效果探究：克服反抗到劝服》。聚类Ⅰ中的文献聚焦于"劝服效果"，主要探索讯息与劝服之间的关系。在聚类Ⅱ中，玛丽·贝丝·奥利弗（Mary Beth Oliver）的《作为受众反应的欣赏：探究超越享乐主义的娱乐满足》《作为娱乐偏好预测因素的温和情绪状态》《娱乐的赞赏：借助于美德和智慧之意义的重要性》构成了聚类中的主要共被引文献，"娱乐信息"的研究是该聚类的主要研究重点。在聚类Ⅲ中，迈克尔·D. 斯莱特（Michael D. Slater）的《强化螺旋：媒介选择和媒介效果的相互影响及其对个人行为和社会认同的影响》为核心文献，与其共引关系较近的是兰斯·班尼特（W. Lance Bennett）和仙托·艾英戈（Shanto Iyengar）的《微效果的新时代？政治传播基础的变化》和凯利·盖瑞特（Kelly Garrett）的《政治动机强化信息搜寻：重新框定选择性曝光争论》。这三篇论文都探讨了同一个主题——"政治传播效果"。其中，"选择性接

---

① 李杰、陈超美：《CiteSpace：科技文本挖掘及可视化》，首都经济贸易大学出版社 2016 年版，第 143 页。
② 路红、凌文铨、吴宇驹、黄丹丹：《基于著者同引分析的组织行为学研究知识地图绘制》，载《科技进步与对策》2010 年第 2 期。

触"与"政治传播效果"的关联成为重点辨析对象。

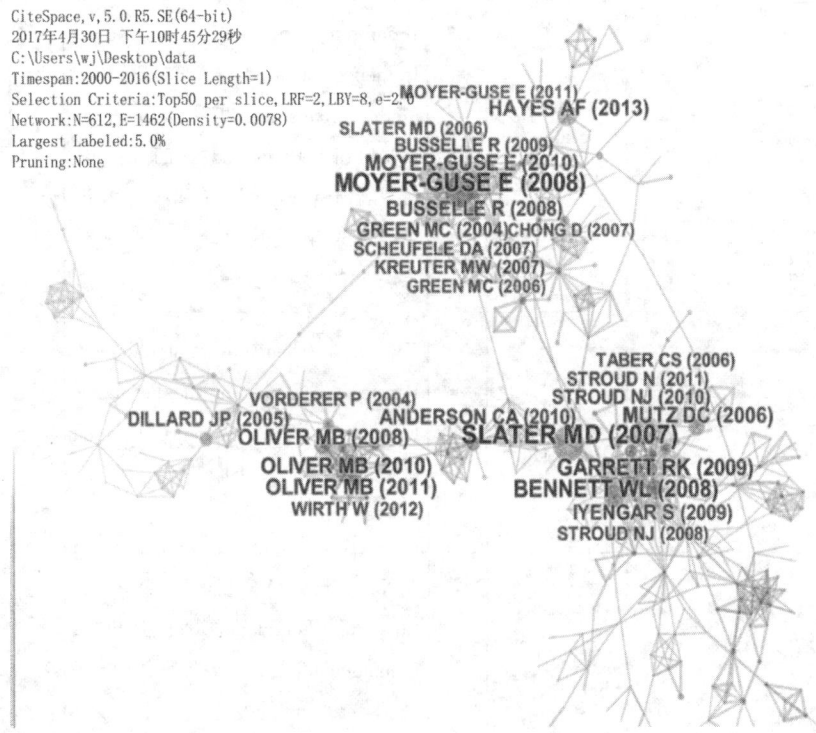

图 7-5　媒介效果研究文献共被引知识图谱

表 7-4 列出了 2007—2016 年国外传播学六大刊媒介效果研究中被引频次高、影响较大的部分文献。这 17 篇文献主要涉及政治传播、健康传播及媒介使用行为。其中,《强化螺旋：媒介选择和媒介效果的相互影响及其对个人行为和社会认同的影响》引用频次最高,该文是对媒介效果经典理论"沉默的螺旋"的拓展。《娱乐劝服理论：娱乐-教育讯息的劝服效果》是探讨娱乐性教育讯息对劝服效果影响的经典文献。梅勒妮·格林(Melanie C. Green)关于健康传播的论文《叙事和癌症传播》[1]的半衰期最长。值得关注的是,共引频次最高的四个文献样本共被引量都大于 15,且均来自《传播学理论》和《传播学期刊》两本期刊,一定程度上反映了两本期刊在效果研究领域中的影响力。

---

[1]　Green, Melanie C. Narratives and cancer communication[J]. *Journal of Communication*, 2006, 56(S1): 163-183.

表 7-4　　　　　　　媒介效果研究高频被共引文献

频次	中心度	Sigma	作者	时间	标题	半衰期
25	0	1	Slater, Michael D	2007	Reinforcing Spirals: The Mutual Influence of Media Selectivity and Media Effects and Their Impact on Individual Behavior and Social Identity, 强化螺旋：媒介选择和媒介效果的相互影响及其对个人行为和社会认同的影响	5
23	0	1	Emily Moyer-Gusé	2008	Toward a Theory of Entertainment Persuasion: Explaining the Persuasive Effects of Entertainment-Education Messages, 娱乐劝服理论：娱乐-教育讯息的劝服效果	5
17	0	1	W. Lance Bennett, ShantoIyengar	2008	A New Era of Minimal Effects? The Changing Foundations of Political Communication, 微效果的新时代？政治传播基础的变化	6
15	0	1	R. Kelly Garrett	2009	Politically Motivated Reinforcement Seeking: Reframing the Selective Exposure Debate, 政治动机强化信息搜寻：重新框定选择性曝光争论	5
14	0	1	Mary Beth Oliver, Anne Bartsch	2010	Appreciation as Audience Response: Exploring Entertainment Gratifications Beyond Hedonism, 作为受众反应的欣赏：探究超越享乐主义的娱乐满足	4
14	0	1	Hayes AF	2013	Introduction to mediation, moderation, and conditional process analysis, 中介、适度、条件过程分析导论	3

续表

频次	中心度	Sigma	作者	时间	标题	半衰期
14	0	1	Mary Beth Olive	2008	Tender Affective States as Predictors of Entertainment Preference,作为娱乐偏好预测因素的温和情绪状态	6
13	0	1	Mary Beth Olive, Bartsch, Anne	2011	Appreciation of Entertainment: The Importance of Meaningfulness via Virtue and Wisdom,娱乐的赞赏：借助于美德和智慧之意义的重要性	3
13	0	1	DC Mutz	2006	Diana C. Mutz, Hearing the Other Side: Deliberative Versus Participatory Democracy,聆听另一面：审议式民主与参与式民主	4
13	0	1	Emily Moyer-Gusé, RL Nabi	2010	Explaining the Effects of Narrative in an Entertainment Television Program: Overcoming Resistance to Persuasion,电视娱乐节目中叙事效果探究：克服反抗到劝服	4
13	0	1	Preacher KJ	2008	Asymptotic and resampling strategies for assessing and comparing indirect effects in multiple mediator models,评估和比较多重中介模式里间接效果之渐进和重新取样策略	5
12	0	1	R Busselle, H Bilandzic	2008	Fictionality and Perceived Realism in Experiencing Stories: A Model of Narrative Comprehension and Engagement,体验故事中的虚构性和感知现实主义：一个叙事、理解和参与的模型	6

续表

频次	中心度	Sigma	作者	时间	标题	半衰期
11	0	1	S Iyengar, KS Hahn	2009	Red Media, Blue Media: Evidence of Ideological Selectivity in Media Use, 红色媒体和蓝色媒体：媒介使用中意识形态选择的证据	5
11	0	1	CA Anderson, A Shibuya, N Ihori	2010	Violent video game effects on aggression, empathy, and prosocial behavior in Eastern and Western countries: A meta-analytic review, 东西方国家中暴力视频游戏对攻击行为、同理心和亲社会行为的影响：元分析回顾	5
10	0	1	Green MC	2004	Narratives and Cancer Communication, 叙事和癌症传播	7
10	0	1	JP Dillard, L Shen	2005	On the Nature of Reactance and its Role in Persuasive Health Communication, 感应抵抗的本质及其在劝服健康传播中的作用	5
10	0	1	NJ Stroud	2010	Polarization and Partisan Selective Exposure, 极化和党派选择性接触	5

第四节 研究机构与研究地域

学术机构图谱(见图7-6)直观地呈现出研究机构及合作程度的基本情况。图7-6中具有紫色外圈的高中介性机构在研究合作上表现较为突出。大学是媒介效果研究的聚集地，俄亥俄州立大学、密歇根州立大学、威斯康辛大学和阿姆斯特丹大学是研究合作最密切的机构，也是成果最为丰硕的研究机构。其中，俄亥俄州立大学独领风骚，不容小觑(见表7-5)。这表明西方从事效果研究的机构之间具有较高的学术合作度。密切的学术合作不仅展现了研究的开放性，而且有利于资源和成果的共享及传播。

第七章 西方媒介效果研究的知识图谱(2007—2016) 173

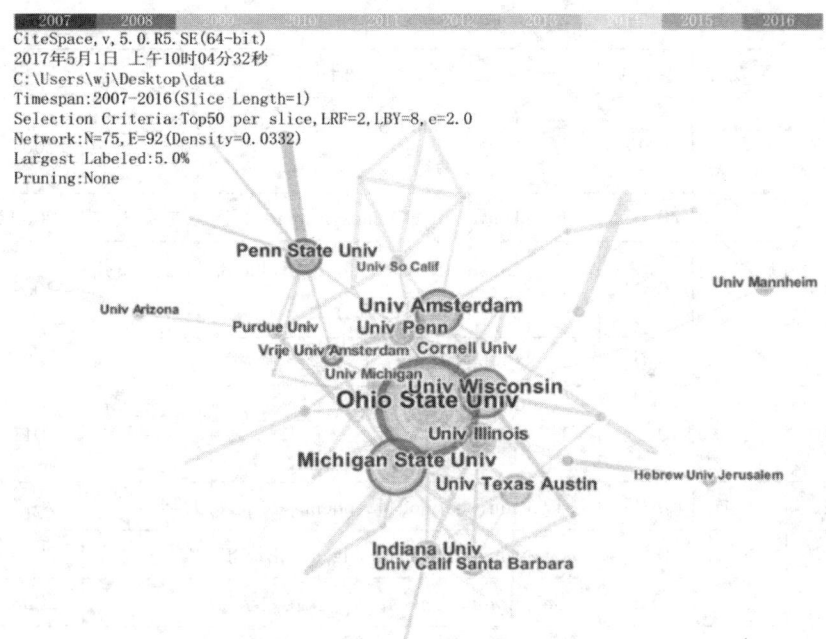

图 7-6 媒介效果研究机构分布知识图谱

结合表 7-5 中的突发性检测数据来看，密歇根州立大学、威斯康辛大学、曼海姆大学、普渡大学分别在 2007 年、2014 年、2008 年呈现出了较高的突发性，意味着这几所大学在发文量上有显著提升。这在一定程度上反映了他们对媒介效果研究的重视，同时也标志着媒介效果研究新高地的崛起。

表 7-5 媒介效果研究机构分布知识图谱

频次	突发性	中心度	Sigma	研究机构	年份
48		0.33	1	Ohio State University，俄亥俄州立大学	2007
29	3.06	0.15	1.53	Michigan State University，密歇根州立大学	2007
24	3.89	0.16	1.76	University of Wisconsin，威斯康辛大学	2007
24		0.12	1	University of Amsterdam，阿姆斯特丹大学	2007
19		0.05	1	Indiana University，印第安纳大学	2007
19		0.08	1	University of Illinois，伊利诺伊大学	2008
18		0.06	1	University of Texas-Austin，得克萨斯大学奥斯汀分校	2009

续表

频次	突发性	中心度	Sigma	研究机构	年份
18		0.17	1	Pennsylvania State University，宾夕法尼亚州立大学	2007
17		0.05	1	University of Pennsylvania，宾夕法尼亚大学	2009
15		0.02	1	University of California-Santa Barbara，加州大学圣特巴巴拉分校	2009
14		0.03	1	Cornell University，康奈尔大学	2009
10		0.11	1	Vrije Universiteit Amsterdam，阿姆斯特丹自由大学	2011
10	3.4	0.05	1.17	University of Mannheim，曼海姆大学	2014
9		0.05	1	University of Michigan，密歇根大学	2010
9	3.51	0.1	1.38	Purdue University，普渡大学	2008
8		0	1	Hebrew University of Jerusalem，以色列希伯来大学	2007

从研究地域分布来看，表 7-5 中发文量前 15 的研究机构中，除了荷兰的阿姆斯特丹大学和阿姆斯特丹自由大学、德国的曼海姆大学、以色列的希伯来大学以外，全部为美国的大学。换言之，美国依旧是媒介效果研究的重地。

从图 7-7 研究者的国籍来看，美国学者最多，其次是德国、英国、荷兰、以色列、瑞士、韩国、澳大利亚。其中，美国学者合著文献发表量高达 411 篇，相当于其他所有国家发表文献量的总和。荷兰、英国、德国三者并驾齐驱，是欧洲媒介效果研究的代表。以色列则成为中东的代表。在亚洲，韩国在媒介效果研究领域的崛起值得关注。非洲与拉丁美洲则建树较少。

总体而言，媒介效果研究呈现东西不平衡和南北不平衡的特点。欧美发达国家始终是媒介效果研究的中心，尤其是美国，其霸主地位暂时难以撼动。作为后起之秀的亚洲和中东也在奋起直追，试图融入媒介效果研究的主流话语中。

基于分析样本的局限，以上论述难免挂一漏万；基于归纳与叙述的方便，以上分类难免失之偏颇，因为有些文章可以跨到多个议题之下，难以简单判定归属。但通过对 2007—2016 年六大国际传播学期刊的文献计量

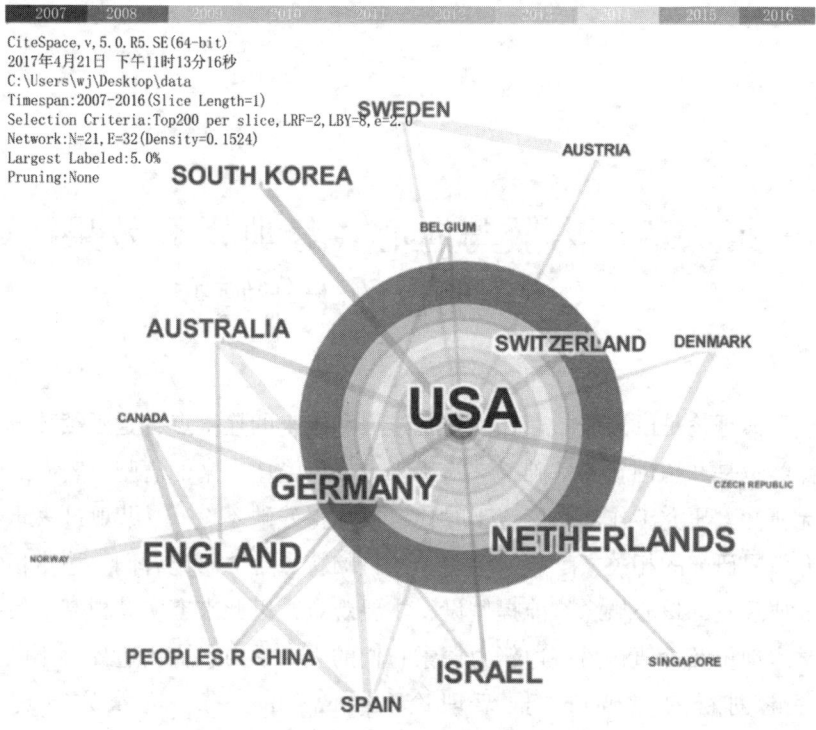

图 7-7　媒介效果研究地域分布知识图谱

分析，仍具有"窥一斑以见全豹"的意义。

过去十年媒介效果研究领域的基本动向是：(1)媒介效果研究一直是传播学研究的重点，占有较高比重，呈现逐年增加的稳定态势；(2)研究热点虽因年而异，变化主要体现在媒介形态上，新媒体成为新的关注焦点，传统媒介在效果研究中风采犹存；(3)政治传播持续发热，成为媒介效果研究的重要议题；(4)东西方媒介效果研究差距依旧，美国大学及学者是主要的研究力量，欧洲紧随其后，亚洲和中东奋起直追；(5)在研究方法上，定量研究多以实验法、调查法、内容分析为主，定性研究则方法较为多样，参与式观察、话语分析、民族志等方法都有涉及。媒介效果研究既紧跟媒介环境的变化，不断拓展研究的广度和深度，又从未丢弃传统路径，可谓是在变与不变之中向前推进。

第八章 离散与向心:经典媒介效果理论的十年嬗变

经典理论是巨人般的存在,它是过去和未来的连接点,是延续传统的载体,也是开拓创新的基础,它为后来者提供瞻望未来的肩膀。若对经典一无所知,研究工作势必落伍于时代,或显得残缺不全。① 纵观过去十年媒介效果研究的相关文献,一个引人注目的特点是,研究者们一边审慎考察经典理论的核心概念、前提假设、主要观点,以此来夯实其根基、维护其学术地位及价值;另一边努力探索它们的生命活力和应用边界,不断寻找理论创新的突破口。框架理论(framing theory)、培养分析理论(cultivation analysis theory)、议程设置(agenda-setting theory)、第三人效果理论(the third-person theory)是这十年间使用率最高的经典理论。审视过去的文献不仅有利于追踪该领域的趋势和模式②,还有助于更好地决定下一步需要涉及的研究。③ 本章将通过梳理与上述经典理论相关的研究论文,以此管窥它们在过去十年间的研究进展。

第一节 框架理论(Framing Theory)

"框架(frame)"的概念最早由葛列格里·贝特森(Gregory Bateson)提出,随后被欧文·戈夫曼(Erving Goffman)进一步拓展,并发扬光大。贝特森认为,"某种程度而言,框架就是元传播(a frame is metacommunicative)。任何

---

① [美]伊莱休·卡茨、[美]约翰·杜伦·彼得斯、[美]泰玛·利比斯、[美]艾薇儿·奥尔洛夫:《媒介研究经典文本解读》,常江,译,北京大学出版社2011年版,第5页。
② Porismita Borah. Conceptual issue in framing theory: A systematic examination of a decade's literature[J]. *Journal of Communication*, 2011, 61(2): 246-263.
③ Porismita Borah. Conceptual issue in framing theory: A systematic examination of a decade's literature[J]. *Journal of Communication*, 2011, 61(2): 246-263.

讯息都或明或暗地定义了一个框架，事实上这是为接收者试图理解包含在这一框架中的讯息提供了指示或帮助。"①戈夫曼则用"框架"概念来考察社会互动过程中现实的建构，"试图理解人们如何组织经验，从而赋予它们特定的意义"②。他还把"框架分析"定义为"一个关于人们在建构社会现实过程中如何交往的研究领域"③。20世纪80年代，框架理论被引入传播学与新闻学研究，并由此产生了"媒介框架"（媒介机构信息处理的组织框架）和"新闻框架"（新闻的选择、加工、新闻文本和意义的建构过程）两个学术概念。④潘忠党基于多位学者的论述把新闻框架的基本理论观点总结为："（1）意义在传播或（交往）的过程中得到建构；（2）传播活动是使用表达载体的社会行动，构成了一个社会的符号生产领域；（3）它发生在由物质生产构成的实体场域；（4）因此受到规范该场域的公共利益原则以及政治与经济的逻辑之间的张力之约；（5）位处特定历史、经济和政治坐标点的社会个体或团体达成其特定理解或意义所遵循的认知和话语的组织原则，就是他们的框架。"⑤他还把新闻框架分析划分为三大范畴：话语（文本为再现的体系）、话语的建构（框架建构的行动及过程）、话语的接收（效果及其心理机制）⑥。

至今，框架概念被提出已逾六十载，框架分析也积累了大量的研究成果。这些研究多采用社会学或社会心理学路径；研究内容基本集中在上述三个范畴中；研究方法多采用内容分析和实验法。但也有学者指出框架分析是一个理论混沌的研究领域⑦，急需理论的澄清和整合。⑧过去十年，框架研究主要聚焦于新闻框架分析，具体的研究内容包括确认新闻框架、分析新闻框架的建构过程及影响因素、探究框架效果的影响、寻找影响框架效果的变量。

一、媒体新闻框架的生产倾向与动因探析

确认框架是研究实证问题的基础。现有文献多数针对所考察的具体

---

① Gregory Bateson. A theory of play and fantasy, In Katie Salen and Eric Zimmerman(Ed). *The Game Design Reader: A Rules of Play Anthology*[M]. London: The MIT Press, 2006: 314-328.
② 潘忠党：《架构分析：一个亟需理论澄清的领域》，载《传播与社会学刊》2006年第1期。
③ 潘忠党：《架构分析：一个亟需理论澄清的领域》，载《传播与社会学刊》2006年第1期。
④ 郭庆光：《传播学教程第二版》，中国人民大学出版社2011年版，第209页。
⑤ 潘忠党：《架构分析：一个亟需理论澄清的领域》，载《传播与社会学刊》2006年第1期。
⑥ 潘忠党：《架构分析：一个亟需理论澄清的领域》，载《传播与社会学刊》2006年第1期。
⑦ 潘忠党：《架构分析：一个亟需理论澄清的领域》，载《传播与社会学刊》2006年第1期。
⑧ 潘忠党：《架构分析：一个亟需理论澄清的领域》，载《传播与社会学刊》2006年第1期。

问题或现象,采用内容分析法来抽取新闻文本中的各种框架。这种研究路径隐含了一种前提假设,即媒体对不同的议题采用不同的框架,并且这些框架就凸显在报道文本中,是可以分析和识别的。例如,有学者以1990—2009年保加利亚举行的7次选举为主题,分析了六家报纸的543条新闻报道,描述了媒体报道经济新闻的框架,并且探讨了主流媒体模式、媒体类型、传播规模、经济改革类型和政治制度特征等因素对报道框架的影响。① 类似研究所涉的议题还包括苏格兰公投、欧元危机、希腊救市协议、土耳其政治危机、埃及暴乱、马来西亚虐童现象等。这些研究以新闻文本为对象,搜寻框架在话语结构中的沉淀,往往不考虑所分析的是什么行动者在什么场景形成的话语,因此很少超越简单的描述。② 此外,也有学者预设新闻框架会因政治、经济、文化及媒介体制的不同而变化,继而通过比较研究来寻找佐证。例如,有学者以瑞典和英国报纸为例,分析了两国媒体在利益欺诈现象这一议题上所使用的报道框架。研究发现了差异,并从政治、经济和文化角度分析了原因。③ 实际上,这些研究者忽视了一个事实:确认框架的原则会影响对框架的识别。

框架生产(frame production)是建构框架的过程,影响该过程的因素包括人、组织结构、媒介体制、符号形态等。有研究着重强调了新闻记者对塑造新闻框架的贡献。因为,"记者们会或多或少地按照自己的解释来排列文章。在考察新闻框架的构建时,不得不考虑一个复杂的混合了个人、组织、社会多种因素的影响。"④ 还有研究发现公营媒体与私营媒体在报道同类议题时设定了不同的框架,从而证明媒体所有制会影响政治新闻报道框架。⑤ 也有学者在反思框架生产的已有文献后提出,框架生产是多个行动者和多种因素共同作用的结果,除非对他们进行全面分析,否则难以完

---

① Petia Kostadinova, Daniela Dimitrova. Communicating policy change: Media framing of economic news in postcommunist Bulgaria[J]. *European Journal of Communication*, 2012, 27 (2): 171-186.
② 潘忠党:《架构分析:一个亟需理论澄清的领域》,载《传播与社会学刊》2006年第1期。
③ Ragnar Lundström. Framing fraud: Discourse on benefit cheating in sweden and the UK[J]. *European Journal of Communication*, 2013, 28(6): 630-645.
④ Michael Brüggemann. Between frame setting and frame sending: How journalists contribute to news frames[J]. *Communication Theory*, 2014, 24(1): 61-82.
⑤ Kevin Rafter, Roddy Flynn, Iain Mcmenamin, Eoin O'Malley. Does commercial orientation matter for policy-game framing? A content analysis of television and radio news programmes on public and private stations[J]. *European Journal of Communication*, 2014, 29(4): 433-448.

整地理解框架理论。①

二、框架效果的持续验证及其影响因素

考察框架效果是框架分析的关键问题之一。② 已有研究表明框架能影响人们的认知、情绪、判断、态度、决策和行为。比如，有研究发现，新闻框架没有直接改变受众对议题的观点，但确实改变了他们对相关问题之重要性的判断。③ 安妮·科妮莉亚·克鲁恩（A. C. Kroon）等人的研究就揭示了欧洲新闻媒体关于少数族群罗姆人的报道框架反映并强化了人们对该群体既有的刻板印象。④ 尤利乌斯·莱尔斯（J. M. Riles）等研究者还发现新闻框架可以影响人们对疾病的看法。⑤ 汉斯·马梯阿斯·凯普令格（H. M. Kepplinger）等通过分析大众媒体关于公众人物丑闻的报道，证实媒体框架影响了受众对被报道对象的看法和态度。人们会利用个体框架来处理媒体内容，并根据媒体线索补充零碎的媒体框架以生成一致的印象。⑥ 拉勒米·D. 泰勒（L. D. Taylor）的实验研究证明，媒体内容会影响女性对浪漫关系及性伴侣特质的偏好。⑦ 还有研究表明，新闻框架可以引起愤怒和悲伤。

分析影响框架效果的诸多变量也是框架研究的重要议题。研究者发现议题重要性、受众性别、情绪、框架复杂性等都会影响框架效果。越来越多的研究致力于分析哪种个人变量和语境变量会增强、限制或者消除新闻框架效果，但忽视了一个基本问题：框架效果是否取决于利益攸关的议题。通过实验研究，有学者发现重要性程度高（high-importance）的问题不

---

① Porismita Borah. Conceptual issue in framing theory: A systematic examination of a decade's literature[J]. *Journal of Communication*, 2011, 61(2): 246-263.
② 潘忠党:《架构分析：一个亟需理论澄清的领域》,载《传播与社会学刊》2006年第1期。
③ Nam-Jin Lee, Douglas M. Mcleod, Dhavan V. Shah. Framing policy bebates: Issue dualism, journalistic frames, and opinions on controversial policy issues[J]. *Communication Research*, 2008, 35(5): 695-718.
④ Anne Cornelia Kroon, Alena Kluknavská, Rens Vliegenhart, Hajo G. Boomgaarden. Victims or perpetrators? Explaining media framing of roma across Europe[J]. *European Journal of Communication*, 2016, 31(4): 375-392.
⑤ Julius M. Riles, Angeline Sangalang, Ryan J. Hurley, David Tewksbury. Framing cancer for online news: Implications for popular perceptions of cancer[J]. *Journal of Communication*, 2015, 65(6): 1018-1040.
⑥ Hans Mathias Kepplinger, Stefan Geiß, Sandra Siebert. Framing scandal: Cognitive and emotional media effects[J]. *Journal of Communication*, 2012, 62(4): 659-681.
⑦ Laramie D. Taylor. Cads and Dads on Screen: Do media representations of partner scarcity affect partner preferences among college-aged woman?[J]. *Communication Research*, 2012, 39(4): 523-542.

会产生框架效果,重要性程度低(low-importance)的则会产生重大的框架效果。议题重要程度在语境和个人层面都发挥调节作用。① 还有研究证实,性别是减损-增益框架效果(gain versus loss framing effect)的调节因素。通过把性别和减损框架、增益框架结合起来,研究者考察了它们对行为的影响。结果表明,男性和女性在处理同一个健康讯息时具有不同的细化深度,对增益-损失框架有不同感知,进而也表现出不同的行为意向。② 此外,还有学者关注了框架效果的时效问题。有研究发现,框架效果的持续性取决于个体的政治知识水平:框架效果在拥有中度政治知识水平的人身上最持久,在政治知识水平较高和较低的人身上则消退较快。该研究还证明,暴露于重复的框架并没有系统地加强对意见形成的影响。然而,当两次曝光之间的延迟很短时,框架效果会变强。③

三、反思与展望:急需优化的研究设计

虽然框架理论吸引了众多不同学科背景的学者,与之相关的研究多不胜数,但是该理论也面临着诸多批评。有学者发现框架研究越发集中在讯息设计(message design)和特殊框架上,关于框架生产和混合框架的研究则数量有限。还有学者严厉批评大部分研究者对框架(frame)和架构(framing)不加区分,导致了概念上的困惑和含糊。另外,由于现有研究偏好心理学理论及其研究方法,忽视了关于新闻生产和新闻受众的社会学研究,丢失了权力(power)这一重要概念。④ 波利米塔·博拉(Porismita Borah)提供的研究数据就佐证框架理论研究日趋窄化的趋势。通过对1997年至2007年93家期刊的379篇框架研究文献进行内容分析,博拉勾勒了框架研究的基本情况:在研究方法上,61.5%的研究采用了内容分析法,实验法紧随其后占19.8%,纯理论阐述的文献占7.4%;在框架类型上,49.1%的论文采用了独一无二的框架(unique frames),32.9%的论文采用了持续不变的框架(consistent frames),两者都采用了的占6.4%,还有11.6%的论文采用了"架构包"(framing packages);2.3%的框架论文研

---

① Sophie Lecheler, Claes de Vreese, Rune Slothuus. Issue importance as a moderator of framing effects[J]. *Communication Research*, 2009, 36(3): 400-425.
② Hyo Jung Kim. The effects of gender and gain versus loss frame on processing breast cancer screening messages[J]. *Communication Research*, 2012, 39(3): 385-412.
③ Sophie Lecheler, Vreese de C.. What a difference a day makes? The effects of repetitive and competitive news framing over time[J]. *Communication Research*, 2013, 40(2): 147-175.
④ Rens Vliegenthart, Liesbet van Zoonen. Power to the frame: Bringing sociology back to frame analysis[J]. *European Journal of Communication*, 2011, 26(2): 101-115.

究了框架的生产过程；3.7%的论文认为框架理论和第二层议程设置可以互相替换；3.2%的论文检测了混合框架(mixed frames)；23.8%的论文研究了框架效果的调节变量(moderators)、8.8%的论文研究了中介变量(mediators)、2.2%的论文对两者都进行了检测，65.5%的实验和调查研究并未分析任何调节或中介变量来检测框架效果。针对框架理论的现状，学者们在表达审慎的担忧之余，呼吁并主张未来应该从更广的视角理解架构(framing)，以推进理论的发展，并且允许多种定义和方法论得以成长。①

第二节 培养分析理论(Cultivation Analysis Theory)

培养分析理论(又称为涵化理论)由美国学者乔治·格伯纳及其合作者提出。伯纳等人用"培养"(cultivation)一词描述收视行为对观众感知社会现实产生的独立影响。② 该理论在感知信仰和媒介之间构建了一种假设，认为大众传播尤其是电视会培养某种关于现实的信仰，这种信仰被大众传播的消费者作为常识接受。它预测并揭示了媒体讯息消费对人们的感知、理解和信仰所造成的长期影响。③ 具体而言，它认为，电视观众有关社会现实的观念更接近于电视所表述的符号现实，而非客观现实，这种倾向在重度收视者身上更为明显。④ 因为电视的图像主导着观众的信息来源，直接经验(direct experience)、主流化过程(the process of mainstreaming)、共鸣(resonance)等都是影响培养的变量⑤。

培养分析理论诞生于有限效果论占据主流的20世纪70年代，不少学者认为它是强效果理论的回光返照⑥。它最初用于考察电视暴力内容对受众感知的影响，逐渐成为媒介暴力研究领域的经典理论。梳理过去十年关于培养分析理论的文献发现，它依旧是学者们开展媒介暴力研究时征用最

---

① Porismita Borah. Conceptual issue in framing theory: A systematic examination of a decade's literature[J]. *Journal of Communication*, 2011, 61(2): 246-263.
② 郭中实:《涵化理论:电视世界真的影响深远吗?》，载《新闻与传播研究》1997年第6期。
③ [美]理查德·韦斯特、[美]林恩·H.特纳:《传播理论导引:分析与应用(第二版)》，刘海龙，译，中国人民大学出版社2007年版。
④ 郭中实:《涵化理论:电视世界真的影响深远吗?》，载《新闻与传播研究》1997年第6期。
⑤ George Gerbner. Cultivation analysis: An overview [J]. *Mass Communication and Society*, 1998, 1(3-4): 175-194.
⑥ 刘晖:《略论培养分析的矛盾性与理论修正》，载《当代传播》2011年第3期。

多的理论。事实上，它不仅频繁地出现在有关新旧媒体暴力的分析中，还出现在政治传播和健康传播研究中。培养分析效果的影响、心理机制、影响变量、研究方法创新等依旧是学者们主攻的研究内容。

一、从"涵化"到行为：媒介暴力研究的争议与演进

随着网络、手机等新媒介的出现，电视的主导地位遭到了挑战。虽然前者深受年轻群体的青睐，但后者依旧拥有大批拥趸者。因此，电视暴力研究依旧高潮迭起，并未淡出研究者的视野。有论文沿用培养分析理论经典的研究方法，考察了女性观看电视中的性暴力与现实恐惧性暴力之间的关联。对546名弗兰德(Flemish)妇女的随机抽样调查发现两者存在间接关系。研究还表明，对性暴力的恐惧是通过感知风险、知觉控制和感知严重性来预测的。① 但是，也有论文质疑了电视暴力与社会暴力之间的相关性。通过对1960年至2002年发表的57篇以美国电视黄金段节目中暴力内容为主题的论文进行元分析，结果发现，在20世纪70年代，暴力内容的频率逐渐增加与暴力犯罪率上升相匹配，这使得电视暴力可能被认为是一个可靠的文化指标。但是在其他时间段，电视暴力不能看作预测社会暴力的准确指标。② 类似的结论在电影暴力研究中也得到了证实。帕特里克·M. 马基(Patrick M Markey)等人注意到，电影中的暴力在过去几十年中有了大幅度增加。他们试图分析这种增长是否与现实暴力行为的严重趋势有关。通过对1960年至2012年间的电影进行内容分析，并把媒介暴力指数与现实中的凶杀和严重殴打比率进行了对比，纵向研究发现电影暴力与现实凶杀和恶性攻击率之间呈不显著的负相关性。在对不同的额外变量进行控制时，这种不显著的负相关性依然存在。这意味着，媒介暴力并没有影响现实暴力犯罪的趋势。为此，研究者们呼吁，在推广媒介暴力研究时，必须谨慎。③ 除了关注传统的电视，还有学者把视线转向了电影、DVD、互联网新媒体。安德鲁·J. 韦弗(A. J. Weaver)等对网络娱乐中的暴力行为进行内容分析发现，YouTube上的暴力节目数量比电视少得多，

---

① Kathleen Custers, Jan Van den Bulck. The cultivation of fear of sexual violence in women: Processes and moderators of the relationship between television and fear[J]. Communication Research, 2013, 40(1): 96-124.

② Amir Hetsroni. Four decades of violent content on prime-time network programming: A longitudinal meta-analytic review[J]. Journal of Communication, 2007, 57(4): 759-814.

③ Patrick M. Markey, Juliana E. French, Charlotte N. Markey. Violent movies and severe acts of violence: Sensationalism versus science[J]. Human Communication Research, 2015, 41(2): 155-173.

但是其暴力内容比电视表现出更现实的后果和更消极的情况。① 这一研究结果驳斥了人们关于"网络上暴力内容更多、更流行"的刻板印象。

媒介暴力对低龄群体的影响始终是培养分析研究的重要议题。事实上，早期研究者在探究电视暴力的影响时，就把儿童列为重要的考察对象。这折射出研究者的预设和担忧，即儿童往往因年龄小而缺乏较高的鉴别力，同时又因极具可塑性而更容易受媒介的影响。从关注儿童身心健康出发，学者们认为有必要揭示伴随他们成长的媒介所具有的潜在坏影响。过去十年，研究者们积累了一些有价值的研究发现，其中，有学者着重分析了儿童所接受媒介讯息的特征。尼科尔·马丁斯（N. Martins）和芭芭拉·威尔森（B. J. Wilson）对最受2至11岁儿童欢迎的50个电视节目中的社会攻击行为进行了内容分析，发现社会攻击性的施加者在这些节目中很普遍。这些电视节目中的攻击行为往往由一个较有吸引力的人发起，并将之置于幽默的语境中，以获得戏剧化的娱乐效果，对此类攻击行为应施与的奖惩则毫无体现。为此，研究者敦请家长留意电视节目中的暴力内容，并提醒家长不应该因为节目中不包含身体暴力就想当然地认为可以给孩子观看。因为不太显性的暴力内容也可能鼓励孩子做出破坏性的残忍行为。② 莎拉·柯因（S. M. Coyne）和艾米丽·怀特黑德（E. Whitehead）对迪斯尼儿童动画影片的分析也得出了类似的结论。③ 马丁斯和威尔森的另一项调查在500名儿童中展开，以检验儿童对社会攻击性信息的接触、使用与其在校攻击性行为之间的关系。该研究证明，观看具有攻击性色彩的电视节目能导致小学生在学校里效仿此类行为。研究还发现，对社会攻击性信息的接触和使用具有性别差异。对社会攻击性信息的接触能显著提高女孩对此类信息的使用强度。男孩和女孩在身体和社会攻击的频率上也表现出差异，男孩更有可能表现出身体上的侵犯，女孩更容易表现出社会攻击（social aggression）。④ 此外，还有一类研究把焦点放在了媒介讯息对儿童认知、情绪和行为的影响上。有研究通过元分析探究了恐怖电视和电影

---

① Andrew J. Weaver, Asta Zelenkauskaite, Lelia Samson. The (non)violent world of YouTube: Content trends in web video[J]. *Journal of Communication*, 2012, 62(6): 1065-1083.
② Nicole Martins, Barbara J. Wilson. Mean on the screen: Social aggression in programs popular with children[J]. *Journal of Communication*, 2012, 62(6): 991-1009.
③ Sarah Coyne, Emily Whitehead. Indirect aggression in animated Disney films[J]. *Journal of Communication*, 2008, 58(2): 382-395.
④ Nicole Martins, Barbara J. Wilson. Social aggression on television and its relationship to children's aggression in the classroom[J]. *Human Communication Research*, 2012, 38(1): 48-71.

对儿童内在情绪(恐惧、焦虑、悲伤和睡眠问题)的影响。结果发现,恐怖电视对儿童内在情感的影响相对较小,但是年龄是个重要变量,10岁以下的儿童更容易害怕恐怖电视。①

二、跨领域与跨地区:培养效果的实证拓展

除了把培养分析理论应用于媒介暴力研究上,学者们还把研究主题扩展到了媒介内容对癌症认知、国外移民印象、少数族群印象等方面的影响上。这一方面检验了信息与认知之间的关系,另一方面也印证了培养效果的存在。例如,有论文关注了新闻报道和移民问题,作者发现本地媒体对外来移民的报道影响了当地居民对移民群体的包容性和接纳度。②还有学者声称,本地电视新闻对癌症的报道影响了观众对宿命论的信仰。他们提出,电视内容的总体模式很可能塑造社会信仰,但是特定的内容类型可能比其他类型的内容更具影响力。③

还有学者把培养分析理论应用到美国之外的地区,检验了该理论在不同文化语境下的适用性。例如,有研究者在日本考察了电视对观众关于传统性别角色态度的影响。该研究在东京进行的抽样调查结果表明:培养效果的方向及强度在不同的亚群体(subgroups)之间存在差异。即使在控制了几个相关变量之后,许多受访者(如女性、高学历受访者或政治温和派)对性别角色持有更传统的态度都与电视观看有关联。因此,在这些亚群体中的研究结果支持了培养效果的一般假设。然而,在男性受访者和教育程度低的群体中,上述培养效果关系是不存在的。更有趣的是,在男性政治保守派中,重度收视与持有更加平等的性别角色态度有关。如此看来,电视似乎解放了(liberate)最保守的群体。具有讽刺意味的是,看似最有可能主动改变现状(通常是男性文化霸权)的女性似乎支持既有现状。这并不意味着电视功能完全维护现状,相反,若是没有电视这一媒介,许多自电视引入日本之后所发生的社会变迁就不会实现。与培养理论研究者声称电视最重要的功能是意识形态社会控制这一观点不同,开展该研究的学者认为应该继续调查电视可能(无意,unintentional)的影响,以减缓社

---

① Laura J. Pearce, Andy P. Field. The impact of scary TV and film on children's internalizing emotions: A meta-analysis[J]. *Human Communication Research*, 2016, 42(1): 98-121.

② Kelly McKay-Semmler, Shane Semmler, Young Yun Kim. Local news media cultivation of host receptivity in PlainStown[J]. *Human Communication Research*, 2014, 40(2): 188-208.

③ Jeff Niederdeppe, Erika Franklin Fowler, Kenneth Goldstein, James Pribble. Does local television news coverage cultivate fatalistic beliefs about cancer prevention? [J]. *Journal of Communication*, 2010, 60(2): 230-253.

会变化。① 另外，保罗·赖特(P. J. Wright)等人对来自7个国家的11个不同研究进行元分析，考察了色情消费与性攻击行为之间的关联。结果表明，性侵与色情消费相关的证据在对美国及其他国家的男性和女性中开展的交叉和历时研究中被发现。色情消费与言语攻击、身体性攻击行为之间存在显著关系，前者的关联比后者的关联更强。整体模式的结果显示，暴力内容可能是一个恶化因素(an exacerbating factor)。作者们指出，与所有行为一样，性侵犯是由多种因素引起的，许多色情消费者并没有性侵犯行为。但是，积累的数据毫无疑问地表明，平均而言，消费色情信息更频繁的个体比不消费或消费较少的个体相比，更可能抱持有利于性侵的态度(hold attitudes conducive to sexual aggression)，更有可能参与现实的性侵行为。②

三、概念的维护与革新：培养分析研究的多元演变

虽然培养分析理论至今仍备受学者青睐，积累了大量研究成果，但是，其也面临诸多质疑和挑战。詹姆士·波特批判性地分析了已有的相关文献，发现培养理论研究逐渐突破和逾越了格伯纳最初设想的界线。首先，"培养"的概念发生了变化，现有文献呈现出了三种不同的定义：第一种是由伯格纳提出并终生维护的定义；第二种定义源于研究者所使用的操作实践模式；第三种定义则从一般社会化视角来操作，在探讨媒体影响个人的各种方式时基本忽视了伯格纳所提出的概念化观点。其次，研究逐渐从宏观层面缩减到微观层面，从长时间考察转变为短时期检测，对意义的分析也逐渐从讯息转移到接收者。再次，研究思路也发生了变化。伯格纳主张先进行讯息系统分析以确定广泛的意义，然后再用这些意义来指导培养指标的建构。但与之相反，培养研究的新分支主张先建构一个多样的培养指标，然后检测哪个指标与重度收视最相关，再把最强关系作为培养效果的证据。除此以外，越来越多的研究采用一种认知路径来检测人们如何记住媒介讯息，并利用这些记忆来建构他们对培养指标的反应。波特总结指出，虽然培养分析理论激发了大量检验其观点的测试，但是它们忽视

---

① Shinichi Saito. Television and the cultivation of gender-role attitudes in Japan: Does television contribute to the maintenance of the status quo? [J]. *Journal of Communication*, 2007, 57(3): 511-531.
② Paul J. Wright, Robert Tokunaga, Ashley Kraus. A meta-analysis of pornography consumption and actual acts of sexual aggression in general population studies[J]. *Journal of Communication*, 2016, 66(1): 183-205.

了制度分析，忽视了伯格纳解释的系统本质，未能产生更多超越简单计算的讯息系统分析来参与具有决定意义的更有挑战的任务，未能产生更多超越交叉调查的培养分析测试来检测时间的作用，也未能产生超越描述研究结果的文献回顾来发现建构意义的综合模式。① 即便如此，波特还是认为，作为一个解释媒介效果切实可行的系统，如果培养分析理论把它的核心观点精确地表述清楚，并且激发研究者去验证，它依旧有潜力向前发展。

第三节 议程设置理论（Agenda-setting Theory）

议程设置的理念是由麦克斯韦·麦库姆斯（M. E. McCombs）和唐纳德·肖（D. L. Shaw）在《大众媒介的议程设置功能》（*The Agenda-Setting Function of Mass Media*）一文中明确提出。该理论假设：大众媒体为每一次政治选举设置议程，并且影响公众对政治议题显要性的态度。② 它认为，大众传播具有一种为公众设置"议事日程"的功能，传媒的新闻报道和信息传达活动以赋予各种"议题"不同程度的显著性的方式，影响着人们对周围世界的"大事"及其重要性的判断。③

议程设置理论提出后，包括原创者在内的众多学者为该理论积累了丰富的实证研究证据，拓展了它的内涵和边界，为其持续注入了源源不断的生命力。历经40多年的发展，它已经逐渐进化成一个宽泛的理论（a broad theory），并且在基础议程设置（basic agenda setting）、属性议程设置（attribute agenda setting）、网络化议程设置（network agenda setting）、导向需求、议程设置效果、媒介议程的根源、议程融合（agenda melding）七个不同方面均有发展。其中，导向需求、网络化议程设置和议程融合是时下研究较为活跃的领域。④ 麦库姆斯、肖和韦弗认为，议程设置的现有研究仍然在持续构筑理论基础，并且呈现出两大趋势：一是离心趋势，即超越最初聚焦公共事务的局限，关注对象逐渐向外扩展到其他领域；二是向心

---

① W. James Potter. A critical analysis of cultivation theory [J]. *Journal of Communication*, 2014, 64(6): 1015-1036.
② Maxwell Mccombs, Donald L. Shaw. The agenda-setting function of mass media [J]. *Public Opinion Quarterly*, 1972, 36 (2): 176-187.
③ 郭庆光：《传播学教程（第二版）》，中国人民大学出版社2011年版，第194页。
④ Maxwell Mccombs, Donald L. Shaw, David H. Weaver. New directions in agenda-setting theory and research [J]. *Mass Communication and Society*, 2014, 17(6): 781-802.

趋势，即进一步明确议程设置理论的核心概念。①

一、研究范畴横向拓展：从政治传播到文化研究

议程设置研究"离心"趋势的表现之一是把该理论从政治传播应用到文化研究中。有研究者在艺术电影市场的语境下检测了议程设置假说，发现第一级和第二级议程设置效果适用于文化市场。② 还有学者尝试在文化组织的语境中检测第一级议程设置效果。研究者以希腊文化市场为背景，假设在报纸上曝光率较高的博物馆比曝光率较低的博物馆有更多的客流量。控制了几个变量（如旅游的季节性、组织的管理类型、类似2004年夏季奥运会这样的一次性事件和博物馆首创的推广）后，该研究证实，议程设置假设适用于希腊文化市场。③ 这两项研究不仅为文化议程设置的存在提供了例证，而且扩展了议程设置的研究边界。

议程设置研究"离心"趋势的表现之二是走出美国尝试在不同国家检测议程设置效果的存在，拓宽其地域适用性。有研究者在中国验证了议程设置理论。结合中国特殊的国情和媒介体制，研究者们发现：（1）中国人明确区分个人重要问题（个人议程）和国家重要问题（社会议程）；（2）只有在考虑社会议程时，才能检测到中国媒体的议程设置功能。该研究发现了把公共议程区分为个人议题和社会议题的必要性，即应该区别对待议题的国家重要性和个人重要性。④ 还有学者在瑞典检验了议程设置效果。研究者以2006年瑞典全国选举运动为背景，分析了媒体议程对个人议程的影响。结果表明，新闻媒体的报道对个人判定重要议题起了决定性作用，议程设置效果确实存在。⑤ 同样地，有学者以2006年瑞典议会选举为背景，比较了多渠道接触政治新闻和专门渠道接触政治新闻在感知议题显要

---

① Maxwell Mccombs, Donald L. Shaw, David H. Weaver. New directions in agenda-setting theory and research[J]. *Mass Communication and Society*, 2014, 17(6): 781-802.

② Pavlos C. Symeou, Philemon Bantimaroudis, Stelios Zyglidopoulos. Cultural agenda setting and the role of critics: An empirical examination in the market for art-house films [J]. *Communication Research*, 2015, 42(5): 732-754.

③ Philemon Bantimaroudis, Stelios Zyglidopoulos, Pavlos C. Symeou. Greek museum media visibility and museum visitation: An exploration of cultural agenda setting[J]. *Journal of Communication*, 2010, 60(4): 743-757.

④ Guoliang Zhang, Guosong Shao, Nicholas David Bowman. What is most important for my country is not most important for me: Agenda-setting effect in China[J]. *Communication Research*, 2012, 39(5): 662-678.

⑤ Adam Shehata. Unemployment on the agenda: A panel study of agenda-setting effects during the 2006 Swedish national election campaign[J]. *Journal of Communication*, 2010, 60(1): 182-203.

性方面的预测力。结果证明前者的预测力明显高于后者。研究者进而指出,当所有媒体集体发力时会对公众施加强大的议程设置影响。①

二、研究议题纵向深化:从效果印证到机制探索

议程设置研究的"向心"趋势则集中体现在以下研究中:

第一,议程设置效果的影响。该理论假设在传媒内容与受众认知度之间存在因果关系。② 有研究就检验了议程设置对投票行为的影响,研究者从 2002 年至 2004 年采用面板数据(panel data)对来自美国亚利桑那州、佛罗里达州和科罗拉多州的青少年进行了调查,检测学生参与有关 2002 年竞选活动的公民教育和讨论是否为长远的公民成长提供了推动力。结果表明,议程设置是政治社会化的一个关键内在过程,有助于政治倾向的结晶(crystallization),进而影响对选举的参与程度。③ 还有其他研究者通过检验第二级议程设置和不同类型的政治参与之间的关联,证明议程设置效果在媒体使用和政治参与之间起到了中介作用。④

第二,议程设置效果的解释机制。有研究区分了议程设置效果的两种解释:议程提示(agenda cueing)和议程推理(agenda reasoning),前者指新闻报道中纯粹事实的影响,后者指新闻报道内容提供解释问题重要性的理由之影响。在线的实验研究表明,在前述两种过程中的一个关键中介变量是把关信任(gatekeeping trust),亦即信任媒体基于对问题重要性的判断所作出的报道决定。具体而言,缺乏议程理由(agenda reasons)的纯粹线索更容易影响对媒介把关有较高信任度的人,而有议程理由支撑的线索则对那些持有较低信任度的人更具影响。⑤

第三,新媒介环境下的议程设置。拉舍尔·纽曼(W. Russell Neuman,

---

① Jesper Strömbäck, Spiro Kiousis. A new look at agenda-setting effects——comparing the predictive power of overall political news consumption and specific news media consumption across different media channel and media types[J]. *Journal of Communication*, 2010, 60(2): 271-292.
② 理查德·韦斯特、林恩·H·特纳:《传播理论导引:分析与应用(第二版)》,刘海龙,译, 中国人民大学出版社 2007 年版,第 386 页。
③ Spiro Kiousis, Michael McDevitt. Agenda setting in civic development: Effects of curricula and issue importance on youth voter turnout[J]. *Communication Research*, 2008, 35(4): 481-502.
④ Soo Jung Moon. Attention, attitude and behavior: Second-level agenda-setting effects as a mediator of media use and political participation[J]. *Communication Research*, 2013, 40(5): 698-719.
⑤ Raymond J. Pingree, Elizabeth Stoycheff. Differentiating cueing from reasoning in agenda-setting effects[J]. *Journal of Communication*, 2013, 63(5): 852-872.

et. al)等研究者利用新兴的"大数据"来探索传统媒体和社交媒体议程之间的关系。他们发现议程设置不是从传统媒体到大众的单向模式,而是一种复杂和动态的互动。大量证据证明社交媒体所反映的公共议程并没有被传统新闻媒体提供的新闻议程所锁定或机械地联系在一起。社交媒体提供了充分的证据表明他们对特定问题的关注和问题的框架并未盲目依赖,而是相当独立于传统媒体、官方机构发言人和专业新闻组织的声音。[1] 这一研究发现与肖的观点不谋而合。肖认为议程设置理论正在吸纳所有媒体,它不仅依然能用于解释传统媒体,同样可以用于观测新媒体。而且新老媒体常常共同运作,传统媒体倾向于提供关于我们思考什么的重要观点,而新媒体提供了如何思考的方式。[2]

第四,议程融合和网络化议程设置。前者探究人们把媒体的公民议程(civic agenda)和重要参考社区(valued reference communities)融入个人观点和经验中来创造一个满意的世界图景的方法,后者研究事物或属性的网络化媒介议程对事物或属性显要性的网络化公众议程的影响,是第三级议程设置(the third level of agenda setting)。[3] 克里斯·瓦戈(C. J. Vargo)等人通过运用一系列计算机科学方法,对 Twitter 上的大型数据进行分析,发现了支持议程融合的证据,并进一步验证了网络化议程设置(NAS)模型。[4]

另外,有论文对 1996 年至 2005 年主要传播学术刊物的议程设置研究文献进行了分析,勾勒了该理论的知识图谱。[5] 作者发现,主流传播学杂志如《新闻与大众传播季刊》(Journalism & Mass Communication Quarterly)《政治传播》(Political Communication)《传播学理论》《传播学期刊》和《国际舆论研究期刊》(International Journal of Public Opinion Research)为议程设置理论研究提供了重要平台,成为其主要的研究阵地。17 家学术刊物上发表的 175 篇论文成为 1996 年至 2005 年议程设置研究的重要引文来源。该

---

[1] W. Russell Neuman, Lauren Guggenheim, Mo Jang, Soo Young Bae. The dynamics of public attention: agenda-setting theory meets big data[J]. *Journal of Communication*, 2014, 64(2): 193-214.
[2] 袁潇:《数字时代议程设置理论的嬗变与革新——专访议程设置奠基人之一唐纳德·肖教授》,载《国际新闻界》2016 年第 4 期。
[3] Maxwell Mccombs, Donald L. Shaw, David H. Weaver. New directions in agenda-setting theory and research[J]. *Mass Communication and Society*, 2014, 17(6): 781-802.
[4] Chris J. Vargo, Lei Guo, Maxwell Mccombs, Donald L. Shaw. Network issue agendas on twitter during the 2012 U. S. presidential election[J]. *Journal of Communication*, 2014, 64(2): 296-316.
[5] Zixue Tai. The structure of knowledge and dynamics of scholarly communication in agenda setting research, 1996-2005[J]. *Journal of Communication*, 2009, 59(3): 481-513.

文还指出，有明确的证据表明麦库姆斯和肖在 40 多年前提出的议程设置学术路线一直保持活力，并且富有成效。① 而议程设置研究经久不衰之根本在于，它始终探索一个重要命题：人对其所处之社会环境的感知过程。② 该理论的一大优势是具有高度灵活性，因为"它的过程可以通过多种方式与数据来呈现"③。但是，也有研究者认为应该谨慎思考议程设置的边界问题，因为他们担忧研究范围不断扩张以至于脱离了最初的理论假设④。

第四节　第三人效果理论(The Third-person Effect)

"第三人效果"假说最早由美国哥伦比亚大学社会学者菲力普斯·戴维森提出。1983 年，他在《传播中的第三人效果》(The third-person effect in communication)一文提出：人们倾向于高估大众传播对他人态度和行为施加的影响⑤。具体而言，"人们在判断大众传播的影响力之际存在着一种普遍的感知定势，即倾向于认为大众媒介的信息对'我'或'你'未必有多大影响，但是会对'他'人产生不可估量的影响。由于这种感知定势的作用，大众传播的影响和效果，通常不是在传媒指向的表面受众中直接发生的，而是通过与他们相关的'第三人'的反应行为实现的。即在评价大众传播的影响之际，通常会认为最大效果不是发生在自己身上，而是发生在'他人'身上。"⑥有必要强调的是第三人效果不是一个关于公众舆论的理论，而是一个关于感知舆论及其影响的一个假设或一系列断言。⑦ 它代表了一种理解媒介效果的独特路径，因此吸引了众多传播学者的关注。

---

① Gerald Stone, Maxwell Mccombs. Tracing the time lag in Agenda-Setting[J]. *Journalism & Mass Communication Quarterly*, 1981, 52(1): 51-55.
② [美]韦恩·旺塔、黄懿慧:《新媒体环境下的经典传播理论》，载《传播与社会学刊》2017 年总第 42 期。
③ [美]韦恩·旺塔、黄懿慧:《新媒体环境下的经典传播理论》，载《传播与社会学刊》2017 年总第 42 期。
④ [美]韦恩·旺塔、黄懿慧:《新媒体环境下的经典传播理论》，载《传播与社会学刊》2017 年总第 42 期。
⑤ Phillips W. Davison. The third-person effect in communication[J]. *Public Opinion Quarterly*, 1983, 47(1): 1-15.
⑥ Phillips W. Davison. The third-person effect in communication[J]. *Public Opinion Quarterly*, 1983, 47(1): 1-15.
⑦ Richard M. Perloff., The third person effect: A critical review and synthesis[J]. *Media Psychology*, 1999, 1(4): 353-378.

有学者梳理了 1983 年至 2007 年国外关于第三人效果的研究文献，总结了该理论的主要议题：(1)研究主题涵盖劝服性信息、选举信息、紧跟时事发展的主题、负面媒介信息、有关公共信息、文化差异等；(2)影响第三人效果的因素包括人口及社会经济变量（年龄、教育程度、政党倾向、宗教信仰等）、信息特性（负面信息、公共危机信息等）、信息接触行为（媒体可信度、媒体接触频率等）、受众个人认知特质（预存知识、涉入度等）；(3)解释第三人效果的心理机制包括归因理论框架、乐观性偏见框架、认知基模框架、社会比较框架、自私自利的偏见等；(4)第三人效果的影响：第一类是限制媒介内容进行测量；第二类是其他类型的行为，如节食、移民、支持反恐政策等。①

十年之前，第三人效果研究主要集中于对假设的实证研究、对作用机制的解释、对影响效果强度诸因素的探寻，以及对第三人效果之影响的分析。过去十年内，第三人效果研究的领域疆界并无多大扩展和突破，相反，学者们通过一个又一个具体、精细的研究夯实了该假说的基础，增加了其深度和内涵。

一、第三人效果作用机制的多重检验

第三人效果假说描述了两部分现象(a two-part phenomenon)：首先，在认知层面上，预设讯息影响(presumed message influence)让人们倾向于认为"媒介信息对其他人的影响大于对自己的影响"；其次，这种认知会影响人们在现实中的行为。这也正是该假说的独特之处，即"它不是关于媒介作为一个改变中介(change agent)如何直接影响人们的认知或行为，而是人们如何对感知到的媒介影响进行反应，并且，因此改变他们社会现实的不同方面"②。在理解第三人效果的作用机制方面，有研究从社会比较的角度提供了解释。③ 研究者们假设第三人感知效应可以被视为媒介影响领域中的一种比较社会判断，在社会比较过程中发挥着同化、对比和锚定机制的作用。实验研究证实了他们的假设，结果表明第三人感知有同化、对比效应的功能。同时，锚定效应也确实存在。还有研究首次把自我

---

① 禹卫华、张国良：《传播学在中国 30 年：效果研究的反思与进路——以"第三人效果理论"研究为例》，载《国际新闻界》2008 年第 7 期。
② Ye Sun, Zhongdang Pan, Lijiang Shen. Understanding the third-person perception: Evidence from a meta-analysis[J]. *Journal of Communication*, 2008, 58(2): 280-300.
③ Lijiang Shen, Jason Palmer, Laura Min Mercer Kollar, Sarah Comer. A social comparison explanation for the third person perception[J]. *Communication Research*, 2015, 42(2): 260-280.

强化模式、曝光性假说、自我归类模式结合起来形成了一个综合理解第三人效应的模型。研究者们以性别为变量，通过问卷调查了323个被试者对色情信息的感知和判断。男性认为女性一般会比自己更反感色情，女性认为男性一般会比自己更容易被色情唤起并感到兴奋。男性还认为自己会比一般的女性更容易被色情唤起和感到兴奋，女性则认为自己会比一般的男性更反感和拒绝色情。这项研究为用自我归类（self-categorization）解释第一人和第三人感知提供了强有力的支持，并且为自我归类解释超越曝光假说（exposure hypothesis）和自我强化（self-enhancement）模型提供了有价值的证据。①

第三人效果包含了认知和行为层面的假设，然而自戴维森后，相关实证研究更为关注认知层面的检验，而较少关切行为层面。已有从行为层面进行的实证研究不仅数量少、检测方式不一致，而且"不同研究得出结论显示，传播行为和第三人效果之间的关联性还有待进一步厘清"②。有学者为这一薄弱的研究领域提供了新的例证。他们通过检测第三人感知对审查态度的影响，发现在感知媒介效果中，与他人-自我差异相比，预设对他人的影响是一个预测审查态度的更强因素。③

二、第三人效果强度的实证探索

在寻究影响第三人效果强度的因素方面，学者们发现性别、年龄、基本态度、离散情绪、背景因素都会影响第三人感知效果。有学者对1988年至2005年的73篇论文、135项研究进行了元分析，多层模型分析的结果表明，第三人感知是稳健的，并且不受到研究程序中变量的影响。预设讯息影响的合意性（desirability of presumed message influence）、推论他人的脆弱性（vulnerability of referent others）、把他人描述得与自我很相似（referent others depicted as being similar to self）、在提问中把他人视为媒介内容的受众（others being likely audience of the media content in question）都是显著的调节变量。此项元分析还发现，社会距离（social distance）并不是一个显著的调节变量，而在此前有学者提出社会距离会对第三人效果会产

---

① Lijiang Shen, Jason Palmer, Laura Min Mercer Kollar, Sarah Comer. A social comparison explanation for the third-person perception[J]. *Communication Research*, 2015, 42(2): 260-280.
② 龚新琼：《第三人效果研究的新进展》，载《当代传播》2009年第1期。
③ Sungeun Chung, Shin-Il Moon. Is the third-person effect real? A critical examination of rationales, testing methods, and previous findings of the third-person effect on censorship attitudes[J]. *Human Communication Research*, 2016, 42(2): 312-337.

生重要影响。①

两位学者在118个美国6~7年级的学生样本中检测了第三人感知效果。② 研究者向实验参与者展示了6个特定的游戏（其级别囊括了适合所有人的E级以及只面向成年人的M级），然后询问一些有关电子游戏潜在影响以及青少年是否应被允许玩这些游戏的问题。调查结果显示：当游戏趋于限制级以及问题所提之"他人"年纪较轻时，第三人感知的效果明显增加。此外，父母对电子游戏所制定的规则是青少年感知电子游戏对自我及他人之影响的正变量。奥利弗等人把基本态度作为变量引入第三人感知效果中。③ 他们探索了这样一种观点，即在就媒体对自我和他人的影响进行评估时，个人往往会强化现有态度，而不是认为媒体内容必然会创造或改变态度。研究认为第三人效果至少部分反映出个体判断自己原初态度和他人原初态度的差异，并假设媒介影响并不必然改变态度，而是有可能强化先前的态度和预设。还有论文考察了情绪和文化在第三人效果中的角色。作者通过在线调查研究了对民意调查新闻的第三人感知及其行为后果之间的关系。研究发现，对民意调查新闻的第三人感知效应通过情绪、政治态度和行为联系在一起，它与自豪感（pride）呈负相关，与政治参与意图呈正相关。④ 还有文章考察了组织因素如何影响感知媒介效果与行为结果之间的关系。研究表明，在理解感知媒介效果方面，团体背景十分重要。第三人效果感知基于群体身份、相关群体地位和媒体讯息的性质而变化。⑤ 还有研究揭示个人接触程度可以发挥调节第三人感知效应的作用。⑥

除此以外，还有研究重点分析了"预设讯息影响"假说。依据该假说，

---

① Ye Sun, Zhongdang Pan, Lijiang Shen. Understanding the third-person perception: Evidence from a meta-analysis[J]. *Journal of Communication*, 2008, 58(2): 280-300.

② Erica Scharrer, Ron Leone. First-person shooters and the third-person effect[J]. *Human Communication Research*, 2008, 34(2): 210-233.

③ Mary Beth Oliver, Hyeseung Yang, Srividya Ramasubramanian, Sangki Lee. Exploring implications of perceived media reinforcement on third-person perceptions[J]. *Communication Research*, 2008, 35(6): 745-769.

④ Hyunjung Kim. The role of emotions and culture in the third-person effect process of news coverage pf election poll results[J]. *Communication Research*, 2016, 43(1): 109-130.

⑤ Cynthia Hoffner, Raiza A. Rehkoff. Young voters' responses to the 2004 U.S. presidential election: Social identity, perceived media influence, and behavioral outcomes[J]. *Journal of Communication*, 2011, 61(4): 732-757.

⑥ Mike Schmierbach, Michael P. Boyle, Qian Xu, Douglas M. Mcleod. Exploring third-person differences between gamers and nongamers[J]. *Journal of Communication*, 2011, 61(2): 307-327.

人们会评估媒体对他人的潜在影响,并由此改变自己的态度或行为。因此,预设讯息影响效应研究聚焦于第三人效果的行为层面。它给出了一个因果观点,认为媒介效果的认知是不同态度和行为现象的原因。近年来,许多研究支持了预设媒介影响(presumed media influence)的存在。但是这些研究存在一个共同的局限,即都采用了相关性分析,证明了预设媒介影响与行为之间的相关性,但并未提供有效的方法来推断两者之间的因果关系。纽锐特·塔尔-沃(Nurit Tal-Or)等人通过实验方法论证了这种因果关系。[1] 基于预设影响假说,还有两位学者测试了对他人影响的感知如何预测个体在社交媒体行为中的参与意愿。结果发现讯息中隐含的劝服意图之高低影响了个体的感知。[2]

综上可以发现,过去十年第三人效果研究呈现出精细化的特点,在广度上并无拓展,在深度上则建树颇多。正如有学者所指出的,第三人效果研究未来应该朝着以下方向发展:(1)需要更多研究致力于发展理论;(2)应该超越仅仅展陈经验研究结果和理论概念之间的一致,争取提供更多的实证检验;(3)不仅要详述被评估的媒介信息,还要详述主导效果(domains of effects);(4)应该遵循报告所有基础数据的准则,包括手段、标准偏差等,便于读者更好地评估和使用这些研究发现。

框架理论、培养分析理论、议程设置、第三人效果理论均诞生于20世纪50年代至80年代。在某种程度上讲,它们都或多或少地挑战了有限效果论,从不同视角重新强调并解释了媒介对人们的影响。无独有偶,在过去十年,它们是被征用得最频繁的效果理论,也是最具生机活力的效果理论。通过上述粗略检视,可以发现这些经典理论都同时呈现出离散趋势和向心趋势,亦即横向拓展研究边界,纵向挖掘内涵深度,一边坚持构筑理论基础,另一边探索新的研究方向。这或许是它们能在媒介生态迅速更迭的当下依然生机勃勃的关键所在。

过去十年,媒介效果研究在继承和突破的持续张力中稳步向前推进。经典的魅力由此可见一斑。但是,经典并非霸权式的权威,它也可能渐渐

---

[1] Nurit Tal-Or, Jonathan Cohen, Yariv Tsfati, Albert C. Gunther. Testing causal direction in the influence of presumed media influence[J]. *Communication Research*, 2010, 37(6): 801-824.
[2] Joon Soo Lim, Guy Golan. Social media activism in response to the influence of political parody videos on YouTube[J]. *Communication Research*, 2011, 38(5): 710-727.

失效,"这一风险存在于一切可知的文化类型中"①。正因为如此,卡茨等人明确指出,"更需用经典去激发后人的反抗精神"②。这意味着在未来的学术研究中,我们既要有传承经典的包容,又要有大胆创新的勇气。

---

① [美]伊莱休·卡茨、[美]约翰·杜伦·彼得斯、[美]泰玛·利比斯、[美]艾薇儿·奥尔洛夫:《媒介研究经典文本解读》,常江,译,北京大学出版社2011年版,第5页。
② [美]伊莱休·卡茨、[美]约翰·杜伦·彼得斯、[美]泰玛·利比斯、[美]艾薇儿·奥尔洛夫:《媒介研究经典文本解读》,常江,译,北京大学出版社2011年版,第5页。

第九章 拓展与转向：新媒介语境下的效果研究

除了经典理论，媒介效果研究亦不乏经典视角和传统议题。其中，女性主义、政治传播和健康传播就堪称典范。它们不仅奉献了独特的、多维的、跨学科的视野，而且丰富、拓宽、细化了媒介效果研究的主题。来自不同学科的研究者分别展陈了媒介全方位塑造的社会景观，并且力图揭示其背后的深层机制，以加深人们对媒介效应的理解。当与新技术相遇时，经典视角延伸至新媒介场域，传统议题拓展到新媒介环境，媒介效果研究焕发出新的生机。

第一节 传统视角·多维探索

虽然21世纪以来西方媒介效果研究在研究议题、研究方法、研究领域和研究特征等多个层面出现了众多新气象，但在样本期刊论文筛选中，我们发现传统研究依然不容小觑。这些研究关注的是那些从人类文明萌芽便诞生的主题，如性别、种族、政治和健康等。归根结底，学者们从不同的研究视角出发，用不同的研究方法和理论试图探询的问题是：媒介在社会中扮演何种角色？对政治、经济、文化等产生何种影响？

一、女性主义

从美学、文学等人文学科再到社会学等社会学科，性别研究和传播学研究已经成为一个具有明确学科地位的交叉领域。不过，基于不同的认识论与方法论，该研究领域已然分化出两种截然不同的研究范式，分别是以社会性别理论为主体的"性别传播研究"，和以传播学理论为主体的"性别与传播研究"[①]。而媒介效果研究视域下的性别研究，一方面聚焦于传播

[①] 张敬婕：《论性别与传播交叉研究的两种范式》，载《国际新闻界》2012年第2期。

中的女性元素——女性传播者、女性传播内容、女性受众；另一方面立足女权主义角度，着力阐释媒介塑造女性形象背后的刻板效应及其深层的霸权话语机制，试图寻求一个宣扬社会平等、性别平等的媒介场域。研究发现，这两种范式通常情况下并非孤立存在，而是彼此交叉融合。

（一）作为媒介内容的女性

把女性作为媒介内容来呈现是司空见惯的。研究者们预设，媒介中的女性往往反映出内容生产者对女性的认识，同时映射出当下社会关乎女性的主流价值观。因此，通过对媒介内容进行分析，有望揭示媒体组织塑造女性形象的机制及其话语中流露的意识形态倾向。研究者们分析了媒体对体育中的女性、宗教国家的女性、职场中的女性、家庭生活中的女性形象的塑造，发现媒体本身普遍对女性存在刻板印象，进而影响了受众对女性的认知。

有学者关注到女性运动员在奥运会的媒体报道中也往往呈现出相对弱势的形象。运动电视中的女性的表现是合作而不是竞争。她们的运动技能和天赋被削弱了。这样她们就不会被认为是对父权秩序的威胁，即使她们可以从事体育运动（并且可以做得很好），她们也必须符合一个真正的女人的理想：吸引力、美丽、优雅、情绪化、软弱、情绪不稳定、依赖、自我牺牲和关心他人。[①] 有研究探讨了2008年北京奥运会在斯洛文尼亚广播中对运动员国籍和性别的表现。通过定量的内容分析和定性的话语分析，发现"本土运动员在报道中被给予了更大的重视，而外国运动员则主要通过可量化的特征来描绘。男性运动员比女性会更多地被评论并且主持人倾向于分析男性运动员的赛事结果，而仅仅谈论女性的个性和身体特征"。批判性的话语分析揭示了"在许多国家社会中性别和国籍的概念都是不合适的"。还有研究者关注了土耳其伊斯兰报纸和世俗报纸中在正义与发展党十年执政期间对头巾报道的视觉内容。通过内容分析，发现两种报纸中，"女性戴头巾的数量都有所增加，且伊斯兰报纸中增加更为突出。除此之外，头巾的价格和身着头巾的女性也都有质的不同。"作者认为"伊斯兰报纸创造了新的理想的保守女性形象，且忽略了总体上日益恶化的女性现状"[②]。

[①] Gina Daddario. Chilly scenes of the 1992 Winter Games: The mass media and the marginalization of female athletes[J]. *Sociology of Sport Journal*, 1994, 11(3): 275-288.
[②] Esra Ozcan. Women's headscarves in news photographs: A comparison between the secular and Islamic press during the AKP government in Turkey[J]. *European Journal of Communication*, 2015, 30(6): 698-713.

另外，成功的女性被越来越多地被定义为新自由主义的身份，妇女被标记为个性化、自主、自由选择、自我监测和自律的主体①。这种后女权主义的身份特征变得日益资本化和商品化，与消费文化紧密地交织在一起，并体现在无处不在的中产阶级母亲的形象中。有学者分析了英国媒体对"全职妈妈"的构建，这是一个在经济衰退及其余波中受到越来越多的关注的母亲角色。根据英国国家报纸对全职妈妈的报道（2008—2013）的内容分析，作者认为"全职妈妈是一个新自由主义和后女权主义的主体"。一方面，这些报道使人们对反女权主义的强烈反对变得更加复杂，而女性则又回到了被动的女性特质。另一方面，"它未能显著地削弱母亲的女性特质与新自由主义的纠缠"，并且区分了中产阶级母亲和工人阶级母亲②。还有学者探讨了另一个关于家庭生活的重要场所——厨房，美食节目是将精英世界的大厨和妇女在厨房的日常家务联系在一起的结构③。有学者分析了意大利美食节目女性在厨房的表现所引发的性别问题。在意大利，食品和妇女一直是作为一个整体来建构的，该文通过定性的符号学和性别分析，研究了意大利三大美食节目。结果表明："这三个节目改变了传统的女性做菜、男性服务的模式。虽然它使家庭主妇的旧模式现代化，并没有把女人从厨房搬出去"④。

（二）作为特定受众的女性

把女性作为特定受众群体来进行研究并非鲜见。在媒介效果研究中，学者们往往将性别视为重要的因变量或调节变量，以此考察不同性别群体是否存在媒介效果差异。这种研究取向暗示，男性和女性之间存在差异，且不限于生理方面。已有研究发现：

第一，性别与媒介使用习惯有关。有研究将从性别差异及其心理起源探索这种差异性选择的原因，通过对在线新闻网站的进行了阅读实验，发现："与性别刻板印象相一致，女性偏爱社会和人际交往的主题，而男人

---

① Rosalind Gill. Postfeminist media culture: Elements of a sensibility[J]. European journal of cultural studies，2007，10(2)：147-166.
② Shani Orgad, Sara De Benedictis. The 'stay-at-home' mother, postfeminism and neoliberalism: Content analysis of UK news coverage[J]. European Journal of Communication, 2015，30(4)：418-436.
③ Tania Lewis. Smart living: Lifestyle media and popular expertise[M]. New York: Peter Lang, 2008：58.
④ Francesco Buscemi. Television as a trattoria: Constructing the woman in the kitchen on Italian food shows[J]. European Journal of Communication，2014，29(3)：304-318.

喜欢与成就和表现相关的话题，并且新闻受众的自我效能（self-efficacy）也影响到受众的喜好"①。也有研究试图从受众角度回答在电视新闻报道中，对负面内容和小报类型的新闻制作风格是否会因不同的年龄群体和性别而异。结果显示："年龄和性别的确影响观众对新闻内容类型和特性的喜好。与中老年观众相比，年轻的观众更倾向于消极的内容，而不是中性的内容。对于男性来说，对小报类型新闻的偏好比女性更强烈。"②

第二，性别与媒介认知有关。有学者讨论了在政治领域中的刻板印象问题。研究者指出，人们在进行政治决策时虽然是审慎且细致的，但有可能下意识地受到性别刻板印象的影响。而这种刻板印象可以分为"自动的"和"控制的"两类，前者指"在一个群体和某些特征之间的心理联系，也就是说这种刻板印象会在遇到特定群体中的个体后被毫无意识且毫不费力的激活"③。基于美国政治活动中以性别为基础的刻板印象（如女性政客会更可能支持堕胎，而男性政客会更可能支持增加军费预算），通过眼动监测（eye movement）和参与者的自我报告（self-report），研究者考察了选民是否能够减少不受欢迎的刻板印象的自动激活。作者发现"信息环境对政治判断所产生的基于性别的自动刻板印象的影响，可能不会像当前的某些文献所描述的那样强大"。④

二、作为边缘群体的"酷儿"

在女性主义的基础上，"酷儿"研究也备受关注。有大量研究将焦点对准同性恋、双性恋和跨性别者（LGBT）这一特殊群体。研究表明，一方面，和女性相同，"酷儿"群体在父系社会下是被压迫的对象。另一方面，伴随着平权运动的展开和新媒介技术的出现，"酷儿"群体的自我呈现和社交也会出现新的样态。

有学者研究媒体内容中的"酷儿"形象，该研究者以美国电视剧集中

---

① Silvia Knobloch-Westerwick, Scott Alter. The gender news use divide: Americans' sex-typed selective exposure to online news topics[J]. *Journal of Communication*, 2007, 57(4): 739-758.
② Mariska Kleemans, Paul Hendriks Vettehen, Johannes Beentjes and Rob Eisinga. The influence of age and gender on preferences for negative content and tabloid packaging in television news stories[J]. *Communication Research*, 2012, 39(5): 679-697.
③ Devine P G. Stereotypes and prejudice: Their automatic and controlled components[J]. *Journal of personality and social psychology*, 1989, 56(1): 5.
④ Jason C. Coronel, Kara D. Federmeier. The effects of gender cues and political sophistication on candidate evaluation: A comparison of self-report and eye movement measures of stereotyping[J]. *Communication Research*, 2016, 43(7): 922-944.

具有代表性意义的男同性恋角色为研究对象,运用电视话语分析,探讨了电视中男同性恋者形象的增加是否意味着对其接受程度的提升、男同性恋的形象呈现是否和角色的种族有关,以及这种现象是否意味着对传统社会规范的冲击等问题,并阐释了美国电视对男同性恋身份的建构,研究发现:"电视中男同性恋角色的增加这种现象,挑战了传统社会关系中的异性恋男子气质的霸权模式。"①

也有学者关注到普通民众对于同性恋群体的态度。有学者指出:"随着时间的推移,美国对同性恋的反对减少了,但这种反对的态度仍然相当普遍。"②那么这种态度的决定性因素是什么?此前对同性恋态度的研究主要集中在人口统计学上,如年龄、种族和性别。然而,人口统计学只解释了对同性恋态度的一部分。③ 有研究发现:"人们对同性恋的态度会随着时间的推移而改变。"④因此,媒体的效果是值得被考量的影响因素。有研究利用了 2008 年和 2010 年收集的国家定组研究数据,来研究美国黑人和白人的色情消费和其对同性恋态度之间的联系(对同性恋的道德判断和对同性婚姻的态度)。研究发现:"白人和男性对同性恋接受程度随时间而改变,女性对同性恋态度比男性更积极,但是他们不会因为接触色情内容改变态度。"⑤

另外,社交网络虽然给人们带来了统一交互的社交方式,但是其便利性、公开性给"酷儿"群体增添了对身份暴露的担忧⑥。因此,在以异性恋为主流的语境下,其身份特殊性会发生更复杂的化学反应。有研究通过研究受访者在美国大选中的在线言论发现,"当那些没有对外表露自己 LGBT 身份的个体,在认为自己身处多数群体时,或者当那些在社交网络表露自己 LGBT 身份的个体,认为自己是少数群体而能够借助网络放大自

---

① Guillermo Avila-Saavedra. Nothing queer about queer television: Televized construction of gay masculinities[J]. Media, Culture & Society, 2009, 31(1): 5-21.
② Michael Kozloski. Homosexual moral acceptance and social tolerance: Are the effects of education changing?[J]. Journal of Homosexuality, 2010, 57(10): 1370-1383.
③ Dawn Michelle Baunach. Changing same-sex marriage attitudes in America from 1988 through 2010[J]. Public Opinion Quarterly, 2012, 76(2): 364-378.
④ Robert Andersen, Tina Fetner. Cohort differences in tolerance of homosexuality: Attitudinal change in Canada and the United States, 1981-2000[J]. Public Opinion Quarterly, 2008, 72(2): 311-330.
⑤ Paul Wright, Soyoung Bae. Pornography consumption and attitudes toward homosexuality: A national longitudinal study[J]. Human Communication Research, 2013, 39(4): 492-513.
⑥ Danah M. Boyd, Nicole B. Ellison. Social network sites: Definition, history, and scholarship[J]. Journal of computer-mediated Communication, 2007, 13(1): 210-230.

己的声音时,沉默螺旋效应将会产生"①。

三、作为社会少数的族群

除了性别的研究,关于种族偏见与宗教的讨论也并不鲜见。这部分研究一方面侧重于揭示媒介对于特定族群形象的建构中的偏见,另一方面着力探寻新兴媒介形态是否有机会给社会提供一个更为平等的交流传播场域。

过去的研究表明,新闻节目将非裔美国人视为罪犯,并将白人视为受害者和警察。②然而,关于这些扭曲的描述是否应在网络新闻节目中出现,或者这些研究是否过时,现在学术界几乎没有做过任何研究。于是有学者通过对 2008 年至 2012 年之间播出的 146 个新闻节目进行分析发现,黑人实际上是"无形的",并未被充分代表为暴力罪犯和犯罪的受害者。然而,白人被准确地描述为罪犯。此外,拉美裔人作为无证移民的人数远远超过了美国人,而穆斯林在网络和有线电视新闻节目中则被过度夸大为恐怖分子。③该研究认为,刻板的媒体内容塑造了人们对种族群体和社会政策的刻板看法。

另外,虽然近年来的许多研究都指出,博客和搜索引擎等互联网特征使信息搜索者和提供者的社区民主化,但有学者提出了与网络媒体民主化相悖的发现:网络平台也为种族主义社区的巨大复兴和转变提供了机会,种族仇恨言论正通过网络在逐渐合法化。今天的搜索引擎、社交网络和政治博客在不知不觉中使偏见的提供者渗透到公共话语的主流空间中。④

"性别"与"种族"本是文化研究的核心议题,是身份认同与身份建构的重要力量,在这个意义上,"性别"进入媒介效果视域本身就意味着两种研究范式的结合,只是在具体研究方法上还保留着各自的偏好与倾向。一方面,研究者们通过定性定量的实证分析挖掘文本深层的含义,另一方面则从批判角度揭示背后的权力构成。女性主义的媒介研究并非新生事

---

① Jesse Fox, Katie M. Warber. Queer identity management and political self-expression on social networking sites: A co-cultural approach to the spiral of silence[J]. *Journal of Communication*, 2015, 65(1): 79-100.
② Travis Dixon, Charlotte Williams. The changing misrepresentation of race and crime on network and cable news[J]. *Journal of Communication*, 2015, 65(1): 24-39.
③ Travis Dixon, Charlotte Williams. The changing misrepresentation of race and crime on network and cable news[J]. *Journal of Communication*, 2015, 65(1): 24-39.
④ Adam Klein. Slipping racism into the mainstream: A theory of information laundering[J]. *Communication Theory*, 2012, 22(4): 427-448.

物，相对于健康传播对媒介"好效果"的假定，媒介效果中的性别研究更强调媒介的"坏效果"，这一时期的研究在方法与整体观念上并未发生明显的变化，但研究议题却更明确地集中于媒介对女性身体形象与意识的影响，总体上依然保持了女性主义对媒介话语权力的批判。

第二节 政治传播

在某种意义上，媒介与政治是传播研究的母题之一。在效果研究的重大里程碑中"人民的选择""议程设置"等都与政治传播有关联。半个世纪以来，社会关系中的政治互动一直都是学者们的兴趣之所在①。近十年，网络媒介的出现让社交网络成为社会关系和政治讨论交叉融合的新领域。②

一、政治表达与参与

社交媒介成为政治表达的新阵地已成不争的事实。有研究关注了以色列-加沙冲突期间 Facebook 上的好友解除行为，在线调查发现：有 16% 的以色列犹太人被取消了好友关系，意识形态上持有极端立场的好友更容易这样做。研究者认为："虽然社交网络上容许更多的观点出现，但是基于 Facebook 好友的弱关系链接，很容易因为不同的政治意见而被破坏。"③

除了影响用户的政治表达，社交媒介还会对其政治参与产生作用。有学者研究了线上的政治讨论对线下的政治参与的影响。论文通过分析 2004 年美国大选的数据和通过访谈，发现"互联网的使用直接影响到了人们对基本信息的索取和应用，但是只是有条件的影响到市民进行政治参与的行为。"④除此之外，线下政治抗议也成为学者关注的目标，特别是阿拉

---

① Lilach Nir. Disagreement and opposition in social networks: Does disagreement discourage turnout? [J]. Political Studies, 2011, 59(3), pp. 674-692.
② Itai Himelboim, Stephen Mccreery, Marc Smith. Birds of a feather tweet together: Integrating network and content analyses to examine cross-ideology exposure on Twitter[J]. Journal of Computer-Mediated Communication, 2013, 18(2): 154-174.
③ Nicholas John, Shira Dvir-Gvirsman. "I don't like you any more": Facebook unfriending by israelis during the israel-gaza conflict of 2014[J]. Journal of Communication, 2015, 65(6): 953-974.
④ Michael Xenos, Patricia Moy. Direct and differential effects of the Internet on political and civic engagement[J]. Journal of communication, 2007, 57(4): 704-718.

伯之春在突尼斯和埃及的起义中爆发以来,学者们一直在寻求理解互联网和社交媒体是如何促成独裁政权的政治变革。基于对在埃及解放广场参与抗议的参与者进行调查和访谈发现,社交媒体成为了当权者不容易控制的新的信息来源。人们通过使用Facebook、电话联系或面对面的交流来了解抗议活动。并且在排除其他因素影响下,"社交媒体的使用大大增加了被调查者在第一天参加抗议活动的几率"①。另有研究以发生在西班牙和巴西的三次集体抗议活动为例,使用Twitter、Facebook中的讨论数据和现场抗议的时间序列数据来分析社交媒介信息流和现实抗议运动之间的因果关系。结果发现,一场抗议中,现实和社交网络传播有着双向格兰杰因果关系(Granger Causal Relation),而其他两场抗议活动则没有这样的发现。作者认为:"不同的政治动荡事件中,对抗议活动的有效预测会有所不同。"②

二、公共领域和舆论

除了关注新兴媒介对个体政治行为的微观影响,研究者们还从中观层面探索了新媒介对公共领域和舆论的效应。公共舆论的协商模式需要考虑到普通公民之间的交流,这是公共舆论的主要来源,也是政治公共领域话题讨论多样性的主要来源。有学者认为,尽管媒介大亨的权力不应被忽视,但互联网的出现为信息传播和受众参与开辟了新的渠道,减少了被传媒集团和国家把控的可能。③ 有学者采用社会网络法和内容分析法对社交网络上的政治话语进行研究,发现:政治讨论的流动并非特别集中和陈词滥调的。政治讨论比自我认知更情绪化,表达的愤怒多于焦虑,知性讨论比情绪性的讨论对受众更加有影响力。在知性成分中,自信和有力的讨论比分析性的更有影响力。④

还有研究发现,网络媒介通过广泛赋权,变革了公民与政府的互动模

---

① Zeynep Tufekci, Christopher Wilson. Social media and the decision to participate in political protest: Observations from tahrir square[J]. Journal of communication, 2012, 62(2): 363-379.
② Marco Bastos, Dan Mercea, Arthur Charpentier. Tents, tweets and events: The interplay between ongoing protests and social media[J]. Journal of Communication, 2015, 65(2): 320-350.
③ Gerard Hauser. Vernacular discourse and the epistemic dimension of public opinion[J]. Communication Theory, 2007, 17(4): 333-339.
④ Sujin Choi. Flow, diversity, form and influence of political talk in social-media-based public forums[J]. Human Communication Research, 2014, 40(2): 209-237.

式和话语形式。有研究关注了中国网民的网络维权行为。研究者将之描述为"中国自下而上的集体行动",认为"这是网民利用互联网来抗衡官员渎职的有限渠道"。研究者认为,在政府和公民之间存在紧张关系的情况下,线上集体抗议活动将继续成为中国政治格局的一部分。① 另一项研究借用符号权力的概念,阐释了在中国互联网高度管控的背景下,"马勒戈壁""河蟹"等符号的出现及其背后所象征的社会意义——它往往是受众共同情感经历的集合。作者发现,"一旦一个强大的符号出现,互联网就能轻易地产生后续话语。在支持者的帮助下和后续的论述中,这个符号创造了一个象征性的网络,并且在这个社会中迅速而深入地扎根,被民众所接受"②。

另外,还有学者尝试在不同的媒体政治环境中讨论一些共通的议题,如新闻信息传播环境是否会对民众的民主思想产生影响? 有研究关注到俄罗斯半独裁体制下的国有电视新闻和互联网上的自由民主博客,通过对年轻受众进行深度访谈,意图了解俄罗斯半独裁政体中的公民如何理解互联网时代的政治信息。研究发现,在对自由民主博客进行解读时,即使是年轻的、城市中的、受过良好教育的市民也在大比例上没有自由和民主的意识。③

三、集体记忆与国家意识

集体记忆的建构在维护权力的合法性与统治秩序中扮演了重要角色,是塑造社会认同的重要力量,也是代际传承的重要中介。在当代社会,媒介在集体记忆的保存、传播中居于中心地位。特别是电影和电视占主导地位的电子媒体所扮演的角色,被视为这个时代伟大的"历史教育工作者"和在文化中传递历史信息的主要载体。④

电视的历史是由多种现代化的景象所塑造的⑤,它产生了多种多样的电视内容和使用模式。有学者通过对南斯拉夫和苏联这两个社会主义国家的从20世纪60年代到80年代末电视文化的各个方面进行了探讨,认为:这种社会主义国家的电视文化是当今现代电视时代的另一样貌。电视即时

---

① Li Gao. The emergence of the human flesh search engine and political protest in China: Exploring the Internet and online collective action[J]. Media, Culture & Society, 2016, 38(3): 349-364.
② Lijun Tang, Peidong Yang. Symbolic power and the internet: The power of a 'horse'[J]. Media, Culture & Society, 2011, 33(5): 675-691.
③ Florian Toepfl. Making sense of the news in a hybrid regime: How young Russians decode state TV and an oppositional blog[J]. Journal of Communication, 2013, 63(2): 244-265.
④ Paul Weinstein. Movies as the gateway to history: The history and film project[J]. The History Teacher, 2001, 35(1): 27-48.
⑤ Shmuel Eisenstadt. Multiple modernities[J]. Daedalus, 2000, 129(1): 1-29.

性的特质对社会主义国家产生了模糊的影响，一方面允许社会主义国家的市民能够短暂脱离共产主义理想，与此同时也将他们的每日生活与共产主义的光辉未来联系在了一起"①。还有学者关注到在全球化商品化的趋势下，电视纪录片如何建构国家集体记忆。有学者通过分析一部由三个国家的电视制作机构合拍而成的纪录片《50年战争：以色列和阿拉伯人》的制作过程，发现"在阿以战争中制作的三个版本的电视纪录片也是一种国家记忆之争，阐释的权力之争。"②

新闻被指出不仅仅是报道新的事物，同时也会将旧事物重新和现实相连，成为创造集体记忆的"场所"。报道的不仅仅是"现在""这里"，同样也是"过去""那里"。③ 有学者通过对十年间"台湾9·21大地震"的新闻报道进行叙事分析，将其分为两个时间段。在第一阶段，"记者把地震作为恶棍，以道德寓言故事的角度来解释当前的灾难"；在第二阶段，"记者在9·21地震中使用常规的纪念性特征来描述这个事件，并根据幸存者的证词和目前的纪念事件来进行描述"。这一研究展示了新闻媒介如何选择性地利用过去，以及对过去事件的集体记忆造成影响。④

早先研究已经指出，社交媒体是一种制造集体意义的手段⑤，而这一作用可能会在集体创伤后显示的更为突出。有研究分析了在重大灾难性事件发生后于 Twitter 上的话语流变。通过对挪威恐怖袭击后 Twitter 上的主题讨论进行话语分析发现，Twitter 上讨论的话题在事件发生的6天内发生了重大变化，有关挪威袭击事件本身的讨论迅速减少，而对其背后的政治信息和背景解释的讨论数量显著增多。文章认为 Twitter 在大众媒介话语讨论的背后提供了一个与大众媒介不同的让受众进行协商讨论的渠道。还有学者关注到"阿拉伯之春"中民族主义殉道者叙事在 Twitter 中制造"意义共享"中的作用。社交媒体可以作为一个重要的社会纽带，不仅仅是人与人之间，而是个人和运动，一个人，一个想法，一个个人和一个意识形态

---

① Sabina In Mihelj, Simon Huxtable. The challenge of flow: State socialist television between revolutionary time and everyday time[J]. Media, Culture & Society, 2016, 38(3): 332-348.
② Tamar Ashuri. Television tension: National versus cosmopolitan memory in a co-produced television documentary[J]. Media, Culture & Society, 2007, 29(1): 31-51.
③ Carolyn Kitch. Placing journalism inside memory—and memory studies[J]. Memory Studies, 2008, 1(3): 311-320.
④ Chiaoning Su. One earthquake, two tales: Narrative analysis of the tenth anniversary coverage of the 921 Earthquake in Taiwan[J]. Media, Culture & Society, 2012, 34(3): 280-295.
⑤ Thomas Heverin, Lisl Zach. Use of microblogging for collective sense-making during violent crises: A study of three campus shootings[J]. Journal of the American Society for Information Science and Technology, 2012, 63(1): 34-47.

之间的纽带。而叙事是社会联系①和身份认同②的中心方法。在这场社会变革中起到维系身份认同和社会关系作用的是"叙事"作者认为"殉道者叙事从传统的宗教语境转向新媒体话语,这种新媒体政治叙事对政治变革发挥了重要作用:将抗议者和不满的公民将转换成革命者"③。

媒介效果视阈下的政治传播研究形成了两种特征鲜明的路径:通过访谈和调查研究受访者的政治参与行为;通过框架分析、内容分析或者话语分析,研究媒介中的传播内容。研究表明,社交媒体的确改变了公民获得政治信息、进行政治讨论和政治参与的方式。遗憾的是,新媒介为政治传播增添了新议题,但囿于已有研究范式,并无多少推进。

第三节 健康传播

健康传播关注传播策略的运用和研究,探讨如何将与健康相关的信息与决定告知并影响个人及社区,涉及疾病预防与健康提升的方方面面,其内容包括医患关系,个人对健康信息的搜索、接触与使用,公共健康信息与运动的建构,风险信息的传递,健康图景在大众媒介中的普及,以及如何进入公共健康和卫生保健体系,等等。对个人而言,有效的健康传播有利于提高健康风险意识、积极寻求解决办法;对社区而言,健康传播可以被用于影响公共议程、促进政策制定、提升公共健康服务、确立有利于健康生活的社会规范。健康传播反映出医学领域对媒介效果的理解与运用,即如何有效地运用传播策略改变受众行为与态度,大众媒介如何发挥在建构公共健康议程、改进卫生保健体系等方面的作用。在这个意义上,健康传播既在微观层面沿袭着经验学派说服研究的模式,又在宏观层面关注到批判学派强调的传播之于社会变革的意义。

一、叙事策略

在社会心理学理论中,叙事作用已经引起了相当大的关注。作为一种

---

① Kerstin Dautenhahn. The origins of narrative: In search of the transactional format of narratives in humans and other social animals[J]. *International Journal of Cognition and Technology*, 2002, 1(1): 97-123.
② Jody Koenig Kellas. Family ties: Communicating identity through jointly told family stories[J]. *Communication Monographs*, 2005, 72(4): 365-389.
③ Jeffry Halverson, Scott Ruston, Angela Trethewey. Mediated martyrs of the Arab Spring: New media, civil religion, and narrative in Tunisia and Egypt[J]. *Journal of Communication*, 2013, 63(2): 312-332.

非常有说服力的工具，叙事可以用来传递促进健康行为的信息。① 叙事说服理论认为，故事可以影响一个人的真实世界的信仰和行为。② 一旦人们沉浸在故事中，认为它是真实的，并且认同故事中的人物，那么就更可能根据叙事的信念改变自己的信念。③ 虽然以上的研究已经证明叙事和健康信息传播效果之间的积极关系，但研究哪些信息特征让观众更专注于叙事的研究却很少。

有研究以让受众成功戒烟的信息入手，研究叙事健康传播的心理机制。通过两项实验验证了"与那些没有例证的新闻相比，带有例子的新闻文章能让受众有更积极的叙事参与，这些叙事参与大的人更倾向于产生戒烟意向"④。并且也有学者发现在娱乐化教育的项目中，"通过戏剧性的叙述能够减少受众的抵抗，通过培养与角色的互动，减少了对说服意图的感知，达到了更好的说服效果"⑤。另外，也有研究通过对肥胖症患者的叙事研究发现叙事对于疾病归因的有效性⑥。在宏观政策的层面，有研究揭示了叙事在全球公共卫生政策传播中的重要作用。⑦ 有部分研究认为，通过文化定制（cultural tailor）信息的叙事方式来使信息更容易被特定族群接受，以便减少信息接受的差距，但这种方式可能比我们认识的更微妙⑧。有学者以元分析（Meta-analysis）的方法对现有的实证研究文章进行考察，结果发现，文化定制整体上对信息的劝服效果有整体微弱但显著的效果，

---

① Melanie Green. Narratives and cancer communication[J]. *Journal of communication*, 2006, 56(s1): S163-S183.

② Emily Moyer-Gusé. Toward a theory of entertainment persuasion: Explaining the persuasive effects of entertainment-education messages[J]. *Communication Theory*, 2008, 18(3): 407-425.

③ Melanie Green, Timothy Brock. In the mind's eye: Transportation-imagery model of narrative persuasion. 2002: 314-315.

④ Hyun Suk Kim, Cabral Bigman, Amy Leader, et al. Narrative health communication and behavior change: The influence of exemplars in the news on intention to quit smoking[J]. *Journal of Communication*, 2012, 62(3): 473-492.

⑤ Emily Moyer-Gusé, Robin Nabi. Explaining the effects of narrative in an entertainment television program: Overcoming resistance to persuasion[J]. *Human Communication Research*, 2010, 36(1): 26-52.

⑥ Jeff Niederdeppe, Michael Shapiro, Norman Porticella. Attributions of responsibility for obesity: Narrative communication reduces reactive counterarguing among liberals[J]. *Human Communication Research*, 2011, 37(3): 295-323.

⑦ Joshua Barbour, Marissa Doshi, Leandra Hernández. Telling global public health stories: Narrative message design for issues management[J]. *Communication Research*, 2016, 43(6): 810-843.

⑧ K. Viswanath, Karen M. Emmons. Message effects and social determinants of health: Its application to cancer disparities[J]. *Journal of Communication*, 2006, 56(s1): S238-S264.

其中，整合了文化价值、规范和宗教信条的深度信息定制有着更强的效果①。

恐惧诉求（fear-appeal）是一种在大众传播中常用的策略，被定义为引起恐惧心理的信息，通过关注威胁发生的严重性和可能性，从而使人们按建议行动。② 在健康传播中，我们可以提示疾病发生的负面后果来唤起疾病防治的意识。有研究者通过心理学实验评估了自我报告与心理生理反应之间的关系，以证实恐惧的诉求和行为的变化。通过记录90个实验对象观看四种不同程度的威胁以及其在心理和生理（心律和皮肤电导）上的功效。发现高威胁信息比低威胁信息引起的自主兴奋程度显著不同。③

但这并不意味着一味实施恐吓是可行的。Witte于1992年基于恐惧诉求提出了"扩展平行处理模型"（Extended Parallel Process Model），该模型指出：恐惧诉求引发受众对信息进行两种评估，威胁评估和效能评估。受众会先进行威胁评估，当该威胁和受众密切相关，受众便会进行效能评估，来确认信息中的建议有效性。反之，受众就不会进行效能评估。但是，当威胁评估结果惊吓受众后，受众可能会选择控制危险或者控制恐惧。④ 也就是说，受众可能会采取逃避性手段来降低焦虑和危机感。美国疾病预防控制中心曾发起了一项戒烟活动，该活动使用了吸烟者的真实故事，反映了吸烟的严重后果。在戒烟广告中，图像、恐惧诉求和个人证词的结合，可能会引发对吸烟的负面认知。但是，在讯息快速传播的社交网络平台Twitter上，有人质疑这是否会让Twitter用户感到恐慌，从而降低其恐惧诉求效果。研究者通过利用新平行过程模型的框架，对Twitter中活动内容进行分析，发现关于这场运动的近20万条推文，每条都产生了一种涟漪效应，扩大了广告的覆盖范围。并且这种基于图像信息和实例的劝服方法取得了良好的效果。⑤

当健康信息被受众抵制时，就难以达成良好的传播效果。因此如何减

---

① Yan Huang, Fuyuan Shen. Effects of cultural tailoring on persuasion in cancer communication: A meta-analysis[J]. *Journal of Communication*, 2016, 66(4): 694-715.
② Kim Witte. Generating effective risk messages: How scary should your risk communication be? [J]. *Annals of the International Communication Association*, 1995, 18(1): 229-254.
③ Juan Ordoñana, Francisca Gonzalez-Javier, Laura Espín-López, et al. Self-report and psychophysiological responses to fear appeals[J]. *Human Communication Research*, 2010, 35(2): 195-220.
④ Kim Witte. The role of threat and efficacy in AIDS prevention[J]. *International quarterly of community health education*, 1992, 12(3): 225-249.
⑤ Sherry Emery, Glen Szczypka, Eulàlia Abril, Lisa Vera. Are you scared yet? Evaluating fear appeal messages in tweets about the tips campaign[J]. *Journal of Communication*, 2014, 64(2): 278-295.

弱阻抗效应是研究者重点考量的重点。阻抗理论认为，当人们感知到的行为自由受到威胁或减少时，个体就会受到心理上的刺激。① 由此产生的阻抗效应激发了他们试图恢复受到威胁的自由的努力。研究表明，阻抗与自我效能呈正相关②，个人倾向于对他们认为自己既值得拥有又有能力维持的自由特别敏感。并且，阻抗效应在不同年龄阶段也有不同的表现，如在人生过渡阶段——幼年、青春期、晚年表现更为强烈③，在这些阶段，人们往往会强烈认为自己是对的，并且强烈拒绝那些表现出控制倾向的任何方式的提议④。

目前关于阻抗效应的研究表明，控制性的话语会导致受众的心理上的抵制，但是采用替代性的话语表达是否可以减弱这种效应还没有实证研究证明。有学者以有强烈阻抗心理特征的青少年为研究对象，以心理学实验的方法验证四种健康说服信息的效果（具体/抽象，控制/自由）。结果表明："控制语言会产生许多负面结果，后续使用自由的替代性话语会取得更好的结果。并且，相对于抽象的语言，使用具体语言的信息会得到更多的关注，信源也会被评价为更重要。"⑤

另一种叙事策略自我肯定（self-affirmation）也可帮助实现这一目标。自我肯定理论建议，在信息中确认重要但与主题无关的自我同一性领域，例如除了健康信息自身之外，提示个人价值观⑥。有研究发现，人们通常认为他们是坚不可摧的，或者至少比其他类似的人更不容易经历负面的健康问题⑦。这会使个人对重要的健康信息产生抵触。这样对于健康信息的

---

① Jack Brehm. Psychological reactance: Theory and applications [J]. *ACR North American Advances*, 1989, 16(1): 72-75.
② Joel Brockner, Melissa Elkind. Self-esteem and reactance: Further evidence of attitudinal and motivational consequences[J]. *Journal of Experimental Social Psychology*, 1985, 21(4): 346-361.
③ Burgoon M., Alvaro E., Grandpre J., Voulodakis M.. Revisiting the theory of psychological reactance. In James Price Dillard and Michael Pfau (Eds.). *The Persuasion Handbook*[M]. Thousand Oaks, CA: Sage Publications, 2002: 213-232.
④ Burgoon M., Alvaro E., Grandpre J., Voulodakis M.. Revisiting the theory of psychological reactance. In James Price Dillard and Michael Pfau (Eds.). *The Persuasion Handbook*[M]. Thousand Oaks, CA: Sage Publications, 2002: 213-232.
⑤ Claude Miller, Lindsay Lane, Leslie Deatrick, et al. Psychological reactance and promotional health messages: The effects of controlling language, lexical concreteness and the restoration of freedom[J]. *Human Communication Research*, 2010, 33(2): 219-240.
⑥ David Sherman, Geoffrey Cohen. The psychology of self-defense: Self-affirmation theory [J]. *Advances in Experimental Social Psychology*, 2006, 38(6): 183-242.
⑦ Neil Weinstein. Unrealistic optimism about future life events[J]. *Journal of Personality and Social Psychology*, 1980, 39(5): 806-820.

传播、疾病的预防防治都会有消极影响。有研究者从美国大学生的酗酒行为入手,通过实验探索何种方式可以更有效地消减盲目乐观主义者对于健康信息的抵触。结果表明:"向不切实际的乐观主义者提供风险信息,同时通过自我肯定的叙述来保护他们的自我概念,可能会减少防御性反应,并将他们感知到的风险与实际风险更紧密地结合在一起。"①

二、报道框架

在撰写新闻故事时,记者们会决定如何将事件塑造成连贯的信息。记者们选择特定的视角,或框架,将一个故事主题与一些包罗万象的故事或想法联系起来。研究表明,用来描述一个问题的框架会影响人们对这个问题的判断②,甚至是后来的相关行为③。

在健康信息传播中,最有可能发生的是缺乏足够的信息接触,因为在公共传播的场域公共健康信息需要与大量的替代信息竞争。④ 因此什么样的信息特征可以促进选择性接触是研究者关注的焦点。有学者发现,信息框架策略在吸引选择性接触方面最有效,并且通过社会认知理论(cognitive theory)和例证理论(exemplification theory)的框架,推导出什么样的信息特征可以促进对健康的体重管理的建议的接触,通过实验证明信息的有效性和例证内容是可以促进接触时间和接触频率。⑤

但鲜有研究聚焦于框架效果如何影响受众对待某一特定疾病的社会认知上。有学者通过几项研究揭示了在线健康新闻框架使用对受众认知的影响,以癌症为例,首先,通过对在线健康框架新闻的分析,发现它们采用了最合适的框架。并与之和之前发表在这个领域的研究进行比较。其次,

---

① Hye Kyung Kim, Jeff Niederdeppe. Effects of self-affirmation, narratives, and informational messages in reducing unrealistic optimism about alcohol-related problems among college students[J]. *Human Communication Research*, 2016, 42(2): 246-268.
② Nam-Jin Lee, Douglas McLeod, Dhavan Shah. Framing policy debates: Issue dualism, journalistic frames, and opinions on controversial policy issues[J]. *Communication Research*, 2008, 35(5): 695-718.
③ Beth Meyerowitz, Shelly Chaiken. The effect of message framing on breast self-examination attitudes, intentions and behavior[J]. Journal of Personality and Social Psychology, 1987, 52(3): 500-510.
④ Meridith Pease, Laura Brannon, Valerie Pilling. Increasing selective exposure to health messages by targeting person versus behavior schemas[J]. *Health Communication*, 2006, 19(3): 231-240.
⑤ Silvia Knobloch-Westerwick, Melanie Sarge. Impacts of exemplification and efficacy as characteristics of an online weight-loss message on selective exposure and subsequent weight-loss behavior[J]. *Communication Research*, 2013, 42(4): 547-568.

通过多项实验探索这些框架对受众的认知的影响。如个人对癌症、癌症干预和癌症患者的看法的影响①。

除了新闻报道中传递的健康信息，包含医疗题材的影视作品可能也会潜移默化地影响人们对健康问题的感知。有学者发现医疗题材电视剧描述的健康问题往往是有偏见且不现实的②：过多的罕见疾病被报道，而常见的慢性健康问题则被忽视。戏剧化的表达疾病，而很少传达与预防有关的信息。并且目前前针对医疗题材剧集中多采用的内容分析方法无法揭示对观众的影响。③ 有学者决定采用培养理论的方法，验证全国性的样本数据，以图探究医疗题材剧集和观众感知的健康信念的关系。最后研究结果表明："大量观看医学电视剧的人往往低估了诸如癌症和心血管疾病等慢性疾病的严重性，并忽视解决该类疾病的迫切性。相对于轻度观众，重度观众更倾向于对癌症采取宿命论的观点。"④

三、社会支持

健康差异在贫富群体和种族之间是客观存在的，有学者发现，贫困社区的人们通常比富裕社区的人面临更大的安全与健康威胁。生活在贫困中的人寿命缩短，比富裕的人更容易患上疾病。⑤ 从健康传播的角度上，如何通过传播减少这种差距是学者们不懈探索的主题。让弱势群体通过社会支持（social support）获取健康信息和情感支持是其中的重要路径。

有学者发现，当非裔美国人同时也是艾滋病毒携带者时，当疾病与获得公平服务和治疗的困难相结合时，他们可能会面临双重负担。这些负担可能通过增加社会支持来解决。而实现这一目的的路径是对自我艾滋病情的披露（self-disclosure）。如果不披露信息，患者会难以从社交关系中得到情感支持而感到孤独和抑郁。有研究指出，自我披露可以促进患者获得情感支持，促进治疗方案的推进，减少心理压力和减少疾病的

---

① Julius Riles, Angeline Sangalang, Ryan Hurley, David Tewksbury. Framing cancer for online news: Implications for popular perceptions of cancer[J]. *Journal of Communication*, 2015, 65(6): 1018-1040.

② Murphy Sheila, Hether Heather, Victoria Rideout. How healthy is prime time? An analysis of health content in popular time television programs[EB/OL]. http://www.learcenter.org/pdf/Howhealthyisprimetime.pdf, 2008.

③ George Gerbner, Larry Gross, Michael Morgan, Nancy Signorielli. The "mainstreaming" of America: Violence profile no. 11[J]. *Journal of Communication*, 1980, 30(3): 10-29.

④ Jae Eun Chung. Medical dramas and viewer perception of health: Testing cultivation effects[J]. *Human Communication Research*, 2014, 40(3): 333-349.

⑤ Leonard Syme, Lisa Berkman. Social class, susceptibility and sickness[J]. *The Sociology of Health and Illness*, 1986: 24-30.

进一步传播①,从而减少健康差距②。还有学者提出通过简短披露干预(brief disclosure intervention)促进艾滋病患者的自我披露,从而获得社会支持。通过实验表明,"干预组的信息披露的有效性提高了,而信息披露的焦虑和担忧也有所减少"③。

社交媒体在获取社会支持中的作用是不容忽视的,也有越来越多的学者关注到社交媒体在其中扮演的角色。已有研究指出,短信增强了健康信息的亲近和可访问性。④ 因此,移动干预已经被有效地用于改善健康,包括改进身体锻炼,改善饮食习惯,以及戒烟⑤。在发展中国家,移动电话比互联网的普及要更普遍,移动电话常常成为试图改善健康和生活质量的目标技术。有学者假设,通过手机群发健康短信,可能会改善城市贫困社区居民的社区凝聚力和健康状况。通过三个月的实地实验发现,与对照组(未接收群发短信)相比,干预组(接收群发短信)的健康状况更好,但邻里凝聚力更差。对采访的定性分析表明,参与信息群发改善了人际关系,但并没有改善邻里关系⑥。

值得一提的是,关于社交媒介使用和社会支持的现有研究专注于分析社交支持信息的内容⑦,忽视了社交媒体构建社会关系的作用。有学者征用社会网络理论(social network)分析了用户如何获取社会支持信息。研究者在健康社交网络中提取了 227 名活跃用户的自我网络(ego networks),追踪了他们 3 个月内收到的评论,发现中介网络预测了获得的信息和网络支持的数量,闭合网络预测了所得到的情感支持的数量,中介人的数量也

---

① Seth Kalichman, Michael DiMarco, James Austin, Webster Luke, Kari DiFonzo. Stress, social support, and HIV-status disclosure to family and friends among HIV-positive men and women[J]. Journal of Behavioral Medicine, 2003, 26(4): 315-332.

② Michael Stirratt, Robert Remien, Anna Smith, et al. The role of HIV serostatus disclosure in antiretroviral medication adherence[J]. AIDS and Behavior, 2006, 10(5): 483-493.

③ Kathryn Greene, Amanda Carpenter, Danielle Catona, et al. The brief disclosure intervention (BDI), facilitating African Americans' disclosure of HIV[J]. Journal of Communication, 2013, 63(1): 138-158.

④ Ditte Laursen. Counseling young cannabis users by text message[J]. Journal of Computer-Mediated Communication, 2010, 15(4): 646-665.

⑤ Douglas Evans, Lorien Abroms, Ronald Poropatich, et al. Mobile health evaluation methods: The Text4baby case study[J]. Journal of health communication, 2012, 17(sup1): 22-29.

⑥ Amy Gonzales. Improving health in low-income communities with group texting[J]. Journal of Communication, 2016, 66(1): 82-101.

⑦ Stephen Rains, Emily Peterson, Kevin Wright. Communicating social support in computer-mediated contexts: A meta-analytic review of content analyses examining support messages shared online among individuals coping with illness[J]. Communication Monographs, 2015, 82(4): 403-430.

可预测获得情感支持的数量"①。

通过文献梳理发现,过去十年健康传播研究呈现出三种可以识别的进路,其一是从社会心理学角度探讨健康信息传播如何达到劝服目的的微观心理机制,如叙事(narrative)恐惧诉求(fear appeal)、自我确认(self-affirmation)和阻抗效应(reactance)。这些主题的研究范式多以社会心理学的为主,采用实验的研究方法。且该研究主题在健康传播文献中占了大量的比重。其二是基于框架(frame)、选择性接触理论(selective exposure)、培养理论(cultivation theory),探析媒介内容对受众认知、态度及行为的影响。其三是从社会网络的角度分析受众如何获取社会支持。总的来说,基于社会心理学的微观层面的经验研究占据了绝对优势。如何让健康信息说服受众是研究者的焦点。另外,在社交媒体盛行的当下,社会网络分析或许能为健康传播研究带来新方法。

毋庸置疑,女性主义、政治传播和健康传播不仅极大地拓展了媒介效果研究的范畴,而且为其提供了广阔多样的跨学科视角。这进一步细化了媒介效果研究的议题。在新媒介环境下,传统主题与新兴技术相遇、碰撞,有力地刺激了媒介效果研究。

第四节 新技术·新关注

纵观媒介效果研究的历史,任何一种新兴媒介技术的出现都会引发一次轩然大波,20世纪20年代的电影与儿童研究如此,60年代的电视与暴力研究亦如此。新媒介所引发的连锁式反应堪比"蝴蝶效应"。从生态学和系统论的视角出发,新媒介的引入会改变现有媒介环境,变革既定媒介生态系统的内在结构,进而重塑交往活动和社会关系。随着互联网技术的出现和发展,以计算机为中介的传播行为全面渗透到日常生活中,悄然地改变着人们的传播活动和交流方式。人们可以在网络上进行自我呈现和社会交往,达成虚拟交易、获取娱乐、展开讨论、参与政治……以新兴技术为基础的传播媒介和传播现象吸引了研究者的视线,毫不例外地成为近十年来媒介效果研究的重心。

---

① Jingbo Meng, Minwoong Chung, Jeffrey Cox. Linking network structure to support messages: Effects of brokerage and closure on received social support[J]. *Journal of Communication*, 2016, 66(6): 982-1006.

一、新技术·新对象

过去十年,新兴媒介形态以势不可挡的趋势崛起,捕获了研究者的关注。媒介效果研究的对象客体和主体也随之发生变化:与传统媒介迥然不同的新媒介攫取了研究者的兴趣;与传统受众行为相异的网络用户转移了研究者的关注。

(一)新客体

据第九章知识图谱的计量分析,2007—2016 年十个年度的高频词统计显示,继 2007 年"互联网"出现的频次超过"电视"之后,2009 年"在线"高居榜首,2012 年"Facebook"位列第一,2014 年"社交媒介"摘得桂冠,2015 年"Twitter"勇夺头筹。网络媒介的进一步发展和成熟,让社交媒介当之无愧地成为这十年间媒介效果研究的新宠儿。

值得一提的是,搜索引擎对个人、组织、甚至国家的身份和可见性的影响也受到了学者们的广泛关注。作为互联网时代的一个耀眼标志,搜索引擎在过去 15 年发展中已经成为人类与互联网进行信息交流和互动的重要界面。作为网络信息和知识的门户,搜索引擎在影响用户注意力、引导网络流量和营造广告收入方面发挥着至关重要的作用。因此,有学者毫不夸张地指出,"要想在互联网中生存,就要被搜索引擎索引"①。

然而,有学者发现搜索引擎的结果并不是完全公正且透明的。现有搜索引擎不仅有将流量导向已建立网站的趋势,并且更倾向于将用户引导到自己而非竞争对手的内容页面。② 这种现象并非孤立存在于某个西方国家的搜索引擎中,而是一种全球化的技术趋势。有研究者将百度、Google 和 Jike(一个中国政府赞助的搜索引擎)的搜索结果进行对比,发现百度更倾向于将搜索结果导向互联网商业巨头而非与之相关的政府国家机构,与之相对,Jike 倾向于将搜索结果导向中国的官方机构,如新华社等。为此,研究者得出结论:"百度的公正性令人质疑,并且中国的搜索引擎并没有让用户体验到国际化的结果,而是将视野放在用户身边的世界中。"③

---

① Lucas D. Introna, Helen Nissenbaum. Shaping the web: Why the politics of search engines matter[J]. *The Information Society*, 2009, 16(3): 1-17.
② Eric Goldman. Search Engine Bias and The Demise of Search Engine Utopianism[J]. *Yale Journal of Law and Technology*, 2006(8): 188-200.
③ Min Jiang. Search concentration, bias and parochialism: A comparative study of google, baidu, and jike's search results from china[J]. *Journal of Communication*, 2014, 64(6): 1088-1110.

(二)新主体

由于新媒介在扩散过程中最容易吸引年轻人的注意并被其接纳,因此,效果研究的一个新议题就是描摹新媒介用户的群像。

作为第一批"网络原住民",互联网时代的青少年成为了新媒介的年轻尝鲜者。与传统媒介时代的同龄人相比,他们敏于尝试新鲜事物,勇于彰显自我个性,活跃在互联网的每个角落。网络技术的低门槛及高渗透已然深刻变革青少年的日常生活。

第一,新媒介形塑年轻用户的生活方式。研究发现,青少年很可能在适当的条件下把自身的线下行为、兴趣和关系带到他们的媒体活动中,并形成独特的"媒介生活方式"。有学者尝试用聚类分析的方法对青少年的媒介使用进行分类描述,通过调查问卷将其分类为媒体杂食者、网络工作者、游戏玩家和低频用户,具体阐述了 503 名荷兰八年级学生如何在生活学习中充分利用新技术,形成独特的媒介生活方式。①

第二,新媒介影响年轻用户的交往实践。社交网络平台是青少年进行自我呈现的主要舞台,即时通讯(IM)软件是他们维系社交关系的主要工具。有学者通过历时纵向研究验证和阐释了即时通讯对青少年较有质量的积极影响。研究发现"这种直接的正面效应可以完全由青少年在网上公开私密信息的趋势来解释"②。有学者通过长期的调查研究验证了该长期的积极影响,并且发现"即时通信中有自我披露倾向的私密信息"可以来阐释该效应。③ 还有研究者关注了新媒介与亲子关系这一议题。从青少年在社交网络中的自我披露和自我呈现是否会影响到和父母的关系这一问题出发,研究者发现,子女和父母成为 Facebook 中的好友并没有影响到子女对父母侵犯自己隐私的感知,也没有影响到日常的亲子关系,反而在关系出现紧张时起到积极的改善作用。④

---

① Claudia van Kruistum, Paul PM Leseman, Mariëtte De Haan. Youth media lifestyles[J]. *Human Communication Research*, 2014, 40(4): 508-529.

② Patti M. Valkenburg Jochen Peter. The effects of instant messaging on the quality of adolescents' existing friendships: A longitudinal study[J]. *Journal of Communication*, 2009, 59(1): 79-97.

③ Patti M. Valkenburg Jochen Peter. The effects of instant messaging on the quality of adolescents' existing friendships: A longitudinal study[J]. *Journal of Communication*, 2009, 59(1): 79-97.

④ Maggie Kanter., Tamara D. Afifi, Stephanie Robbins. The impact of parents "friending" their young adult child on facebook on perceptions of parental privacy invasions and parent-child relationship quality[J]. *Journal of Communication*, 2012, 62(5): 900-917.

第三，新媒介构型年轻用户的群体文化。有研究者以手机游戏为个案，探讨了日本年轻人与移动技术文化之间的关系。① 研究表明，在20世纪90年代末，日本的年轻群体决定了该国移动通信市场的发展。手机为年轻人提供了一种互动的文化舞台，把该群体塑造为城市生活方式的新文化先锋。另外，手机逐步融入社会生活中，创造了与社会、技术和城市环境相关的新模式。

二、新技术·新交往

新技术深刻变革社会关系已经成为不争的事实。无独有偶，过去十年间问世的新兴传播技术多为社交媒介。这些新式社交工具或平台重塑了既定的社交模式，衍生了新的社会交往行为，进而改变了用户的社会关系网络和交往实践。媒介效果研究兴起了探析新式社交模式的潮流，并且出现了从社会心理学路径分析社交媒介效应的新转向。用户在线的"自我披露"（Self-disclosure）、"自我呈现"（Self-presentation）和"自我认同"（Self-identity）成为互联网时代媒介效果研究的热点和重点。

（一）自我披露（Self-disclosure）

与线下交往不同，在线互动往往是去身体化的。由于附着于身体的诸多人际线索被清除、过滤，参与线上交往的主体不得不想方设法弥补这些关键信息的缺失。一个重要的手段就是进行自我披露。事实上，不同程度的自我披露对在线关系的构建和维系都至关重要。毫无疑问，用户的在线自我披露受到社交媒介内在结构和技术可供性的限制，呈现出与线下不同的特征。

由于网络媒介环境为人们的信息交流提供了多样化的支持，用户可以在网络中对具有不同亲密感的好友进行广泛而统一的自我披露②，这与传统自我披露模式中的前提——假定信息表露只限于亲密的和受信任的关系之中③相悖，公共论坛和个人内容并存的传播模式打破了公私之间的

---

① Michal Daliot-Bul. Japan's mobile technoculture: The production of a cellular playscape and its cultural implications[J]. *Media, Culture & Society*, 2007, 29(6): 954-971.
② Eric Gilbert, Karrie Karahalios. Predicting tie strength with social media. *Proceedings of the ACM conference on Human Factors in Computing Systems*[M], NY: ACM Press, 2009: 211-220.
③ Edward E. Jones, Richard Archer. Are there special effects of personalistic self-disclosure? [J]. *Journal of Experimental Social Psychology*, 1976, 12(2): 180-193.

界限。

基于此,有学者认为在网络媒体的语境下,传统的关于媒介中自我披露的研究视角应该被重新思考。有研究以 Facebook 用户的社交网络实证实验为依托,基于自我披露的功能模型和用户在 Facebook 中上传的照片、评论以及私信,分析了用户在社交媒介中自我披露的动机和特征。结果表明,"用户会在自我披露中根据社交媒介的媒介可供性(media affordance)的不同,追求具有策略性的目的。关系的亲密性和媒介可供性两者会一同影响自我披露的目标。"①

已有研究证明信息的自我披露是关系亲密的前兆,自我披露之后受众会针对自我披露的信息进行解读。那么,这种解读是否会因为关系亲密度和表露内容的私密性发生改变?解读是否会影响到受众和表露者的亲密关系?有学者针对这些问题设计了两项实验。研究结果表明:一方面,私下的信息披露会被认为比公开的信息披露更为亲近。另一方面,通过 Facebook 公开交流,亲密关系可能更难实现,因为公开交流的私密信息被视为不那么合宜。总而言之,"这些结果展示了社会技术的可供性如何形塑了社交关系中对自我披露的感知,并且提出了对社交网站中的社会关系的发展和维持的新的理解"②。

还有研究者关注到了用户对待在线自我披露和在线社交的态度与 Facebook 在线社交频率和线下社交频率之间的关系。研究发现:关于在线披露和在线社交的态度都可以直接预测在线社交以及社交关系的亲密性;在较低和适中的自我披露态度下,通过分析在线社交的态度能够预测线上社交的频率,态度越积极则频率越高;然而对于自我披露过为积极的态度将使这一关系变得不显著。③

(二)自我呈现(Self-presentation)

社交媒介不仅为用户的自我披露提供了场所,也用其自我呈现提供了

---

① Natalya Bazarova, Choi Y. H.. Self-disclosure in social media: Extending the functional approach to disclosure motivations and characteristics on social network sites[J]. *Journal of communication*, 2014, 64(4): 635-657.
② Natalya Bazarova. Public intimacy: Disclosure interpretation and social judgments on Facebook[J]. *Journal of Communication*, 2012, 62(5): 815-832.
③ Andrew Ledbetter, Joseph P. Mazer, Jocelyn M. DeGroot, Brian Swafford. Attitudes toward online social connection and self-disclosure as predictors of Facebook communication and relational closenes[J]. *Communication Research*, 2011, 38(1): 27-53.

舞台。在虚拟和匿名的网络空间中,社交媒介成为用户体验不同身份、实现社交目标的"身份实验室"①。已有研究发现,社交媒介作为自我表达、沟通和自我推销的平台,用户和平台之间实际上在进行一场在线身份控制的博弈。相较而言,Facebook特别注重个性化的自我展示,而LinkedIn的界面则迎合了专业化职场需要。②

  凭借数字技术的编辑和修正功能,再加上网络交往不能即时当面核实的特点,社交媒介为用户展陈一个理想化的自我形象提供了平台。通过观察和分析在线约会网站用户的自我呈现,研究者发现用户的在线形象与线下实际想象往往存在差异,而在这之中,性别又是一个主要的影响变量。有证据表明,女性用于在线约会网站资料中的照片,会比男性的照片相较于实际形象差距更明显,甚至呈现的形象会更老,包括发型、皮肤质量等方面的差异。另一影响因素是社交媒体用户的外貌吸引力。当他们对自身外貌吸引力评价越低,他们就越可能去修改社交资料中的照片的外貌让其更具吸引力,并且可能在那些关乎外貌的资料(身高、体重和年龄)中作假,但这种欺骗行为并不会扩展到那些与外貌无关的资料中。换言之,"这种欺骗行为是有限的并且是极具策略性的"③。由此可见,线下社交行为会影响用户的在线交往实践。

  与此同时,在线社交也会反过来影响线下行为。有学者将之称为"普罗透斯效应(Proteus Effect)",亦即代表线上虚拟形象的"化身"(Avatar)对线下行为造成影响。实验证明,人们在线呈现的虚拟形象可以改变其在基于虚拟现实的在线社区中的表现,并且"这种改变会进一步映射到随后现实中的面对面交流。"另外,Facebook用户发布自我披露信息所选择的媒介(文本或图片)会影响他人对其社交属性(外向型或内向型)的判断。研究者发现,孤立的文本式自我披露比照片更能强烈地影响他人对发布者社会定位的判断。而当同样的信息线索同时出现在Facebook,且所有其他个人资料信息都保持不变时,以照片的形式进行自我披露比文本式自我披露

---

① Katelyn Y. A. McKenna, John A. Bargh. Plan 9 from cyberspace: The implications of the internet for personality and social psychology[J]. *Personality & Social Psychology Review*, 2000, 4(1): 57-75.
② José van Dijck. You have one identity': Performing the self on Facebook and LinkedIn[J]. *Media, Culture & Society*, 2013, 35(2): 199-215.
③ Catalina Toma, Jeffrey T. Hancock. Looks and lies: The role of physical attractiveness in online dating self-presentation and deception[J]. *Communication Research*, 2010, 37(3): 335-351.

更能影响他人对发布者社交属性的判断。① 还有学者探讨了虚拟形象呈现对团队成员工作效率和沟通协调能力的影响。结果表明,如果小组成员之间的虚拟形象视觉相似程度高,或者虚拟形象和本人外表更相似,那么相较于对照组,小组成员在解决任务时能够表现出更高的效率,小组也体现出更强的凝聚力和吸引力。同时,团队内部沟通交流的内容分析结果也表明,视觉相似程度高的小组能够更有策略地进行交流,更有动力地解决问题。② 类似的研究还发现,在网络论坛上进行讨论、会谈和学习的人在现实生活中也更易于参与到社会活动中去。③ 为此,有学者认为社交网站有助于促进人际交往,拓宽社会关系,并提供关于政治参与的有价值的信息。

(三)自我认同(Self-identity)

社交媒介就像一面镜子,不仅投射出用户的自我形象,还映射出其对自我的认知。大量研究已证明,社交媒介在用户的自我认同方面扮演着重要角色。

社会比较(social comparison)的概念认为,个人会以和他人进行比较来形成对自我的认同。从这一视角出发探讨自我认同的探究表明,线下的社会比较在影响自我认知和情绪的同时,甚至可以影响到身体健康。④ 有学者研究了人们如何在 Facebook 上进行社会比较、如何看待来自 Facebook 的好友现状,及其可能会对他们情绪产生的影响。研究发现:(1)高自尊者在接触到 Facebook 好友的负面消息时会感到更快乐,但如果负面信息来自不太亲密的朋友时,则会产生相反的效果;(2)对低自尊心者不会产生这样的效果。⑤

有学者基于自我认知的社会心理学模型,分析了视频游戏中虚拟形象

---

① Brandon Van Der Heide, Jonathan D., D'Angelo, Erin M. Schumaker. The effects of verbal versus photographic self-presentation on impression formation in Facebook[J]. *Journal of Communication*, 2012, 62(1): 98-116.
② Sarah F. van der Land, Alexander Schouten, Frans Feldberg, Bart Van den Hooff. Does avatar appearance matter? How team visual similarity and member-avatar similarity influence virtual team performance[J]. *Human Communication Research*, 2015, 41(1): 128-153.
③ Elizabeth Anne Gervais. Social network websites as information channels for the US social forum[J]. *Media, Culture & Society*, 2015, 37(4): 547-565.
④ Genevieve Pham-Kanter. Social comparisons and health: Can having richer friends and neighbors make you sick? [J]. *Social Science & Medicine*, 2009, 69(3): 335-344.
⑤ Jiangmeng Liu, Cong Li, Nick Carcioppolo, Michael North. Do our Facebook friends make us feel worse? A study of social comparison and emotion[J]. *Human Communication Research*, 2016, 42(4): 619-640.

对自我认同的影响。结果证实，视频游戏提供给玩家代入新社会角色的可能，玩家在视频游戏中处理游戏角色或社会角色是一种最好的进行身份认同的方式。①一方面，游戏像是"换装实验室"，为用户创造了代入不同角色的可能性，让他们能更易于接近其理想中的角色；另一方面，网络游戏中的社交属性赋予用户在虚拟角色中实现自我的路径。

综上观之，层出不穷的社交媒介不仅重塑了已有交往模态，而且形塑了用户的社交心理和行为。通过塑造用户的自我披露、自我呈现、自我认同，社交媒介深刻地影响了个体的身份构建和自我认知。与之相关的研究征用了社会心理学的研究方法和理论，拓展了一条媒介效果研究的社会心理学路径。

三、新技术·新新闻

Twitter、Facebook 等社交媒介的诞生与发展，一方面改变了人们沟通和交往的方式，另一方面也提供了全新的主动获取信息的渠道。新技术挑战并变革着传统新闻产业和已有新闻观念。为此，过去十年，媒介效果研究的一个重要议题就是关乎新技术和新闻业。

（一）新技术改变新闻生产流程

网络新闻的兴起，意味着利用关系网络的视角研究信息时代的媒介内容生产和消费成为可能。因为，媒介内容、媒介机构和受众通过在线上线下的网络被连接在一起②，如我们通过超链接在新闻网站中跳转，新闻机构在 Twitter 中发布消息，我们在他人转发和评论中获取观点③。

有研究者发现，搜索引擎让我们把对新闻的理解从电视上的新闻快讯、报纸头条和人物专栏转移到了我们感兴趣的个人故事中。通过展示新闻搜索引擎（以 Google 为例）如何以用户为依托、遵循与传统新闻价值实践不同的新闻价值选择规律，在网络平台上进行新闻编排，研究者指出："新闻"的概念并不是固定不变的，是随着文化的变迁、社会环境的变化、

---

① Klimmt Christoph, Dorothee Hefner, Vorderer Peter. The video game experience as "true" identification: A theory of enjoyable alterations of players' self-perception[J]. *Communication Theory*, 2009, 19(4): 351-373.
② Katherine Ognyanova, Peter Monge. A multitheoretical, multilevel, multidimensional network model of the media system[J]. *Communication Yearbook*, 2006, 37(1): 66-93.
③ Marc Ziegele. Timo Breiner, Oliver Quiring. What creates interactivity in online news discussions? An exploratory analysis of discussion factors in user comments on news items[J]. *Journal of Communication*, 2009, 64(6): 1111-1138.

人们倾向的改变而改变。搜索引擎预示了新闻的不同概念和内涵。①

(二)新技术质疑传统新闻专业主义

社交媒介在信息传播上呈现出的新兴语态和采编模式,让传统新闻界产生了质疑之声——这样的新闻生产是否符合新闻专业主义？Twitter新闻够不够得上新闻的标准？另有学者观察到Twitter上的新闻传播与新闻专业主义的基本分歧。这些分歧包括新闻内容构成上的差异、新闻价值取舍的不同和是否履行了社会服务的职责等方面。作者认为这种分歧缘于新闻专业机构的制度和操作逻辑、新闻专业主义的控制以及Twitter带来的新的新闻传播样态。而新闻透明度、时效性和新闻把关控制的冲突是新旧媒介的核心矛盾。研究者认为，从长远来看，扩大新闻专业主义囊括的范围以适应不同形式的新闻报道是今后新闻业的发展方向。②

另外，还有学者认为目前媒体领域的转型正在挑战当代的媒介伦理。一方面，"媒体的数字化带来了新的伦理问题，促使人们呼吁重新定义公共传播的规范和价值观"；另一方面，"网络媒体缺乏自我监管和问责"③。

(三)新技术挑战已有新闻研究理念

有学者提出，过去曾经用于描述受众媒介接触的理论在互联网高速信息传播的时代已经不再适用。与大众传媒时代信息传播主要由政治精英和媒体参与者控制不同的是，在数字信息环境中，信息传播由现实中的朋友、社交网络联系人、计算机过滤算法和个人媒体用户所担当。简而言之，个人信息网络的中心是嵌入在多个、交叉的内容流中。研究者提出了"定制信息流"的概念，认为"记者、策略定制者、个人媒体用户、社交联系人和计算机算法"是五个影响信息流的要素。④

还有学者对"数字鸿沟"的早期观点提出了质疑。互联网诞生初期，人们乐观地认为，互联网似乎可以无穷无尽地提供免费信息，会减少一些不平等现象。但事实上，技能、资本和基础设施等各种成本和必要支出都

---

① Matt Carlson. Order versus access: News search engines and the challenge to traditional journalistic roles[J]. *Media, Culture & Society*, 2007, 29(6): 1014-1030.
② Matthias Revers. The twitterization of news making: Transparency and journalistic professionalism[J]. *Journal of Communication*, 2014, 64(5): 806-826.
③ Tobias Eberwein, Colin Porlezza. Both sides of the story: Communication ethics in mediatized worlds[J]. *Journal of Communication*, 2016, 66(2): 328-342.
④ Thorson, Kjerstin, Chris Wells. Curated flows: A framework for mapping media exposure in the digital age[J]. *Communication Theory*, 2016, 26(3): 309-328.

成为实现平等的障碍，更多的媒介使用和利益流向那些拥有更多资源、更大能力和信息需求的人。① 而且，除了接触媒介类型不同外，人口统计学的差距也影响着数字鸿沟的出现。②

此外，新技术也为学者们开展新闻业研究提供了新方法和新工具。早在2008年就有学者强调使用各种网络理论来更准确地预测和解释交流现象的重要性。有学者指出，社会网络分析(Social Network Analysis)建立在组织和个人行为相互依存的基础上，提供了丰富的理论机制和方法来解释和预测媒体结构的新模式。③ 这种方法"可以帮助现今的新媒介研究人员更好理解媒介行业的现象，以及新闻领域的相互联系"，"有助于新闻理论的创新"。④ 新闻学者可以就此研究新闻和信息如何通过在线新闻网站、社交网站和线下媒体传播。而这些知识对于理解大数据时代的媒体平台上的信息传播的社会影响至关重要。⑤

过去十年不仅是互联网稳步发展的时期，也是移动终端、社交媒介席卷全球的时期。新技术不仅改变了人们的生活方式、交往行为，而且撬动了传统新闻产业的地位，质询了有关新闻及新闻业的已有认识。媒介效果研究随之增添了新议题，并呈现出新转向。研究者们热切关注新兴媒介形态及其使用者群像，一方面，从社会心理学路径出发展陈了新技术施与微观个体的效应，另一方面，从中观层面聚焦了新技术对新闻产业及新闻研究的影响。然而，令人遗憾的是，虽然就此积累了大量研究成果，但是媒介效果研究在主导范式和方法上并未有重大突破。效果研究的前景如何、出路在哪，依旧是摆在研究者面前的重大课题。

---

① Paul Dimaggio, Eszter Hargittai, Coral Celeste, Steven Shafer. Digital inequality: From unequal access to differentiated use. In Kathryn M. Neckerman (Ed.). *Social Inequality*[M]. New York: Russell Sage Foundation, 2014: 355-400.
② Katy Pearce, Ronald E. Rice. Digital divides from access to activities: Comparing mobile and personal computer internet users[J]. *Journal of Communication*, 2013, 63(4): 721-744.
③ Noshir Contractor, Michelle Shumate. The emergence of multidimensional social networks. In Linda L. Putnam and Dennis K. Mumby (Eds.). *The SAGE Handbook of Organizational Communication*[M]. Thousand Oaks, CA: *Sage*, 2013: 449-474.
④ Sophia Fu. Leveraging Social Network Analysis for Research on Journalism in the Information Age[J]. *Journal of Communication*, 2016, 66(2): 266-273.
⑤ Peter Monge, Bettina M. Heiss, Drew Margolin. Communication network evolution in organizational communities[J]. *Communication Theory*, 2008, 18(4): 449-477.

第十章　分裂、守望与对话

《传播学期刊》作为国际传播学会(ICA)的旗舰杂志,致力于"给读者带来最新、最广泛、最重要的传播学研究成果"[1]。1983年至今,该期刊共发布过四次特刊,分别是:1983年的"领域的骚动"、1993年的"领域的未来"(两期)、2008年的"交集"(*Intersections*)和2018年的"新酵母"(*Ferments of the Field*)。《传播学期刊》作为传播学科的中心舞台,记录着传播学学术成长的主导趋势和关键发展。在这个意义上,这四次特刊的经典讨论可以视为西方媒介效果研究范式对话的缩影。

第一节　持续"发酵"的范式之争

1983年和1993年的两次特刊不但在当时引起了整个传播学界的大震荡,而且时至今日余威尚存。首先,参与讨论的学者都是传播学研究或社会科学研究中如雷贯耳的大家,如施拉姆、纽曼、卡茨、阿芒·马特拉(Armand Mattelart)、席勒、格伯纳、索尼亚·列文斯通、莫利、罗伯特·麦克切斯尼(Robert W. McChesney)等,这些学者的观点与主张对传播学研究起到了引导性的作用。其次,国际性的学术视野,参与讨论的学者,除了来自居于传播学研究中心地位的美国之外,还有英国、意大利、法国、瑞典、匈牙利等,不仅使论战最大限度地融合了不同学者、学派和国家(地区)的观点,而且使其产生了广泛的国际影响力,甚至对有些欧洲国家而言"从零开启了这个研究领域"[2]。最后,特刊中的论文成为许多院校传播学研究和教学的必读篇目,并在学术研究中被广泛引用。

---

[1] Journal of Communication. Aims and scope[EB/OL]. http://onlinelibrary.wiley.com/journal/10.1111/(ISSN)1460-2466/homepage/ProductInformation.html,2017.

[2] 邱林川:《多元、对话与有机的传播研究:基于2018年JoC新酵母专刊的反思》,载《国际新闻界》2018年第2期。

随着传播学研究的不断深入，这两次特刊的学术内涵亟待进一步深化，于是《传播学期刊》分别于 2008 年和 2018 年在原有论争基础上不断延伸和拓展了传播学研讨的边界。正如 2018 年特刊的编者之一邱林川所言，"为了向格伯纳致敬，特刊取名'Ferments of the field'：一来延续动态发酵、四两拨千斤的'酵母'精神，二来 Ferment 后面多了个 s，变成复数，代表传播研究已更多元。"①由此，这四次特刊的学术争鸣可见一斑。

1983 年特刊的主要内容和议题包括：（1）传播学研究的历史回顾与理论介绍。如施拉姆撰的《传播学的独特观点：回顾性的考察》②、康姆史达克的《过去的遗产》③、尼古拉斯·伽汉姆的《文化唯物主义理论概述》④等；（2）有关传播学的学科地位、现状与未来。如罗杰斯和查菲合著的《作为学术学科的传播学：对话》⑤、杰拉德·米勒（Gerald R. Miller）的《评估一门学科》⑥、杰里米·坦斯托尔（Jeremy Tunstall）的《美国传播学研究的困境》⑦等；（3）英美以外的传播学研究。如马特拉的《技术、文化与传播：法国研究和政策优势》⑧、罗伯特·戈冉迪（Roberto Grandi）的《社会学方法的局限：意大利传播学研究的替代方案》⑨、Tamás Szecskö 的《匈牙利的传播研究与政策：合作伙伴的规划》⑩等；（4）有关研究方法与范式的讨论。如威廉·梅罗蒂和罗宾·曼瑟尔合著的《批判研究与行政研究的争论：循环还是挑战》⑪、传播政治经济学者达拉斯·斯迈兹等撰写

---

① 邱林川：《多元、对话与有机的传播研究：基于 2018 年 JoC 新酵母专刊的反思》，载《国际新闻界》2018 年第 2 期。
② Wilbur Schramm. The unique perspective of communication: A retrospective view[J]. *Journal of Communication*, 1983, 33(3): 6-17.
③ George Comstock. The legacy of the past[J]. *Journal of Communication*, 1983, 33(3): 42-50.
④ Nicholas Garnham. Toward a theory of cultural materialism[J]. *Journal of Communication*, 1983, 33(3): 314-329.
⑤ Everett M. Rogers, Steven H. Chaffee. Communication as an academic discipline: A dialogue[J]. *Journal of Communication*, 1983, 33(3): 18-30.
⑥ Gerald R. Miller. Taking stock of a discipline[J]. *Journal of Communication*, 1983, 33(3): 31-41.
⑦ Jeremy Tunstall. The trouble with U. S. communication research[J]. *Journal of Communication*, 1983, 33(3): 92-95.
⑧ Armand Mattelart. Technology, culture, and communication: Research and policy priorities in France[J]. *Journal of Communication*, 1983, 33(3): 59-73.
⑨ Roberto Grandi. The limitations of the sociological approach: Alternatives from Italian communications research[J]. *Journal of Communication*, 1983, 33(3): 53-58.
⑩ Tamás Szecskö. Communication research and policy in Hungary: Partners in planning[J]. *Journal of Communication*, 1983, 33(3): 96-102.
⑪ William H. Melody, Robin Mansell. The debate over critical vs. administrative research: Circularity or challenge[J]. *Journal of Communication*, 1983, 33(3): 103-116.

的《批判与行政研究：新的批判分析》①、卡茨的《人文学科和社会学的回归》②、郎氏夫妇的《传播学研究的"新"辞令：长远的观察》③、席勒的《信息时代的批判研究》④等。这样的划分或许并不十分精确，因为许多论文虽有各自的偏重，但都铺陈甚广，有些甚至对以上四个方面的内容均有或多或少的涉及。其中有关研究方法与范式的论题几乎占据了此次讨论的半壁江山。

相对于1983年的特刊而言，1993年的"领域的未来"呈现出若干新特点：从规模上来讲，论文数量成倍增加，编者共收到75篇提案和草稿，最终分两期共刊出48篇论文；在参加者上，参与此次讨论的学者既有传播学领域的名家老手，也有刚刚获得博士学位的新兵，而且有更多女性学者参与讨论。在议题方面，为了激发参与者的讨论热情，征稿时编者特意给出了5个有争议的命题，但在收到的来稿中，有些学者跨越了5个议题边界，有些甚至超出了编者的局限，因此，最终出版的两期特刊被分为7个部分，分别是：(1)传播学研究的学科状况；(2)新方向、新议程；(3)传播学研究与公共政策的结合；(4)受众与制度；(5)批判传统的反思；(6)寻找适用的历史；(7)学术战争。虽然议题有所扩充并进行了更精细的划分，但1983年的两大主题，"学术身份"与"研究范式"依然是此次讨论的重中之重。

2008年"交集"(Intersections)特刊相对规模较小，共刊发12篇文章。主编迈克尔·普福(Michael Pfau)在开篇之作《认识论和学科的交集》(epistemological and disciplinary intersections)中称，"这期特刊是基于这样一个前提——传播学者们几乎本能地对他们所熟悉的工具和他们所提出的问题做出反应，这使他们对认识论和学科交集的可能性视而不见。"普福希望借此提出一个传播学应该严肃思考的问题，即"我们的成果在多大程度上对跨传播学科的学者和相关学科的学者具有吸引力和重要性"⑤。因

---

① Dallas W. Smythe, Tran Van Dinh. On critical and administrative research: A new critical analysis[J]. *Journal of Communication*, 1983, 33(3): 117-127.
② Elihu Katz. The return of the humanities and sociology[J]. *Journal of Communication*, 1983, 33(3): 51-52.
③ Kurt Lang, Gladys Engel Lang. The "new" rhetoric of mass communication research: A longer view[J]. *Journal of Communication*, 1983, 33(3): 128-140.
④ Herbert I. Schiller. Critical research in the information age[J]. *Journal of Communication*, 1983, 33(3): 249-257.
⑤ Michael Pfau (Ed). Special issue—Epistemological and disciplinary intersections[J]. *Journal of Communication*, 2008, 58(4): 597-602.

此，这期特刊主要涉及三个方面的议题：(1)传播学科发展及其跨学科性，如《探讨民族志的共同语言：传播学与人类学》(Toward an Ethnographic Lingua Franca: Communication and Anthropology)①、《传播学与经济学：帝国式学科、鲜见的合作》(Communication and Economics: Two Imperial Disciplines and Too Little Collaboration)②、《跨学科科学：传播与公共卫生之关系》(Transdisciplinary Science: The Nexus Between Communication and Public Health)③、《传播学与社会心理学的交集：接触点与差异点》(The Intersection of Communication and Social Psychology: Points of Contact and Points of Difference)④、《美国社会学为何放弃大众传播研究的深入说明》(Further Notes on Why American Sociology Abandoned Mass Communication Research)⑤、《组织传播的演进》(The Evolution of Organizational Communication)⑥、《学科、交集和传播学研究的未来》(Disciplines, Intersections, and the Future of Communication Research)⑦；(2)有关研究范式的思考，如《修辞批评中的知识主张》(Knowledge Claims in Rhetorical Criticism)⑧、《传播研究中的经验交叉：复制、多种定量方法和弥合定量-定性鸿沟》(Empirical Intersections in Communication Research: Replication, Multiple Quantitative Methods, and Bridging the Quantitative-Qualitative Divide)⑨；(3)效果研究的特定议题，如《最小效果的新时代？政治传播

---

① John L. Jackson Jr. Toward an ethnographic lingua franca: Communication and anthropology[J]. *Journal of Communication*, 2008, 58(4): 664-678.
② Steven Wildman. Communication and economics: Two imperial disciplines and too little collaboration[J]. *Journal of Communication*, 2008, 58(4): 693-706.
③ Gary Kreps, Edward W. Maibach. Transdisciplinary science: The nexus between communication and public health[J]. *Journal of Communication*, 2008, 58(4): 732-748.
④ Matthew J. Hornsey, Cindy Gallois, Julie M. Duck. The intersection of communication and social psychology: Points of contact and points of difference[J]. *Journal of Communication*, 2008, 58(4): 749-766.
⑤ Jefferson Pooley, Elihu Katz. Further notes on why american sociology abandoned mass communication research[J]. *Journal of Communication*, 2008, 58(4): 767-786.
⑥ Peter Monge, Marshall Scott Poole. The evolution of organizational communication[J]. *Journal of Communication*, 2008, 58(4): 679-692.
⑦ Susan Herbst. Disciplines, intersections, and the future of communication research[J]. *Journal of Communication*, 2008, 58(4): 603-614.
⑧ David Zarefsky. Knowledge claims in rhetorical criticism[J]. *Journal of Communication*, 2008, 58(4): 629-640.
⑨ William L. Benoit, R. Lance Holbert. Empirical intersections in communication research: Replication, multiple quantitative methods, and bridging the quantitative-qualitative divide[J]. *Journal of Communication*, 2008, 58(4): 615-628.

的变革基础》(*A New Era of Minimal Effects? The Changing Foundations of Political Communication*)①、《权力、快乐、模式：媒介影响的交叉叙事》(*Power, Pleasure, Patterns: Intersecting Narratives of Media Influence*)②等。由此可见，范式与效果依然是传播学领域的重要论题。

2018年"新酵母"特刊的主要内容可归纳为六个方向：(1)批判学派与行政研究；(2)主流传播学界中日益稀少的批判声音；(3)政治经济学与媒体文化研究领域的新唯物主义转向；(4)全球范围的传播研究；(5)数码媒介环境带来的挑战；(6)传播、实践(praxis)与有机的传播研究知识分子。③ 前两个议题都与传播学研究中批判学派与经验学派的经典对立探讨相关，众多学者提出，重新建构两种范式之间的对话机制将有助于批判学派重放光芒。

作为传播学界里程碑式的特刊讨论，严格来说，并无可能单一地围绕媒介效果而进行，但它却在媒介效果研究中影响甚广。正如麦奎尔所言，传播学研究归根到底是媒介效果的研究，效果研究自始至终都是传播学研究的焦点。

然而，贝雷尔森在1959年无限痛惜地断言了传播学研究正在"枯萎"(withering away)，其主要理由之一在于，传播学研究的"四大先驱"拉斯韦尔、拉扎斯菲尔德、列温和霍夫兰原本就来自不同的学科，只是在自己的研究领域中碰巧遇到了媒介效果问题，在完成相关研究后又纷纷返回原来的学科或转向别的研究领域。④

1983年"领域的骚动"的主编格伯纳却乐观地认为，恰恰相反，一个重大的、全新的学科正在诞生，正在"发酵"(ferment)。施拉姆在论文《传播学的独特观点：回顾性的考察》中开宗明义，首先肯定了传播学的学术身份。"对于已经建立起的'技术'领域，如新闻和演讲，因为欧洲学院模式(European institute model)的运用导致了一门新学科的诞生，而不是现有学科的扩展。"⑤他反驳了贝雷尔森有关传播学正在枯萎的论断，认为传

---

① Lance Bennett, Shanto Iyengar. A new era of minimal effects? The changing foundations of political communication[J]. *Journal of Communication*, 2008, 58(4): 707-731.
② Joshua Meyrowitz. Power, pleasure, patterns: intersecting narratives of media influence[J]. *Journal of Communication*, 2008, 58(4): 641-663.
③ 邱林川：《多元、对话与有机的传播研究：基于2018年JoC新酵母专刊的反思》，载《国际新闻界》2018年第2期。
④ Bernard Berelson. The state of communication research[J]. *The Public Opinion Quarterly*, 1959, 23(1): 1-6.
⑤ Wilbur Schramm. The unique perspective of communication: A retrospective view[J]. *Journal of Communication*, 1983, 33(3): 6-17.

播可以追溯到亚里士多德和柏拉图时期，传播在 20 世纪引起更大的关注是因为"一战"和纳粹宣传。它成为主要的研究主题是因为广播媒介对民主政治和儿童暴力行为的影响，同时希望它能加速经济和社会发展以及更广泛地分享教育机会。其次，该文肯定了欧洲批判研究在传播学中的重要位置。施拉姆把传播学称为"学术的绿洲"，并认为"把美国作为这一新领域的全部是不公平的"，开始于 20 世纪 60 年代末、被称为"批判"传播研究的欧洲传播学研究传统，虽然规模不大，但质量很高。批判传播研究学者以内在信仰作为出发点研究传播问题，这些研究问题常常是传播社会效果的马克思主义阐释。正如贝雷尔森所言，传播是他们"迈向更广阔研究问题的方便之门"。康姆史达克和郎氏夫妇在各自的论文中不约而同地表达了类似的观点。康姆史达克认为，传播研究中最老的话题是大众传媒在公共事务中的影响，贝雷尔森所谓"传播学正在枯萎"的说法之所以不正确的主要原因，一是技术的发展，尤其是电视的出现使大众传媒在日常生活中占据了主要位置；二是理论不断地在进行着自我修正，以求更准确地解释现实问题。因此，传播学研究重要的不是划分一个清晰的学科边界，而应考虑如何扩大外延并且使讨论变得更加得心应手。① 郎氏夫妇提出，传播学研究最早可以追溯到马克斯·韦伯，欧洲和美国一样在传播学发展史上占据着重要位置。几十年后，传播学研究回到了最初吸引学者眼光的地方——大众传播在政治、知识和现代社会文化生活上的效果。②

此外，就研究方法和研究范式而言，批判研究对经验研究最大的质疑也集中在媒介效果研究上，在某种意义上，媒介效果研究是前两次特刊的起因和"靶子"，而有关经验学派和批判学派的范式对话是贯穿四次特刊的持续性议题。

1983 年，时任瑞典哥德堡大学（University of Gothenburg）大众传播研究系主任的罗森加兰特在其论文《传播学研究：一个范式还是四个？》中对"骚动"做了详细解释："确信无疑，这是一个骚动的领域。'知识性骚动'：批判学者和经验主义学者激烈地互相斗争，互相轻视，或者，小心谨慎地去寻找一个暂定协议(modus vivendi)。'国际性骚动'：来自旧世界和新世界的学者与社会科学家碰到一起，并且对对方奇怪的思维方式感到惊讶。来自第一、第二和第三世界的数据和理论把文化多样性带入了知

---

① George Comstock. The legacy of the past[J]. *Journal of Communication*, 1983, 33(3): 42-50.
② Kurt Lang, Gladys Engel Lang. The "new" rhetoric of mass communication research: A longer view[J]. *Journal of Communication*, 1983, 33(3): 128-140.

识观点的冲突之中。'政治性骚动':激进的批评家、自由主义改革者和保守的现状维护者用传播研究来扶持他们的政治争论。"①用这一阐释来观照《传播学期刊》的四次特刊依然有很强的适用性。四次特刊所体现出的观念嬗变,不但折射出经验学派与批判学派两种范式对话的变化轨迹,更为媒介效果研究的未来发展指明方向。正如2018年特刊主编所言,"我们看到,时至今日,批判学派与行政研究之分野仍是传播学界的基本议题。两者间需要更多对话"②。

第二节 从全面交锋到理性反思

1983年特刊最重要的特色恐怕是批判学派与行政研究的全面交锋。一方有施拉姆等人指责批判学者自说自话,另一方有达拉斯·斯迈兹等人批评经验研究日益为权贵服务,还有介于两者之间的学术立场。③ 但经历了1983年的激烈对抗之后,经验学派与批判学派之间的范式之争逐渐超越"胜者为王,败者寇"的决然对立,而是在更多的理性反思中寻找方法本身的缺陷与不足,以期在传播学研究中得到更好的运用与发展,由此也能管窥出两种范式对媒介效果研究的立场与态度。

一、立场鲜明的全面交锋

1983年特刊中有关经验研究和批判研究的具体方法和范式的论文,多以媒介效果为例,或围绕效果研究展开。根据观点的不同,大致可以把作者分为三大"派别":强烈支持经验研究的"经验派",强烈支持批判研究的"批判派"和主张经验研究与批判研究取长补短、相互融合的"中间派"。如果仔细辨别,在这些"中间派"中有些对经验研究更为青睐,有些则对批判研究有所倾向。

(一)"经验派"

普尔在《什么骚动?:经验主义研究的挑战》一文中肯定了效果研究的

---

① Karl Erik Rosengren. Communication research: One paradigm, or four? [J]. *Journal of Communication*, 1983, 33(3): 185-207.
② 邱林川:《多元、对话与有机的传播研究:基于2018年JoC新酵母专刊的反思》,载《国际新闻界》2018年第2期。
③ 邱林川:《多元、对话与有机的传播研究:基于2018年JoC新酵母专刊的反思》,载《国际新闻界》2018年第2期。

重要地位。他认为,电影、广播、电视等非印刷媒介戏剧性的发展让社会成为一个前所未有的"大众社会"(mass society),人们每天都在花费数小时接受同样的信息,"这一变化给社会研究提出了巨大的挑战,媒介效果研究成为一个显而易见的问题。"①这与纽曼的观点大相径庭。纽曼撰写的《媒体对媒介效果研究的效果》(The effect of media on media effects research)是这次讨论中唯一一篇直接以媒介效果研究命名的论文,从研究方法的角度对效果研究的发展进行了梳理。该文认为,有限效果论和微效果论在很长一段时间内占据了主要的学术舞台,业界也更热衷于接受有限效果论和微效果论。20世纪60年代中期迫于经验研究的结果,微效果假设开始瓦解。② 但普尔认为,媒介效果的"大"或"小"并不是一个重要的问题,重要的问题在于媒介效果如何在不同的环境下产生并形成一个"过程"。传播研究最大的进步就在于测量方式的提高。普尔言辞激烈地反击了批判学派对经验主义研究的批评,认为经验主义研究并非一种"旧的范式",批判学派也并非"酵素",它只不过创造了一系列的词汇,并无新意。普尔提出了一系列的问题,新的媒介技术造就了新的媒介环境,在这个环境中,究竟会发生什么正是需要研究的问题。在高度个人化、交互式媒介环境中,人们如何行为?谁会使用这些媒介?是否需要指导?等等,这都肯定了媒介效果研究在此后传播学研究中的位置,在某种程度上也确定了传播学研究,尤其是效果研究的方向和主要议题。

美国学者史蒂文森从研究层次方面论述了"批判分析"的问题所在。他认为,即使经验式研究并不完善,但批判研究或许更糟糕,因为"我们能够意识到没有足够理论支持的数据,在知性上是缺乏影响力的,但我们也必须承认不经严格且涉及广泛的经验式实验得出的理论,是充满争议的"③。史蒂文森指出,批判分析试图把从一个单独社会体系研究中得出的结论推广到总体的行为系统上。他以海因茨·哈特曼(Heinz Hartmann)1978年有关第三世界国家商业广播全国性发展的效果研究为例,说明批判研究常常试图把以一个国家或地区为分析单位得出的研究结论推广到其他国家或地区,得出一个普适性的论断。但问题在于,一方面,这些结论

---

① Ithiel Sola Pool. What ferment? A challenge for empirical research [J]. *Journal of Communication*, 1983, 33(3): 258-261.
② Elisabeth Noelle-Neumann. The effect of media on media effects research [J]. *Journal of Communication*, 1983, 33(3): 157-165.
③ Robert L. Stevenson. A critical look at critical analysis[J]. *Journal of Communication*, 1983, 33(3): 262-269.

并不能得到经验主义研究方法的确认或核实,因为每一个国家的具体情况都不尽相同,实验中的自变量和因变量也会有所不同;另一方面,即使这些数据是有效的,媒介所有权真的与社会效果有关吗?史蒂文森认为,这一研究明显地忽略了控制、内容、使用、受众及效果等都可以独立于所有权而存在,新马克思主义分析家回到了简单的刺激-反应论——所有权等于一切。

(二)"批判派"

席勒从传播政治经济学的角度表明了对批判学派的支持。他首先提出,国际传播在当时应该成为一个重要的研究领域。在技术与工业的变革时代,传播成为一个高投入的行业,批判研究应扮演起重要角色。"二战"后发展起来的第三世界国家纷纷进入后独立(post-independence)时期,他们意识到传播渠道和信息是统治结构的一个部分,是影响国家内部发展进程的有力手段。其次,资本主义内部的"信息革命",使所有以信息为基础或与信息相关的活动都促使信息交换成为日常消费品。资本从旧的重工业转移到新的高科技产业,高科技带来的社会剧变难以想象。在席勒看来,"技术是一种制度",是一种社会构造。描述、解释、分析、批判信息革命对美国和世界经济的影响正成为一小部分批判学者的研究重点。与传统研究不同,批判研究强调信息作品的生产而非媒介产品的个人消费和影响,关注权力的来源和运作,尤其是与传播过程和信息流动相关的权力,从而展现出对社会进程和制度持续变化的觉醒,或对历史进行不同的解读。同时,席勒提出"生产"应该成为传播学研究的核心概念。[①] 席勒虽然没有直接论及传统意义上的内部"效果"问题,但从更宽泛的政治、经济外围层面为效果研究提供了新的路径。

卡茨的《人文学科和社会学的回归》虽然只有短短两页,却观点鲜明。他认为,传播学研究领域的骚动来自多种学科的"渗透"和人文学科、社会学的回归,大众传媒说服力量的社会心理学式的研究和它对"效果"的狭窄定义正日益式微。"这期间,发生在传播学研究中最好的事情莫过于停止了疯狂地搜寻证据,以证明媒介具有在短期内改变意见、态度和行为的能力。这一领域近期的所有研究提出了一系列不同的有关效果的定义。其中最有意义的,也许是讨论媒介在(长期)塑造我们现实形象中所扮

---

① Herbert I. Schiller. Critical research in the information age[J]. *Journal of Communication*, 1983, 33(3): 249-257.

的角色。"①首先，卡茨认为内容研究最能反映出传播研究范围的拓宽和短期效果研究的后退。内容分析的单位从孤立的标题、说明诉求、暴力行为等文本(text)转向了类型(genres)。除了原有的对肥皂剧的研究外，出现了更多的关于电视新闻、娱乐节目等研究，以及对广播节目类型的调查。其次，"历史"再次进入了传播研究的视野，尤其是新闻、娱乐和广告的意识形态的历史。这就使长期效果——媒介技术，如印刷、电报、报纸等对社会制度的影响，走到了研究的前台，使有关新媒介技术的研究拥有了更宽泛的研究语境。卡茨虽然没有明确地使用"批判研究"这个词，但其言简意赅的论述无一不在强调拓宽"效果"定义，无论从短期的微观效果研究转向长期的宏观效果研究，还是阐明于历史情境中进行传播学研究的重要性，都在基本理念上保持了与批判学派的一致。

（三）"中间派"

在主流传播学研究中，除了经验学派和批判学派这两大主导范式的积极拥护者之外，还存在在两种范式之间寻找"可能性融合"的第三类研究者。罗森加兰特充满了忧患意识。他认为这是一次"危机"——经验学派与批判学派之间的争论有可能导致传播学研究分化成数个敌对的宗派，因此我们必须意识到这种状况并寻求一个替代性的选择。这个替代性的选择就是，超越批判主义与经验主义的二元对立。"如果研究能朝着这个方向继续进行，骚动将被欣欣向荣的发展而取代。"②

詹姆斯·D. 哈洛伦(James D. Halloran)的《批判折衷主义的立场》一文提倡在经验式研究和批判式研究中寻找融合与合作的契机。他认为，即便是自然科学想要寻找一条"放之四海而皆准"的理论都是不可行的，社会科学更不存在这种可能性。"'真正的生活具有多个侧面，需要联合使用多种理论和多种方法。'每一种方法都应该给其他方法留下空间。不同现象、不同情境和不同社会需要用不同的观点加以理解。……在大众传播研究中不需要为'多重观念的结论'(multiperspective diagnosis)进行道歉，实际上，我们应该试图发扬折衷主义，而不是寻找借口。"③虽然他并不认

---

① Elihu Katz. The return of the humanities and sociology[J]. *Journal of Communication*, 1983, 33(3): 51-52.
② Karl Erik Rosengren. Communication research: One paradigm, or four? [J]. *Journal of Communication*, 1983, 33(3): 185-207.
③ James D. Halloran. A case for critical eclecticism[J]. *Journal of Communication*, 1983, 33(3): 270-278.

可经验学派自我标榜的"价值中立"(value-free),但对经验主义的研究方法表示接受,不过应该去除实证主义和行为主义的盲目性;他虽然试图辩解批判学派被指责为"不科学的""定性的""哲学的"和"有政治动机的",但也主张必须抛弃"意识形态的研究方法"。同时,他还认为把经验主义与批判学派进行"二元对立"是无益的,社会关注应优先于研究方法。媒介与传播是社会机构的一个部分,其研究应在社会情境和社会过程中进行。他明确指出:"媒介不应该总是占据舞台的中央,我们也无须再提这样简单的问题,如'媒介对人们做了什么?',受众与公众应该被置于其适合的历史和社会环境中,对其媒介使用与意义的考察应来源于他们的社会地位(positions)……社会地位复杂性的不断显现,为简单的线性因果模式提供了极小的发展空间。"①哈洛伦要强调的是,媒介效果研究不应局限于早期的说服、态度和意见改变等议题,而应该把媒介放入更为复杂的社会、历史、文化环境中考察其产生的影响,因为"媒介是一个系统"。在一定程度上,"中间派"的核心观念与媒介生态学路径或多或少地存在着相似之处。这种折衷主义的观点在后续的相关研究中被逐渐放大。

格伯纳 1983 年的"总结陈词"从自己的立场出发,虽然明显带有"经验派"情结,但总体而言,他依然主张选择一条中庸之道。正如他在结语中所拟造的比喻那样:讨论什么是造成媒介影响的首要因素,如暴力这个结果是起因于媒介,还是失业、贫穷、新殖民主义战争等社会问题,就好比一定要讨论哪一条腿使一只三脚凳子站了起来。"'首要'社会力量的问题把我们导向了传播学研究的另一个潜在议题:经典分析与新出现的唯物主义者分析方法之间的对比。"②研究者不应该对选择、发展和使用任何适合解决问题的方法论而害羞。通过这次讨论,格伯纳欣喜地看到,现在传播学者能以更平衡的观点来看待方法论的问题,这种反思有益于学者们以更公正的而非独断的眼光认识方法论的作用。"把科学与艺术或人文主义学科相对立是一个错误的二分法……定性-定量的二分法同样是误导。定性分析做出的区别与判断(如分类或分级)是定量测量的前提,二者不可分割。在方法上强调以个人取代社会全体为分析单位和以总体取代真切的个人体验都是不对的。不同层次和目的的研究需要不同的关注点和分析单位。"③最

---

① James D. Halloran. A case for critical eclecticism[J]. *Journal of Communication*, 1983, 33(3): 270-278.
② George Gerbner. The importance of being critical: In one's own fashion [J]. *Journal of Communication*, 1983, 33(3): 355-362.
③ George Gerbner. The importance of being critical: In one's own fashion [J]. *Journal of Communication*, 1983, 33(3): 355-362.

后，格伯纳乐观地断言，领域的骚动证明了这个学科的活力以及解决危机的能力。

二、困惑中的范式迷失

两种范式如此的全面交锋在之后的三次特刊中不再出现。相对于1983年的喜忧参半，1993年的讨论明显地表现出更多的忧心忡忡。不止一个学者用"不确定""分裂""困惑"来描述这十年间传播学的发展与现状：学术身份的归属摇摆不定，研究范式的斗争依然是传播学研究的一大困扰。如果说，对抗与兴奋贯穿了1983年论争的始终，那么，1993年和2008年的特刊，对分裂(fragmentation)的担忧明显多于对"骚动"的欣喜。

在1983年特刊刊登的35篇文章中，有10篇论文的标题都出现了"批判(critical)"一词，其他的大多数论文也涉及批判研究。"批判"成为最常被提及的关键词之一，在整个问题中使用了456次。① 正如格伯纳所宣称的那样，"批判支柱"(critical backbone)保证了该领域的"专业完整性"(professional integrity)。而1993年和2008年的讨论重点更多地集中到学科本身，较少关注研究的社会作用。② 有研究表明，自1983年以后批判研究在方法和理论上都被传播学研究边缘化了。

斯拉夫科·斯普利查尔(Slavko Splichal)和鲍里斯·曼斯(Boris Mance)选择了八种国际传播期刊，在分析了1937年至2015年期间发表的15237篇文章后发现，"批判性"和"经验性"的观点并不相互排斥。过去70年里发表的大多数(56%)批判性文章有经验性的路径，批判性词汇出现在经验性文章中的范围通常比非经验性文章更加多样化和专业化，同时出现在两类论文中的批判性议题仅部分重叠。经验性文章大多使用特定概念，而非经验文章在概念上则更为复杂，常常同时讨论各种"批判议题"。传播政治经济学是批判学派的主流，同时也是经验学派的边缘。但长期以来，对资本主义和反民主倾向的批判一直不如行政和实证主义研究那么引人注目。③

---

① Christian Fuchs, Jack Linchuan Qiu. Ferments in the field: Introductory reflections on the past, present and future of communication studies[J]. *Journal of Communication*, 2018, 68(2): 219-232.

② Christian Fuchs, Jack Linchuan Qiu. Ferments in the field: Introductory reflections on the past, present and future of communication studies[J]. *Journal of Communication*, 2018, 68(2): 219-232.

③ Christian Fuchs, Jack Linchuan Qiu. Ferments in the field: Introductory reflections on the past, present and future of communication studies[J]. *Journal of Communication*, 2018, 68(2): 219-232.

内森·沃尔特(Nathan Walter)、迈克尔·科迪(Michael Cody)和桑德拉·鲍尔-罗克奇(Sandra Ball-Rokeach)通过元分析也发现了类似的情况。他们将1951年到2016年间《传播学期刊》刊发的所有原始研究文章(original research articles)共1574篇纳入分析,主要聚焦两个问题:(1)什么是期刊优先考虑的研究范式肖像(paradigmatic portrait)?(2)期刊在全局表现(global representation)、跨学科性、焦点、方法论的复杂性、理论使用、编辑影响力、资金和多样性方面有哪些重要趋势?研究发现,(后)实证主义方法占据了明显的主导地位,该范式只在1980年至2000年的20年期间受到周期性的挑战。事实上,即使在20世纪80年代(29%)和20世纪90年代(36.2%),批评、文化和修辞方法也仅占研究的三分之一。20世纪90年代以来,属于批判范式的文章进一步减少。作者认为1983年和1993年特刊所引发的对话没有产生持久的影响,虽然它"表现了对范式对立的准确反应,但却阻止非实证研究的精神消退"。两种研究范式在理论创新和跨学科对话方面仍待改进。在有关媒介效果的实验设计上,作者提出,虽然实验设计正在经历从直接效果到间接效果分析这一值得称道的转变,但更多的重要趋势反映在对短期效果的日益关注而不是长期影响。[①]

批判研究的范式迷失主要体现在两个方面:

一方面缘于"批判"意识的不足。劳伦斯·格罗斯伯格(Lawrence Grossberg)用"和睦"一词形容了传播学中传统领域与文化研究领域之间的关系,他提出传播研究是最早吸收文化研究并为其提供学术领地的美国学科之一,但传播学中的文化研究已经丧失了文化研究最根本的批判精神,已经变成了"传播文化研究"(communicational cultural studies),文化研究与传播学之间的和平共处是因为文化研究轻易地做出了妥协,在传播研究的概念中重塑自身,在"传播"与"文化"之间划上了等号。文化研究因此淹没于传播学模式之中,成为了传播研究范式的另一种选择而不是严峻的挑战。格罗斯伯格希望文化研究能把传播作为"实践"而不是"文化",与"概念"进行重新接合(rearticulate),恢复其应有的批判本质,让传播学像其他学科一样在文化研究中感觉到一些"不适"。文化研究应该始终提醒我们"学科的边界永远不能成为问题的边界"[②]。

---

① Nathan Walter, Michael J. Cody, Sandra J. Ball-Rokeach. The ebb and flow of communication research: Seven Decades of Publication Trends and Research Priorities [J]. *Journal of Communication*, 2018, 68(2): 424-440.

② Lawrence Grossberg. Can cultural studies find true happiness in communication? [J]. *Journal of Communication*, 1993, 43(4): 89-97.

麦克切斯尼在《处于十字路口的批判传播研究》中也表达了类似观点，认为批判传播研究的"批判"意识应该得到更多强调。过去十年批判传播研究如雨后春笋般迅速发展，涌现出一些重要的学者和著作，情况令人振奋。但同时他又用"与世隔绝"(insularity)一词表达了对批判传播研究的反思。他认为文化研究在美国批判传播研究中占据着支配性地位，但对以下三个方面的弱点难以理解：一是批判学者忽略了过去200年批判性社会和政治思想的整体传统，更多地是从法兰克福学派、霍尔等人的著作中汲取观念，而很少研讨马克思、恩格斯、列宁、阿多诺、哈贝马斯等人的作品；二是批判的目的不应仅仅是阐释世界，而是改变或改革，但许多学者对过去200年中出现的多样化的社会运动只是抱有一些陈腐的观念；三是批判传播研究远离其他学科的批判领域，也远离更广泛的左派知识社群。模仿现有的学术领域不可能取得学术上的成功，必须大胆采用通俗的和跨学科的方式与主流学术倾向背道而驰。因此，麦克切斯尼主张批判传播学者需要给予新闻学作为话语形式的特权，重视新闻学与民主的关系，而不仅仅把记者当作"权力的速记员"(stenographers to power)。传播学者要与活动家(activist)密切结合，在激进主义者与公众之间最大限度地保持平衡，用现存的媒介系统取得最好的效果。我们生存的这个时代，传播技术以难以了解的方式推进着社会的民主化进程，公司对传播的控制与公众的无能为力为这一进程设置了障碍，传播学者首先要把自己作为公共知识分子(public intellectuals)，坚持自己的历史观念，在知识上和精神上保持清醒。①

另一方面，"批判学者之间的分化日益加剧。除了欧洲批资本主义、美国批种族主义的区隔，还有各种其他分野，如针对生产还是消费、研究劳动还是受众、强调结构还是主体性、着眼压迫还是反抗等不一而足。归结起来也可说是政治经济学与文化研究渐行渐远。批判学者过去说主流行政研究格局太小、分工太细，此时自己也陷入类似境遇：这个分支的批判与那个分支的批判缺乏交集、难以对话。"②

批判学派声音的消逝使两种范式的对话一度陷入沉寂，经验学派似乎有重返一枝独秀辉煌的可能，但21世纪以来的讨论让我们看到了一番全新的景象。

---

① Robert W. McChesney. Critical communication research at the crossroads [J]. *Journal of Communication*, 1993, 43(4): 98-104.
② 邱林川：《多元、对话与有机的传播研究：基于2018年JoC新酵母专刊的反思》，载《国际新闻界》2018年第2期。

三、潮起潮落中的理性思考

有学者认为,"领域的发酵"多少有点用词不当,"潮起潮落"是一个更恰当的比喻,因为前者错误地暗示了关于认识论和方法论假设的紧张关系的存在。然而在20世纪90年代以后,几乎没有证据表明《传播学期刊》的各种或相互竞争的方法之间存在紧张关系和真正的协同作用,(后)实证主义的、微观层面的、大众媒体研究具有明显的优势。相反,数据呈现出的衰落和再生模式可能带来新旧传统的协同增效作用,比如大数据科学与分析严谨性之间的对话,或者试图将方法论纯粹主义与社会责任重新联系起来。从乐观的角度来说,潮起潮落是一种有希望的景象,即当前的停滞是暂时的,新的骚动即将开始冒泡。①

"关于批判理论和行政研究的争论已经在媒体研究界有了近80年的历史,但对于将它们分开或有可能将它们联系在一起的问题,却没有多少头绪。"②因为,虽然批判理论和实证主义肯定是对立的概念框架,但批判理论和实证研究本身并非如此。人们可以将它们结合起来,而不是支持其中的一个反对另一个。……不同于实证主义视角下的"假定"(if-then),批判研究是一种未来导向的研究视角,它能预测"如果"(what-if)对人类解放和社会变革的潜在行动的后果。③

娜塔莎·加斯特(Natascha Just)和曼努埃尔·普皮斯(Manuel Puppis)通过回顾当下的传播学路径,认为实证研究和批判研究的分岔导致了最早的学科危机。传播学者们将传播学理论与更宽泛的社会学理论相结合,探讨相关的社会问题。但传播学实证研究对数据收集和分析方法缺少反思。当今学者逐渐意识到实证研究和批判研究融合并举的可能性,开始共同深耕理论和方法。④

在快速变化的数字媒体环境中,传播研究的最新趋势和主导范式是大数据分析和计算社会科学(computational social science)。然而,大数据分

---

① Nathan Walter, Michael J. Cody, Sandra J. Ball-Rokeach. The ebb and flow of communication research: Seven decades of publication trends and research priorities [J]. *Journal of Communication*, 2018, 68(2): 424-440.

② Slavko Splichal, Boris Mance. Paradigm(s) lost islands of critical media research in communication journals[J]. *Journal of Communication*, 2018, 68(2): 399-414.

③ Slavko Splichal, Boris Mance. Paradigm(s) lost islands of critical media research in communication journals[J]. *Journal of Communication*, 2018, 68(2): 399-414.

④ Natascha Just, Manuel Puppis. Moving beyond self-castigation: Let's reinvigorate communication policy research now! [J]. *Journal of Communication*, 2018, 68(2): 327-336.

析固然"在传播研究的工具中增加了方法论的优势,增强我们理解世界的能力。但这种以定量研究为主导的方法通常会漏掉一些重要的问题——如何以及为何要进行网络交流(online communication)？网络交流的动机、期望、经历、政治利益、道德判断和感觉结构是什么？网络传播嵌入到何种权力结构和社会背景中？在社会和网络传播中存在哪些定性的、不可忽视的矛盾？"由于大数据分析是一个"专制主义的、纯数字的定量方法",缺乏理论基础、批判性的探究和对社会哲学的投入,因而它常常忘记了学术界在教育方面的作用,未能理解社会中"知识的意义"[1]。由此可见,经验研究与批判研究之间的区别和对话对于传播研究而言依然至关重要。

媒介生态学代表人物约书亚·梅罗维茨认为,伴随着传播学的成长,研究方法不断精细,每一种更复杂的方法促使了大量研究和理论的出现。但在这个过程中,传播学科虽然获得了丰硕的研究成果,但是也失去了构筑学科成长的共识性根基。"我们获得了丰富而有质感的学术成果,填满了几十本期刊和几十本书,让学生们接触到深思熟虑的、具有煽动性的观点,这些观点远远超出大众对媒体的论述,并为数百名学者提供了有意义的、终生的职业生涯。然而,早期媒体研究的相对一致性却就此消失,导致了不同学术阵营存在着更大分歧。但是,令人诧异的是,虽然各领域之间存在着观点的差异,但它们甚少进行广泛的辩论和讨论。媒体研究的每个子学科的成员都倾向于表现出他们的阵营有一个'真实'的方法,这使得他们将注意力转向内部,而并不鼓励对其他方法的开放。"[2]

在论文《权力、快乐、模式：媒介影响的交叉叙事》(*Power, Pleasure, Patterns: Intersecting Narratives of Media Influence*)[3]中,梅罗维茨通过分析三种人类经验的叙事,提出这是研究媒介效果的三种不同方式：批判/文化研究、使用与满足研究以及媒介理论(medium theory)。"批判/文化研究将媒体视为社会、经济、象征和政治权力(以及控制和接触媒体本身的)斗争的场所(和武器)；使用与满足方法认为媒体是人们主动地和有意识地试图满足其个人和社会需要和愿望的手段之一；媒介理论认为,每一

---

[1] Christian Fuchs, Jack Linchuan Qiu. Ferments in the field: Introductory reflections on the past, present and future of communication studies[J]. *Journal of Communication*, 2018, 68(2): 219-232.

[2] Joshua Meyrowitz. Power, pleasure, patterns: Intersecting narratives of media influence[J]. *Journal of Communication*, 2008, 58(4): 641-663.

[3] Joshua Meyrowitz. Power, pleasure, patterns: Intersecting narratives of media influence[J]. *Journal of Communication*, 2008, 58(4): 641-663.

种传播技术都有物质现实，就像气候和地理特征一样，它们与人体和机构相互作用，以促进某些相互作用的可能性，并阻碍其他的可能性。"①在一定程度上，这一阐释分别对应了批判学派、经验学派和媒介生态学的研究路径。权力、快乐和模式的叙述提供了三个关于人类存在的简单"故事"。每个故事都反映了媒体"对我们"或"为我们"做了什么。这些故事意在传递基本的真理：统治和支配是人类经验的方方面面；人类有意识地并积极地寻求满足基本需求，并在权力结构内外寻求乐趣；自然和人类创造的环境的结构，无论是物理的还是象征性的，都会促进某些类型的人类活动，同时限制其他类型的活动。然而，批判/文化研究、使用与满足和媒介理论都是作为对早期大众传播模型的反应而发展起来的框架，这些模型预测对媒介刺激的短期反应过于简单化。每一种叙事都是不完整的，在某种程度上"需要"其他叙事来讲述一个更完整的人类故事。②

梅罗维茨并非简单地主张将三种研究路径相互融合，而是旨在"拥抱它们的功利主义多样性"。"我想到的类比是一个基本的工具箱，它可能包含锤子、螺丝刀和扳手。这三种工具中的每一种都是方便的，但并不是每种工具在任何情况下都是有用的。同时，我也并不主张开发一种'hamdriverench'组合，它是一种笨重的设备，很难用它来完成很多事情。相反，我认为媒体使用和影响的复杂性需要不止一种方式来思考。"③因此，他建议用"多元化的工具包"来取代研究范式的重叠式整合。

从激情对抗的领域骚动到潮起潮落的理性回归，一方面体现出批判学派在范式迷失后的积极自省，另一方面在更宏大的意义上，使范式对话的思考超越媒介效果研究的视域，开启了传播学学科思考的新篇章。

第三节 媒介效果研究的想象力拓展

马万·克瑞迪(Marwan M. Kraidy)在强调"全球"与"批判"之关系的

---

① Joshua Meyrowitz. Power, pleasure, patterns: Intersecting narratives of media influence[J]. Journal of Communication, 2008, 58(4): 641-663.
② Joshua Meyrowitz. Power, pleasure, patterns: Intersecting narratives of media influence[J]. Journal of Communication, 2008, 58(4): 641-663.
③ Joshua Meyrowitz. Power, pleasure, patterns: Intersecting narratives of media influence[J]. Journal of Communication, 2008, 58(4): 641-663.

基础上，提出"拓宽研究想象力"的倡导。他认为创新概念对学科发展至关重要。在延续主流研究范式的同时，还需要基于新的挑战来跳出现有的研究范式，尝试提出更宏大的学科问题。① 面对如火如荼的数字革命，媒介效果研究在进行自身转向的同时，也带动了传播学的学科革新。

一、从"受众"到"用户"的效果转向

数字传播技术带来传播模式的结构性变化，其中最为显著的是媒介受众向媒介用户的转变。技术赋权下的用户在传播与接收两个端口获得全所未有的自主权，改写媒介效果的生发机制与影响因素。在最近一次的特刊中，多位学者反思了新媒介环境下"受众"转向"用户"所带来的媒介效果问题。

罗伯特·恩特曼（Robert Entman）和尼基·阿师尔（Nikki Usher）在《破碎民主中的框架：数字技术对意识形态，权力和级联网络激活的影响》（Framing in a Fractured Democracy: Impacts of Digital Technology on Ideology, Power and Cascading Network Activation）一文中提出，随着社交媒体作为一种传播形式的成熟和主流媒体新闻的衰落，学者们必须重新评估信息产生、传播、同化和作用的过程。从受众转向用户之后，公民在新闻信息的接触、传播和生产方面有更强的自主性。但研究表明，虽然在21世纪我们拥有了从精英到公民间更快、更有效的传播，从公民到新闻机构和精英间准确的反馈，以及公民之间的随时互动，但这并没有明显地产生更负责任的政府，也没有赋予公众更多的公共政策权力。在社会政治信息和框架的流动中，五个重要的、新的、数字化的"泵阀"（pump-valves）必须予以考虑，即平台、分析、算法、意识形态媒体和暴戾行动者（rogue actors）。在某些方面，由于精英们有更精确的瞄准和操纵公民的能力，控制阶层的等级甚至可能更陡峭。因此，作为一个整体的传播学研究必须考虑到机构媒体影响力减弱所带来的深刻变化。②

延续民主与传播的关系视角，兰斯·班尼特和仙托·艾英戈从政治传播出发，考察用户传播自主性与政治传播的相互作用。他们认为，新的传播技术影响受众行为的社会结合和身份形成，选择丰富的媒体环境首先意味着，我们将目睹政治信息获取的不平等程度日益加剧。"富人"会更容易跟上政治事件的步伐，而"穷人"会更容易忽略政治讨论，公众之间政

---

① Marwan M. Kraidy. Global media studies: A critical agenda[J]. *Journal of Communication*, 2018, 68(2): 337-346.
② Robert M. Entman, Nikki Usher. Framing in a fractured democracy: Impacts of digital technology on ideology, power and cascading network activation[J]. *Communication Theory*, 2018, 68(2): 298-308.

治两级分化的程度进一步使人们对强媒介效果论产生怀疑。其次，信息的增多意味着对政治信息有很大程度上的选择性接触。强硬支持者会倾向于从有利的消息来源获得信息，而忽略来自相反方的消息来源或论据。与此同时，大量漫不经心的公民将继续躲避那些试图与他们交流的人，从而增加政治交流的成本，同时减少影响。随着向以个人为媒介的社会（personally mediated society）过渡，将新闻报道视为政治信仰或政治态度的潜在原因越来越困难。那些说自己读了某份报纸或看了某家网络新闻广播的人，他们的政治态度很可能会有系统性的差异，而基于调查的分析必须将媒体接触和政治态度或行为的相互影响分离开来。在现实世界中，实际接触政治信息不再类似于随机分配，新闻和公共事务信息可以很容易地通过选择而避免，而选择性接触更有可能削弱新闻信息的语气或措辞的影响力。①

兰斯·班尼特和芭芭拉·匹菲芝（Barbara Pfetsch）在论述政治传播的效果问题时指出，当前的新媒介技术改变了传播生态的关系，受众不再完全遵循媒体逻辑，他们可以选择自我认知框架。议程设置在网络独立自由表达的环境下被推翻。因此，媒介效果作为主导传播范式的焦点，即便不被取而代之，也应该被降低关注。效果研究应该转向：媒介产生效果的理论条件、行动者内部的聚合与分歧，以及测量传统网络和替代网络之间信息流动的边界，等等。② 传播学者必须在直面现实的基础上修正各种媒介效果理论，如守门人、框架分析、议程设置等。

面对新媒体环境下传播方式的变化，拉舍尔·纽曼认为，"当传统媒体中的一连串关注在社交媒体中没有出现相对应的反应时，这不是理论的失败，而是潜在意义的发现。……不断发展的传播研究范式并未认真对待'使用和满足'、'选择性关注'和'积极受众'等概念，迄今为止还对将传播效果的巨大变化这一重要问题引入其理论化和研究设计的核心犹豫不决。共振（resonance）这一观念比效果更有助于加强这种观点。它们提供了一种特别的承诺，超越了'媒体确实有效果'的总结性研究宣言。传播研究范式的悖论并不需要放弃现存的理论来建立一个全新的模型，也不需要放弃新的和未经检验的变量。我们可能提出了正确的问题，但却有一个由范式悖论引发的盲点导致我们忽略无效的发现或反向

---

① Lance Bennett, Shanto Iyengar. A new era of minimal effects? The changing foundations of political communication[J]. *Journal of Communication*, 2008, 58(4): 707-731.
② W. Lance Bennett, Barbara Pfetsch. Rethinking political communication in a time of disrupted public spheres[J]. *Journal of Communication*, 2018, 68(2): 243-253.

效应，或为其辩解。我提出了一个适度的转向：一种科学的姿态，明确地确定接收传播的条件、不接收和条件和原因。我们应该寻找更广泛的潜在影响。在经过这几十年的学术研究之后，我们现在可以做得更好，而不是简单地、充满歉意地断言，我们现在知道传播效果'并非那么微小'"①。在纽曼看来，"效果研究"的标签不再合适，如今应关注传播的多种影响，包括误解和无效交流等，建立更为复杂的传播效果模型。我们应该考虑"一个可变共振模型"（a model of variable resonance），它将传输链研究（transmission chain research）、文本分析、深度访谈和大数据分析联系起来。首先，传输链研究中的传声筒实验技巧，可以观察传播中的"文化进化论"（cultural evolution）现象；其次，将内容分析和深度访谈推广到受众反应的研究中；再次，借助大数据和社交媒体进行即时且高效的传播效果研究。

二、从"跨学科"到"后学科"

从许多关于传播学历史研究的著作中可以清楚地看出，这个领域从一开始就具有惊人的"跨学科"性。创始人来自多个学科的重量级人物，如社会学的赫伯特·布鲁默（Herbert Blumer）和罗伯特·默顿、民意调查创始人的乔治·盖洛普（George Gallup）、政治学家拉斯韦尔、经济学家伊尼斯，文学批评家麦克卢汉、社会学家拉扎斯菲尔德、心理学家米德……不管他们的血统如何，早期媒体研究学者的潜在敏感性是开放和广泛的。②事实上，传播学者们对跨学科研究的追求在1993年的特刊中已有充分体现：帕梅拉·休梅克（Pamela J. Shoemaker）敦促学者们探索"传播学与其他知识学科之间的联系"，提出传播学应"天然地适合跨学科研究"③；戴维·斯旺森（David L. Swanson）更自信地认为"传播学就是一个跨学科的领域"④。

但与此同时，也有越来越多的学者意识到跨学科研究带来的碎片化危机。"我们不只是借用现有学科的工具和想法，并将他们应用于媒体、群体

---

① W. Russell Neuman. The paradox of the paradigm: An important gap in media effects research[J]. *Journal of Communication*, 2018, 68(2): 369-379.
② Susan Herbst. Disciplines, intersections, and the future of communication research[J]. *Journal of Communication*, 2008, 58(4): 603-614.
③ Pamela J. Shoemaker. Communication in crisis: Theory, curricula, and power[J]. *Journal of Communication*, 1993, 43(4): 146-153.
④ David L. Swanson. Fragmentation, the field, and the future[J]. *Journal of Communication*, 1993, 43(4): 163-172.

传播动力学或医患关系特质……一些学者试图发明新的语言来描述学科间的对话,一直在反思过去、现在和未来,结果是一种新的困境出现了。"①

罗森·加兰特对传播学这十年的发展表示了不满。他强烈希望经验研究与批判研究的结合,但实际情况却是这两种传播学研究的主要范式既不融合,也不对峙(confrontation),而是相互孤立,在自己的一亩三分地上自给自足。因此,他无限遗憾地说,今天传播学的特征不再是"骚动"而是"分裂"。②

无独有偶,迈克尔·普福认为,传播学研究"在孤立的青蛙池塘中分裂式地发酵",子领域层出不穷,呈现出明显的扩散化倾向。学者们热衷于在自己的"三分地"上深入挖掘,而疏于与其他学科专业的交流,使某些小领域成了一个新的巴别塔。③

郎氏夫妇认为,传播学依然处于在学术领域中开创一块属于自己的"小生境"(niche)的过程之中。传播学以往的研究主要围绕三大议题展开:人类传播的特性,大众传播的效果,以及媒介系统与社会的关系。每一个议题都有各自的研究路径。但是数据库和统计学的处理技术不能解决所有问题,替代的方法是让传播学研究与文化研究有更紧密的结合。传播学的未来发展需要打开新的领域、提供新的观念,而不是为自己勾画出明确的学科界线。④

休梅克以批判的视角评述了传播学在学术身份、理论、课程和效力上的危机。在学术身份上,传播学迫切需要其他学科对其学术身份与地位的认同,而不仅仅是把传播学的主要功能视为培养从事实践工作的传播者,因此,我们必须强调研究的理论性和课程的学术性。在理论上,传播研究者面临两大问题:一是量化研究虽然证明了很多假设,也有一些研究是从理论衍生而来,但传播学明显缺乏系统的理论建设,因此我们必须建立自己的理论,而不是依赖于借鉴其他学科的理论;二是研究得出的理论常常被其他院系从事传播研究的同事视而不见,引用其他社会科学期刊的次数明显比他们引用我们学科的多,因而,必须在传播学与其他学科中建立联

---

① Susan Herbst. Disciplines, intersections, and the future of communication research[J]. *Journal of Communication*, 2008, 58(4): 603-614.
② Karl Erik Rosengren. From field to frog ponds[J]. *Journal of Communication*, 1993, 43(3): 6-17.
③ Michael Pfau (Ed). Special issue- epistemological and disciplinary intersections[J]. *Journal of Communication*, 2008, 58(4): 597-602.
④ Kurt Lang, Gladys Engel Lang. Perspectives on communication[J]. *Journal of Communication*, 1993, 43(3): 92-99.

系。在课程上,批判性思维应该成为传播学课程的一部分,首先要大量开设每一个传播专业的学生都应该知道的公共核心课程,在此基础上再开设相关的技能课程。在效力上,传播学术研究的有效性受到公众和传播业界的双重质疑:你们在做应该做的事情吗?它们到底是什么?因此,休梅克提出,传播学唯有与其他学术单位和传播业界建立紧密联系才能在受到攻击时找到朋友。①

  罗森·加兰特认为造成这一现象的主要原因是传播学研究范式缺乏"累积性成长"(cumulative growth),实体理论(substantive theory)、形式模型(formal model)与经验数据(empirical data)之间没有进行必要的互动。实体理论直接被用于解释经验性的事实和数据,而没有与形式模型相关联,甚至试图避开形式模型,这三者之间的重要联系因而被削弱甚至荡然无存。如果这种状况继续下去,传播学中最有前途的研究传统也会局限在描绘性、叙述性等基本层面而停滞不前。这一问题的解决,一方面需要人文主义导向的传播学研究者克服对形式模型的厌恶,另一方面社会科学导向的传播学研究者也应乐于吸收人文主义导向学者的建设性的洞见。实体理论、形式模型和经验数据三者之间需要更强烈的"结合(combinations)、比较(comparisons)与对质"。②

  罗杰斯和查菲合作用对话体形式撰写了论文《传播研究的过去与未来:聚合还是分离?》。罗杰斯使传播学继五大传统社会科学——心理学、社会学、经济学、政治学和人类学之后,成为第一个在美国大学中被广泛认可的独立学科,学士、硕士和博士的数量逐年上升。查菲则认为在"传播"这个大概念下存在着无数的子概念,甚至很多传播学者也把自己的研究作为文学和哲学批判研究的一个部分,传播学院或新闻学院建立之后,人们对他们的期望更多地在于技术训练而不是学术研究。罗杰斯反驳说,传播学正从内部开始学科建设,一系列专业团体和期刊的出现,便是明证。虽然差异性的确存在,但这是任何一个学科在发展过程中都必须经历的过程,传播学需要更多的时间,如今新传播技术的出现,在给予我们每一个人无限希望的同时,也需要一个新的、融合的理论。无论传播的介质如何——是大众媒介、面对面,还是互动技术,中心问题在于吸引学者们关注传播学统一理论的发展。虽然查菲提出传播学专业协会的许多成员来

---

① Pamela J. Shoemaker. Communication in crisis: Theory, curricula, and power[J]. *Journal of Communication*, 1993, 43(4): 146-153.
② Karl Erik Rosengren. From field to frog ponds[J]. *Journal of Communication*, 1993, 43(3): 6-17.

自其他更大的学科组织，传播学术期刊被引用和受关注的程度也并不令人满意，在一些知名私立大学中尚未有传播学院成立，等等，但他也不得不承认，传播学在学生人数、教师和学者人数以及教授的研究创新上都有很大的发展，他期望传播学不要只局限在学科内部自娱自乐，还应关注外面的世界，研究视野的一致性是建立传播学统一理论的前提条件，应该让进入这一专业的学生看到一个广泛的领域，而不是一个充满斗争的学科分支。虽然在对于传播学学术地位与现状的评价上两人有些许分歧，但在以下三个方面，他们却保持了较高的一致性：一是对施拉姆在传播学学科建立上的重要贡献给予肯定；二是坚持以历史的观念和眼光来评价、预测传播学的过去与未来；三是建立传播学统一理论的必要性和紧迫性。① 在这个意义上，聚合(convergence)或分离(divergence)并非两人对传播学基本认知、观念和发展趋势的争论，而只是对于传播学研究历史和现状描述及评价的差别。

随着互联网的普及，全球数十亿人使用智能手机、平板电脑和联网计算机，这一现象成为传播研究的主要探讨议题，促使传播学的学术扩展趋势超越了任何其他学术领域或学科。同时，也使它变得越来越异质性、多样化和跨学科。传播学"概念上的区别和划分尤其丰富，如独特(idiographic)的与常规的(nomothetic)，理论的与经验的，定量的与定性的，或者批判的与行政的研究。互联网对所有社会和社会生活领域中的个人、团体和组织的重要性日益增强，这使得现在比以往任何时候都需要对这些发展进行批判性评估"②。

苏珊·赫布斯特(Susan Herbst)在《学科、交叉和未来的传播研究》(*Disciplines, Intersections, and the Future of Communication Research*)一文中探讨了美国传播学研究的动态变化后，提出了"后学科"(postdisciplinarity)的概念。作者认为，随着传播学研究规模和地位的增长，传播领域将面临巨大的挑战。我们需要持续建设(building)这个领域，在学术领域证明我们的"附加值"，但与此同时，我们还要尽可能广泛地向其他学科开放。③ 跨学科研究或教学仅仅意味着在两个或多个学科中调用专业知识，这与后学

---

① Everett M. Rogers, Steven H. Chaffee. The past and the future of communication study: Convergence or divergence? [J]. *Journal of Communication*, 1993, 43(4): 125-131.
② Slavko Splichal, Boris Mance. Paradigm (s) lost islands of critical media research in communication journals[J]. *Journal of Communication*, 2018, 68(2): 399-414.
③ Susan Herbst. Disciplines, intersections and the future of communication research[J]. *Journal of Communication*, 2008, 58(4): 603-614.

科现象不同,"后学科"意味着"对方法和主题的坚定的折衷主义"①。"后学科"并不保留共同意识,也没有一个共同目标,它汇集了广泛的离散研究。它表明学科本身的组织结构不会成立,只有在社会和智力的有条件连接下才能产生学术和业绩。学者们不是在领域(fields)里工作,而是在材料(materials)和理论的交叉点上工作。②

也有学者发出了回归"实践"的呼声。克雷格主张"捍卫实践学科"(For a Practical Discipline)。他认为,实践学科不仅仅是一门经验主义的社会科学,也不仅仅是一门实用技术或口语意义上的职业训练。一门实践学科可以在实践行为的规范性和技术性方面培养批判性、创造性和见多识广的思考能力③,而"传播研究的本质目的就是为了让传播作为社会实践(praxis)有更丰富、更有效的规范与技巧,并为此发展出一套知识生产的根本性论述。向这一方向努力可令传播学内部更凝聚,也可协助社会解决其危机。"④实践传播(Praxis communication)致力于寻找解决知识生产中权力不平衡的方法。鉴于全球正在发生的危机以及世界未来的不确定性,我们需要问:进行传播研究的目的和目标是什么?它向谁言说?我们为什么以及为谁进行研究?如何在公共场合传播知识?传播学研究的目的是什么?"传播研究必须以实践为基础,以实践为导向。……我们应该把实践理解为一种变革性的实践,这种实践旨在实现社会变革,使世界更美好,捍卫和扩大民主和参与,并为每个人的美好生活而努力。传播实践应该发酵为实践的传播(Communication practice should ferment to become praxis communication)。"为此,传播学学者和社会科学家一般应该扮演批判的、公共的、有机的知识分子的角色。⑤

在某种意义上,"后学科"和回归"实践"是西方媒介效果研究超越范式探讨的终极思考。

综上所论,作为引领传播研究前沿、追踪传播研究动向的学术阵地,

---

① L. Menand. The marketplace of ideas. In American Council of Learned Societies Occasional Paper No. 49[EB/OL], http://www.acls.org/ op49.htm.2001:1-23.
② Sue-Ellen Case. Feminism and performance: A post disciplinary couple[J]. *Theatre Research International*, 2001, 26(2): 145-152.
③ Robert T Craig. For a Practical Discipline[J]. *Journal of Communication*, 2018, 68(2): 289-297.
④ 邱林川:《多元、对话与有机的传播研究:基于2018年JoC新酵母专刊的反思》,载《国际新闻界》2018年第2期。
⑤ Christian Fuchs, Jack Linchuan Qiu. Ferments in the field: Introductory reflections on the past, present and future of communication studies[J]. *Journal of Communication*, 2018, 68(2): 219-232.

《传播学期刊》发布的四次特刊,不仅在传播学的理论、方法、范畴、实践等多个向度上提出了新的思考,而且也为经验学派与批判学派两大主导范式的媒介效果研究提供了对比性的深度解读。对于两大学派在媒介效果研究方面的批判性考察,不仅有助于分析其在各自领域所发挥的功能,更为重要地是寻找"对话"的契机与可能。

第十一章 媒介生态学：效果研究的第三种可能

2013年，安妮·朗（Annie Lang）撰文指陈媒介效果的范式危机。作者认为，研究者们在回答"大众传播如何影响人们和社会"这一问题上多年来毫无显著进展，大量的中观理论愈加复杂，但其解释力并未随之增强。① 随之而来的、亟待解决的问题是：未来的媒介效果研究能否超越已有的两种主导范式？在主流研究路径之外是否还存在其他进路？媒介环境的变迁和学术研究的危机促使学者不得不探寻效果研究的其他可能。

事实上，在20世纪60年代，以哈罗德·伊尼斯（Harold Adams Innis）和马歇尔·麦克卢汉（Marshall McLuhan）为代表的加拿大学者就提出了一种立足技术和生态学视角的媒介效果研究新路径——媒介生态学（Media Ecology）。该路径标新立异地倡导把媒介视为环境来研究，并致力于揭示媒介环境的特征及影响。遗憾的是，虽然学界关注了代表这一路径的某些学术明星，但对作为整体的研究路径缺乏全面考察。结果是，这种别具一格的媒介效果研究路径长期被学界主流所忽视，徘徊于学术圈的边缘。事实上，媒介生态学把生态学、系统论、传播历史糅合在一起，极大地拓展了传播技术研究的想象。在当前错综复杂的媒介环境中，这种技术生态学路径有望为媒介效果研究带来新灵感和新启示。

第一节 媒介生态学的"在场"与"缺席"

将生态学引入媒介研究是媒介生态学的创举。它诞生于生态意识席卷北美的时代，在故事开端就紧盯媒介环境的影响。然而，横空出世后的媒

---

① Annie Lang. Discipline in crisis? The shifting paradigm of mass communication research[J]. *Journal of communication*, 2013, 63(1): 10-24.

介生态学长期默默无闻，遭遇冷落，在学术圈中看似"在场"，实为"缺席"。

一、"破土而出"的整合概念范式

1968 年到 1970 年，环境运动席卷全球，大众传媒对环境污染、生态破坏、技术的消极影响等议题的报道引发了公众对生态环境的关注。[1] 生态意识渗透至社会各个方面，学术研究也不例外。艾瑞克·麦克卢汉（Eric McLuhan）适时地提出了"media ecology"的概念[2]。他声称，这一提法源于当时社会中关于自然环境和生态污染的研究理念。

"《寂静的春天》（Silent Spring）一书开启了当时的环境运动。我和父亲马歇尔·麦克卢汉写了也说了大量关于新旧媒介本质的言论。我们认为新旧媒介构建了环境般的影响，用毁灭的方式妨碍、转化彼此及其所寄宿的社会和文化。显然，为了抑制这些影响，必须采取生态学的路径。"[3]

与此同时，在许多学科领域中已经兴起"用生态学的路子去理解媒介和技术"，"新兴的媒介生态学也破土而出"。[4] 正在纽约大学任教的尼尔·波兹曼与麦克卢汉父子私交甚笃，并且对两人从技术生态视角研究媒介深感兴趣。1968 年波兹曼在一次英语教师全国委员会年会的讲话中，公开使用了"media ecology"这一术语。1971 年他在纽约大学创办了以"媒介生态学"命名的博士生项目。[5] 同年，威廉·昆斯（William Kuhns）的《后工业时代的先知：对技术的诠释》（The Post-Industrial Prophets: Interpretations of Technology）一书最先把媒介生态学作为一个领域进行重要研究[6]。1973 年，克里斯汀·尼斯特洛姆（Christine Nystrom）的博士论文《走向媒介生态学：构建人类传播系统研究的整合概念范式》（Toward a science of media ecology: the formulation of integrated conceptual paradigms for the study of human communication systems）把媒介生态学作为一个正式的研

---

[1] [美]Eugene P. Odum，[美]Gary W. Barrett：《生态学基础（第五版）》，陆健健等，译，高等教育出版社 2009 年版，第 3 页。
[2] Laureano Ralón. Interview with Eric McLuhan [EB/OL]. http://figureground.org/interview-with-eric-mcluhan/，2010.
[3] 引自艾瑞克·麦克卢汉 2017 年的一篇访谈。
[4] 林文刚：《媒介环境学：思想沿革与多维视野》，何道宽，译，北京大学出版社 2007 年版，第 14 页。
[5] Corey Anton. Introduction to Media Ecology. In Keith Massie (eds.) Communication Connections: From Aristotle to the Internet (Second Edition) [M]. Dubuque: Kendall Hunt Publishing, 2014: 145-156.
[6] 林文刚：《媒介环境学：思想沿革与多维视野》，何道宽，译，北京大学出版社 2007 年版，第 7 页。

究领域来考察①。1998 年 9 月 4 日,波兹曼的五位学生苏珊·巴尼斯(Susan B. Barnes)、托马斯·金卡雷利(Thomas F. Gencarelli)、保罗·莱文森(Paul Levinson)、林文刚(Casey Man Kong Lum)、兰斯·斯特拉特(Lance Strate)齐聚福德汉姆大学(Fordham University)发起并成立媒介生态学会(Media Ecology Association,MEA)。时至今日,媒介生态学研究已历经半个世纪。

媒介生态学认为技术和技艺、信息模式和传播符码在人类事务中起着先导作用②,传播媒介的形式和内在偏向在形塑人类传播以及现实的建构(construction)、存续(perpetuation)和转换(transformation)层面起着定位的作用(defining role)③。因此,它将媒介作为探究文化等复杂系统的基础,据以了解人类传播行为及其生活环境的一种观念技术,④并且它主张把媒介视为环境,研究作为环境的媒介(media as environments)和作为媒介的环境(environments as media)⑤。

这种独具一格的研究路径最早由麦克卢汉提出,并在其著作中早有体现。⑥ 在《古登堡星汉璀璨——印刷文明的诞生》(The Gutenberg Galaxy)一书中,麦克卢汉就提出:"任何技术都倾向于构建一个新的人类环境。文字和莎草纸构建了我们认为与古典时代的帝国相联系的社会环境。马镫和车轮建立了广大疆域的独特环境。技术环境不仅仅是人类消极的容器,更是重新塑造人类与相关技术的积极过程。"⑦麦克卢汉首倡把媒介视为环境来研究,并且致力于揭示媒介环境隐而不显的特征及其心理影响和社会后果。这也是其成名作《理解媒介——论人的延伸》(Understanding Media: The Extensions of Man)的主题。他声称,"任何技术都逐渐创造出一种全新的人的环境,环境并非消极的包装用品,而是积极的作用机制"⑧,并基

---

① Lance Strate. Echoes And Reflections: On Media Ecology As a Field of Study[M]. New York: Hampton Press, 2006: 18.
② Lance Strate. Understanding MEA[EB/OL]. http://www.media-ecology.org/about-us/.
③ Casey Man Kong Lum. The intellectual roots of media ecology[J]. The New Jersey Journal of Communication, 2000, 8(1): 1-7.
④ 夏春祥:《传播的想象:论媒介生态学》,载《新闻学研究》(台湾)2015 年第 10 期。
⑤ Lance Strate, Judith Yaross Lee. Beginnings[J]. Explorations in Media Ecology, 2002, 1(1): 1-3.
⑥ Robert Logan. The biological foundation of media ecology[J]. Explorations in Media Ecology, 2007, 6(1): 19-34.
⑦ [美]马歇尔·麦克卢汉:《古登堡星汉璀璨——印刷文明的诞生》,杨晨光,译,北京理工大学出版社 2014 年版,第 57 页。
⑧ [美]马歇尔·麦克卢汉:《理解媒介——论人的延伸》,何道宽,译,译林出版社 2011 年版,第 10 页。

于此凝练出了"媒介即信息"的惊世论断。

受到麦克卢汉的影响和鼓励,波兹曼逐步把这种生态式隐喻转变成为一个新兴的媒介研究领域。他把媒介生态学定义为:"研究作为环境的媒介。它研究传播媒介如何影响人类的感知、理解、感觉和价值;以及我们与媒体的互动是如何促进或阻碍我们生存的机会的。……媒介生态学试图发现这些问题的答案:媒介强迫我们扮演何种角色,媒介如何构造我们所见,以及媒介为何让我们如此感觉和行动。"①

波兹曼还特别强调,媒介生态学"以研究媒介变革的文化后果为主题:媒介如何影响我们的社会组织形式、我们的认知习惯和我们的政治观念"②。

由是观之,探究媒介影响是媒介生态学的主要研究关切,而这正属于媒介效果研究的范畴。因此,把媒介生态学理直气壮地当成一种媒介效果研究的新路径,是有充分理由的。实际上,除了媒介生态学诞生的故事及其学术定义彰显出它对媒介效应的重视,众多媒介生态学作品的研究主题也都毫不例外地共同指向媒介影响。哈罗德·伊尼斯的《传播的偏向》(The Bias of Communication)、《帝国与传播》(Empire and Communication),麦克卢汉的《机器新娘》(The Mechanical Bride)、《古登堡星汉璀璨》《理解媒介》《媒介即按摩》(The Medium is the Massage),波兹曼的"媒介批评三部曲"《童年的消逝》(The Disappearance of Childhood)、《娱乐至死》(Amusing Ourselves to Death)和《技术垄断》(Technopoly: The Surrender of Culture to Technology),沃尔特·翁(Walter J. Ong)的《口语文化和书面文化》(Orality and Literacy: The Technologizing of the Word)、约书亚·梅罗维茨(Joshua Meyrowitz)的《消失的地域》(No Sense of Place: The Impact of Electronic Media on Social Behavior)、保罗·莱文森的《手机:挡不住的呼唤》(Cellphone: The Story of the World's Most Mobile Medium and How It has Transformed Everything)和《新新媒介》(New New Media)等为人熟知的著作就是极佳例证。

二、游走于主流传播学研究的"隐形人"

然而,令人费解的是,虽然媒介生态学在 20 世纪 60 年代就已经问

---

① Neil Postman. The Reformed English Curriculum. In Alvin C. Eurich (eds.), High School 1980: The Shape of the Future in American Secondary Education [EB/OL]. http://www.media-ecology.org/about-us/, 1970.

② Neil Postman. *Conscientious objections: Stirring up Trouble About Language, Technology, and Education*[M]. New York: Alfred A. Knopf, 1988: 5.

世，并且逐渐聚集了一群拥趸者，也陆续出版了一批研究成果，但却长期被主流学术圈所漠视。即便有知名学者曾在公开的学术场合或专业期刊上提及这一研究路径，也没能改变遭遇漠视的尴尬境地。

1973年，在美国口语传播学会(Speech Communication Association)的年会上，波兹曼指出，当前的传播学研究存在着不同范式彼此隔绝、各说各话的问题。他提议应该选取一种能够反映整体视角、能够理解所有传播事务，并且能够有效地组织关注广泛多样的传播情境的研究范式。趁此机会，波兹曼向与会者大力推介"media ecology"这一看似怪异的术语以及他和同事、学生在纽约大学开展的媒介生态学教育(media ecology education)。他把媒介生态学解释为传播学媒介研究中的一种全新视角、路径和范式，一种方法论(methodology)，一个探究的领域(a field of inquiry)。他还宣称，这种视角不仅能摒弃传播传递观，而且驳斥了"传播是在环境里发生"的观点。因为媒介生态学认为，传播就是环境，传播研究就是或应该是一种生态科学。此外，他还呼吁在座学者为解决媒介生态学当下的研究困境提供帮助，并真诚邀请他们参与其中。① 然而，事与愿违，如此大张旗鼓的宣扬并未引发学界同侪的兴趣和关注。相反，问世30多年之后，这一术语"仍然是人们在酒吧邂逅时比较得体的搭讪话"②。

1982年，丹尼尔·切特罗姆(Daniel J. Czitrom)在其被冠以"媒介社会生态学"③作品《美国大众传播思潮》(Media and the American Mind——From Morse to McLuhan)中"考量了美国人思想中有关现代媒介整体影响的三个主要传统(学派)"④。除了以库利、杜威、帕克为代表的进步主义者和行为科学取向的实证研究之外，伊尼斯和麦克卢汉也位列其中。作者给伊尼斯和麦克卢汉的媒介理论贴上了"激进"的标签，认为两者"以不同方式强调传播科技的变革是历史过程的主要力量"⑤。切特罗姆高度评价了伊尼斯的传播研究，并为其深刻的批判精神和民族国家情怀所折服。同

---

① Neil Postman. Media ecology education[J]. *Explorations in Media Ecology*, 2006, 5(1): 5-14.
② 林文刚：《媒介环境学：思想沿革与多维视野》，何道宽，译，北京大学出版社2007年版，第3页。
③ 陈世敏：《译序》，[美]Daniel J. Czitrom：《美国大众传播思潮》，陈世敏，译，台北远流出版公司1994年版，第7页。
④ [美]Daniel J. Czitrom：《美国大众传播思潮》，陈世敏，译，台北远流出版公司1994年版，第10页。
⑤ [美]Daniel J. Czitrom：《美国大众传播思潮》，陈世敏，译，台北远流出版公司1994年版，第10页。

时，他也对麦克卢汉的媒介思想进行了鞭辟入里的分析。在批评麦克卢汉"弃历史而就神话，忽略或扭曲了塑造媒介体制的历史和社会因素"①之余，切特罗姆也赞誉麦克卢汉"至少让我们豁然发觉媒介环境是塑造现代感性的一个基本力量"②。虽然，切特罗姆较早敏锐地察觉到两位加拿大学者思想的价值，自觉地把他们归为"媒介理论的一个流派"，并且较为精准地把握了该流派的思想内核，亦即"视传播媒介为历史过程、社会组织、人类感官知觉背后的主要改变力量而研究其性质"③。但是，这一当时"最凌空激进的媒介理论"④所代表的流派并未由此顺利进入美国传播学的主流话语中。20世纪的最后20年，主流学术杂志《传播学期刊》检视传播学研究状况的两个特辑就是佐证。

在1983年《传播学期刊》评估传播学科发展状况的特辑"领域的发酵"中，论文讨论明显倾向于聚焦经验研究和批判研究，只有詹姆斯·凯瑞和罗伯特·怀特提及了两位媒介生态学的研究，前者一笔带过地提到了伊尼斯，后者则较为详细地介绍了麦克卢汉。但两位学者一致把伊尼斯和麦克卢汉的媒介研究路径纳入文化研究或文化传播理论的范畴，而并未使用"media ecology"这一术语。林文刚把媒介生态学的这一境况描述为"在传播学'领地'里虽然存在却被拒之门外"⑤。1993年《传播学期刊》再次推出了题为"领域的未来"(The Future of the Field)的两期特刊，重新评估传播学的新动向。历史重演，media ecology 这一术语再次被忽略。其中，虽有梅罗维茨撰文详细阐述媒介隐喻(media metaphor)——"作为环境的媒介(media as environments)"所形成的媒介研究路径，并逐一分析了该路径的媒介观、研究问题、研究方法。但是，他也没有用"media ecology"来指称这种研究路径，而是用"媒介分析"(medium analysis)⑥来指代。

上述例证皆反映了一个不争的事实：虽然某些为媒介生态学的兴起和

---

① [美]Daniel J. Czitrom:《美国大众传播思潮》，陈世敏，译，台北远流出版公司1994年版，第254页。
② [美]Daniel J. Czitrom:《美国大众传播思潮》，陈世敏，译，台北远流出版公司1994年版，第236页。
③ [美]Daniel J. Czitrom:《美国大众传播思潮》，陈世敏，译，台北远流出版公司1994年版，第213页。
④ [美]Daniel J. Czitrom:《美国大众传播思潮》，陈世敏，译，台北远流出版公司1994年版，第211页。
⑤ 林文刚:《媒介环境学：思想沿革与多维视野》，何道宽，译，北京大学出版社2007年版，第3页。
⑥ Joshua Meyrowitz. Images of media: Hidden ferment—and harmony—in the field[J]. Journal of Communication, 1993, 43(3): 55-66.

发展作出重要贡献的学者及其思想并未被彻底忽略，例如雅克·艾吕尔（Jaque Ellul）、刘易斯·芒福德（Lewis Mumford）、麦克卢汉、伊尼斯、波兹曼、沃尔特·翁等媒介生态学者，甚至其中不乏备受瞩目的学术明星或大师。但是，作为一个坐拥深厚思想传统、跨越多种学科、包含多维学术视野的整体研究范式，作为一个学术流派的"媒介生态学"似乎被主流学术界不约而同、心照不宣地无视了。在主流传播学研究中，媒介生态学成为了一个看似在场实为缺席的"隐形人"。

若想深究媒介生态学艰难处境之缘由，需要抽丝剥茧、另起篇章。但从C.赖特·米尔斯（C. Wright Mills）所著《社会学的想象力》一书中或能窥见些许端倪，米尔斯在该书中对学院派系之争进行了精准微妙的分析。他指出，学院派系对社会科学发展具有重要影响，它的功能"不但是协调竞争，而且规定竞争的条例并分配遵循这些条例的研究成果的报酬"①。在某一领域相互竞争的派系会根据彼此的相对地位来决定派系策略。

"规模小的，被认为不重要的派系自然会被那些占主导地位的派系希望给驱逐出去。他们的成员遭到怠慢、拒绝或被击败，最后从舞台上消失，没能培养出下一代。要一直记住：派系的一个重要功能就是塑造出学院的下一代。而说某一派系不重要则表明它在这种塑造中影响力不大。但如果有两个占主导地位的学派，每一个学派都有权势很大，声望很高的领袖人物，那么这两个学派间的关系将变为一个合并问题，变为一个建立起更大的行动联盟的问题。而且，如果一个学派遭到外人或其他派系的有效攻击，那么，首要的防卫策略当然是否认事实上不存在什么派系甚至学派。在这种场合中，政治家们展示了他们的特长。"②

米尔斯的上述观点同样适用于媒介效果研究领域的派系之争。相较于经验学派和批判学派，媒介生态学诞生较晚，制度化创建的进程较为缓慢、过程较长，学术共同体成员少且分散，因而规模小、影响力弱。更为重要的是，它以媒介效果研究的"反叛者"面目问世，"一反行为模式，避而不用标准的实证研究技术"③，以"全然不同于主流的新方法分析媒介"④。这

---

① [美]C.赖特·米尔斯：《社会学的想象力》，陈强、张永强，译，三联书店2016年版，第116页。
② [美]C.赖特·米尔斯：《社会学的想象力》，陈强、张永强，译，三联书店2016年版，第117-118页。
③ [美]Daniel J. Czitrom：《美国大众传播思潮》，陈世敏，译，台北远流出版公司1994年版，第211页。
④ [美]Daniel J. Czitrom：《美国大众传播思潮》，陈世敏，译，台北远流出版公司1994年版，第213页。

种唱反调的姿态遭到学术界主流范式的漠视也就不足为奇了。而把媒介生态学视为效果研究的"反叛者"至少有两个理由。其一，在更大的知识-历史语境下，媒介生态学作为一个研究领域或理论视角的出现部分是对当时占据主导的所谓的传播行政学派(administrative school of communication)的回应。[①] 它对经验学派的研究提出了尖锐的质疑和严厉的批评。其二，在媒介效果的研究取向、研究视角和研究议题等层面，媒介生态学确实有一套与主流范式截然不同的研究路径。反对者以"技术决定论"的标签对媒介生态学盖棺定论，以此话语策略全盘否定该路径的学术价值。此种情形在麦克卢汉身上体现得最为明显。除了诟病其晦涩难懂的观点、偏离传统的行文风格以及缺乏规范的研究方法外，他也常常被指控为技术决定论者。借用这一标志，他的批评者"不主动接触麦克卢汉的思想就断然将其拒之门外"[②]。兰斯·斯特拉特就曾尖锐地指出，"在学术界曾经出现过一场活跃的运动，这场运动抑制了对麦克卢汉媒介生态学的认真思考"[③]。令人欣慰的是，时代证明了麦克卢汉的洞察和远见，也为他所代表的媒介生态学提供了前所未有的论证自身理论价值的学术契机。

第二节 多维视角下的整体效果观

媒介生态学提倡从历史的视角，以历时和共时相结合的方法考究微观和宏观的媒介效果。它抛弃了单向因果观和行为科学的研究取向，超越技术决定论，构筑了探索媒介效果的基本框架。该框架由三个假设构成："（一）人类经验现实由生理结构、技术和符号系统共同塑造。（二）生理结构、技术、符号系统都不是中性的信息传递者。它们有明显的属性，其独特的物理结构、组织规则限制和构成了我们的所言、所感和所思。（三）因为人类文化世界不是一个感觉、认知、时间和组织机构的集合，而是一个复杂的依靠传播、相互依赖的系统。因此，传播的变化会对整个文化生态产生影响。它会影响个体的思维、感觉和行为，影响社会组织的

---

① Casey Man Kong Lum. The intellectual roots of media ecology[J]. *The New Jersey Journal of Communication*, 2000, 8(1): 1-7.
② [美]兰斯·斯特拉特：《麦克卢汉与媒介生态学》，胡菊兰，译，河南大学出版社2016年版，第30页。
③ [美]兰斯·斯特拉特：《麦克卢汉与媒介生态学》，胡菊兰，译，河南大学出版社2016年版，第30页。

结构，影响个体及群体间的政治和经济关系，影响塑造现实的文化建构的意识形态、思维定式、认识论和话语。"①

假设（一）是媒介生态学效果研究的总前提，假设（二）对应的是微观效果研究，假设（三）则呼应的是宏观效果研究。媒介生态学认为媒介与人较为亲密，人浸润在媒介所创造的环境中，难以彻底剥离与它的牵连，因而主张从系统论、整体论、生态学和历史的视角来考察媒介效果。

一、"媒介即环境"

把媒介视为环境，既是媒介生态学的研究主张，也是其对媒介特征及其影响的认知。在"媒介即环境"的隐喻中，媒介生态学用环境的诸多特性来指涉媒介的类似特质。具体而言，环境是普遍存在的，媒介也是如此；环境隐而不显，难以受人察觉，媒介也是如此；环境的作用是潜移默化的，媒介的影响亦是如此。此外，人生活在自然环境中，同时也生活在媒介环境中。前者由空气、河流等要素构成，后者由语言、数字、形象、全息图，以及一切符号、技术和机器等成分构成。②

"媒介即环境"映射出媒介生态学效果观的系统性视角。在媒介生态学看来，人和媒介栖息在共同的媒介生态系统中。该系统由"人和人们用于彼此互动、传播的媒介及技术组成"③。居于媒介生态系统中的媒介就像有生命的有机体一样，从环境中接收和处理信息，再把新信息输出给环境。环境随即对输出的信息进行处理，再将处理好的能被媒介接收的信息输送给媒介。如此反复形成一个循环。在这个共栖系统中，媒介的特殊属性或行为都会改变环境，环境也影响与之互动的媒介。媒介受影响后的复杂反应、媒介自身内在变化的产物也反过来改变共享的环境，进而影响媒介生态系统中的每一种媒介。与此同时，媒介和人也彼此互动，相互作用，人们通过媒介进行沟通和交流。媒介改变了人们的互动，互动也改变了应用媒介的方式及媒介内容。④

基于上述观点，媒介生态学尤其重视对"关系"的分析，特别强调不

---

① Lori Ramos. Understanding literacy: Theoretical foundations for research in media ecology[J]. *The New Jersey Journal of Communication*, 2000, 8(1): 46-55.

② [美]尼尔·波兹曼：《媒介环境学的人文关怀》，选自林文刚：《媒介环境学：思想沿革与多维视野》，何道宽，译，北京大学出版社2007年版，第44页。

③ Robert K. Logan. The biological foundation of media ecology[J]. *Explorations in Media Ecology*, 2007, 6(1): 19-34.

④ Robert Logan. The biological foundation of media ecology[J]. *Explorations in Media Ecology*, 2007, 6(1): 19-34.

仅要分析新旧媒介之间的关系，还要剖析媒介与人的关系、媒介与文化、政治、经济等社会力量之间的关系。麦克卢汉指出："media ecology 一词的意思是，媒介的布局要构成互相帮助的关系，不是互相抵消，而要互相支持。比如你可以说，广播对识字的帮助大于电视，而电视非常有利于语言教学。所以，你可以用某些媒介做某些事情，做其他的媒介不能够做的事情。因此，如果你观察整个的媒介领域，你就可以避免浪费，避免互相抵消的浪费。"①

"媒介即环境"可以理解为媒介生态学对媒介效果机制的简要陈述，即"任何媒介（即人的任何延伸）对个人和社会的任何影响，都是由于新的尺度产生的；我们的任何一种延伸（或曰任何一种新的技术），都要在我们的事务中引进一种新的尺度。"②麦克卢汉就曾以电灯为例阐释了媒介环境的运作机制。在没有电灯之前很多活动无法在黑夜中进行。有了电灯之后，人们可以在夜间读书，可以照亮房间举行晚会，还能够在太阳落山之后经营生意，可以在一间黑暗的房间里放映电影，或照亮一个符号、一条街道。因此，"电灯的真正影响蕴含于所有这些活动以及更多活动之中，在于能把黑夜变成白天，使黑夜成为一个被彻底改变了的社会"③。由是观之，媒介效应可与环境效应相形而论，环境变化会导致诸多事务随之改变，相应地，新媒介引入也会引发一系列生态式反应。媒介就像一个转换器，不仅把人们内在的思想、感觉转译成词语、字母和图像等形式以便于交流，还把人们的认知、态度和行为转变得与媒介的内在偏向更契合。

虽然媒介生态学并未对"环境"这一核心概念作出严格定义，但以上论述中可以推断，"环境"相当于社会学家口中的"结构"④。所谓的"新尺度"实际上就是新结构、新关系。在社会学中，"结构总是用来表示构成要素的相互关系的模式相对不变的状态"⑤。一旦系统中元素之间的关系发生变化，系统结构会随之发生变化，系统也会全然改变。同样，新媒介的引入必然改变媒介之间、媒介与其他社会元素之间早先构建的关系，进

---

① ［美］马歇尔·麦克卢汉：《麦克卢汉如是说：理解我》，斯蒂芬妮·麦克卢汉、戴维·斯坦斯，编，何道宽，译，中国人民大学出版社 2006 年版，第 183 页。

② ［美］马歇尔·麦克卢汉：《理解媒介——论人的延伸》，何道宽，译，译林出版社 2011 年版，第 18 页。

③ ［美］兰斯·斯特拉特：《麦克卢汉与媒介生态学》，胡菊兰，译，河南大学出版社 2016 年版，第 38 页。

④ Marco Adria. Natural environments as figure on the ground of the city[J]. Proceedings of the Media Ecology Association, 2010, 11(1)：43-52.

⑤ 朴昌根：《系统学基础》，上海辞书出版社 2005 年版，第 123 页。

而导致媒介生态系统的变化和新环境的诞生。环境包括物质结构、符号结构和概念意义结构，而人们所生活的媒介环境则包含这些层面：物质层面（从我们城市的建筑到联结人们的电子技术）、结构层面（法律和经济结构决定技术功能的规则）、历史层面（塑造我们互动的实践）、技术自身的可供性（它们允许我们做什么，禁止我们做什么），等等。① 媒介生态学还指出，媒介环境结构的独特性在于它是"管制内部行为的外部规律或规则"②。从生理-感知层面来看，每一种媒介具有不同的感知环境，即有独一无二的感知结构。③ 如广播具有听觉偏向，文字具有视觉偏向，电视具有触觉特征。从符号层面来看，每一种媒介又具有不同的符号环境。每一种符号结构或符号环境都由一套专门的代码和语法系统组建而成。④ 例如，一本小说的符号是文字，其符号结构是由作者按照特定的主题、情节等用文字进行的书写安排。而由小说改编成的电影其符号则包括声音、图像和文字等，这些符号按照特定的结构组织才能构成一部标准的电影。

媒介生态学主张从系统的视角来理解媒介，一方面，它把每一种媒介视为一个系统，包括内容和形式等组件。其中，媒介形态又包括符号形式（symbolic form）和物理形式（physical form）。前者是指媒介中呈递信息的代码（code）之特征和联结符号的结构（structures）之特征，后者指携带代码的技术特征以及编码、传输、储存、检索、解码和发布信息的物理条件。另一方面，它又把单一媒介当成媒介生态系统的一部分，与人和其他媒介共栖互动。立足于系统论，媒介生态学提议既要分析媒介的内在结构和形式，又要分析不同媒介之间、媒介与人、文化、社会等因素之间的互动。唯其如此才更为贴近现实图景。

二、超越"技术决定论"的科学取向

追踪"技术效应"是几代媒介生态学者孜孜不倦的探索主题。从媒介生态学的思想先驱刘易斯·芒福德对人类技术史的研究、雅克·艾吕尔对技术社会和技术环境的分析，到第一代媒介生态学者中的双星伊尼斯关于传播技术与文明变迁的阐述、麦克卢汉关于印刷技术和电力技术的论断，

---

① 引自邵佩克（Paul A. Soukup, SJ）2017 年的一篇访谈。
② 林文刚：《媒介生态学在北美之学术起源简史》，载《中国传媒报告》2003 年第 4 卷第 2 期。
③ 林文刚：《媒介环境学：思想沿革与多维视野》，何道宽，译，北京大学出版社 2007 年版，第 27 页。
④ 林文刚：《媒介环境学：思想沿革与多维视野》，何道宽，译，北京大学出版社 2007 年版，第 28 页。

再到第二代领军人物波兹曼的媒介批评三部曲、翁的口语文化和书面文化研究，继而到如今第三代中的翘楚梅罗维茨对电子技术和社交情境的探究、莱文森对媒介的技术哲学思考，无不彰显出技术论题的显赫地位，由此也为媒介生态学增添了"传播技术学派"的称号。在媒介生态学看来，技术，尤其是传播技术，在人类传播和文化过程中扮演着举足轻重的地位，因为它是象征、符号或资讯创造和传送过程中的基本结构，所以它就应该是传播学的基层性研究领域。① 出于此种考量，媒介生态学奠定了立足技术的研究视角。也正因如此，媒介生态学常常被主流传播学研究加以"技术决定论"的指控，但事实上，媒介生态学者们早已自觉地、警觉地和"技术决定论"拉开了距离，而且特意选定"生态"为名来体现其科学主义的研究立场：

"ecology 意味着某种科学取向的东西。虽然这并不意味着媒介生态学必然是一门科学，但它确实与既定的科学事实寻求一定程度的一致性。……该词还意味着系统论、控制论和混沌与复杂性的新科学。这将我们的路径和整体论哲学以及科学理论的前沿联结起来。……该词还让我们避免了决定论的陷阱。不同于用因果关系的形式来描述媒介的影响，该词认为存在更为复杂的关系，在这种关系中环境可能伴随自然选择的这条线发挥作用。"②

一方面，媒介生态学明确宣示反对传播传递观和线性因果观，主张超越线性模式来思考传播和媒介效果。

经验学派所遵循的传播"5W"模式和香农-韦弗模式是"传播传递观"（a transmission view of communication）的典型代表。詹姆斯·凯瑞认为，这种观点把传播视为"一个讯息得以在空间传递和发布的过程，以达到对距离和人的控制"③。换言之，传播就是把信息从信源直接传给接收者。信息被看作是某种东西，由发送者注入（inject into）接收者的头脑中，而媒介则仅仅是发送的渠道（mere channels）。④ 传递观假设，传输完成主要仰赖于信源让接收者接受的能力及其实施信源意向的能力。这种传播模式主

---

① 林文刚：《什么才是华人传通问题：中华传媒生态文化史初探》，载《传播研究简讯》（台北）2000 年第 22 期。
② Lance Strate. The ecology of association[J]. *Proceedings of the Media Ecology Association*, 2000, 1(1): 1-9.
③ [美]詹姆斯·凯瑞：《作为文化的传播——"媒介与社会"论文集》，丁未，译，华夏出版社 2005 年版，第 5 页。
④ Donna P. Flayhan. Cultural studies and media ecology: Meyrowitz's medium theory and Carey's cultural studies[J]. *The New Jersey Journal of Communication*, 2001, 9(1): 21-44.

要通过测量对态度或行为产生的影响来进行检测。① 凯瑞认为,传播的这一概念源自人类最古老的梦想,即希望增进信息在空间翱游时的速度与效率②,这导致研究者格外偏重媒介效果,往往忽视"考察各种有意义的符号形态被创造、理解和使用这一实实在在的社会过程"③,受制于传递观的行为主义或功能主义使传播研究裹足不前,只能在原地打转。④麦克卢汉更戏称传播传递观是"对运输的研究",致力于探讨"如何将数据从 A 地运输到 B 地再运输到 C 地"⑤。这种传输理论就像只关注铁道上运输货物的火车,其"关心的问题是排除噪音,清除铁道上的干扰,让运输畅通"⑥。

媒介生态学主张将传播视为"一种现实得以生产、维系、修正和转变的符号过程"⑦。信息和渠道都由接收者在一个复杂的早已内化和认可的文化经验中来亲身感受。⑧ 与传递观的空间偏向相对,仪式观偏向,较为侧重社会的长久维系。它"更关注过程而不是信息,更关注媒介的偏向而非中性或嘈杂的渠道,更关注积极的参与而不是被操纵的或抵抗的接收者"⑨。他们期望"建构并维系一个有秩序、有意义,能够用来支配和容纳人类行为的文化世界"⑩。

另一方面,媒介生态学强调媒介的遍在性——万物皆媒,是媒介捕获了他们的注意力和想象力⑪,是媒介帮助他们理解其他现象,"技术"只是

---

① Robert A. White. Mass communication and culture: Transition to a new paradigm[J]. *Journal of Communication*, 1983, 33(3): 279-301.
② [美]詹姆斯·凯瑞:《作为文化的传播——"媒介与社会"论文集》,丁未,译,华夏出版社 2005 年版,第 4 页。
③ [美]詹姆斯·凯瑞:《作为文化的传播——"媒介与社会"论文集》,丁未,译,华夏出版社 2005 年版,第 18 页。
④ [美]詹姆斯·凯瑞:《作为文化的传播——"媒介与社会"论文集》,丁未,译,华夏出版社 2005 年版,第 11 页。
⑤ [美]马歇尔·麦克卢汉:《麦克卢汉说:理解我》,斯蒂芬妮·麦克卢汉、戴维斯坦斯,编,何道宽,译,中国人民大学出版社 2006 年版,第 156 页。
⑥ [美]马歇尔·麦克卢汉:《麦克卢汉说:理解我》,斯蒂芬妮·麦克卢汉、戴维斯坦斯,编,何道宽,译,中国人民大学出版社 2006 年版,第 156 页。
⑦ [美]詹姆斯·凯瑞:《作为文化的传播——"媒介与社会"论文集》,丁未,译,华夏出版社 2005 年版,第 12 页。
⑧ Donna P. Flayhan. Cultural studies and media ecology: Meyrowitz's medium theory and Carey's cultural studies[J]. *The New Jersey Journal of Communication*, 2001, 9(1): 21-44.
⑨ Donna P. Flayhan. Cultural studies and media ecology: Meyrowitz's medium theory and Carey's cultural studies[J]. *The New Jersey Journal of Communication*, 2001, 9(1): 21-44.
⑩ [美]詹姆斯·凯瑞:《作为文化的传播——"媒介与社会"论文集》,丁未,译,华夏出版社 2005 年版,第 7 页。
⑪ Lance Strate. The ecology of association[J]. *Proceeding of the Media Ecology Association*, 2000, 1(1): 1-9.

他们研究的关注焦点,但并非媒介效果的决定性因素。

伊丽莎白·爱森斯坦(Elizabeth L. Eisenstein)在鸿篇巨制《作为变革动因的印刷机》(*As an Agent of Change: Communications and Cultural Transformations in Early-modern Europe*)的开篇就表明了自己对书名中"变革动因"(an agent)的基本观点和立场:"an agent 表明印刷机是西欧变革的动因之一,我没有说印刷机是特定的变革动因(the agent),更没有说印刷机是唯一的变革动因(the only agent)。"①她还声称自己目的是丰富对历史的解释,而单一变数的解释与这样的宗旨格格不入。② 同样,伊尼斯也"并未提出单因历史变迁理论,反倒经常提及法律、政治、经济、宗教体制,以及地理影响和各种形式技术变革的影响"③。就连文风恣意的麦克卢汉也曾在自己的书中发表声明:"本书绝对不抱决定主义的立场,笔者希望阐明社会变革的一个主要因素,它可能会真正地增加人的自主性。"④

在这个意义上,媒介生态学是对技术的祛魅、去神圣化,是与技术乌托邦或敌托邦论调相逆的冷峻思考和审慎剖析。媒介生态学并未深陷技术决定论的泥淖,而是试图透过技术的棱镜,在万物中寻找传递信息、形成关系、传播内容、创造意义、保存知识的方式;在万物中寻找把事物连接在一起,或分开,或介于其间的物质和方法。⑤ 艾瑞克·麦克卢汉更进一步提出,"真正的媒介生态学不仅必须研究现有媒介对文化的心理和社会影响,还必须针对媒介造成的破坏或改变用户文化与社会的影响,探索相应的补救措施。就像对污染物的有害影响进行控制一样,媒介研究也应如此。"⑥

第三节 媒介控制的深层逻辑

"媒介即控制"是媒介生态学关于媒介效果最深邃、最具批判性的见

---

① [美]伊丽莎白·爱森斯坦:《作为变革动因的印刷机——早期近代欧洲的传播与文化变革》,何道宽,译,北京大学出版社 2010 年版,第 6 页。
② [美]伊丽莎白·爱森斯坦:《作为变革动因的印刷机——早期近代欧洲的传播与文化变革》,何道宽,译,北京大学出版社 2010 年版,第 6 页。
③ [美]Daniel J. Czitrom:《美国大众传播思潮》,陈世敏,译,台北远流出版公司 1994 年版,第 222 页。
④ [美]埃里克·麦克卢汉、[美]弗兰克·秦格龙:《麦克卢汉精粹》,何道宽,译,南京大学出版社 2000 年版,第 150 页。
⑤ Lance Strate. The ecology of association [J]. *Proceeding of the Media Ecology Association*, 2000, 1(1): 1-9.
⑥ 来自作者 2017 年对艾瑞克·麦克卢汉的访谈。

解。波兹曼认为:"环境是一个复杂的信息系统,它强加给人类某些思考、感觉和行为的方式。环境建构我们所见、所言及所做。它为我们分配角色,并坚持我们扮演这些角色。它指定我们可以做什么和不可以做什么。有时,在诸如法庭或教室、商务办公室的情况下,这些指定是明确且正式的。在媒介环境中(如书本、广播、电影、电视等),这些指定往往是隐含和非正式的,部分地被我们所谓的假设隐藏起来,即我们假定自己处理的不是一种环境而仅仅是一台机器。"①在媒介生态学看来,媒介通过其影响来施加控制。这种控制的途径至少表现在两个方面:第一,通过媒介的内在偏向影响身体的感知、心理、记忆、行为等方面,以控制微观个体;第二,通过占有作为大宗社会资源的媒介形成知识垄断、技术垄断,以控制宏观社会。

媒介生态学所致力的效果研究就在于揭发媒介控制的深层逻辑。不管是探析传播技术的微观效果,还是追踪其宏观影响,媒介生态学的一贯立场都是:重视分析传播技术形式的结构特性及内在偏向。因为它深谙这一道理:"当思想脱离其传播载体时,思想与历史情况的关系就被切断了,我们观察思想变化时就难以感知思想变化的语境了。"②

一、媒介(技术)对身体的殖民

在技术视角下,媒介生态学把媒介与技术看作可以互相替代的术语。"媒介即技术"强调的是媒介作为技术人造物所具有的物理特性,"技术即媒介"指涉的是技术具有和媒介一样的中介(mediation)功能。更为重要的是,媒介与技术都是"人"的延伸。

媒介延伸论的思想早见于芒福德关于技术和文明的论述中。他不仅把技术溯源至身体,还直言身体是最早的生命技术(biotechnics),"工具技术和由此发展起来的机械技术仅仅是生命技术的特定片段"③。麦克卢汉把延伸论发扬光大:"我认为技术是我们身体和官能的延伸,无论衣服、住宅或是我们更加熟悉的轮子、马镫,它们都是我们身体各部分的延伸。为了对付各种环境,需要放大人体的力量,于是就产生了身体的延伸,无

---

① Neil Postman. The reformed english curriculum. In Alvin C. Eurich(Eds.) High School 1980: The Shape of the Future in American Secondary Education [EB/OL]. http://www.media-ecology.org/about-us/,1970.
② [美]伊丽莎白·爱森斯坦:《作为变革动因的印刷机——早期近代欧洲的传播与文化变革》,何道宽,译,北京大学出版社 2010 年版,第 14 页。
③ [美]刘易斯·芒福德:《技术与人的本性》,选自《技术哲学经典读本》,吴国盛,编,上海交通大学出版社 2008 年版,第 499 页。

论工具或家具,都是这样的延伸。这些人力的放大形式,人被神化的各种表现,我认为就是技术。"①

媒介生态学把技术根植于人类身体的自然属性②,视人体为一切媒介之母③,反映出一种特别的身体观,即"把身体看成对环境的技术干预的生产性源泉"④。这种观点认为,"人是自然的组成部分,但也与自然相分离。人们有能力将自身及其周遭环境对象化/客观化(objectivity),从而发展出一些工具,开始根据自己的设计来改变自然世界"⑤。换言之,延伸论认为身体是结构固定、能力有限的,是不完美的存在。它既承认身体的局限和不足,释放了媒介技术存在的前提空间,同时又赋予了身体积极主动的创造性,即为了回应外部环境压力延伸出媒介。媒介的出现就像普罗塔哥拉的神话所描绘的那样,是对不完全进化的、脆弱的人类的补偿,"是一种反对命运的工具,是一种修复了的残疾"⑥。通过身体的技术性延伸,"人把一种存在的缺陷变成了一种特有的优点"⑦。而脱胎于身体的媒介也不可避免地"具有人的属性"⑧,成为"人身上最富有人性的东西"⑨。如此一来,延伸论拉近了人与技术的关系,二者不再是冷冰冰的功利性关系。相反,两者缔结了亲密无间的组合关系,相互交缠,彼此依存。

对身体的重视与对媒介形态的重视一样,都是媒介生态学秉持唯物主义的表现。借用隐喻的说法,形态就像是媒介的"身体",是其物质材料的呈现。媒介生态学认为媒介是身体的技术化外延,身体形塑媒介,反过来,媒介也形塑身体。因此,延伸论隐含了这样的意思:媒介或技术对身

---

① [美]马歇尔·麦克卢汉:《麦克卢汉如是说:理解我》,[美]斯蒂芬妮·麦克卢汉、[美]戴维·斯坦斯,编,何道宽,译,中国人民大学出版社 2006 年版,第 39~40 页。
② [美]马丁·李斯特等:《新媒体批判导论》,吴炜华、付晓光,译,复旦大学出版社 2016 年版,第 109 页。
③ [美]约翰·彼得斯:《交流的无奈——传播思想史》,何道宽,译,华夏出版社 2003 年版,第 177 页。
④ [美]克里斯·希林:《文化、技术与社会中的身体》,李康,译,北京大学出版社 2011 年版,第 192 页。
⑤ [美]克里斯·希林:《文化、技术与社会中的身体》,李康,译,北京大学出版社 2011 年版,第 192 页。
⑥ [美]雷吉斯·德布雷:《媒介学宣言》,黄春柳,译,南京大学出版社 2016 年版,第 109 页。
⑦ [美]雷吉斯·德布雷:《媒介学宣言》,黄春柳,译,南京大学出版社 2016 年版,第 109 页。
⑧ [美]马歇尔·麦克卢汉:《麦克卢汉如是说:理解我》,[美]斯蒂芬妮·麦克卢汉、[美]戴维·斯坦斯,编,何道宽,译,中国人民大学出版社 2006 年版,第 196 页。
⑨ [美]马歇尔·麦克卢汉:《麦克卢汉如是说:理解我》,[美]斯蒂芬妮·麦克卢汉、[美]戴维·斯坦斯,编,何道宽,译,中国人民大学出版社 2006 年版,第 196 页。

体的殖民及其尝试把宿主转化为新环境的伺服机制。①

针对这一论题，媒介生态学者从不同的面向出发进行了探析。其中，麦克卢汉的研究最为集中且系统。麦克卢汉声称，"如果把一切技术看成是我们自己的延伸，那么一切技术的源头和结果两个方面显然是相互联系的"②。在他看来，媒介的影响主要是身体的③，首先体现为重塑感知比率(ratios of sense perceptions)，其次表现为培养身体习性。

(一)媒介重塑感知比率

麦克卢汉的思维逻辑是"媒介物理性地延伸了身体；每一种新媒介技术出现时，人类感觉以及感觉的环境都将经历一场'革命'"④。他预设保持感知比率平衡是身体的本能。然而，身体的技术性延伸搅动了原本的感知平衡，以至于感官系统不得不谋求新的平衡。因此，媒介技术发展史也是一部感知变迁史。具体而言，原始社会中的部落人以口语为主导媒介，是强调声音的"耳朵人"。文字把部落人从"耳朵人"转变为"眼睛人"，并从部族中脱离出来。诸如广播和电视的电子媒介有望让分割肢解的视觉人回归为感知完整的有机整体，并且重新回归部落生活。

感知比率的重塑还往往伴随着一种"自恋式麻木"(Narcisusnarcosis)的痴迷状态。凭借这种综合症，人把新技术的心理和社会影响维持在无意识的水平，对新环境及其影响焕然不觉。⑤ 由此，媒介改变了"人类身体及其感官与环境之间的关系，也逐渐地改变了人类感官与世界的关系"⑥。

(二)媒介培养身体习性

麦克卢汉宣称，技术以实现人的意愿和欲望来向人张开怀抱，并促使

---

① Joe Galbo. Notes on the discarnate, simulations, tetrads. In Gary Genosko (eds.). *Marshall McLuhan Major Works: Critical Evaluations in Cultural Theory*[M]. London: Routledge, 2005: 104.
② [美]马歇尔·麦克卢汉:《麦克卢汉书简》，[美]梅蒂·莫利纳罗等，编，何道宽、仲冬，译，中国人民大学出版社 2005 年版，第 331 页。
③ [美]马丁·李斯特等:《新媒体批判导论》，吴炜华、付晓光，译，复旦大学出版社 2016 年版，第 112 页。
④ [美]马丁·李斯特等:《新媒体批判导论》，吴炜华、付晓光，译，复旦大学出版社 2016 年版，第 111 页。
⑤ [美]马歇尔·麦克卢汉:《麦克卢汉精粹》，[美]埃里克·麦克卢汉、[美]弗兰克·秦格龙，编，何道宽，译，南京大学出版社 2000 年版，第 359~360 页。
⑥ [美]马丁·李斯特等:《新媒体批判导论》，吴炜华、付晓光，译，复旦大学出版社 2016 年版，第 99 页。

人回报以同样的姿势。除非刻意避开和躲藏，否则人们"就不能逃避对日常技术的永恒的拥抱"①。一旦人开始拥抱技术就踏上了适应它们的路途。人们在第一次接触新技术时经常会遭遇强烈的冲击，"因为技术扩张立刻形成新的感官比率，新的感官比率又推出一个令人惊奇的新世界，新世界又激发各种感官强烈的新型'闭合'或相互作用的新奇格局"②。等到身体和社会把新型感知习惯吸收整合之后，"初期的震撼也就冰消雪融了"③，而真正的革命也由此开始。因为，当一切个人生活和社会生活都去适应新技术建立的新型感知模式时④，人就成了技术的伺服机制（servomechanism）。

在某种意义上，伺服行为是技术对身体的规训。每一种媒介技术都有自身内在的结构特征，人在使用它们时就必须接纳和适应其要求。认知心理学家詹姆斯·吉布森（James J. Gibson）将其归因于技术的"可供性"（affordance）。他创造该词用以描述特定生物在世界中可能性行为的机会。⑤ 他认为，不同的物体或环境具有不同的特性，而不同的特性会导致不同类型的行为。这意味着在一个物体、材料或工具的特性与它被给予的用途之间有一种直接的、在某种意义上认为设计的联系。⑥ 媒介亦是如此。它限制了人的挪用可能性，给身体实践划定了空间，规定身体能做什么、不能做什么以及怎么做。

事实上，这就是媒介促使身体习性的养成。"习性（habitus）"是法国学者布迪厄创造的一个词，"用来提示具身动作/行动的习惯性本质"⑦。他把习性定义为"持久的、可转换的潜在行为倾向系统，是一些有结构的结构，倾向于作为促结构化的结构发挥作用"⑧。换言之，习性是"一系列

---

① ［美］马歇尔·麦克卢汉：《麦克卢汉精粹》，［美］埃里克·麦克卢汉、［美］弗兰克·秦格龙，编，何道宽，译，南京大学出版社2000年版，第396页。
② ［美］马歇尔·麦克卢汉：《麦克卢汉精粹》，埃里克·麦克卢汉、弗兰克·秦格龙，编，何道宽，译，南京大学出版社2000年版，第178页。
③ ［美］马歇尔·麦克卢汉：《麦克卢汉精粹》，埃里克·麦克卢汉、弗兰克·秦格龙，编，何道宽，译，南京大学出版社2000年版，第178页。
④ ［美］马歇尔·麦克卢汉：《麦克卢汉精粹》，埃里克·麦克卢汉、弗兰克·秦格龙，编，何道宽，译，南京大学出版社2000年版，第178页。
⑤ James J. Gibson. *The Senses Considered as Perceptual Systems*[M]. Boston: Houghton Mifflin, 1966: 285.
⑥ ［美］亚当·乔伊森：《网络行为心理学——虚拟世界与真实生活》，商务印书馆2010年版，第22页。
⑦ ［美］凯瑟琳·海勒：《我们何以成为后人类——文学、信息科学和控制论中的虚拟身体》，刘宇清，译，北京大学出版社2017年版，第267页。
⑧ ［法］皮埃尔·布迪厄：《实践感》，蒋梓骅，译，译林出版社2003年版，第81页。

既适应环境又足够持久,可以代代相传的性情、气质和倾向"①。凯瑟琳·海勒斯把习性的形成归于身体的归并实践(Incorporating practice)。她用归并实践来表示一种通过重复的执行直到它变成习惯而编码到身体性记忆之中的行为②。归并实践能深入意识觉悟之下,使身体获得一种无意识惯性。技术可供性迫使身体进行归并实践,不仅固化了技术重塑的感知模式,而且强化了身体适应技术结构的行为模式。这就解释了人成为伺服机制的深层逻辑。虽然麦克卢汉没有使用"习性"这个词,也没有言明是技术施加在人身上最隐秘、最强大的影响促成了某些习性的养成,但他发现技术创造了绝大多数人都深感茫然的感觉环境和信息环境。

显然,攻击麦克卢汉以及媒介生态学的学者并没有看到这些潜藏的事实。仅仅是"伺服"一词就挑动了人本主义者敏感的神经。在他们眼里,该词意味着"身体被剥夺了创造、抵抗或生成变化的能力"③,意味着人丧失了主导权、控制权,继而失落了主体性和能动性,堕落为被压制、奴役的形象。他们坚守人与技术的二元对立和清晰边界,绝不容忍技术的越界。因此,他们急切地把麦克卢汉和媒介生态学判定为"技术决定论"。事实上,媒介生态学主张,古往今来人与技术之间都是"固有的共生关系"④。它正视人对技术的修改,但也绝不抹杀技术对人的修改。正是这种人与技术相互联姻的视角把两者置于平等地位,在一定程度上消解了双方的紧张对立,不仅有助于纾解人们对技术的潜在焦虑和不安,也为重新思考人机关系提供了新思路。

二、媒介(技术)塑造文化偏向

媒介生态学公开宣称把传播技术变迁的文化影响作为研究重点,因为技术与文化(technology and culture)是其"范式内容的一个关键理论问题"⑤。2000年,《新泽西传播期刊》(The New Jersey Journal of Communication)推出

---

① [美]凯瑟琳·海勒:《我们何以成为后人类——文学、信息科学和控制论中的虚拟身体》,刘宇清,译,北京大学出版社2017年版,第271~272页。
② [美]凯瑟琳·海勒:《我们何以成为后人类——文学、信息科学和控制论中的虚拟身体》,刘宇清,译,北京大学出版社2017年版,第267页。
③ [美]克里斯·希林:《文化、技术与社会中的身体》,李康,译,北京大学出版社2011年版,第216页。
④ [美]马歇尔·麦克卢汉:《麦克卢汉精粹》,埃里克·麦克卢汉、弗兰克·秦格龙,编,何道宽,译,南京大学出版社2000年版,第397页。
⑤ 林文刚:《媒介环境学:思想沿革与多维视野》,何道宽,译,北京大学出版社2007年版,第31页。

主题为《媒介生态学的智识根源》(The Intellectual Roots of Media Ecology)的专辑,刊发6篇论文探讨媒介生态学的学术传统。其中3篇论文紧扣了同一主题:技术与文化。随后,2006年,由林文刚编著的媒介生态学"小百科全书"——《媒介生态学:思想沿革与多维视野》(Perspectives on Culture, Technology and Communication: The Media Ecology Tradition)延续了这一主题,继续深入探讨技术与文化的关系。媒介生态学声称通过追踪文化中占主导地位的媒介就能考察其影响及文化变迁,并且把解释符号系统、技术和传播媒介的形态特征作为惯常路径。[1] 凯瑟琳·海勒斯(N. Katherine Hayles)赞同地指出"集中关注某种新技术诞生并且扩散到整个文化之中的历史时期,人们应该能够厘清归并、铭写和技术性物质之间的三角关系。"[2]

在某种意义上,占据主导地位的传播技术会影响所在文化的偏向,这一观点是"媒介即信息""媒介即环境"概念的延伸。媒介生态学主张,界定信息性质的是媒介的结构[3]。文化并非存在于真空中,亦不能脱离媒介而存在。既然文化必须借助媒介来展陈、传播,就必定受到媒介内在结构的塑造。一方面,媒介固有的物质结构和符号形式发挥着规定性的作用,塑造着什么信息被编码和传输、如何被编码和传输,又如何被解码[4]。另一方面,媒介固有的物质形式和符号形式预先设定了思想、情感、时间、空间、政治、社会、抽象、内容以及认识论层面的某种偏向。由此,文化不可避免地打上了传播技术偏向的烙印。而这种偏向至少表现在时空和感知两个方面。

当同时代学者在政治经济学中打转来分析文明的根源时,伊尼斯别出心裁地开创了一条从传播历史来思考文明变迁的研究路径。在《传播的偏向》一书中,伊尼斯提出了媒介和传播的时空偏向论作为文明研究的基本前提。随即,在《帝国与传播》一书中,伊尼斯通过上承几千年的人类文明,下接北美社会的现实环境,在帝国文明更迭的层层脉络中令人信服地证明了这一主题:传播媒体的特色塑造社会组织的性质[5]。

---

[1] Lori Ramos. Understanding literacy: Theoretical foundations for research in media ecology[J]. The New Jersey Journal of Communication, 2000, 8(1): 46-55.
[2] [美]凯瑟琳·海勒:《我们何以成为后人类——文学、信息科学和控制论中的虚拟身体》,刘宇清,译,北京大学出版社2017年版,第277页。
[3] 林文刚:《媒介环境学:思想沿革与多维视野》,何道宽,译,北京大学出版社2007年版,第30页。
[4] 林文刚:《媒介环境学:思想沿革与多维视野》,何道宽,译,北京大学出版社2007年版,第30页。
[5] [美]Harold A. Innis:《帝国与传播》,曹定人,译,台北远流出版公司1993年版,第12页。

伊尼斯认为，传播媒介对知识在时间和空间中的传播产生了重要影响，因此有必要研究传播的特征，目的是评估传播在文化背景中的影响。① 想透过传播媒介的分析来评鉴文明的发展，首先要认知到媒体特性的重要性。② 根据媒介的特性，他把媒介区分为轻质媒介和重型媒介。前者笨重耐久，不适合运输，因此不适合文化在空间上的横向传播，但适合文化在时间上的纵向传播。后者轻巧便携，易于运输，但不经久耐用，因此不适合文化在时间上的传播，但适合文化在空间上的扩散。一旦承认媒介内在结构的时空偏向，就不得不承认人们生活其间的文化有一定的偏向。③ 由此，伊尼斯提出："也许可以假定，一种媒介经过长期使用之后，可能会在一定程度上决定它传播的知识的特征。……也许还可以说，一种新媒介的长处，将导致一种新文明的产生。"④

为了论证上述假设，伊尼斯把帝国视为文明制度之一例，把古今东西上下千年历史作为试验场，试图识别文明流变与媒介变迁之间的关联模式。他声称，"时(time)、空(space)的观念反映出媒体对文明的意义"，并且主张应该同时从时间和空间两个层面来切入考量诸如帝国的大规模政治组织，以免失之偏颇。⑤ 由于文明的维持既需要解决空间控制的问题，又需要解决时间延续的问题，两者不可偏废，因此，"当某文明中包含不止一种媒体，其中一种有倾向分权的偏好，另一种就要有倾向集权的偏好来加以平衡。"⑥遵循这一研究思路，伊尼斯详细描述了埃及、巴比伦、希腊城邦、罗马帝国等古代文明之兴盛湮灭，以及不同文明中时空观念之演变。他的研究表明，文明的更迭往往伴随着媒介的更迭和时空理念的变化，"传播"在政府组织、行政上，以及帝国和西方文明上占有极为关键的地位。⑦ 而传播和媒介对文明之重要意义在于它们的结构性偏向和权力勾连时所释放的强大力量。

---

① ［美］哈罗德·伊尼斯：《传播的偏向》，何道宽，译，中国人民大学出版社2003年版，第27页。
② ［美］Harold A. Innis：《帝国与传播》，曹定人，译，台北远流出版公司1993年版，第163页。
③ ［美］哈罗德·伊尼斯：《传播的偏向》，何道宽，译，中国人民大学出版社2003年版，第28页。
④ ［美］哈罗德·伊尼斯：《传播的偏向》，何道宽，译，中国人民大学出版社2003年版，第28页。
⑤ ［美］哈罗德·伊尼斯：《传播的偏向》，何道宽，译，中国人民大学出版社2003年版，第15页。
⑥ ［美］Harold A. Innis：《帝国与传播》，曹定人，译，台北远流出版公司1993年版，第15页。
⑦ ［美］Harold A. Innis：《帝国与传播》，曹定人，译，台北远流出版公司1993年版，第12页。

伊尼斯延续了前期的政治经济研究思路，把媒介视为大宗社会资源，把传播视为帝国发展的一种基本的原材料。① 他发现，一旦某些团体开始控制传播形式并在政治上将他们的利益与传播性能联系在一起时，这种偏向就固定为一种垄断。② 垄断衍生出优势和权力，进而引发控制问题。媒介垄断导致知识垄断，在新媒介引入社会的早期，它往往掌握在少数人手中，并形成知识垄断。对知识生产和传播的垄断意味着对意识形态和文化的掌控，新媒介会挑战旧媒介的垄断，进而引发权力的对抗和再分配。因此，"在一种传播形式主导的文化向另一种传播形式主导的文化迁移的过程中，必然要发生动荡。"③而当媒介广泛普及，其内化程度又会深刻影响使用者的思维习惯和所在文化的偏向。

基于此，伊尼斯敦请人们关注现代文明的偏向。他指出现代媒介的空间偏向"必然使时间缩小到当下的范围，……缩小为即刻和短暂的世界"④。未来化入现在，消失不见，"一切事物以令人头晕目眩的速度变化，使人难以维持时间和文化的连续性。"⑤结果是人们只关注当时当下、此时此刻。他提醒人们，这正是西方现代文明蕴含的深刻危机。为此，伊尼斯再三呼吁复兴口头传统，以对抗西方文化的机械性。在他看来，口语具有亲身接触的特点，与冷酷的机械化传播形成强烈反差。更重要的是，口语的灵活性是思想产生的根源。实际上，他并未明言的事实是，口语不易被垄断，它的即时性、同步性、参与性特征意味着其具有时间偏向和分权倾向。对此，麦克卢汉和翁进行了专门探讨。

麦克卢汉和翁开创性地探究了媒介对心理的微妙影响，把两者的著作结合在一起，就能解释技术如何塑造文化的感知偏向。其中，麦克卢汉探索了媒介的感知偏向与文化的感知偏向之间的关系，翁则剖析了不同媒介文化背后深层的心理机制。

麦克卢汉构想了四种媒介文化来展示其感知偏向。这四种文化是：

---

① ［美］詹姆斯·凯瑞：《作为文化的传播——"媒介与社会"论文集》，丁未，译，华夏出版社 2005 年版，第 123 页。
② ［美］詹姆斯·凯瑞：《作为文化的传播——"媒介与社会"论文集》，丁未，译，华夏出版社 2005 年版，第 131 页。
③ ［美］哈罗德·伊尼斯：《传播的偏向》，何道宽，译，中国人民大学出版社 2003 年版，第 119 页。
④ ［美］詹姆斯·凯瑞：《序》，哈罗德·伊尼斯：《变化中的时间观念》，何道宽，译，中国传媒大学出版社 2013 年版，第 27 页。
⑤ ［美］詹姆斯·凯瑞：《序》，哈罗德·伊尼斯：《变化中的时间观念》，何道宽，译，中国传媒大学出版社 2013 年版，第 27 页。

(1) 口述传播的原始文化；(2) 语音字母、手写卷与口头传播共存的读写文化；(3) 大生产、机械印刷的时代（古登堡星系）；(4) 广播、电视和电脑衍生的"电子媒介"文化。与之对应的四种主导媒介依次为口语、文字、印刷术、电子媒介。基建于延伸论，不同的媒介就具有不同的感知偏向。具体而言，口语是心灵的延伸，具有听觉偏向，强调近距离接触和深度参与，因此其所主导的原始文化具有声觉偏向。文字是眼睛的延伸，具有视觉偏向，由它占主导地位的书面文化则具有切割分解、专门化、机械化的特点。印刷术把文字固定在特定的空间中，并且把它们统一化、标准化，进一步加剧了文化的视觉倾向。电子媒介是中枢神经系统的延伸，它对时空的高效控制让人类同住"地球村"，并深刻卷入全球化的浪潮中。这种文化强调深度意识、整体把握和移情作用。

从媒介的感知偏向平滑地过渡到文化的感知偏向，桥接两者的是身体。媒介是身体的技术延伸和外化，受到身体感知属性的形塑，反过来也形塑身体。身体是文化的创造者，是把文化融合于媒介的行为主体，同时也浸润于文化中，受其熏染。文化依附于媒介，不可避免地受到媒介结构及其可供性的管束，同时也对媒介施加约束。以此推断，身体规定了媒介的感知偏向，同时将之反映在文化中。

翁解析了口语文化和书面文化的特征及其心理机制。他把口语文化划分为原生口语文化和次生口语文化，前者指毫无文字或印刷术浸染的文化，后者指由电话、广播、电视等电子设备支撑，生存和运转都仰赖文字和印刷术的高科技文化。①

在原生口语文化中，思维和表达呈现出九大特征：附加的而不是附属的；聚合的而不是分析的；冗余的或"丰裕"的；保守的或传统的；贴近人生世界的；带有对抗色彩的；移情的和参与式的，而不是与认知对象疏离；衡稳状态的；情景式的而不是抽象的。② 翁认为这些特征和声音的特征有非常密切的关系。声音的运动与时间同步，脱口即逝。声觉是一体化的感知，倾向于形成一个整合、集中和内化的体系。口语词具有声音的物质属性，发自于人体内部，使人能够互相展示意识分明的内部人格，使人得以为人，使人组成关系密切的群体。③ 次生口语文化也被翁称为"后

---

① ［美］沃尔特·翁：《口语文化与书面文化——词语的技术化》，何道宽，译，北京大学出版社 2008 年版，第 6 页。
② ［美］沃尔特·翁：《口语文化与书面文化——词语的技术化》，何道宽，译，北京大学出版社 2008 年版，第 27~37 页。
③ ［美］沃尔特·翁：《口语文化与书面文化——词语的技术化》，何道宽，译，北京大学出版社 2008 年版，第 56 页。

印刷文化"①,它与原生口语文化存在诸多相似之处,譬如参与的神秘性、社群感的养成、专注于当下的一刻甚至套语的使用,但其本质上是"基于并且依赖于文字和印刷术"②。两相比较,次生口语文化给予了个体更多自由和选择。

书面文化始于文字,滥觞于印刷术。文字产生了距离和精确性,不仅把知识持有者和知识分离开来,还把传授者和受传者分离开来。它促使个体脱离群体,形成独立的自我意识,并转向外部世界或内部心灵世界。文字把语词置入视觉中,印刷术则更加明确地把语词嵌入空间。③ 印刷术对空间的控制,不仅导致索引、目录、标签等书籍形态的产生,而且影响了科学和哲学想象、文学幻想。翁对印刷术的心理机制作了这样的阐释:

"它把语词从声音世界里迁移出来,送进一个视觉平面,并利用视觉空间来管理知识,促使人把自己内心有意识或无意识的资源想象为类似物体的、无个性的、极端中性的东西。印刷术使人觉得,脑子里的东西装在某种迟钝的心灵空间里。"④

书面文化所呈现的特征与文字和印刷术的物质内在性有关,两者都具有视觉偏向,而视觉是解剖性的感知,倾向于分析和剥离。人可以通过视线观察事物,而无需与观察对象进行接触,这无形中让观察者和对象保持了距离。并且,视线还可以在空间中延伸,意味着视觉具有空间偏向。因此,由视觉主导的文化较为看重线性思维、逻辑理性、专业化和空间控制。

实际上,技术塑造文化的时空偏向和感知偏向都直指媒介生态学并未明言的一个观点:技术即控制,技术即权力。而技术这种隐晦的控制力还体现为它对认识论的重新定义。

三、媒介(技术)重新定义认识论

认识论是关于认识及其发展规律的理论,主要研究认识的来源、能力、形式、过程以及认识的真理性等问题。⑤ 媒介在认识论中扮演何种角

---

① [美]沃尔特·翁:《口语文化与书面文化——词语的技术化》,何道宽,译,北京大学出版社2008年版,第103页。
② [美]沃尔特·翁:《口语文化与书面文化——词语的技术化》,何道宽,译,北京大学出版社2008年版,第103~104页。
③ [美]沃尔特·翁:《口语文化与书面文化——词语的技术化》,何道宽,译,北京大学出版社2008年版,第93页。
④ [美]沃尔特·翁:《口语文化与书面文化——词语的技术化》,何道宽,译,北京大学出版社2008年版,第100页。
⑤ 章士嵘等:《认识论辞典》,吉林人民出版社1984年版,第8页。

色是波兹曼的"媒介批评三部曲"一以贯之的主题。

《童年的消逝》一书描述了"童年"这一概念如何在印刷文化的摇篮中诞生、成长，又如何在电子媒介文化中受到侵蚀。借用"童年"概念在不同文化中的遭遇，波兹曼不仅描绘了文化与其主导媒介之间的密切关系，而且展陈了新旧媒介竞争的本质及其后果。新旧媒介之争既是主导地位之争，又是媒介各自代表的信仰、知识、意识形态和文化之争。竞争的结果往往是一种媒介取代另一种媒介，新文化兴起，旧文化逐渐退出中心舞台。因此，波兹曼认为，"童年"的消逝与电子媒介文化试图取代印刷文化有关。

在著作《娱乐至死》中，波兹曼继续推进研究媒介与认识论的关系。出于对真理的定义及其来源的兴趣，他试图证明"真理的定义至少有一部分来自传递信息的媒体的性质"①，并明确提出探究媒介在认识论中的作用。在前两章，波兹曼从媒介的转换功能入手，直接引出了全书的核心观点"媒介即认识论"。他用"媒介即隐喻"来指称媒介所扮演的转换器角色。在他看来，媒介就像是一种隐喻，用一种隐蔽但有力的暗示来定义现实世界，帮助人们把世界分类、排序、构建、放大、缩小、着色，并赋予一切合理性。② 媒介-隐喻具有强大的"共鸣"作用，能够引导人们思考，从而影响其意识。因此，媒介影响人们对真善美的看法、左右人们理解真理和定义真理的方法，也就顺理成章了。另外，众所周知，真理不能也从未毫无修饰地存在，必须身披合适的外衣出现，否则难以得到认可。③ 换言之，真理必须倚赖恰当的媒介面向世人。基于此，波兹曼提醒读者，对于真理的认识是同表达方式密切相联的④。为了论证自己的观点，他对比了分别由印刷机和电视统治下的美国公众话语。通过回溯历史、旁征博引，波兹曼发现，印刷机统治下的美国公众话语具有清晰易懂、严肃理性的特点，电视则让上述特点变得无能而荒唐。不管是娱乐业、新闻业，还是政治选举和学校教育，都呈现出断裂的、脱离语境的、感性的、娱乐的话语特征。波兹曼认为是电视塑造了这种"娱乐至死"的话语形式。通过生动

---

① [美]尼尔·波兹曼：《娱乐至死》，章艳，译，广西师范大学出版社2004年版，第20页。
② [美]尼尔·波兹曼：《娱乐至死》，章艳，译，广西师范大学出版社2004年版，第12页。
③ [美]尼尔·波兹曼：《娱乐至死》，章艳，译，广西师范大学出版社2004年版，第28页。
④ [美]尼尔·波兹曼：《娱乐至死》，章艳，译，广西师范大学出版社2004年版，第28页。

逼真的图像和声音来描绘现实,电视为观众在脑海中构建对外部世界的想象提供了重要的素材和暗示。观众把电视世界和现实世界简单地画上了等号,并且迅速地适应了电视的认识论,接纳了电视对于真理、知识和现实的定义。由此,电视获得了"元媒介"的地位,成为一种不仅决定人们对世界的认识,而且决定人们怎样认识世界的工具。① 波兹曼哀叹获得"神话"地位的电视会导致美国精神文化的枯萎,他用赫胥黎的警告发出警示:人们有可能毁于自己热爱的东西。② 而这种对美国文化危机的冷静解剖和深沉关切也成为了《技术垄断》的主题。

波兹曼对技术效应的严厉拷问系统地体现在《技术垄断》一书中。在他眼中,技术从来都是"浮士德"交易,既是包袱又是恩赐,"不是非此即彼的结果,而是利弊同在的产物"③。与欢呼技术进步的"独眼龙"不同,波兹曼力图揭示技术的阴暗面,并尝试"描绘技术何时、如何、为何成为特别危险的敌人"④。他把文化分为三种类型:工具使用文化、技术统治文化和技术垄断文化,并归纳了不同文化类型中技术与文化的关系。在第一种文化中,工具整合进文化,为文化服务,并受到社会体制或宗教体制的约束。在第二种文化中,工具没有成功整合到文化中,它对文化发起攻击,让一切为其发展让路,并试图成为文化。工具在思想世界里扮演着核心的角色,传统、社会礼俗、神话政治、仪式和宗教就不得不为生存而斗争。⑤ 在技术垄断这种文化中,技术让一切形式的文化生活都臣服于自己的统治。为此,技术"重新界定宗教、艺术、家庭、政治、历史、真理、隐私、智能的意义"⑥,以符合其要求。波兹曼在这三种文化类型中描述了技术背叛文化的轨迹和取代文化的野心。他一针见血地指出,技术实现自身企图的根源在于它引发了让人难以察觉的意识形态变革,并成为受人欢迎的认识论。

---

① [美]尼尔·波兹曼:《娱乐至死》,章艳,译,广西师范大学出版社 2004 年版,第 104 页。
② [美]尼尔·波兹曼:《娱乐至死》,章艳,译,广西师范大学出版社 2004 年版,第 2 页。
③ [美]尼尔·波兹曼:《技术垄断——文化向技术投降》,何道宽,译,北京大学出版社 2009 年版,第 2 页。
④ [美]尼尔·波兹曼:《技术垄断——文化向技术投降》,何道宽,译,北京大学出版社 2009 年版,第 2 页。
⑤ [美]尼尔·波兹曼:《技术垄断——文化向技术投降》,何道宽,译,北京大学出版社 2009 年版,第 15 页。
⑥ [美]尼尔·波兹曼:《技术垄断——文化向技术投降》,何道宽,译,北京大学出版社 2009 年版,第 28 页。

综上所述，媒介(技术)不仅重塑人们的感知平衡、规训身体实践，还影响文化的偏向、重新定义认识论。通过这些隐匿的手段，技术逻辑成为理性逻辑，人生意义和文化价值都要到机器和技术里去寻找。媒介(技术)"顺着理性控制的本质，设定、影响、支配着人的社会生活，使人变成了媒介化社会的'洞穴人'"①。

第四节　追求平衡与和谐的终极研究关怀

兰斯·斯特拉特认为，"他者可能使自己关心暴力电视节目，以及诸如此类所产生的结果，媒介生态学研究最终所关心的问题，在其探讨形式因之范围的过程中，要重要得多，因为媒介生态学所关心的问题就是事物如何作为媒介(也称环境)的结果发生的，即事物到底如何由通过媒介事物的出现和在媒介内部事物的出现之媒介所导致的结果发生的。"②因此，媒介生态学致力于揭露媒介内在偏向及媒介环境对微观个体和宏观社会施加的强大影响，并希望由此对媒介及其环境实施干预和控制，最终创造一种平衡、和谐的生态环境。

一、兼具微观与宏观的问题意识

经验学派认为媒介是独立的存在，可以从社会及其他媒介中剥离出来。因此，在考察媒介效果时，它往往把媒介等同于"社会与文化变迁过程中造成因果效应的主体"③，坚信可以把某一种媒介从盘根错节的社会关系中抽离出来，作为单一变量进行分析。这种预设不仅割裂了媒介与社会的关系，还把效果化约为某单一因素作用的结果。拉斯韦尔的5W模式为经验学派界定传播研究范围和问题提供了导引。受行政研究取向的影响，经验学派的研究问题主要关注如何让组织的行为更有效④。特定的研究议题包括：内容是什么？社会、政治、经济、组织、意识形态及其他因素中的哪些因素影响内容的形成和感知？媒介内容如何准确地反映

---

① 单波、王冰：《媒介即控制及其理论想象》，载《新闻与传播研究》2010年第2期。
② [美]兰斯·斯特拉特：《麦克卢汉与媒介生态学》，胡菊兰，译，河南大学出版社2016年版，第134页。
③ [美]Raymond Williams：《电视：科技与文化形式》，冯建三，译，台北远流出版公司1994年版，第149页。
④ Dallas W. Smythe, Tran Van Dinh. On critical and administrative research: A new critical analysis[J]. *Journal of Communication*, 1983, 33(3): 117-127.

现实？内容产生什么效果？其他替代性的媒介内容可能是什么？①……概而言之，研究者把重点放在"实际运用传播研究以解决政策上需求"②，而对现有政治经济结构、权力分配等问题避而不谈。罗伯特·林德（Robert S. Lynd）就指出，遵循此路径的研究者"懒得去问下面这些问题：我们的机构会把我们引领到什么地方？我们要它们把我们引领到什么地方？"③雷蒙·威廉姆斯和切特罗姆也指出了同样的问题，即经验学派所推崇的拉斯韦尔模式缺失了"为什么"（why）④这一关键的意向问题，"因而也就遗漏了所有真正的社会与文化过程"⑤。因此，有学者对经验学派的研究意识形态提出了质疑，认为它的研究为社会现状提供了支持和辩护⑥。

同为主流范式的反叛者，媒介生态学和批判学派存在诸多共识，两者共享了作为仪式的传播观念：都强调传播在社会和文化建构、存续、转变中扮演的角色；都主张从宏观视角来理解传播和媒介，重视历史分析的意义；都质疑经验学派的行政研究取向及僵化程式，偏向采用多样的定性研究方法；都具有深刻的批判视角和深厚的人文主义关怀。更为重要的是，两者都尤为关注技术和文化之间的关系，对此有共同的研究旨趣。然而，即便存有许多共鸣，稍晚面世的媒介生态学也并未对声望卓著的前辈亦步亦趋。相反，在技术与文化这一共同感兴趣的主题上，媒介生态学与批判学派分道扬镳。

传播技术是否有能力改变文化，是一个早已存在且颇有争议的问题。批判学派，尤其是从事文化研究的伯明翰学派主张，传播技术诞生于特定的政治经济结构、文化语境和社会历史背景中，是人类意愿的产物，因此，应该把技术纳入文化麾下，在宏观的社会历史语境中进行考察。文化研究认为，传播包含教育、宗教、口语对话、运动等广泛多样的文化表达和日常仪式形式，媒介是统治精英维护意识形态控制的首要

---

① Dallas W. Smythe, Tran Van Dinh. On critical and administrative research: A new critical analysis[J]. *Journal of Communication*, 1983, 33(3): 117-127.
② [美]Daniel J. Czitrom：《美国大众传播思潮》，陈世敏，译，台北远流出版公司1994年版，第192页。
③ [美]Daniel J. Czitrom：《美国大众传播思潮》，陈世敏，译，台北远流出版公司1994年版，第205页。
④ [美]Daniel J. Czitrom：《美国大众传播思潮》，陈世敏，译，台北远流出版公司1994年版，第192页。
⑤ [美]Raymond Williams：《电视：科技与文化形式》，冯建三，译，台北远流出版公司1994年版，第150页。
⑥ Dallas W. Smythe, Tran Van Dinh. On critical and administrative research: A new critical analysis[J]. *Journal of Communication*, 1983, 33(3): 117-127.

工具(instrument)。① 其中，大众媒介是20世纪资本主义维持意识形态霸权最重要的工具，因为它们为认知现实提供了框架。② 因此，文化研究聚焦于"鲜活的文化"(lived cultures)，致力于揭露统治阶级及精英阶层应用大众媒介维护意识形态霸权的过程、手段和结果，以及普通民众将主流意识形态内化的过程。文化研究拒绝承认技术在文化变迁中的角色，这与媒介生态学强调技术作用的观点相异。在文化研究者看来，技术无法脱离人的意愿及其应用实践，没有一项特别的技术能确保带来既定的文化或社会结果③，技术的意义必须从产生政治-经济权利结构的物质条件和历史过程中寻究。换言之，是人和社会文化赋予了技术意义，否则，技术空无一物，毫无用处。因此，文化研究提倡检视塑造技术的诸多因素，譬如技术被开发的原因、技术因某种目的而流动的方法、形塑技术的复杂的社会、文化、经济因素。④ 经典的文化研究路径倡导对文本以及鲜活意义的语境(context of lived meanings)进行诠释，绝口不提传播技术内在的结构性差异。而这些恰好是媒介生态学研究的重点问题。

如此看来，批判学派和经验学派一样，都囿于技术功能主义的视角，并未跳出技术工具论的陈见。而把媒介视为环境来研究的媒介生态学，将其主要研究内容和任务定位为让弥散的、遍在的、隐匿的媒介环境凸显出来，并且揭示其影响和作用机制。这让媒介生态学对以下问题尤为感兴趣：无论在内容上还是在语法选择上，单一媒介的哪些特征让其在生理上、心理上、社会上与其他媒介和现场互动不同？媒介特性如何影响该媒介内容和语法的选择？什么样的社会、政治和经济变量鼓励发展和使用某些媒介而不是另外一些媒介？在现有媒介矩阵中添加的新媒介如何改变旧媒介的功能及使用？新媒介形态如何改变社会角色和机构的结构和功能，而这些角色和机构是依赖于先前主导媒介特征的吗？每种媒介的特征如何与文化符码和习俗互动？⑤ ……简言之，媒介生态学不仅坚信传播技术在

---

① Robert A. White. Mass communication and culture: Transition to a new paradigm[J]. Journal of Communication, 1983, 33(3): 279-301.
② Robert A. White. Mass communication and culture: Transition to a new paradigm[J]. Journal of Communication, 1983, 33(3): 279-301.
③ [英]马丁·李斯特等：《新媒体批判导论》，吴炜华、付晓光，译，复旦大学出版社2016年版，第92页。
④ [英]马丁·李斯特等：《新媒体批判导论》，吴炜华、付晓光，译，复旦大学出版社2016年版，第92页。
⑤ Joshua Meyrowitz. Images of media: Hidden ferment—and harmony—in the field[J]. Journal of Communication, 1993, 43(3): 55-66.

文化变迁中扮演重要角色，而且标新立异地提出应该研究"社会中主导的传播媒介形式如何促发大规模的文化变迁"①这一核心问题。

二、多学科面向的整合研究

经验学派自发轫便浸濡于宣传分析、民意分析、媒介效果的社会心理学分析、市场研究这四个实证导向的研究领域，倾向于应用新实证主义和行为理论来推测媒介内容对个体的影响。② 经验学派假设，媒介效果是具体可见的事实，是可以精确测量、统计的现象。它们或者表现为个体认知、态度、行为的强化或转变，或者表现为新的社会安排的达成。它坚信，研究者能够用实证方式研究媒介及其受众，并通过观察、实验、演绎去验证假说，以科学方法评估现代传播的行为效果。③ 它在媒介内容和效果之间架设了一种简单的线性因果关系。经验研究常常遵循客观观察—提出假设—收集资料—开展实验—进行演绎和抽象这一系列的研究过程，使用抽样访问法、重复访问同一受访人的固定样本研究法、深度访问法、社区研究法、实验控制法、有系统的内容分析法等研究方法，通过对内容的结构、符码、形式等进行精细的定量分析和统计来证明媒介效应、测量效果大小、确定影响变量及解释效果机制。这种程式化的研究映射出一种尴尬的学术现实：方法已经变成了方法论。④ 为此，凯瑞抨击其"已经成为一种经院式的东西：一再重复过去的研究，对明确无误的事加以验证"。威廉姆斯也剖析了它的本质："它无异是一种特殊的经验主义，仰仗的却不是经验与证据，而是经过取舍、以自身界定的假象功能（社会化、社会功能、大众传播）来作为收集证据的依据，在相当大范围之内，它僭越了社会与文化研究的正业，以自己对于文化学的曲解，声称本身具有'社会科学'与'科学方法'的抽象权威；并且，其他所有的经验与分析模式，都必须臣服在其脚下。"⑤

媒介生态学抛弃了行为模式和标准的实证研究技术，针对经验学派

---

① Casey Man Kong Lum. The intellectual roots of media ecology[J]. *The New Jersey Journal of Communication*, 2000, 8(1): 1-7.
② [美]Daniel J. Czitrom：《美国大众传播思潮》，陈世敏，译，台北远流出版公司1994年版，第179页。
③ [美]Daniel J. Czitrom：《美国大众传播思潮》，陈世敏，译，台北远流出版公司1994年版，第179页。
④ [美]C. 赖特·米尔斯：《社会学的想象力》，陈强、张永强，译，三联书店2016年版，第25页。
⑤ [美]Raymond Williams：《电视：科技与文化形式》，冯建三，译，台北远流出版公司1994年版，第152页。

惯常使用的内容分析,它也进行了抨击。罗伯特·洛根(Robert K. Logan)宣称,媒介是一种涌现现象,其组件不仅包括内容,还包括传递内容的技术机制。① 所谓"涌现",是指从系统的外在表现上描述系统突然出现的整体性变化。② 该词首先说的是系统整体出现了其组成部分不具有的性质。③ 这意味着,系统的性质不能由单一组件的性质来决定,通过分析单一组件的性质也并不能得出系统整体的属性。反观内容分析法,它试图仅靠研究内容来理解媒介、解释效果运作机理,确实存在以偏概全的嫌疑。因此,洛根认为这种偏狭的方法在效果分析上"是注定会失败的"④。

媒介生态学由于深嵌于传播研究转向的巨大迁移中,即从狭隘的、定量的效果研究趋向于北美文化研究定性的、跨学科的学术研究⑤,因而它主张对现实世界中矛盾的传播过程进行历史分析和唯物主义分析⑥,并倡言从多维视野、多种学科和多重理论中汲取灵感来探究媒介效应。多学科的特征决定了媒介生态学需要多种研究方法,而综合使用何种特殊的研究方法则取决于所探寻的问题。⑦ 因此,它会征用实验、调查、历史研究、美学研究、哲学研究、现象学、文学批评、普通语义学等一系列宽泛的研究方法和理论。值得一提的是,媒介生态学所涉及的方法"不是在科学意义上,而是在最基本的意义上提出如何(how)所引出的问题"⑧。斯特拉特将其方法本质表述为:"其所涉及的除了'谁'、'什么'、'什么地点'、'什么时间',或者'为什么'等问题之外,还与'我们如何做事之问题(即做事之方法问题)'及'我们结束在做的事情'、'从开始就不做事',以及'我们最终以什么而宣告结束'、'我们在什么时间做我们做的事'等,有

---

① Robert Logan. The biological foundation of media ecology[J]. *Explorations in Media Ecology*, 2007, 6(1): 19-34.
② 乔利利:《核心能力生成机理——基于"涌现现象"的理论框架》,载《辽宁工程技术大学学报》2014年第4期。
③ 乔利利:《核心能力生成机理——基于"涌现现象"的理论框架》,载《辽宁工程技术大学学报》2014年第4期。
④ Robert Logan. The biological foundation of media ecology[J]. *Explorations in Media Ecology*, 2007, 6(1): 19-34.
⑤ Donna P. Flayhan. Cultural studies and media ecology: Meyrowitz's medium theory and Carey's cultural studies[J]. *The New Jersey Journal of Communication*, 2001, 9(1): 21-44.
⑥ Dallas W. Smythe, Tran Van Dinh. On critical and administrative research: A new critical analysis[J]. *Journal of Communication*, 1983, 33(3): 117-127.
⑦ 引自林文刚于2017年的访谈节目。
⑧ [美]兰斯·斯特拉特:《麦克卢汉与媒介生态学》,胡菊兰,译,河南大学出版社2016年版,第3页。

着最大关系。另外，与'我们是谁'或者'在采用我们做事的方法做事时我们成为谁'之类的问题，也有很大的关系。"①概言之，在媒介生态学看来，研究工具应该为研究问题服务，而不是凌驾其上。

基于"媒介即环境"的弥散效果观，媒介生态学认为媒介的影响就像环境一样，无所不在，无孔不入，裹挟着每一个人。而且，这种遍在的媒介影响力不仅发生在意见和观念意识层次，也发生在知觉比例和理解形态潜意识层次②，在微观层面上形塑个体的感知比率、心理认知，在宏观层面上引发大规模的文化变迁。因此，在追踪媒介效果时，媒介生态学不再囿于诸如媒介内容等单一变量，而是通过仔细观察媒介环境的变化来考察其影响。

在内容分析疏漏的地方，媒介生态学竖起了形态分析的大旗。它敏锐地洞察到，作为符号重现方式的传播系统，是心灵和意识的技术性延伸，是历史过程、社会组织、人类感官知觉背后的主要改变力量③，也是掌握文明价值、权威来源、知识组织的关键④。

如果说"媒介即人体的技术延伸"是媒介生态学对媒介或技术根源的思考，那么，"媒介即信息"则代表了媒介生态学关于媒介效果研究的核心命题。麦克卢汉提出的这一简明陈述，不仅总结了媒介生态学研究方法的整体框架，也构成了媒介生态学重要的研究假设。科瑞·安东（Corey Anton）⑤和斯特拉特⑥就把该论断视为媒介生态学基础的或核心的观点。在这个隐喻中，"信息"指代的是受人关注和重视的有意义的东西。惯常的观点认为媒介内容才是意义和效果产生的源头，因为媒介使用者往往把注意力放在内容而不是形态上，并且对前者有最为直观的感受，相反对后者则视而不见。麦克卢汉把这种情形戏称为登堂入室的窃贼用滋味鲜美的肉来分散看门狗的注意力。他把媒介与信息并置在一起，试图突破重视内

---

① [美]兰斯·斯特拉特：《麦克卢汉与媒介生态学》，胡菊兰，译，河南大学出版社 2016 年版，第 3 页。
② [美]马歇尔·麦克卢汉：《理解媒介——论人的延伸》，何道宽，译，译林出版社 2011 年版，第 251 页。
③ [美]Daniel J. Czitrom：《美国大众传播思潮》，陈世敏，译，台北远流出版公司 1994 年版，第 222 页。
④ [美]Daniel J. Czitrom：《美国大众传播思潮》，陈世敏，译，台北远流出版公司 1994 年版，第 213 页。
⑤ Corey Anton. Introduction to media ecology. In Keith Massie (eds.). *Communication Connections: From Aristotle to the Internet (Second Edition)* [M]. Dubuque: Kendall Hunt Publishing, 2014: 145-156.
⑥ 来自作者 2017 年对斯特拉特的访谈。

容忽视形态的陈见,强调媒介形态差异及其重大影响。具体而言,如果把媒介视为一个系统,内容与形态都只是媒介系统的一个部分。虽然系统组件能部分地反映出系统的某些特性,但不能以偏概全,与系统等同视之。此外,形态决定内容,内容必须仰赖形态而存在和呈现,就像广播的物理特征决定了其信息只能以声音的形态展陈,书籍的信息则只能以文字或图片的形态陈示。在这个意义上,"媒介即信息"的言下之意是,如果要真正理解正在发生的情况,想真正获得信息,就不能总盯着内容,内容是障眼法,它的作用是分散注意力,因此必须研究媒介形态。① 由此,媒介生态学与经验学派背道而驰,一反后者对媒介内容的偏重,开辟了媒介形态分析这一自成一派的媒介效果研究路径。

科瑞·安东(Corey Anton)和保罗·邵佩克(Paul A. Soukup, SJ)都被媒介生态宏观的、整合的而不是狭隘的效果研究路径所吸引,后者还认为媒介生态学有助于他思考何种宏大的社会和历史力量塑造了传播。② 莱文森坦言,媒介生态学是一种较好的、实用的、智慧的研究媒介的路径,恰好能助益他分析媒介对生活产生的深远的、遍在的影响。③ 斯特拉特则为媒介生态学的深切关怀所折服,因为媒介生态学不仅关心媒介,还关切人之为人的意义,关注塑造人类历史的因素,关照人类现状以及人类与世界的未来。④ 概而言之,媒介生态学关乎生命、宇宙和万物。正是这些研究、思想和智慧为媒介生态学的生命内核注入了源源动力,并描绘了未来媒介效果研究的全新蓝图。

---

① [美]兰斯·斯特拉特:《麦克卢汉与媒介生态学》,胡菊兰,译,河南大学出版社 2016 年版,第 39 页。
② 来自作者于 2017 年对安东、邵佩克的访谈。
③ 来自作者于 2017 年对莱文森的访谈。
④ 来自作者于 2017 年对斯特拉特的访谈。

结语　从"对立"到"整合"：两种研究范式的理论进路

根据传播学四大先驱之一的拉斯韦尔提出的"5W"信息传播模式来看，媒介效果或许只是信息传播过程中五个环节的一个节点，但它接连的学术价值却远远超过了其在传播实践中的作用。对于媒介效果的学术考察与反思占据了传播学研究的大半壁江山，而且也收获了丰硕的理论成果，诸如"培养分析""议程设置""沉默的螺旋"以及"第三人称效果"等研究成果被广为引证，以至于麦奎尔曾有"传播学研究归根结底是媒介效果研究"的论断。既然媒介效果研究是传播学领域的"中心地带"，那么围绕这一中心所形成的学术探讨与理论争鸣也必然不断增加。但是，无论是悲观主义的叙事分析，还是具有乐观倾向的话语呈现，媒介效果研究的"学术酵素"始终在不断酝酿与反思中保持着继续进行的动力。面对如此浩瀚的媒介效果研究，我们应该如何清晰、准备地把握其整个研究的发展源流、当代状况以及未来趋势，成为一项颇具挑战性的任务。

西方的媒介效果研究，在研究对象、研究视角、研究领域等多个层面都发生着或隐或显的变化，但是这些变化始终离不开经验学派与批判学派这两种主流范式的努力。换言之，经验学派与批判学派这两种研究范式主导着西方媒介效果研究的历史脉络及其未来走向。基于此，本书试图打破"编年史式""国别史式"的学术研究理路，而是以经验学派与批判学派这两大范式为叙事主线，既注重媒介效果研究的历时演变，又对其当代状况予以重点观照，从而挖掘两大研究范式围绕本质属性、研究方法、研究对象等多个话题进行的观点"分歧"与学术"对话"，并在深入探讨二者从"对立"走向"融合"的基础上，对媒介效果研究的第三种道路——媒介生态学派予以关照，以此绘制出西方媒介效果研究的别样的、全景式的崭新地图。

一、媒介效果研究的历史脉络及其当代发展

"大众社会"作为媒介效果研究的重要理论基础，它关涉地表达着社

会秩序与个人之间形构的总体性意义,提供了透视大众媒介在传播实践中产生影响的理论语境。但流行于20世纪初的大众社会在提供宏阔关系视角考察社会与个人的关系时,却忽略了个体的心理因素。由此,以心理学为视点考察媒介与大众关系成为了媒介效果研究的一种方法论。媒介效果研究的第一个被普遍接受的理论模式——"魔弹论"则是一种很好的体现。当然,在媒介效果的研究传统方面,芝加哥学派作出了巨大贡献,尤其是其擅长的社会学研究方法以及实用主义研究取向为媒介效果研究提供了方法论依据,为后来的经验学派的效果考察提供了基本支撑。在媒介效果研究不断推进的过程中,实用主义研究传统遭遇到了擅长哲学思辨的批判学派的批评,由此,西方媒介效果研究开始出现了两种主导研究范式:经验学派与批判学派。

那么,我们究竟应该如何清晰地理解媒介效果研究的两种学术范式及其关系?本书在综合麦奎尔、布赖恩特和汤普森,以及柯纳的理论成果与研究理念,将"已建立的历史"与"重新修订的历史"相结合,以研究范式为主要轴线,将西方媒介效果研究划分为以下四个阶段:第一个阶段着重探讨了20世纪30年代以前,媒介效果研究的理论起点("大众社会"与"进化论")、研究传统(芝加哥学派)以及代表人物的观点(拉斯韦尔与李普曼);第二阶段以20世纪30~60年代为时间域限,叙述了在该阶段起着主导作用的经验学派的14个学术里程碑,并重点对拉扎斯菲尔德的学术成果和"使用与满足"假说进行了解读。拉扎斯菲尔德将社会科学研究范式在媒介效果研究中推向极致,他和他的研究都成为考察西方媒介效果研究中不可越过的经典。"使用与满足"推动了"媒介万能论"到"有限效果论"的转向,使经验式效果研究找到了持续发展之路,成为承上启下的重要环节;第三个阶段以20世纪70~80年代为关键点,探讨日渐突出的批评学派的观点,相较于经验学派来说,批判学者关注的是宏观的、社会性的、制度性的效果,认为大众传播被现行制度用来控制社会和社会中的个人,"意识形态""文化研究"和"政治经济学"成为批判学派效果研究的主要视角;第四个阶段是20世纪80年代以来的多元化发展,原本处在一种分裂与对峙关系的经验学派与批评学派,意识到了对方的价值及其自我的不足,于是走向合作与对话的过程。

本书在媒介效果研究的历时性考察中,主要以经典著作与论文的原始文献出发,努力呈现经验学派与批评学派的发展缘起、代表人物、主要观点和社会影响,以及二者进行对话的情形。虽然对历史资料进行了详细解读,但缺乏媒介效果研究的发展近况,不足以涵盖西方媒介效果研究的整体性概貌。于是，本书在历史考察中，融入了媒介效果研究的最新动态，以2007—2016年为时间节点，对《传播学期刊》《传播学研究》《人类传播研究》《传播理论》《媒介、文化与社会》和《欧洲传播学期刊》国外六大知名传播学期刊的论文进行分析，以此呈现媒介效果研究的发展现状，既做到历史回溯，又兼顾当代探索，从而能够以全知的视角管窥媒介效果研究的整个学术样貌。

  在六大传播学期刊的近十年研究中，媒介效果研究的论文数量高达950篇，占总体（2112篇）的45%，由此可见媒介效果研究在传播学研究占据着重要的学术地位，而且在经验学派与批评学派亦然是当今媒介效果研究的两大主导范式。过去十年媒介效果研究领域的基本动向主要表现为：媒介效果研究一直是传播学研究的重点，占有较高比重，呈现逐年增加的稳定态势；研究热点虽因年而异，变化主要体现在媒介形式上，但传统媒介在效果研究中依旧雄霸一方；政治传播持续发热，成为媒介效果研究的重要议题；东西方媒介效果研究差距犹存，美国大学及学者成为主要的研究力量，欧洲紧随其后，亚洲和中东奋起直追；在研究方法上，定量研究多以实验法、调查法、内容分析为主，定性研究则方法较为多样，参与式观察、话语分析、民族志等方法都有涉及。

  此外，在最新十年的学术研究中，框架理论、培养分析、议程设置、第三人称效果、沉默的螺旋等媒介效果研究的经典理论成为高频词汇，被当代学术研究不断地进行验证、阐释与解读。本书对这五种经典媒介效果理论的当代解读进行了重点介绍。第一，有关框架理论的最新研究主要聚焦于新闻框架分析，具体的研究内容包括确认新闻框架、分析新闻框架的建构过程及影响因素、探究框架效果的影响、寻找影响框架效果的变量。第二，培养分析依旧延续着对媒介暴力的关注风格，当然，除了对新旧媒介暴力的分析之外，还出现在政治传播和健康传播研究中。培养分析效果的影响、心理机制、影响变量、研究方法创新等依旧是学者们主攻的研究内容。第三，在对议程设置的学术考察中，对其理论基础的关注仍在持续，并且呈现出两大趋势：一个是离心趋势，即超越最初聚焦公共事务，向外扩展到其他领域；另一个是向心的研究趋势，即进一步明确议程设置理论的核心概念。第四，第三人效果研究的领域疆界并无多大扩展和突破，相反，学者们通过一个又一个具体、精细的研究夯实了该假说的基础，增加了其深度和内涵。第五，过去十年，回应理论争议、修补理论局限是学者们研究"沉默的螺旋"假说的主要工作。这些研究主要聚焦于验证假说的核心概念和关键假设、探究影响沉默螺旋效果的调节变量或中介变量、分析沉默螺旋效果的影响。

不难看出，在传播学领域，媒介效果研究从始至终都占据着主导性地位，无论是过去对媒介效果的实证性微观分析（经验学派）与批判性宏观探索（批判学派），还是在当代社会语境下对新媒介形式的效果考察，都始终难以摆脱经验学派与批评学派这两大主流范式的学术思维。当然，在新媒介形态层出不穷的当代社会，媒介效果研究的问题虽然不断更新与变化，但经验学派与批评学派仍然是两大主导研究范式。

二、争鸣的焦点：媒介效果研究的关键议题

在媒介效果研究的学术版图上，经验学派与批判学派在多个向度上存在着分歧与差异。以分歧与差异为理论线索，不仅可以回溯两者的理论观点，而且有助于深刻地理解媒介效果研究的关键议题。本书在对经验学派与批判学派的学术观点进行详述的基础之上，对其围绕特定议题产生的分歧与差异给予理论观照，不仅可以管窥二者在研究问题、学术思路等方面的差异，更为重要地是在争鸣与探讨中寻求可能的对话空间。

首先，在媒介效果的根本问题上产生分歧。在开展媒介效果研究的过程中，经验学派与批判学派的最大分歧在于在于对"效果"本身的界定与理解上。经验学派的"功能主义"研究取向，决定了其对效果的理解呈现出是否达到了社会的维系与稳定，个人的、短期的、微观的效果研究成为其学术研究的基本思路，尤以拉扎斯菲尔德与卡茨合著的《人际影响：个人在大众传播中的作用》为典型，聚焦个人对于媒介效果产生的重要影响。而批判学派把媒介效果与社会语境进行意义结合，关注媒介、文化与社会之间的勾连关系，更加注重从整体的、宏观的视角来解读媒介对于社会形成的影响。批判学派的媒介效果研究粘连着权力控制的话语意义，对政治层面的意识形态霸权、经济层面的大众媒介所有权以及技术层面的大众媒介控制权进行了媒介效果的反映与投射。由此，经验学派与批判学派之所以能够形成两个具有鲜明特色的主流范式，与二者对媒介效果这一根本问题的理解存在重要关系。因为观点迥异且有理可循的话语交锋，致使二者划分出彼此的学术领地。当然，在媒介效果的这一根本问题的探讨上，经验学派与批判学派最终指向的是形成在媒介效果的生成路径中，究竟是谁起到了决定性的作用。针对此问题，经验学派认为是"个人"影响与左右了媒介对社会产生效果的强度；而批判学派则予以否定，认为在媒介的信息传播过程中，个人对于最后效果的影响是微不足道的，而真正决定媒介效果的是"权力"控制，既包括政治层面的意识形态，又包括经济

层面与技术层面的媒介权力。

其次，在媒介效果的决定因素方面发生了观点碰撞。经验学派与批评学派在研究方法上的泾渭分明，导致两个学派在媒介效果的影响因素方面产生了分歧。经验学派擅于运用定量方法对假设的问题进行验证，内容分析方法就是其惯用的方法之一，通过对媒介内容的实证的考察来揭示内容如何影响媒介效果。而批判学派则倾向于用哲学思辨、定性分析揭示媒介信息传播表象背后的实质，尤其关注媒介文本背后的意义生产，斯特亚特·霍尔的"编码/解码模式"所寻求的对意义的理解成为了批判学派解读媒介效果的一种有效模式。所以，在批判学派的眼中，媒介文本之外的意义是驱动媒介产生效果的重要因素。由此，两大学派在到底是媒介文本的"内容"还是"意义"是影响媒介效果的关键要素而发生了观点的冲突。在针对媒介暴力这一特定的社会问题进行的效果研究中，以格伯纳为代表的经验学派主张对媒介暴力的内容进行实证考察，以此来揭示媒介暴力的程度及其叙事特征如何影响受众的行为，推导出的"媒介暴力与受众的攻击行为呈正相关"等系列结论把批判的矛头指向了媒介内容本身。以马丁·巴克和朱利安·佩特利等学者为代表的批判学派从文化研究的角度出发，对经验学派的得出的媒介暴力内容与受众暴力行为的关系进行批判，他们认为受众的暴力行为把社会暴力的形成归因于媒介暴力过于偏颇，指出社会暴力这一效果/结果的形成并非主要来源于媒介内容的暴力呈现，更为重要的是包裹着阶层、情绪、精神等诸多要素的社会环境所构成的"意义"价值在其中发挥了重要作用。

再次，在媒介效果的特定对象方面形成了意见的交锋。依据拉斯韦尔所提出的"5W"模式，受众作为信息的接收者是媒介效果作用的特定对象。当然，在拉斯韦尔的功能模型中，受众是一个消极的、被动的对象。不过，随着媒介效果研究的进一步升温与拓展，受众在信息传播过程中的作用被重新定义，其能动性得到彰显。由此，在媒介效果研究领域，甚至整个传播学研究中，受众研究渐次成为一个重要的组成部分。无论是在经验学派与批评学派的内部，还是在二者的关系维度上，受众研究在理论前提、研究方法和成果产出上都存在巨大差异，甚至范式内部存在相互矛盾的现象。两种范式在受众研究中均存在简化现实的倾向。注重测量个体态度变化的经验研究，在研究人数和受众类型上均有无法回避的局限，并且无形中假定受众接触了完全相同的文本，对信息接触情境和个体差异的探究有限。批判学派则具有强烈的将受众看作"被影响的整体"的倾向，无论是法兰克福学派文化工业理论对"单向度的人"的阐释，还是传播政治经济学派从媒介控制层面对"共识制造"的解读,均指向受众在作为意识形态工具的大众媒介面前的被动与乏力。这两种简化现实的倾向,客观上生发出效果研究对待受众问题的两种预设,即受众是特殊的还是一般的。经验研究的测量无法穷尽受众总体,其研究实质是把被测量到的特殊受众解读为一般受众,或将特定类型受众的研究结论扩大至整体意义上的一般受众层面。而注重从社会整体层面进行反思的批判学派,把受众看作被影响的整体,分析权力、意识形态、经济等因素对受众的操控,实际上遵循了一般受众的研究预设,认为"一般包含特殊",使得看似鞭辟入里的批判分析难以在千差万别的现实状况中得以落实或指导社会发展。受众是一般的还是特殊的,直接关系效果研究的现实意义和理论建构问题,两种范式在受众观上的差异,既为效果研究理解复杂的受众问题提供多元视角,也给传播学理论体系的整合与建立带来严峻挑战。

第四,在媒介效果的研究结果上产生了观念的冲突。西方媒介效果的研究成果丰硕,但围绕研究成果的客观性这一问题两大主流学派发生了意见的分歧。经验学派的媒介效果研究具有浓烈的行政性意味,因为其开展的系列研究具有很强的现实主义倾向。一方面,政府和商业机构为经验学派的媒介效果研究提供了重要的资金支持,如佩恩基金研究。既然经验学派的很多效果研究得到了外在的经济资助,其研究结论很大程度上满足了赞助机构的特定需求;另一方面,经验学派在突出强调量化研究的过程中,不断探寻媒介效果所引发的各种现象之间的因果关系,忽略了研究的本质性追求。由此,经验学派的媒介效果研究的客观性、公正性遭到质疑。在批判学派看来,经验学派的媒介效果研究不仅不能称为真正的科学研究,而且已沦为利益集团谋取利益的工具,其研究结果很大程度上附着了利益集团的既有倾向,其研究结论往往是孤立的、片面的、个体的、主观的,不仅难以保证研究的客观性与公正性,而且研究结果难以形成系统的理论脉络和框架,更无法穿透复杂的表面现象,对实质性的社会问题进行形而上的解释。此外,由媒介效果研究的结果的公正性也产生了一种新的问题,那就是受助于特定机构的行政化的媒介效果研究究竟是解决问题,还是掩盖问题?这个问题本身就涵盖着两种问题取向的对立、两种研究范式的不同。但是在二者进行对立的同时,又隐匿着一种意义的交汇,这也印证了英国学者詹姆士·卡伦提出的"新修正主义"的观点,主要是对媒介效果研究的一种"重新发现"。据此,批判学派提供视角,经验学派发挥方法论特长,拉扎斯菲尔德在传播学初创时期进行的反思,在当前更加复杂的媒介环境中更为必要。

三、媒介效果研究范式的反思

在西方传播学研究中，围绕经验学与批判学派这两大主流范式身份的探讨曾发生过四次重要的学术论战，为反思媒介效果研究提供了一种新思路。当然，除了这两大主流范式之外，媒介生态学派也在效果研究方面取得了不俗成就，由此，我们认为，媒介生态学派已然成为效果研究的"第三种道路"。日后的媒介效果研究或许能够逐渐发展为"三足鼎立"之势。

1. 两大范式：从"观念的对峙"走向"可能的融合"

西方传播学界围绕传播学的学术身份与研究范式曾开展过四次讨论。在这四次讨论虽然并没有专门针对媒介效果而开展，但媒介效果确是谈论的关键问题。更为重要的是，前两次论战所体现出的观念嬗变，折射出了经验学派与批判学派两种范式对话的变化轨迹，即从对峙走向融合。

在1983年的第一次讨论中，虽然罗森加兰特、哈洛伦等学者对媒介效果的态度相对温和，但经验学派与批评学派之间所形成的对峙与交锋带来了更多反思。持有经验主义研究倾向的普尔肯定了效果研究的重要地位，而且还对实证主义的媒介效果研究方法给予了充分肯定，他认为传播学研究的最大的进步就在于测量方式的提高。美国学者罗伯特·史蒂文森在肯定经验研究方法的同时，对批判学派提出了批评。他认为，批评学派存在着两个主要问题①，其一是"生态层谬误"，批判研究通常把社会而不是这个社会中的个人作为分析单位，在社会系统中而不是从个人角度解释人类行为，其得出的结论只能是总体层次的，而不是效果研究真正有兴趣的个体层次的行为，从社会总体层面得出的结论并不能具体化到每个个体。其二，批判分析试图把从一个单独社会体系研究中得出的结论推广到总体的行为系统上。批判研究常常试图把以一个国家或地区为分析单位得出的研究结论推广到其他国家或地区，得出一个普适性的论断。但问题在于，这些结论并不能得到经验主义研究方法的确认或核实，因为每一个国家的具体情况都不尽相同，实验中的自变量和因变量也会有所不同。

批评学派在肯定自己的研究时，也在不断地对经验学派进行质疑。席勒从传播政治经济学的角度表明了对批判学派的支持。他认为，在技术与工业的变革时代，传播企业成为一个高投入的行业，批判研究应扮演起重要角色。而且技术已成为了政治制度的重要部分。与传统研究不同，批判

---

① Robert L. Stevenson. A critical look at critical analysis[J]. *Journal of Communication*, 1983, 33(3): 262-269.

研究强调信息作品的生产而非媒介产品的个人消费和影响，关注权力的来源和运作，尤其是与传播过程和信息流动相关的权力，从而展现出对社会进程和制度持续变化的觉醒，或对历史进行不同的解读。同时，席勒提出"生产"应该成为传播学研究的核心概念。① 席勒虽然没有直接论及传统意义上的内部"效果"问题，但从更宽泛的政治、经济外围层面为效果研究提供了新的路径。卡茨指出，当前的传播学研究过于注重对实证方法的运用，目前最好的事情莫过于停止了疯狂地搜寻证据。② 卡茨虽然没有明确地使用"批判研究"这个词，但其言简意赅的论述无一不在强调拓宽"效果"定义、从短期的微观效果研究转向长期的宏观效果研究，以及在历史情境中进行传播学研究的重要性，在基本理论上保持了与批判学派的一致。

十年之后的讨论，对传播学科的范式危机与反思则更加明显。不止一位学者在撰文时用"不确定""分裂""困惑"等词汇描述学术身份/研究范式的摇摆不定。例如，罗森加兰特的《从研究领域到青蛙池塘》、休梅克的《危机中的传播学：理论、课程和效力》、格劳斯伯格的《文化研究能够找到传播学的幸福真谛吗？》，以及麦克切斯尼的《处于十字路口的批判传播研究》等论文都或多或少地对媒介效果研究范式表示担忧。但是在这次论文中，对研究范式的不确定之后的可能性期待成为此次论战的重要成果，即研究范式的可能性整合。当然，这种整合已不仅仅局限于研究范式，而是包括了媒介效果理论的统一建构、媒介效果理论与实践的相互结合，以及学科间的借鉴融合等更广泛的领域。

在对研究范式的融合上，首先我们需要认清当前的传播学研究问题，一方面，从数量上看，传播学研究似乎收获了数量庞大的研究成果，尤其在效果的实证研究方面。但是，我们所做的研究在很大程度上是一种不断的重复，通过多种实验来验证同一个充满矛盾的"假说"。正如克雷格所指出的"传播学研究正在陷入自相矛盾的境地，传播研究的表面繁荣，恰恰是我们并不清楚我们正在的研究究竟为何？"另一方面，学科研究方法存在很大的局限性。郎氏夫妇就曾指出，目前的传播学研究主要集中在人类传播的特性、媒介效果、媒介与社会的关系三个方面，而且这三种研究都享受于"自我空间"的聚集，缺乏互动。其次，在理清了问题之后，需

---

① Herbert I. Schiller. Critical research in the information age[J]. *Journal of Communication*, 1983, 33(3): 249-257.
② Elihu Katz. The return of the humanities and sociology[J]. *Journal of Communication*, 1983, 33(3): 51-52.

要寻找解决的路径。对于传播学研究而言，需要打开新的领域、提供新的思考，而非划清自己的学科界限，换言之，不仅要与哲学、社会学、文化学等其他学科保持联系，而且还要在学科内容形成一种良性互动。

由此不难看出，随着传播学研究的不断深入，经验学派与批判学派之间逐渐从"对峙"转向"对话"，从"对立"转向"整合"。这一方面体现在"量"上，主张两大研究范式之间相互取长补短、相互借鉴融合的学者和论文数量日益增长；另一方面表现在"质"上，不同学派的研究者虽然在研究方法上依然各有倾向，但就总体而言，忧虑与反思替代了各执一词，成为第二次论战的主要基调，而建立统一理论的呼声也愈加高涨。

当然，传播学者围绕学科身份/研究范式而引发思考，从实质上是来说，是对学科的理论建构能力的一种反思。这种反思对于媒介效果研究来说，更为直接的关联则是媒介效果研究是一种理论还是一种假说？笔者在前文中对这一问题做出了一个开放性地回答。依据本研究对媒介效果的两种主要范式的考察，在其发展的前期阶段，擅长实证研究的经验学派的媒介效果考察更加契合"假说"的主要表征，而以哲学思辨见长的批判学派则更加吻合"理论"的生成结构。当然，随着经验学派与批评学派的不断成长与进步，它们逐渐意识到了自我的不足以及对方的优势，由此二者进行理论整合与范式重构将是未来的一种发展趋向。

2. 媒介生态学派：媒介效果研究的第三条道路

虽然经验学派与批判学派作为两种主流研究范式影响着整个媒介效果研究的整个话语走向，但两种研究范式也有着其局限性，比如，经验学派的媒介效果研究立足于实用主义视角，更加关注个体的、微观的短期影响，忽略了信息传播过程中社会环境的作用；而批判研究虽然把社会、文化等要素纳入其研究的范畴，但其固守意识形态批判，忽视了一般性的、个体化的变量对媒介效果的影响。由于这两种主导范式存在着的局限性也一度引发了各种范式危机的探讨，比如前文中提及的四次讨论就是典型的例证。基于此，本书在参考多种研究成果的基础上，试图探讨在两种主导范式之外的另外一种道路，即媒介生态学派。之所以把媒介生态学作为效果研究的第三种道路。既然能够被称为第三种道路，那么，该学派不仅要在媒介效果研究方面取得一定成绩，而且还要与其他两个主流范式有着明显区别。

第一，媒介生态学派对效果给予了高度的关注。以麦克卢汉、伊尼斯以及波斯曼等学者为代表的媒介生态学把媒介视为技术、环境、信息或控制，看似在探讨媒介本体意义的同时，实质上是对作为环境的媒介产生影响的一种思考。媒介生态学派在突出强调技术、环境等要素的重要作用时，对媒介如何影响人类身体以及社会文化进行了效果意义的观照。换言之，媒介生态学派的效果研究主要表现在两个方面：一是媒介对人类身体的影响；二是媒介对社会文化产生的作用。

针对于媒介如何作用于人类的身体，媒介生态学派认为，社会上存在的一切事物都指向了媒介的意义，媒介在社会的不断融渗，不仅改变了人类身体及其感官与环境之间的关系，而且也促使身体习性的养成。譬如，在手机日渐占据着媒介空间与日常生活的媒介化语境中，手机浏览新闻、观看视频已成为了一种习惯，加剧了身体对媒介的依赖，不仅改变了身体与报纸、电视等传统媒介所形成的空间感知，而且激活了身体感官潜伏的"信息化""移动化"因子，致使人们的日常生活习惯发生一种新的转向。此外，媒介对社会文化的影响连接了技术的要义。媒介生态学派把技术视为推进媒介的根本动力，所以媒介对文化的影响主要归因于技术的作用。占据着主导性地位的传播技术形式影响了社会文化的理解偏向，比如，在互联网技术所主导的信息社会，人们日常生活的交往模式逐渐走向了移动的联结，重塑了社会文化的关系地图，人们的社交文化由原来"在场性"转变为"虚拟化"。当然，在主导性媒介技术改变社会文化模式的同时，也深深影响着人们的社会认知，乃至重塑认识论的价值再造。

第二，媒介生态学派与经验研究、批评研究存在着差异。既然媒介生态学派与经验学派、批判学派都不约而同地对"效果研究"如此重视，为何不把该学派的研究纳入两种主导范式之中？主要是因为它与其他两种研究范式在媒介效果研究方面存在着差异。由此，才把其作为媒介效果研究的"第三种可能"。

一方面，媒介生态学派与经验学派的差异。媒介生态学派与经验学派在媒介效果研究方面存在着多种分歧，具体表现为：经验学派偏向于短期的、微观的效果分析，媒介生态学派则更加注重对媒介效果的长期的、宏观的考察；经验学派擅长于从内容出发考察媒介效果，而媒介生态学致力于揭露媒介内在偏向及媒介环境对微观个体和宏观社会施加的强大影响；经验学派在对考察媒介效果的过程中，擅长于实证性的定量研究，而媒介生态学派的研究方法则更加宽泛，除了实验与调查之外，还善于借用历史学、哲学、文学等其他学科的研究方法，更加注重质性方法的使用。另一方面，媒介生态学派与批评学派的差同。媒介生态学派与批评学派的差异相对于经验学派而言，并不是那么突出。所以国内有不少研究者把媒介生态学研究纳入批评学派的范畴。但是笔者对此并不完全赞同。不置可否，媒介生态学派与批判学派都注重宏观的媒介效果考察，在研究方法上都注重定性分析，其研究成果具有深刻的批判精神与人文主义关怀。然而，二者在技术与文化这一主题方面，有着明显的分歧。在批判学派看来，传播技术是社会文化的一种产物，投射着人类的各种意志，所以应该把技术纳入文化研究的范畴，在文化的意义中考察技术存在的价值。而媒介生态学派并不苟同批判学派的观点，不仅认为传播技术在文化变迁中扮演着不可替代的重要角色，而且还影响着社会文化的结构化生产方式。

综上所论，西方媒介效果研究的两大主流研究范式，虽然在研究取向、研究方法等多个层面存在着诸多差异，但正是这些分歧与不同才为二者的"对话"提供了前提与基础。"对话"意味着双方有着共同的兴趣所在，且在这一兴趣点的驱动下双方的观点发生了不同程度的分歧，才试图通过"对话"的方式寻求解决的方案。媒介效果作为经验学派与批判学派的共同兴趣点，但是二者围绕这一兴趣点却有着泾渭分明的差异。对于差异的论争与探讨是二者对话的"言说方式"。但随着彼此研究的进一步精进，二者正在逐渐改变"针尖对麦芒"的态度，而是转向了温和的方式进行对话，从而寻求对于媒介效果研究的"可能的融合"。

随着媒介效果研究的日渐成熟，学术身份与研究范式或许已不再是西方传播学研究的焦点，但对于依然年轻且处于借鉴和探索阶段的中国传播学研究而言，西方传播学过去几十年所经历的问题与困境，正在中国传播学发展的过程中或隐或显地一一上演。例如，新闻学是"术"还是"学"？在学科归属上，新闻传播学应该纳入人文学科还是社会学科？传播学研究中定量分析与定性分析孰优孰劣？新闻传播教育中核心课程与技能课程的比例该如何分配？等等。面对依然独霸一方的经验研究传统和后来居上的批判研究模式，中国传播学研究何去何从？在这个意义上，"两种范式的对话"在勾勒西方媒介效果研究历程与转向的同时，不仅可以为中国传播学的相关讨论厘清思路、扩宽视野，而且能够提供某些启示性的答案。

参 考 文 献

[1] Arthur Asa Berger. 媒介分析方法. 黄新生，译. 台北：远流出版公司，1994.

[2] C. 赖特·米尔斯. 社会学的想象力. 陈强、张永强，译. 北京：三联书店，2016.

[3] C. 赖特·米尔斯. 权力精英. 王崑、许荣，译. 南京：南京大学出版社，2004.

[4] Daniel J. Czitrom. 美国大众传播思潮. 陈世敏，译. 台北：远流出版公司，1994.

[5] E. M. 罗杰斯. 传播学史：一种传记式的方法. 殷晓蓉，译. 上海：上海译文出版社，2001.

[6] Eugene P. Odum, Gary W. Barrett. 生态学基础(第五版). 陆健健等，译. 北京：高等教育出版社，2009.

[7] Harold A. Innis. 帝国与传播. 曹定人，译. 台北：远流出版公司，1993.

[8] J. D. 彼得斯. 交流的无奈：传播思想史. 何道宽，译. 北京：华夏出版社，2003.

[9] Raymond Williams. 电视：科技与文化形式. 冯建三，译. 台北：远流出版公司，1994.

[10] T. S. 库恩. 必要的张力. 纪树立等，译. 福州：福建人民出版社，1981.

[11] 阿兰·斯威伍德. 大众文化的神话. 冯建三，译. 北京：三联书店，2003.

[12] 埃里克·麦克卢汉、弗兰克·秦格龙. 麦克卢汉精粹. 何道宽，译. 南京：南京大学出版社，2000.

[13] 埃姆·格里芬. 初识传播学. 展江，译. 北京：北京联合出版社公司. 2016.

[14] 艾尔·巴比. 社会研究方法(第十一版). 邱泽奇, 译. 北京: 华夏出版社, 2009.

[15] 贝尔纳·米耶热. 传播思想. 陈蕴敏, 译. 南京: 江苏人民出版社, 2008.

[16] 卜卫. 试论内容分析方法. 国际新闻界, 1997(4): 55-59.

[17] 布赖恩特·詹宁斯、苏姗·汤普森. 传媒效果概论. 陆剑南, 等, 译. 北京: 中国传媒大学出版社, 2006.

[18] 蔡骐. 传播研究范式与中国传播学的发展. 国际新闻界, 2005(4).

[19] 曹书乐、何威. "新受众研究"的学术史坐标及受众理论的多维空间. 新闻与传播研究, 2013(10).

[20] 陈力丹. 试论传播学方法论的三个学派. 新闻与传播研究. 2005(2).

[21] 大卫·E. 莫里森. 寻找方法: 焦点小组和大众传播研究的发展. 柯惠新、王宁, 译. 北京: 新华出版社, 2004.

[22] 丹·席勒. 传播理论史——回归劳动. 冯建三、罗世宏, 译. 王维佳, 校译. 北京: 北京大学出版社, 2012.

[23] 丹尼斯·麦奎尔、斯文·温德尔. 大众传播模式论. 祝建华、武伟, 译. 上海: 上海译文出版社, 1997.

[24] 丹尼斯·麦奎尔. 麦奎尔大众传播理论. 崔保国、李琨, 译. 北京: 清华大学出版社, 2010.

[25] 丹尼斯·麦奎尔. 受众分析. 刘燕南、李颖、杨振荣, 译. 北京: 中国人民大学出版社, 2006.

[26] 丹尼斯·麦奎尔. 特新大众传播理论. 陈芸芸、刘慧雯, 译. 台北: 韦伯文化, 2003.

[27] 单波、王冰. 媒介即控制及其理论想象. 新闻与传播研究. 2010(2).

[28] 丁未. 社会结构与媒介效果: "知沟"现象研究. 上海: 复旦大学出版社, 2003.

[29] 冯建三. 春游史丹佛, 创新新闻学. http://www.ccis.nccu.edu.tw/CCIS%20Epaper/200602/0501.htm.

[30] 冯建三译. 信息社会的传播权 CRIS 运动的缘起与主张. http://www3.nccu.edu.Tw/~jsfeng/20030115.doc.

[31] 格·施威蓬豪依赛尔. 多元视角与社会批判——今日批判理论(下卷). 鲁路, 译. 北京: 人民出版社, 2010.

[32] 龚新琼. 第三人效果研究的新进展. 当代传播. 2009(1).

[33] 郭庆光. 传播学教程. 北京: 中国人民大学出版社, 2011.

[34] 郭镇之. 北美传播研究. 北京：北京广播学院出版社，1997.

[35] 郭中实. 涵化理论：电视世界真的影响深远吗?. 新闻与传播研究. 1997(6).

[36] 哈罗德·伊尼斯. 变化中的时间观念. 何道宽，译. 北京：中国传媒大学出版社，2013.

[37] 哈罗德·伊尼斯. 传播的偏向. 何道宽，译. 北京：中国人民大学出版社，2003.

[38] 赫伯特·马尔库塞. 单向度的人：发达工业社会意识形态研究. 刘继，译. 上海：上海译文出版社，1989.

[39] 胡翼青. 传播学：学科危机与范式革命. 北京：首都师范大学出版社，2004.

[40] 黄旦、丁未. 传播学科"知识地图"的绘制和建构：20世纪80年代以来中国传播学译著的回顾. 现代传播. 2005(2).

[41] 黄旦. 美国早期的传播思想及其流变：从芝加哥学派到大众传播研究的确立. 新闻与传播研究. 2005(12).

[42] 黄升民. 大视频时代广告策略与效果测量研究. 北京：中国传媒大学出版社，2014.

[43] 简宁斯·布莱恩特、道尔夫·兹尔曼. 媒介效果——理论与研究前沿. 石义彬、彭彪，译. 北京：华夏出版社，2009.

[44] 杰弗里·亚历山大. 社会学二十讲. 北京：华夏出版社，2000.

[45] 杰伊·布莱克等. 大众传播通论. 上海：复旦大学出版社，2009.

[46] 金兼斌. 传播研究典范及其对我国当前传播研究的启示. 新闻与传播研究. 1999(2).

[47] 凯瑟琳·海勒. 我们何以成为后人类——文学、信息科学和控制论中的虚拟身体. 刘宇清，译. 北京：北京大学出版社，2017.

[48] 柯惠新、祝建华、孙江华. 传播统计学. 北京：北京广播学院出版社，2003.

[49] 柯惠新. 媒介与奥运：一个传播效果的实证研究. 北京：中国传媒大学出版社，2004.

[50] 克里斯·希林. 文化、技术与社会中的身体. 李康，译. 北京：北京大学出版社，2011.

[51] 兰斯·斯特拉特. 麦克卢汉与媒介生态学. 胡菊兰，译. 开封：河南大学出版社，2016.

[52] 雷吉斯·德布雷. 媒介学宣言. 黄春柳，译. 南京：南京大学出版

社，2016.

[53] 雷迅马. 作为意识形态的现代化——社会科学与美国对第三世界政策. 北京：中央编译出版社，2003.

[54] 李彬. 传统学派与批判学派的比较研究. 新闻大学. 1995(2)：17.

[55] 李彬. 符号透视：传播内容的本体诠释. 上海：复旦大学出版社，2003.

[56] 李杰、陈超美. citespace 科技文本挖掘及可视化. 北京：首都经济贸易大学出版社，2016.

[57] 李金铨. 大众传播理论. 台北：三民书局，1990.

[58] 李舒. 传播学方法论. 北京：中国广播电视出版社，2007.

[59] 李孝祥、冯强. 哥伦比亚学派传播研究的"衰落"及延续. 国际新闻界. 2016(2).

[60] 理查德·韦斯特、林恩·H. 特纳. 传播理论导引：分析与应用（第二版）. 刘海龙，译. 北京：中国人民大学出版社，2007.

[61] 梁景时. 论假说在社会科学中的地位. 辽宁师范大学学报(社科版). 1991(1).

[62] 廖圣清. 20 世纪 90 年代的中国大陆传播学研究. 复旦学报(社会科学版). 2003(1).

[63] 林珊. 李普曼. 北京：人民日报出版社，1995.

[64] 林文刚. 媒介环境学：思想沿革与多维视野. 何道宽，译. 北京：北京大学出版社，2007.

[65] 林文刚. 媒介生态学在北美之学术起源简史. 中国传媒报告. 2003，4(2).

[66] 林文刚. 什么才是华人传通问题：中华传媒生态文化史初探. 传播研究简讯(台北). 2000(22).

[67] 刘海龙. 重访灰色地带——传播研究史的书写与记忆. 北京：北京大学出版社，2015.

[68] 刘晖. 略论培养分析的矛盾性与理论修正. 当代传播. 2011(3).

[69] 刘绩宏. 微博公益传播涵化效果研究. 北京：中国传媒大学出版社，2017.

[70] 刘则渊、陈悦、侯海燕. 科学知识图谱：方法与应用. 北京：人民出版社，2008.

[71] 龙耘. 电视与暴力：中国媒介涵化效果的实证研究. 北京：中国广播电视出版社，2005.

[72] 路红、凌文铨、吴宇驹、黄丹丹. 基于著者同引分析的组织行为学研究知识地图绘制. 科技进步与对策. 2010(2)：140-144.

[73] 罗伯特·C. 艾伦. 重组话语频道. 麦永雄、柏敬泽等，译. 北京：中国社会科学出版社，2000.

[74] 罗伯特·默顿. 论理论社会学. 何凡兴等，译. 北京：华夏出版社，1990.

[75] 罗伯特·默顿. 社会理论和社会结构. 唐少杰、齐心等，译. 南京：译林出版社，2006.

[76] 罗钢、刘象愚. 文化研究读本. 北京：中国社会科学出版社，2000.

[77] 罗杰斯·E. M. 传播学史：一种传记式的方法. 殷晓蓉，译. 上海：上海译文出版社，2012.

[78] 洛厄里，S. A.、德弗勒，M. L. 大众传播效果研究的里程碑. 刘海龙等，译. 北京：中国人民大学出版社，2004.

[79] 洛厄里. 传播研究里程碑. 王嵩音，译. 台北：台湾远流事业股份有限公司，1998.

[80] 马丁·李斯特等. 新媒体批判导论. 吴炜华、付晓光，译. 上海：复旦大学出版社，2016.

[81] 马尔科姆·沃特斯. 现代社会学理论. 杨善华等，译. 北京：华夏出版社，2000.

[82] 马克思、恩格斯. 马克思恩格斯选集（第 3 卷）. 北京：人民出版社，1997.

[83] 马歇尔·麦克卢汉. 麦克卢汉书简. 梅蒂·莫利纳罗等，编. 何道宽、仲冬，译. 北京：中国人民大学出版社，2005.

[84] 马歇尔·麦克卢汉. 古登堡星汉璀璨——印刷文明的诞生. 杨晨光，译. 北京：北京理工大学出版社，2014.

[85] 马歇尔·麦克卢汉. 理解媒介——论人的延伸. 何道宽，译. 南京：译林出版社，2011.

[86] 马歇尔·麦克卢汉. 麦克卢汉精粹. 埃里克·麦克卢汉、弗兰克·秦格龙，编. 何道宽，译. 南京：南京大学出版社，2000.

[87] 马歇尔·麦克卢汉. 麦克卢汉如是说：理解我. 斯蒂芬妮·麦克卢汉、戴维·斯坦斯，编. 何道宽，译. 北京：中国人民大学出版社，2006.

[88] 马歇尔·麦克卢汉. 余韵无穷的麦克卢汉. 北京：机械工业出版社，2016.

[89] 米尔斯·C. 赖特. 社会学的想象力. 陈强、张永强, 译. 北京: 生活·读书·新知三联书店, 2001.

[90] 尼尔·波兹曼. 技术垄断——文化向技术投降. 何道宽, 译. 北京: 北京大学出版社, 2009.

[91] 尼尔·波兹曼. 童年的消逝. 萧昭君, 译. 台北: 远流出版公司, 2002.

[92] 尼尔·波兹曼. 娱乐至死. 章艳, 译. 桂林: 广西师范大学出版社, 2004.

[93] 帕金翰·大卫. 童年之死: 在电子媒体时代成长的儿童. 张建中, 译. 北京: 华夏出版社, 2005.

[94] 潘忠党. "玩转我的 iPhone, 搞掂我的世界!"——探讨新传媒技术应用中的"中介化"和"驯化". 苏州大学学报(哲学社会科学版). 2014(4).

[95] 潘忠党. 架构分析: 一个亟需理论澄清的领域. 传播与社会学刊. 2006(1).

[96] 潘忠党. 媒介效果实证研究的话语: 对一个研究领域的理解与误解之反思. http://web.cenet.org.cn/web/keyouxz/index.php3?file=detail.php3&nowdir=&id=75766.2005.

[97] 裴长洪. 美国人文社会科学现状与发展. 北京: 社会科学文献出版社, 2001.

[98] 彭兰、高钢. 中国互联网新闻传播结构、功能、效果研究. 北京: 高等教育出版社, 2011.

[99] 皮埃尔·布迪厄. 实践感. 蒋梓骅, 译. 南京: 译林出版社, 2003.

[100] 皮埃尔·布尔迪厄. 关于电视. 许钧, 译. 沈阳: 辽宁教育出版社, 2000.

[101] 朴昌根. 系统学基础. 上海: 上海辞书出版社, 2005.

[102] 乔利利. 核心能力生成机理——基于"涌现现象"的理论框架. 辽宁工程技术大学学报. 2014(4).

[103] 乔纳森·特纳. 社会学理论的结构(上). 邱奇泽, 译. 北京: 华夏出版社, 2001.

[104] 乔纳森·特纳. 社会学理论的兴起(第五版). 侯钧生等, 译. 天津: 天津人民出版社, 2006.

[105] 切特罗姆. 传播媒介与美国人的思想. 曹静生、董艾禾, 译. 北京: 中国广播电视出版社, 1991.

[106] 邱林川. 多元、对话与有机的传播研究：基于 2018 年 JoC 新酵母专刊的反思. 国际新闻界. 2018(2).

[107] 石义彬、单波. 比较与整合：西方媒介理论新动向. 国际新闻界. 2000(3).

[108] 斯蒂文·小约翰. 传播理论. 陈德民、叶晓辉. 译. 北京：中国社会科学出版社, 1999.

[109] 苏·卡利·詹森. 批判的传播理论：权力、媒介、社会性别和科技. 曹晋, 主译. 上海：复旦大学出版社, 2007.

[110] 泰玛·利贝斯、埃利胡·卡茨. 意义的输出：《达拉斯》的跨文化解读. 刘自雄, 译. 北京：华夏出版社, 2003.

[111] 汤林森. 文化帝国主义. 冯健三, 译. 上海：上海人民出版社, 1999.

[112] 唐维敏. 霍尔与文化研究. http://www.culstudies.com/rendanews/displaynews.asp?id=4936.2005.

[113] 托德·吉特林. 新左派运动的媒介镜像. 张锐, 译. 北京：华夏出版社, 2007.

[114] 托马斯·库恩. 科学革命的结构. 金吾伦、胡新和, 译. 北京：北京大学出版社, 2003.

[115] 王帆. 中国对外传播的客居受众效果研究. 上海：复旦大学出版社, 2014.

[116] 王瀚东. 敞开传播学研究的思想方法——媒介批评之我见. 新闻与传播评论, 2001.

[117] 王健. 受众的再现——法兰克福批判理论中的大众、精英与公民. 桂林：广西师范大学出版社, 2015.

[118] 王前. 假说与理论. 沈阳：辽宁人民出版社, 1985.

[119] 王旭. 收看电视与对治安观感之间的关联：涵化理论的验证. http://140.109.196.10/pages/seminar/sp/socialq/wang_xu.htm.

[120] 王怡红. 美国传播效果研究的实用主义背景探讨. 新闻与传播研究. 1995(4).

[121] 韦恩·旺塔、黄懿慧. 新媒体环境下的经典传播理论. 传播与社会学刊. 2017(42).

[122] 魏然、周树华、罗文辉. 媒介效果与社会变迁. 北京：中国人民大学出版社, 2016.

[123] 文军. 当代社会学理论跨学科视野. 北京：中国人民大学出版社,

2016(2).

[124] 沃尔特·翁. 口语文化与书面文化——词语的技术化. 何道宽, 译. 北京：北京大学出版社, 2008.

[125] 吴国盛. 技术哲学经典读本. 上海：上海交通大学出版社, 2008.

[126] 吴靖. 大众传播行政研究的兴起及其典范化的思想史考察. 北大新闻与传播评论. 2013(1).

[127] 伍静. 中美传播学早期的建制史与反思. 济南：山东人民出版社, 2011.

[128] 希伦·A. 洛厄里、梅尔文·L. 德弗勒. 大众传播效果研究的里程碑. 刘海龙等, 译. 北京：中国人民大学出版社, 2004.

[129] 夏春祥. 传播的想象：论媒介生态学. 新闻学研究(台湾), 2015(10).

[130] 肖明. 传播学视角下的艾滋病议题：议程设置过程的实证研究. 北京：中国传媒大学出版社, 2007.

[131] 萧俊明. 文化转向的由来. 社会科学文献出版社, 2004.

[132] 徐耀魁. 西方新闻理论评析. 北京：新华出版社, 1998.

[133] 亚当·乔伊森. 网络行为心理学——虚拟世界与真实生活. 北京：商务印书馆, 2010.

[134] 杨国荣. 思想与文化(第四辑). 上海：华东师范大学出版社, 2004.

[135] 叶德旺. 假说与理论. 求实, 1983(2).

[136] 伊莱休·卡茨、约翰·杜伦·彼得斯、泰玛·利比斯、艾薇儿·奥尔洛夫. 媒介研究经典文本解读. 常江, 译. 北京：北京大学出版社, 2011.

[137] 伊丽莎白·爱森斯坦. 作为变革动因的印刷机——早期近代欧洲的传播与文化变革. 何道宽, 译. 北京：北京大学出版社, 2010.

[138] 殷晓蓉. 战后美国传播学的理论发展：经验主义和批判学派的视域及其比较. 上海：复旦大学出版社, 2000.

[139] 余晓敏、胡翼青. 再度解蔽：为法兰克福学派辩护. 全球传媒学刊. 2017(1).

[140] 禹卫华、张国良. 传播学在中国30年：效果研究的反思与进路——以"第三人效果理论"研究为例. 国际新闻界, 2008(7).

[141] 喻国明. 中国大众媒介的传播效果与公信力研究：基础理论、评测方法与实证分析. 北京：经济科学出版社, 2009.

[142] 袁潇. 数字时代议程设置理论的嬗变与革新——专访议程设置奠基

人之一唐纳德·肖教授. 国际新闻界. 2016年(4).

[143] 约翰·彼得斯. 交流的无奈——传播思想史. 何道宽, 译. 北京: 华夏出版社, 2003.

[144] 约翰·斯道雷. 文化理论与通俗文化导论. 杨竹山、郭发勇、周辉, 译. 南京: 南京大学出版社, 2001.

[145] 詹姆斯·B. 鲁尔. 社会科学理论及其发展进步. 郝明玮、章士嵘, 译. 沈阳: 辽宁教育出版社, 2004.

[146] 詹姆斯·凯瑞. 作为文化的传播——"媒介与社会"论文集. 丁未, 译. 北京: 华夏出版社, 2005.

[147] 张锦华. 传播批判理论. 台北: 黎明文化实业股份有限公司, 1994.

[148] 张敬婕. 论性别与传播交叉研究的两种范式. 国际新闻界, 2012(2).

[149] 张开、石丹. 提高媒介传播效果途径新探. 现代传播, 2004(1).

[150] 张磊、谢卓潇. 从芝加哥到伯明翰: 受众民族志研究. 青年记者, 2014(16).

[151] 章士嵘等. 认识论辞典. 长春: 吉林人民出版社, 1984.

[152] 赵曙光. 幻影注意力: 基于眼动实验的植入式广告效果研究. 上海: 复旦大学出版社, 2014.

[153] 中国社会科学院语言研究所词典编辑室. 现代汉语词典. 北京: 商务印书馆, 1986.

[154] 朱亮、孟宪学. 文献计量法与内容分析法比较研究. 图书馆工作与研究. 2013(6): 64.

[155] 祝建华. 中文传播研究之理论化与本土化: 以受众及媒介效果的整合理论为例. 新闻学研究, 2001(68).

[156] Adam Klein. Slipping racism into the mainstream: A theory of information laundering. *Communication Theory*, 2012, 22(4): 427-448.

[157] Adam Shehata. Unemployment on the agenda: a panel study of agenda-setting effects during the 2006 Swedish national election campaign. *Journal of Communication*, 2010, 60(1): 182-203.

[158] Alvin C. Eurich. *High School* 1980: *The Shape of the Future in American Secondary Education*, 1970. http://www.media-ecology.org/about-us/.

[159] Amir Hetsroni. Four decades of violent content on prime-time network programming: a longitudinal meta-analytic review. *Journal of Communi-*

cation, 2007, 57(4): 759-814.

[160] Amy Gonzales. Improving health in low-income communities with group texting. *Journal of Communication*, 2016, 66(1): 82-101.

[161] Andre Schiffrin. *The Cold War and the University: Toward an Intellectual History of the Postwar Years*. New York: New Press, 1997.

[162] Andrew J. Weaver, Asta Zelenkauskaite, Lelia Samson. The (non)violent world of YouTube: content trends in web video. *Journal of Communication*, 2012, 62(6): 1065-1083.

[163] Andrew Ledbetter, Joseph P. Mazer, Jocelyn M DeGroot, Brian Swafford. Attitudes Toward Online Social Connection and Self-Disclosure as Predictors of Facebook Communication and Relational Closenes. *Communication Research*, 2011, 38(1): 27-53.

[164] Anne Cornelia Kroon. Alena Kluknavská. Rens Vliegenthart, Hajo G. Boomgaarden. Victims or perpetrators? explaining media framing of roma across Europe. *European Journal of Communication*, 2016, 31(4): 375-392.

[165] Annette Hill. Media risks: The social amplification of risk and the media violence debate. *Journal of Risk Research*, 2001, 4(3): 201-225.

[166] Annie Lang. Discipline in crisis? The shifting paradigm of mass communication research. *Journal of communication*, 2013, 63(1): 10-24.

[167] Armand Mattelart. Technology, culture, and communication: Research and policy priorities in France. *Journal of Communication*, 1983, 33(3): 59-73.

[168] Arnold Austin, Lasswell Harold Dwight. *Politics, personality, and social science in the twentieth century: essays in honor of Harold D. Lasswell*. Chicago: University of Chicago Press, 1969.

[169] Bernard Berelson. The state of communication research. *The Public Opinion Quarterly*, 1959, 23(1): 1-6.

[170] Beth Meyerowitz, Shelly Chaiken. The effect of message framing on breast self-examination attitudes, intentions, and behavior. *Journal of personality and social psychology*, 1987, 52(3): 500-510.

[171] Brandon Van Der Heide. Jonathan D. D'Angelo, Erin M. Schumaker. The Effects of Verbal Versus Photographic Self-Presentation on Impres-

sion Formation in Facebook. *Journal of Communication*, 2012, 62(1): 98-116.

[172] Breet Gary. Communication research, the Rockefeller Foundation, and the mobilization for war on words, 1938-1944. *Journal of Communicaiton*, 1996, 46: 124-147.

[173] Bryant, J., Zillmann, D. *Media effects: Advances in theory and research*. Mahwah, N. J: Lawrence Erlbaum Associates, 2002.

[174] Carolyn Kitch. Placing journalism inside memory—and memory studies. *Memory Studies*, 2008, 1(3): 311-320.

[175] Casey Man Kong Lum. The intellectual roots of media ecology. *The New Jersey Journal of Communication*, 2000, 8(1): 1-7.

[176] Catalina Toma, Jeffrey T Hancock. Looks and lies: the role of physical attractiveness in online dating self-presentation and deception. *Communication Research*, 2010, 37(3): 335-351.

[177] Chiaoning Su. One earthquake, two tales: narrative analysis of the tenth anniversary coverage of the 921 Earthquake in Taiwan. *Media, Culture & Society*, 2012, 34(3): 280-295.

[178] Chris J. Vargo, Lei Guo, Maxwell Mccombs, Donald L. Shaw. Network issue agendas on twitter during the 2012 U. S. presidential election. *Journal of Communication*, 2014, 64(2): 296-316.

[179] Christian Fuchs, Jack Linchuan Qiu. Ferments in the Field: Introductory Reflections on the Past, Present and Future of Communication Studies. *Journal of Communication*, 2018, 68(2): 219-232.

[180] Claude Miller, Lindsay Lane, Leslie Deatrick, et al. Psychological reactance and promotional health messages: The effects of controlling language, lexical concreteness, and the restoration of freedom. *Human Communication Research*, 2010, 33(2): 219-240.

[181] Claudia van Kruistum, Paul PM Leseman, Mariëtte De Haan. Youth media lifestyles. *Human Communication Research*, 2014, 40(4): 508-529.

[182] Curran James. The New Revisionism in Mass Communication Research: A Reappraisal. *European Journal of Communication*. 2009, 5(2): 135-164.

[183] Curran, J. *Mass media and society*. London: Arnold, 2000.

[184] Cynthia Hoffner, Raiza A. Rehkoff. Young voters' responses to the 2004 U. S. presidential election: social identity, perceived media influence, and behavioral outcomes. *Journal of Communication*, 2011, 61(4): 732-757.

[185] Dallas W. Smythe, Tran Van Dinh. On Critical and Administrative Research: A New Critical Analysis. *Journal of Communication*, 1983, 33(3): 117-127.

[186] Danah M. Boyd, Nicole B Ellison. Social network sites: Definition, history, and scholarship. *Journal of computer-mediated Communication*, 2007, 13(1): 210-230.

[187] David Edward Morrison, Paul Lazarsfeld. *The Biography of an Institutional Innovator*. Ph. D. dissertation, Leicester University, 1976.

[188] David Gauntlet. *Creative Explorations: New Approaches to Identities and Audiences*. London: Routledge, 2007.

[189] David Gauntlett. *Moving experiences: Understanding television's influences and effects*. London: John Libbey, 1995.

[190] David L. Swanson. Fragmentation, the field, and the future. *Journal of Communication*, 1993, 43(4): 163-172.

[191] David Morley. *Family Television: Cultural Power and Domestic Leisure*. London: Comedia, 1968.

[192] David Nordfors. Innovation journalism: Towards research on the interplay of journalism in innovation ecosystems. *Innovation Journalism*, 2006, 3(2), from http://www.innovationjournalism.org/.

[193] David Nordfors. The concept of innovation journalism and a programme for developing it. *Innovation Journalism*, 2004, 1(1), from http://www.innovationjournalism.org/.

[194] David Sherman, Geoffrey Cohen. The psychology of self-defense: Self-affirmation theory. *Advances in experimental social psychology*, 2006, 38(6): 183-242.

[195] David Zarefsky. Knowledge Claims in Rhetorical Criticism. *Journal of Communication*, 2008, 58(4): 629-640.

[196] Dawn Michelle Baunach. Changing same-sex marriage attitudes in America from 1988 through 2010. *Public Opinion Quarterly*, 2012, 76(2): 364-378.

[197] Denis McQuail. *McQuail's mass communication theory*. Sage Publications, 2000.

[198] Devine P G. Stereotypes and prejudice: Their automatic and controlled components. *Journal of personality and social psychology*, 1989, 56(1): 5.

[199] Dickinson Roger, Harindranath Ramaswami, Linné, Olga. *Approaches to Audiences: a reader*. New York: Oxford University Press, 1998.

[200] Ditte Laursen. Counseling young cannabis users by text message. *Journal of Computer-Mediated Communication*, 2010, 15(4): 646-665.

[201] Donna P. Flayhan. Cultural studies and media ecology: Meyrowitz's medium theory and Carey's cultural studies. *The New Jersey Journal of Communication*, 2001, 9(1): 21-44.

[202] Doris A. Graber. *Media Power in Politics*. Washington, D. C: A Division of Congressional Quarterly Inc, 1979.

[203] Douglas Evans, Lorien Abroms, Ronald Poropatich, et al. Mobile health evaluation methods: the Text4baby case study. *Journal of health communication*, 2012, 17(sup1): 22-29.

[204] E. A. J. Johnson. *The Dimensions of Diplomacy*. Baltimore: Johns Hopkins University Press, 1964.

[205] Editor's Note. *Journal of Communication*, 1993, 43(3).

[206] Edward E Jones, Richard Archer. Are there special effects of personalistic self-disclosure? *Journal of Experimental Social Psychology*, 1976, 12(2): 180-193.

[207] Elihu Katz. Lazarsfeld's map of media effects. *International Journal of Public Opinion Research*, 2001, 13(3): 270-279.

[208] Elihu Katz. The return of the humanities and sociology. *Journal of Communication*, 1983, 33(3): 51-52.

[209] Elisabeth Noelle-Neumann. The effect of media on media effects research. *Journal of Communication*, 1983, 33(3): 157-165.

[210] Elizabeth Anne Gervais. Social network websites as information channels for the US Social Forum. *Media Culture & Society*, 2015, 37(4): 547-565.

[211] Elizabeth M. Perse. *Media effects and society*. Lawrebce Erlbaum Associates, 2001.

[212] Emily Moyer-Gusé, Robin Nabi. Explaining the effects of narrative in an entertainment television program: Overcoming resistance to persuasion. *Human Communication Research*, 2010, 36(1): 26-52.

[213] Emily Moyer-Gusé. Toward a theory of entertainment persuasion: Explaining the persuasive effects of entertainment-education messages. *Communication Theory*, 2008, 18(3): 407-425.

[214] Eric Gilbert, Karrie Karahalios. *Predicting tie strength with social media. Proceedings of the ACM conference on Human Factors in Computing Systems*. NY: ACM Press, 2009.

[215] Eric Goldman. Search Engine Bias and The Demise of Search Engine Utopianism. *Yale Journal of Law and Technology*, 2006, (8): 188-200.

[216] Erica Scharrer, Ron Leone. First-person shooters and the third-person effect. *Human Communication Research*, 2008, 34(2): 210-233.

[217] Esra Ozcan. Women's headscarves in news photographs: A comparison between the secular and Islamic press during the AKP government in Turkey. *European Journal of Communication*, 2015, 30(6): 698-713.

[218] Eva Barkeman. How to integrate innovation journalism into traditional journalism. *Innovation Journalism*, 2006, 3(4), from http://www.innovationjournalism.org/

[219] Everett M. Rogers, Steven H. Chaffee. Communication as an academic discipline: A dialogue. *Journal of Communication*, 1983, 33(3): 18-30.

[220] Everett M. Rogers, Steven H. Chaffee. The past and the future of communication study: Convergence or divergence? *Journal of Communication*, 1993, 43(4): 125-131.

[221] Florian Toepfl. Making sense of the news in a hybrid regime: How young Russians decode state TV and an oppositional blog. *Journal of Communication*, 2013, 63(2): 244-265.

[222] Francesco Buscemi. Television as a trattoria: Constructing the woman in the kitchen on Italian food shows. *European Journal of Communication*, 2014, 29(3): 304-318.

[223] Franco Ferrarotti. *The end of conversation: The impact of mass media on modern society*. New York: Greenwood Press, 1988.

[224] Fred L. Casmir. *Building Communication Theories: A Socio/Cultural Approach*. London: Routledge, 1994: 10.

[225] Fred L. Casmir. *Building communication theories: A socio/cultural approach*. Hillsdale, NJ: Lawrence Erlbaum Associates, 1994.

[226] Gary Genosko. *Marshall McLuhan Major Works: Critical Evaluations in Cultural Theory*. London: Routledge, 2005.

[227] Gary Kreps, Edward W. Maibach. Transdisciplinary Science: The Nexus Between Communication and Public Health. *Journal of Communication*, 2008, 58(4): 732-748.

[228] Genevieve Pham-Kanter. Social comparisons and health: Can having richer friends and neighbors make you sick?. *Social Science & Medicine*, 2009, 69(3): 335-344.

[229] George Comstock. The legacy of the past. *Journal of Communication*, 1983, 33(3): 42-50.

[230] George Gerbner, Larry Gross, Michael Morgan, Nancy Signorielli. The "mainstreaming" of America: Violence profile no. 11. *Journal of communication*, 1980, 30(3): 10-29.

[231] George Gerbner. Cultivation analysis: an overview. *Mass Communication and Society*, 1998, 1(3-4): 175-194.

[232] George Gerbner. The importance of being critical: In one's own fashion. *Journal of Communication*, 1983, 33(3): 355-362.

[233] George Gerbner. *TV violence and the art of asking the wrong question*. http://www.medialit.org/reading_room/article459.html.

[234] Gerald R. Miller. Taking stock of a discipline. *Journal of Communication*, 1983, 33(3): 31-41.

[235] Gerald Stone, Maxwell Mccombs. Tracing the time lag in Agenda-Setting. *Journalism & Mass Communication Quarterly*, 1981, 52(1): 51-55.

[236] Gerard Hauser. Vernacular discourse and the epistemic dimension of public opinion. *Communication Theory*, 2007, 17(4): 333-339.

[237] Gina Daddario. Chilly scenes of the 1992 Winter Games: the mass media and the marginalization of female athletes. *Sociology of Sport Journal*, 1994, 11(3): 275-288.

[238] Gitlin Tood. Media sociology: The dominant paradigm. *Theory and So-*

ciety, 1978, 6(2): 205-253.

[239] Green, Melanie C. Narratives and Cancer Communication. *Journal of communication*, 2006: 163-183.

[240] Guillermo Avila-Saavedra. Nothing queer about queer television: Televized construction of gay masculinities. *Media, Culture & Society*, 2009, 31(1): 5-21.

[241] Guoliang Zhang, Guosong Shao, Nicholas David Bowman. What is most important for my country is not most important for me: agenda-setting effect in china. *Communication Research*, 2012, 39(5): 662-678.

[242] Hanno Hardt. *Critical Communication Studies: Communication, History and Theory in America*. London: Routledge, 1992.

[243] Hans Mathias Kepplinger. Stefan Geiß, Sandra Siebert. Framing scandal: cognitive and emotional media effects. *Journal of Communication*, 2012, 62(4): 659-681.

[244] Herbert Hyman. *Taking Society's Measure: A personal history of Survey Research*. New York: Russel Sage Foundation, 1991.

[245] Herbert I. Schiller. Critical research in the information age. *Journal of Communication*, 1983, 33(3): 249-257.

[246] Hye Kyung Kim, Jeff Niederdeppe. Effects of self-affirmation, narratives, and informational messages in reducing unrealistic optimism about alcohol-related problems among college students. *Human Communication Research*, 2016, 42(2): 246-268.

[247] Hyo Jung Kim. The effects of gender and gain versus loss frame on processing breast cancer screening messages. *Communication Research*, 2012, 39(3): 385-412.

[248] Hyun Suk Kim, Cabral Bigman, Amy Leader, et al. Narrative health communication and behavior change: The influence of exemplars in the news on intention to quit smoking. *Journal of Communication*, 2012, 62(3): 473-492.

[249] Hyunjung Kim. The role of emotions and culture in the third-person effect process of news coverage pf election poll results. *Communication Research*, 2016, 43(1): 109-130.

[250] Itai Himelboim, Stephen Mccreery, Marc Smith. Birds of a feather

tweet together: Integrating network and content analyses to examine cross-ideology exposure on Twitter. *Journal of Computer-Mediated Communication*, 2013, 18(2): 154-174.

[251] Ithiel de Sola Pool. What ferment? A challenge for empirical research. *Journal of Communication*, 1983, 33(3): 258-261.

[252] Jack Brehm. Psychological reactance: Theory and applications. *ACR North American Advances*, 1989, 16(1): 72-75.

[253] James Curran, Michael Gurevitch. *Mass Media and Society*. London: Arnold, 1991.

[254] Jae Eun Chung. Medical dramas and viewer perception of health: Testing cultivation effects. *Human Communication Research*, 2014, 40(3): 333-349.

[255] James Curran, Michael Gurevitch, *Mass Media and Society*. London: Arnold, 1991.

[256] James D. Halloran. A case for critical eclecticism. *Journal of Communication*, 1983, 33(3): 270-278.

[257] James J. Gibson. *The Senses Considered as Perceptual Systems*. Boston: Houghton Mifflin, 1966.

[258] James Price Dillard, Michael Pfau. *The persuasion handbook*. Thousand Oaks, CA: Sage Publications, 2002.

[259] James W. Carey. *Communication as culture: essays on media and society*. New York: Routledge, 1992.

[260] James W. Carey. The Ambiguity of Policy Research. *Journal of Communication*, 1978, 28(2): 114-119.

[261] Jan Sandred. Biotech Sweden: A business model case study in innovation journalism. *Innovation Journalism*, 2004, 1(3), from http://www.innovationjournalism.org/.

[262] Janet Wasko. *A companion to television*. Malden: Blackwell Publishing, 2005.

[263] Jason C. Coronel, Kara D. Federmeier. The Effects of Gender Cues and Political Sophistication on Candidate Evaluation: A Comparison of Self-Report and Eye Movement Measures of Stereotyping. *Communication Research*, 2016, 43(7): 922-944.

[264] Jeff Niederdeppe, Erika Franklin Fowler, Kenneth Goldstein, James

Pribble. Does local television news coverage cultivate fatalistic beliefs about cancer prevention? *Journal of Communication*, 2010, 60(2): 230-253.

[265] Jeff Niederdeppe, Michael Shapiro, Norman Porticella. Attributions of responsibility for obesity: Narrative communication reduces reactive counterarguing among liberals. *Human Communication Research*, 2011, 37(3): 295-323.

[266] Jefferson Pooley, Elihu Katz. Further notes on why American sociology abandoned mass communication research. *Journal of Communication*, 2008, 58(4): 767-786.

[267] Jeffry Halverson, Scott Ruston, Angela Trethewey. Mediated martyrs of the Arab Spring: New media, civil religion, and narrative in Tunisia and Egypt. *Journal of Communication*, 2013, 63(2): 312-332.

[268] Jeremy Tunstall. The trouble with U. S. communication research. *Journal of Communication*, 1983, 33(3): 92-95.

[269] Jesper Strömbäck, Spiro Kiousis. A new look at agenda-setting effects——comparing the predictive power of overall political news consumption and specific news media consumption across different media channel and media types. *Journal of Communication*, 2010, 60(2): 271-292.

[270] Jesse Fox, Katie M. Warber. Queer identity management and political self-expression on social networking sites: A co-cultural approach to the spiral of silence. *Journal of Communication*, 2015, 65(1): 79-100.

[271] Jiangmeng Liu, Cong Li, Nick Carcioppolo, Michael North. Do Our Facebook Friends Make Us Feel Worse? A Study of Social Comparison and Emotion. *Human Communication Research*, 2016, 42(4): 619-640.

[272] Jingbo Meng. Minwoong Chung, Jeffrey Cox. Linking network structure to support messages: Effects of brokerage and closure on received social support. *Journal of Communication*, 2016, 66(6): 982-1006.

[273] Jody Koenig Kellas. Family ties: Communicating identity through jointly told family stories. *Communication Monographs*, 2005, 72(4): 365-389.

[274] Joel Brockner, Melissa Elkind. Self-esteem and reactance: Further evi-

dence of attitudinal and motivational consequences. *Journal of Experimental Social Psychology*, 1985, 21(4): 346-361.

[275] John L. Jackson Jr. Toward an Ethnographic Lingua Franca: Communication and Anthropology. *Journal of Communication*, 2008, 58(4): 664-678.

[276] Joon Soo Lim, Guy Golan. Social media activism in response to the influence of political parody videos on YouTube. *Communication Research*, 2011, 38(5): 710-727.

[277] José van Dijck. You have one identity': performing the self on Facebook and LinkedIn. *Media, Culture & Society*, 2013, 35(2): 199-215.

[278] Joseph T. Klapper. Mass communication research: An old road resurveyed. *The Public Opinion Quarterly*, 1963, 27(4): 515-527.

[279] Joseph T. Klapper. *The effects of mass communication*. New York: Free Press, 1960.

[280] Joshua Barbour, Marissa Doshi and Leandra Hernández. Telling global public health stories: narrative message design for issues management. *Communication Research*, 2016, 43(6): 810-843.

[281] Joshua Meyrowitz. Images of media: hidden ferment—and harmony—in the field. *Journal of Communication*, 1993, 43(3): 55-66.

[282] Joshua Meyrowitz. Power, Pleasure, Patterns: Intersecting Narratives of Media Influence. *Journal of Communication*, 2008, 58(4): 641-663.

[283] *Journal of Communication*. (2017). Aims and scope. http://onlinelibrary.wiley.com/journal/10.1111/(ISSN)1460-2466/homepage/ProductInformation.html.

[284] Jowett, G. S., Linton, J. M. *Movies as communication*. Beverly Hills, CA: Sage, 1980.

[285] Juan Ordoñana, Francisca Gonzalez-Javier, Laura Espín-López, et al. Self-report and psychophysiological responses to fear appeals. *Human Communication Research*, 2010, 35(2): 195-220.

[286] Julius M. Riles, Angeline Sangalang, Ryan J. Hurley, David Tewksbury. Framing cancer for online news: implications for popular perceptions of cancer. *Journal of Communication*, 2015, 65(6): 1018-1040.

[287] Julius Riles, Angeline Sangalang, Ryan Hurley, David Tewksbury. Framing cancer for online news: Implications for popular perceptions of cancer. *Journal of Communication*, 2015, 65(6): 1018-1040.

[288] K. Viswanath, Karen M. Emmons. Message effects and social determinants of health: its application to cancer disparities. *Journal of Communication*, 2006, 56(s1): S238-S264.

[289] Karl Erik Rosengren. Communication research: One paradigm, or four? *Journal of Communication*, 1983, 33(3): 185-207.

[290] Karl Erik Rosengren. From field to frog ponds. *Journal of Communication*, 1993, 43(3): 6-17.

[291] Katelyn Y. A. McKenna, John A. Bargh. Plan 9 from cyberspace: the implications of the internet for personality, social psychology. *Personality & Social Psychology Review*, 2000, 4(1): 57-75.

[292] Katherine Ognyanova, Peter Monge. A multitheoretical, multilevel, multidimensional network model of the media system. *Communication Yearbook*, 2006, 37(1): 66-93.

[293] Kathleen Custers, Jan Van den Bulck. The cultivation of fear of sexual violence in women: processes and moderators of the relationship between television and fear. *Communication Research*, 2013, 40(1): 96-124.

[294] Kathryn Greene, Amanda Carpenter, Danielle Catona, et al. The brief disclosure intervention (BDI): facilitating African Americans' disclosure of HIV. *Journal of Communication*, 2013, 63(1): 138-158.

[295] Kathryn M. Neckerman. *Social inequality*. New York: Russell Sage Foundation, 2014.

[296] Katie Salen, Eric Zimmerman. *The game design reader: a rules of play anthology*. London: The MIT Press, 2006.

[297] Katy Pearce, Ronald E. Rice. Digital Divides From Access to Activities: Comparing Mobile and Personal Computer Internet Users. *Journal of Communication*, 2013, 63(4): 721-744.

[298] Keith Massie. *Communication Connections: from Aristotle to the Internet (second edition)*. Dubuque: Kendall Hunt Publishing, 2014.

[299] Kelly McKay-Semmler, Shane Semmler, Young Yun Kim. Local news media cultivation of host receptivity in PlainStown. *Human Communica-*

tion Research, 2014, 40(2): 188-208.

[300] Kerstin Dautenhahn. The origins of narrative: In search of the transactional format of narratives in humans and other social animals. *International Journal of Cognition and Technology*, 2002, 1(1): 97-123.

[301] Kevin Rafter, Roddy Flynn, Iain Mcmenamin, Eoin O'Malley. Does commercial orientation matter for policy-game framing? A content analysis of television and radio news programmes on public and private stations. *European Journal of Communication*. 2014, 29(4): 433-448.

[302] Kim Witte. Generating effective risk messages: How scary should your risk communication be? *Annals of the International Communication Association*, 1995, 18(1): 229-254.

[303] Kim Witte. The role of threat and efficacy in AIDS prevention. *International quarterly of community health education*, 1992, 12(3): 225-249

[304] Klimmt Christoph. Dorothee Hefner, Vorderer Peter. The Video Game Experience as "True" Identification: A Theory of Enjoyable Alterations of Players' Self-Perception. *Communication Theory*, 2009, 19(4): 351-373.

[305] Krippendorff, Klaus. *Content Analysis: An Introduction to Its Methodology* (2nd ed.). Thousand Oaks, CA: Sage, 2004.

[306] Kurt Lang, Gladys Engel Lang. Perspectives on communication. *Journal of Communication*, 1993, 43(3): 92-99.

[307] Kurt Lang, Gladys Engel Lang. The "new" rhetoric of mass communication research: A longer view. *Journal of Communication*, 1983, 33(3): 128-140.

[308] Lance Bennett, Shanto Iyengar. A New Era of Minimal Effects? The Changing Foundations of Political Communication. *Journal of Communication*, 2008, 58(4): 707-731.

[309] Lance Strate, Judith Yaross Lee. Beginnings. Explorations in Media Ecology, 2002, 1(1): 1-3.

[310] Lance Strate. *Echoes And Reflections: On Media Ecology As a Field of Study*. New York: Hampton Press, 2006.

[311] Lance Strate. The Ecology of Association. *Proceedings of the Media Ecology Association*, 2000, 1(1): 1-9.

[312] Lance Strate. *Understanding MEA*. http://www.media-ecology.org/a-

bout-us/

[313] Laramie D Taylor. Cads, Dads on Screen: do media representations of partner scarcity affect partner preferences among college-aged woman? *Communication Research*, 2012, 39(4): 523-542.

[314] Laura J. Pearce, Andy P. Field. The impact of scary TV and film on children's internalizing emotions: a meta-analysis. *Human Communication Research*, 2016, 42(1): 98-121.

[315] Laureano Ralón. *Interview with Eric McLuhan*, 2010, http://figure-ground.org/interview-with-eric-mcluhan/.

[316] Lawrence Grossberg. Can cultural studies find true happiness in communication? *Journal of Communication*, 1993, 43(4): 89-97.

[317] Len Ang. *Watching Dallas: Soap Opera and the Melodramatic Imagination*. London: Routledge, 1985.

[318] Leonard Syme, Lisa Berkman. Social class, susceptibility, and sickness. *The sociology of health and illness*, 1986: 24-30.

[319] Li Gao. The emergence of the Human Flesh Search Engine and political protest in China: exploring the Internet and online collective action. *Media, Culture & Society*, 2016, 38(3): 349-364.

[320] Lijiang Shen, Jason Palmer, Laura Min, Mercer Kollar, Sarah Comer. A social comparison explanation for the third person perception. *Communication Research*, 2015, 42(2): 260-280.

[321] Lijun Tang, Peidong Yang. Symbolic power and the internet: The power of a 'horse'. *Media, Culture & Society*, 2011, 33(5): 675-691.

[322] Lilach Nir. Disagreement and opposition in social networks: Does disagreement discourage turnout? *Political Studies*. 2011. 59(3): 674-692.

[323] Linda L. Putnam, Dennis K. Mumby. *The SAGE handbook of organizational communication*. Thousand Oaks, CA: Sage, 2013.

[324] Lori Ramos. Understanding literacy: Theoretical foundations for research in media ecology. *The New Jersey Journal of Communication*, 2000, 8(1): 46-55.

[325] Lucas D. Introna, Helen Nissenbaum. Shaping the web: Why the politics of search engines matter. *The Information Society*, 2009, 16(3): 1-17.

[326] Magdalena E, Wojcieszak, Mainstream Critique. Critical Mainstream

and the New Media: Reconciliation of Mainstream and Critical Approaches of Media Effects Studies? *International Journal of Communication*, 2008(2): 354-378.

[327] Maggie Kanter, Tamara D Afifi, Stephanie Robbins. The Impact of Parents "Friending" Their Young Adult Child on Facebook on Perceptions of Parental Privacy Invasions and Parent-Child Relationship Quality. *Journal of Communication*, 2012, 62(5): 900-917.

[328] Magnus Höij. Components of innovation journalism. *Innovation Journalism*, 2004, 1(5), from http://www.innovationjournalism.org/.

[329] Marc Ziegele. Timo Breiner, Oliver Quiring. What creates interactivity in online news discussions? An exploratory analysis of discussion factors in user comments on news items. *Journal of Communication*, 2009, 64(6): 1111-1138.

[330] Marco Adria. Natural Environments as Figure on the Ground of the City. *Proceedings of the Media Ecology Association*, 2010, 11(1): 43-52.

[331] Marco Bastos, Dan Mercea, Arthur Charpentier. Tents, tweets, and events: The interplay between ongoing protests and social media. *Journal of Communication*, 2015, 65(2): 320-350.

[332] Mariska Kleemans, Paul Hendriks Vettehen, Johannes Beentjes, Rob Eisinga. The influence of age and gender on preferences for negative content and tabloid packaging in television news stories. *Communication Research*, 2012, 39(5): 679-697.

[333] Marjorie Ferguson, Peter Golding. *Cultural Studies in Question*. London: Cromwell Press Ltd, 1997.

[334] Martin John Barker. *The video nasties: Freedom and censorship in the media*. London: Pluto Press, 1984.

[335] Marwan M. Kraidy. Global Media Studies: A Critical Agenda. *Journal of Communication*, 2018, 68(2): 337-346.

[336] Mary Beth Oliver, Hyeseung Yang, Srividya Ramasubramanian, Sangki Lee. Exploring implications of perceived media reinforcement on third-person perceptions. *Communication Research*, 2008, 35(6): 745-769.

[337] Matt Carlson. Order Versus Access: News Search Engines and The Challenge to Traditional Journalistic Roles. *Media Culture & Society*,

2007, 29(6): 1014-1030.

[338] Matthew J. Hornsey, Cindy Gallois, Julie M. Duck. The Intersection of Communication and Social Psychology: Points of Contact and Points of Difference. *Journal of Communication*, 2008, 58(4): 749-766.

[339] Matthias Revers. The Twitterization of News Making: Transparency and Journalistic Professionalism. *Journal of Communication*, 2014, 64(5): 806-826.

[340] Maxwell Mccombs, Donald L. Shaw, David H. Weaver. New directions in agenda-setting theory and research. *Mass Communication and Society*, 2014, 17(6): 781-802.

[341] Maxwell Mccombs, Donald L. Shaw. The agenda-setting function of mass media. *Public Opinion Quarterly*, 1972, 36 (2): 176-187.

[342] Melanie Green, Timothy Brock. *In the mind's eye: Transportation-imagery model of narrative persuasion*. 2002.

[343] Melanie Green. Narratives and cancer communication. *Journal of communication*, 2006, 56(s1): S163-S183.

[344] Menand, L. The marketplace of ideas. *American Council of Learned Societies Occasional Paper No.* 49, 2001: 1-23. http://www.acls.org/op49.htm.

[345] Meridith Pease, Laura Brannon, Valerie Pilling. Increasing selective exposure to health messages by targeting person versus behavior schemas. *Health Communication*, 2006, 19(3): 231-240.

[346] Michael Brüggemann. Between frame setting and frame sending: how journalists contribute to news frames. *Communication Theory*, 2014, 24(1): 61-82.

[347] Michael Kozloski. Homosexual moral acceptance and social tolerance: Are the effects of education changing? *Journal of Homosexuality*, 2010, 57(10): 1370-1383.

[348] Michael Pfau. Special issue- Epistemological and disciplinary intersections. *Journal of Communication*, 2008, 58(4): 597-602.

[349] Michael Stirratt, Robert Remien, Anna Smith, et al. The role of HIV serostatus disclosure in antiretroviral medication adherence. *AIDS and Behavior*, 2006, 10(5): 483-493.

[350] Michael Xenos, Patricia Moy. Direct and differential effects of the Inter-

net on political and civic engagement. *Journal of communication*, 2007, 57(4): 704-718.

[351] Michal Daliot-Bul. Japan's mobile technoculture: the production of a cellular playscape and its, cultural implications. *Media Culture & Society*, 2007, 29(6): 954-971.

[352] Mike Schmierbach, Michael P. Boyle, Qian Xu, Douglas M. Mcleod. Exploring third-person differences between gamers and nongamers. *Journal of Communication*, 2011, 61(2): 307-327.

[353] Min Jiang. Search Concentration, Bias, and Parochialism: A Comparative Study of Google, Baidu, and Jike's Search Results From China. *Journal of Communication*, 2014, 64(6): 1088-1110.

[354] Murphy Sheila, Hether Heather, Victoria Rideout. *How healthy is prime time? An analysis of health content in popular time television programs*, 2008. http://www.learcenter.Org/pdf/Howhealthyisprimetime.pdf.

[355] Nam-Jin Lee, Douglas M. Mcleod, Dhavan V. Shah. Framing policy bebates: issue dualism, journalistic frames, and opinions on controversial policy issues. *Communication Research*, 2008, 35(5): 695-718.

[356] Natalya Bazarova, Choi Y. H.. Self-Disclosure in social media: extending the functional approach to disclosure motivations and characteristics on social network sites. *Journal of communication*, 2014, 64(4): 635-657.

[357] Natalya Bazarova. Public Intimacy: Disclosure interpretation and social judgments on facebook. *Journal of Communication*, 2012, 62(5): 815-832.

[358] Natascha Just, Manuel Puppis. Moving beyond self-castigation: let's reinvigorate communication policy research now!. *Journal of Communication*, 2018, 68(2): 327-336.

[359] Nathan Walter, Michael J. Cody, Sandra J. Ball-Rokeach. The ebb and flow of communication research: seven decades of publication trends and research priorities. *Journal of Communication*, 2018, 68(2): 424-440.

[360] Neil Postman. *Conscientious objections: Stirring up trouble about language, technology, and education*. New York: Alfred A. Knopf,

1988.

[361] Neil Postman. Media ecology education. *Explorations in Media Ecology*, 2006, 5(1): 5-14.

[362] Neil Weinstein. Unrealistic optimism about future life events. *Journal of personality and social psychology*, 1980, 39(5): 806-820.

[363] Nicholas Garnham. Toward a theory of cultural materialism. *Journal of Communication*, 1983, 33(3): 314-329.

[364] Nicholas John, Shira Dvir-Gvirsman. "I don't like you any more": facebook unfriending by israelis during the israel-gaza conflict of 2014. *Journal of Communication*, 2015, 65(6): 953-974.

[365] Nicole Martins, Barbara J. Wilson. Mean on the screen: social aggression in programs popular with children. *Journal of Communication*, 2012, 62(6): 991-1009.

[366] Nicole Martins, Barbara J. Wilson. Social aggression on television and its relationship to children's aggression in the classroom. *Human Communication Research*, 2012, 38(1): 48-71.

[367] Nurit Tal-Or, Jonathan Cohen, Yariv Tsfati, Albert C. Gunther. Testing causal direction in the influence of presumed media influence. *Communication Research*, 2010, 37(6): 801-824.

[368] Pamela J. Shoemaker. Communication in crisis: Theory, curricula, and power. *Journal of Communication*, 1993, 43(4): 146-153.

[369] Pamela J. Shoemaker. Communication in crisis: Theory, curricula, and power. *Journal of Communication*, 1993, 43(4): 146-153.

[370] Patrick M Markey, Juliana E. French, Charlotte N Markey. Violent movies and severe acts of violence: sensationalism versus science. *Human Communication Research*, 2015, 41(2): 155-173.

[371] Patti M. Valkenburg, Jochen Peter. The Effects of Instant Messaging on the Quality of Adolescents' Existing Friendships: A Longitudinal Study. *Journal of Communication*, 2009, 59(1): 79-97.

[372] Paul J. Wright, Robert Tokunaga, Ashley Kraus. A meta-analysis of pornography consumption and actual acts of sexual aggression in general population studies. *Journal of Communication*, 2016, 66(1): 183-205.

[373] Paul Lazarsfeld. Remarks on Administrative and Critical Communica-

tions Research. *Studies in philosophy & Social Science*, 1941, 9(1): 2-16.

[374] Paul Weinstein. Movies as the gateway to history: The history and film project. *The History Teacher*, 2001, 35(1): 27-48.

[375] Paul Wright, Soyoung Bae. Pornography consumption and attitudes toward homosexuality: A national longitudinal study. *Human Communication Research*, 2013, 39(4): 492-513.

[376] Pavlos C. Symeou, Philemon Bantimaroudis, Stelios Zyglidopoulos. Cultural agenda setting and the role of critics: an empirical examination in the market for art-house films. *Communication Research*, 2015, 42(5): 732-754.

[377] Peter Golding, Graham Murdock. Theories of Communication and Theories of Society. *Communication Research*, 1978, 5(3): 339-356.

[378] Peter Monge, Marshall Scott Poole. The Evolution of Organizational Communication. *Journal of Communication*, 2008, 58(4): 679-692.

[379] Peter Monge, Bettina M. Heiss, Drew Margolin. Communication network evolution in organizational communities. *Communication Theory*, 2008, 18(4): 449-477.

[380] Petia Kostadinova, Daniela Dimitrova. Communicating policy change: media framing of economic news in postcommunist Bulgaria. *European Journal of Communication*, 2012, 27(2): 171-186.

[381] Philemon Bantimaroudis, Stelios Zyglidopoulos, Pavlos C. Symeou. Greek museum media visibility and museum visitation: an exploration of cultural agenda setting. *Journal of Communication*, 2010, 60(4): 743-757.

[382] Phillips W. Davison. The third-person effect in communication. *Public Opinion Quarterly*, 1983, 47(1): 1-15.

[383] Porismita Borah. Conceptual issue in framing theory: a systematic examination of a decade's literature. *Journal of Communication*, 2011, 61(2): 246-263.

[384] Ragnar Lundström. Framing fraud: discourse on benefit cheating in sweden and the uk. *European Journal of Communication*. 2013, 28(6): 630-645.

[385] Rasha Kamhawi, David Weaver. Mass communication research trend

from 1980 to 1999. *Journalsim and Mass Communication Quarterly*, 2003, 80(1): 7-27.

[386] Raymond J. Pingree, Elizabeth Stoycheff. Differentiating cueing from reasoning in agenda-setting effects. *Journal of Communication*, 2013, 63(5): 852-872.

[387] Rens Vliegenthart, Liesbet van Zoonen. Power to the frame: bringing sociology back to frame analysis. *European Journal of Communication*, 2011, 26(2): 101-115.

[388] Richard M. Perloff, The third person effect: a critical review and synthesis. *Media Psychology*, 1999, 1(4): 353-378.

[389] Robert A. White. Mass communication and culture: transition to a new paradigm. *Journal of Communication*, 1983, 33(3): 279-301.

[390] Robert Andersen, Tina Fetner. Cohort differences in tolerance of homosexuality: Attitudinal change in Canada and the United States, 1981-2000. *Public Opinion Quarterly*, 2008, 72(2): 311-330.

[391] Robert K. Logan. The biological foundation of media ecology. *Explorations in Media Ecology*, 2007, 6(1): 19-34.

[392] Robert L. Stevenson. A critical look at critical analysis. *Journal of Communication*, 1983, 33(3): 262-269.

[393] Robert Logan. The biological foundation of media ecology. *Explorations in Media Ecology*, 2007, 6(1): 19-34.

[394] Robert M. Entman, Nikki Usher. Framing in a Fractured Democracy: Impacts of Digital Technology on Ideology, Power and Cascading Network Activation. *Communication Theory*, 2018, 68(2): 298-308.

[395] Robert T Craig. For a Practical Discipline. *Journal of Communication*, 2018, 68(2): 289-297.

[396] Robert T. Craig. Communication theory as a field. *Communication Theory*, 1999, 9(2): 119-161.

[397] Robert T. Craig. Why are there so many communication theories? *Journal of Communication*, 1993, 43(3): 26-33.

[398] Robert W. McChesney. Critical communication research at the crossroads. *Journal of Communication*, 1993, 43(4): 98-104.

[399] Roberto Grandi. The limitations of the sociological approach: Alternatives from Italian communications research. *Journal of Communication*,

1983, 33(3): 53-58.

[400] Robin L. Nabi, Mary Beth Oliver. *The Sage handbook of media processes and effects*. Los Angeles, CA: Sage, 2009.

[401] Roger Dickinson, Ramaswami Harindranath, Olga Linné. *Approaches to audiences: A reader*. London: Arnold, 1998: 120-130.

[402] Rosalind Gill. Postfeminist media culture: Elements of a sensibility. *European journal of cultural studies*, 2007, 10(2): 147-166.

[403] Sabina In Mihelj, Simon Huxtable. The challenge of flow: State socialist television between revolutionary time and everyday time. *Media, Culture & Society*, 2016, 38(3): 332-348.

[404] Sarah Coyne, Emily Whitehead. Indirect aggression in animated Disney films. *Journal of Communication*, 2008, 58(2): 382-395.

[405] Sarah F. van der Land, Alexander Schouten. Frans Feldberg and Bart Van den Hooff. Does Avatar Appearance Matter? How Team Visual Similarity and Member-Avatar Similarity Influence Virtual Team Performance. *Human Communication Research*, 2015, 41(1): 128-153.

[406] Seth Kalichman, Michael DiMarco, James Austin, Webster Luke and Kari DiFonzo. Stress, social support, and HIV-status disclosure to family and friends among HIV-positive men and women. *Journal of behavioral medicine*, 2003, 26(4): 315-332.

[407] Shani Orgad, Sara De Benedictis. The 'stay-at-home' mother, postfeminism and neoliberalism: Content analysis of UK news coverage. *European Journal of Communication*, 2015, 30(4): 418-436.

[408] Sheriden P. B. *The research bureau in a university context: A Case History of a Marginal Institution*. D. Ed. thesis, Columbia University, 1979.

[409] Sherry Emery, Glen Szczypka, Eulàlia Abril, Lisa Vera. Are you scared yet? Evaluating fear appeal messages in tweets about the tips campaign. *Journal of Communication*, 2014, 64(2): 278-295.

[410] Shinichi Saito. Television and the cultivation of gender-role attitudes in Japan: does television contribute to the maintenance of the status quo? *Journal of Communication*, 2007, 57(3): 511-531.

[411] Shmuel Eisenstadt. Multiple modernities. *Daedalus*, 2000, 129(1): 1-29.

[412] Silvia Knobloch-Westerwick, Scott Alter. The gender news use divide: Americans' sex-typed selective exposure to online news topics. *Journal of Communication*, 2007, 57(4): 739-758.

[413] Silvia Knobloch-Westerwick, Melanie Sarge. Impacts of exemplification and efficacy as characteristics of an online weight-loss message on selective exposure and subsequent weight-loss behavior. *Communication Research*, 2013, 42(4): 547-568.

[414] Slavko Splichal, Boris Mance. Paradigm(s) Lost? Islands of Critical Media Research in Communication Journals. *Journal of Communication*, 2018, 68(2): 399-414.

[415] Soo Jung Moon. Attention, attitude, and behavior: second-level agenda-setting effects as a mediator of media use and political participation. *Communication Research*, 2013, 40(5): 698-719.

[416] Sophia Fu. Leveraging Social Network Analysis for Research on Journalism in the Information Age. *Journal of Communication*, 2016, 66(2): 266-273

[417] Sophie Lecheler. Claes de Vreese and Rune Slothuus. Issue importance as a moderator of framing effects. *Communication Research*, 2009, 36(3): 400-425.

[418] Sophie Lecheler, Vreese de C. What a difference a day makes? the effects of repetitive and competitive news framing over time. *Communication Research*, 2013, 40(2): 147-175.

[419] Spiro Kiousis, Michael McDevitt. Agenda setting in civic development: effects of curricula and issue importance on youth voter turnout. *Communication Research*, 2008, 35(4): 481-502.

[420] Stanley J. Baran, Dennis K. Davis. *Mass communication theory: Foundations, ferment and future*. Beijing: Qinghua University Press, 2003.

[421] Stephen Rains, Emily Peterson, Kevin Wright. Communicating Social Support in Computer-mediated Contexts: A Meta-analytic Review of Content Analyses Examining Support Messages Shared Online among Individuals Coping with Illness. *Communication Monographs*, 2015, 82(4): 403-430.

[422] Steven Wildman. Communication and Economics: Two Imperial Disci-

plines and Too Little Collaboration. *Journal of Communication*, 2008, 58(4): 693-706.

[423] Stuart Hall. Cultural studies: Two paradigms. *Media, Culture and Society*, 1980, 2(1): 57-72.

[424] Sue-Ellen Case. Feminism and performance: A post disciplinary couple. *Theatre Research International*, 2001, 26(2): 145-152.

[425] Sujin Choi. Flow, diversity, form, and influence of political talk in social-media-based public forums. *Human Communication Research*, 2014, 40(2): 209-237.

[426] Sungeun Chung, Shin-Il Moon. Is the third-person effect real? a critical examination of rationales, testing methods, and previous findings of the third-person effect on censorship attitudes. *Human Communication Research*, 2016, 42(2): 312-337.

[427] Susan Herbst. Disciplines, Intersections, and the Future of Communication Research. *Journal of Communication*, 2008, 58(4): 603-614.

[428] Tamar Ashuri. Television tension: national versus cosmopolitan memory in a co-produced television documentary. *Media, Culture & Society*, 2007, 29(1): 31-51.

[429] Tamás Szecskö. Communication research and policy in Hungary: Partners in planning. *Journal of Communication*, 1983, 33(3): 96-102.

[430] Tania Lewis. *Smart living: Lifestyle media and popular expertise*. New York: Peter Lang, 2008: 58.

[431] Theresa Richardson. Refiguring Schools as Child Welfare Agencies: Rockefeller Boards and the New Program in General Education at the Secondary Level. *American Educational History Journal*, 2005, 32(2): 122-130.

[432] Thomas Heverin, Lisl Zach. Use of microblogging for collective sensemaking during violent crises: A study of three campus shootings. *Journal of the American Society for Information Science and Technology*, 2012, 63(1): 34-47.

[433] Thorson, Kjerstin, Chris Wells. Curated Flows: A Framework for Mapping Media Exposure in the Digital Age. *Communication Theory*, 2016, 26(3): 309-328.

[434] Tobias Eberwein, Colin Porlezza. Both Sides of the Story: Communica-

tion Ethics in Mediatized Worlds. *Journal of Communication*, 2016, 66(2): 328-342.

[435] Todd Gitlin. Media sociology: The dominant paradigm. *Theory and Society*, 1978, 6: 205-253.

[436] Travis Dixon, Charlotte Williams. The changing misrepresentation of race and crime on network and cable news. *Journal of Communication*, 2015, 65(1): 24-39.

[437] Wayne Dennis. *Current Trends in Social Psychology*. Pittsburgh: University of Pittsburgh Press, 1948.

[438] W. James Potter. A critical analysis of cultivation theory. *Journal of Communication*, 2014, 64(6): 1015-1036.

[439] W. James Potter. Conceptualizing mass media effect. *Journal of communication*, 2011, 61(5): 896-915.

[440] W. James Potter. *Media Effects*. SAGE Publications, Inc, 2012.

[441] W. Lance Bennett, Barbara Pfetsch. Rethinking Political Communication in a Time of Disrupted Public Spheres. *Journal of Communication*, 2018, 68(2): 243-253.

[442] W. Russell Neuman, Laruren Guggenheim. The Evolution of Media Effects Theory: A six-Stage Model of Cumulative Research. *Communication Theory*, 2011, 21(2): 169-196.

[443] W. Russell Neuman, Lauren Guggenheim, Mo Jang, Soo Young Bae. The dynamics of public attention: agenda-setting theory meets big data. *Journal of Communication*, 2014, 64(2): 193-214.

[444] Wilbur Schramm. The unique perspective of communication: A retrospective view. *Journal of Communication*, 1983, 33(3): 6-17.

[445] William H. Melody, Robin Mansell. The debate over critical vs. administrative research: Circularity or challenge. *Journal of Communication*, 1983, 33(3): 103-116.

[446] William J. Mcguire W J. The Myth of Massive Media Impact: Savagings and Salvagings. *Public Communication & Behavior*, 1986, 1: 173-257.

[447] William L. Benoit, R. Lance Holbert. Empirical Intersections in Communication Research: Replication, Multiple Quantitative Methods, and Bridging the Quantitative-Qualitative Divide. *Journal of Communication*,

2008, 58(4): 615-628.

[448] Yan Huang, Fuyuan Shen. Effects of cultural tailoring on persuasion in cancer communication: a meta-analysis. *Journal of Communication*, 2016, 66(4): 694-715.

[449] Ye Sun, Zhongdang Pan, Lijiang Shen. Understanding the third-person perception: evidence from a meta-analysis. *Journal of Communication*, 2008, 58(2): 280-300.

[450] Zeynep Tufekci, Christopher Wilson. Social media and the decision to participate in political protest: Observations from Tahrir Square. *Journal of communication*, 2012, 62(2): 363-379.

[451] Zixue Tai. The structure of knowledge and dynamics of scholarly communication in agenda setting research, 1996-2005. *Journal of Communication*, 2009, 59(3): 481-513.